# RÊVEZ

## le français sans frontières

**bref cours de français intermédiaire**

**Cherie Mitschke**

## VISTA
### HIGHER LEARNING

Boston, Massachusetts

**Publisher:** José A. Blanco

**Managing Editors:** Rafael Ríos, Paola Ríos Schaaf (Technology)

**Senior Project Manager:** Armando Brito

**Editor:** Christian Biagetti (Technology)

**Production and Design Director:** Marta Kimball

**Design Manager:** Susan Prentiss

**Design and Production Team:** Sarah Cole, Oscar Díez, Paula Díez, Mauricio Henao, Jhoany Jiménez, Erik Restrepo, Nick Ventullo

Student Text ISBN-13: 978-1-60576-880-9

Instructor's Annotated Edition ISBN-13: 978-1-60576-887-8

Library of Congress Card Number: 2010941163

2 3 4 5 6 7 8 9 RM 16 15 14 13 12 11

# Introduction

**Welcome to RÊVEZ**, an exciting intermediate French program designed to provide you with an active and rewarding learning experience as you continue to strengthen your language skills and develop your cultural competency.

Here are some of the key features you will find in **RÊVEZ**:

- A cultural focus integrated throughout the entire lesson

- Engaging short-subject dramatic films by contemporary francophone filmmakers that carefully tie in the lesson theme

- A fresh, magazine-like design and lesson organization that both supports and facilitates language learning

- An abundance of photos, illustrations, charts, and diagrams, all specifically chosen or created to help you learn

- An emphasis on authentic language and practical vocabulary for communicating in real-life situations

- Numerous guided and communicative activities

- Clear, comprehensive, and well-organized grammar explanations that highlight the most important concepts in intermediate French

- A built-in, optional **Fiches de grammaire** section for reference, review, and additional practice

- Authentic video clips from the francophone world

- A highly structured easy-to-navigate design based on spreads of two facing pages

- Short and comprehensible literary and cultural readings that celebrate the diversity of the francophone world

- A complete set of print and technology ancillaries to equip you with the materials you need to make learning French easier

# TABLE DES MATIÈRES

# TABLE DES MATIÈRES

| STRUCTURES | FICHES DE GRAMMAIRE Optional Sequence | CULTURE | LITTÉRATURE |
|---|---|---|---|

# SOMMAIRE

## outlines the content and features of each lesson

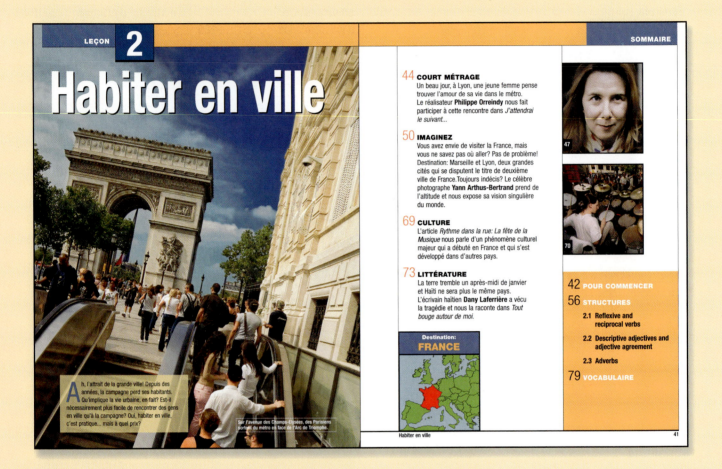

LEÇON **2**

# Habiter en ville

Ah, l'attrait de la grande ville! Depuis des années, la campagne perd ses habitants. Qu'implique la vie urbaine, en fait? Est-il nécessairement plus facile de rencontrer des gens en ville qu'à la campagne? Oui, habiter en ville, c'est pratique... mais à quel prix?

Sur l'avenue des Champs-Élysées, des Parisiens sortent du métro et en face de l'Arc de Triomphe.

SOMMAIRE

**44 COURT MÉTRAGE**
Un beau jour, à Lyon, une jeune femme pense trouver l'amour de sa vie dans le métro. Le réalisateur **Philippe Orreindy** nous fait participer à cette rencontre dans *J'attendrai le suivant...*

**50 IMAGINEZ**
Vous avez envie de visiter la France, mais vous ne savez pas où aller? Pas de problème! Destination: Marseille et Lyon, deux grandes cités qui se disputent le titre de deuxième ville de France. Toujours indécis? Le célèbre photographe **Yann Arthus-Bertrand** prend de l'altitude et nous expose sa vision singulière du monde.

**69 CULTURE**
L'article *Rythme dans la rue: La fête de la Musique* nous parle d'un phénomène culturel majeur qui a débuté en France et qui s'est développé dans d'autres pays.

**73 LITTÉRATURE**
La terre tremble un après-midi de janvier et Haïti ne sera plus le même pays. L'écrivain haïtien **Dany Laferrière** a vécu la tragédie et nous la raconte dans *Tout bouge autour de moi.*

**Destination:**
**FRANCE**

**42 POUR COMMENCER**

**56 STRUCTURES**

   **2.1 Reflexive and reciprocal verbs**

   **2.2 Descriptive adjectives and adjective agreement**

   **2.3 Adverbs**

**79 VOCABULAIRE**

Habiter en ville   41

---

**Lesson opener** A two-page spread introduces you to the lesson theme with a dynamic photo and a theme-related introductory paragraph ideal for class discussion.

**Destination** A locator map highlights the country or region of study.

**Lesson overview** Brief paragraphs provide you with a synopsis of each section in the lesson.

# POUR COMMENCER

## introduces the thematic lesson vocabulary with engaging activities

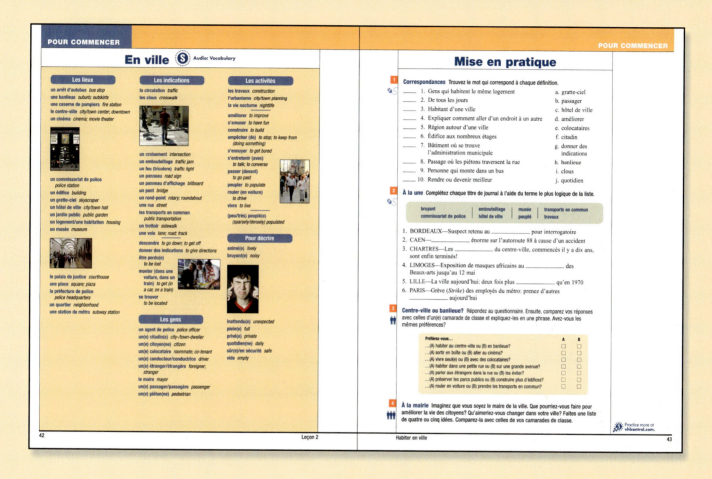

### Photos and Illustrations
Dynamic, full-color photos or art visually illustrate selected vocabulary terms.

### Vocabulary
Easy-to-study thematic lists present useful vocabulary.

### Mise en pratique
This set of activities practices vocabulary in diverse formats and engaging contexts.

### Icons
The icons provide on-the-spot visual cues for pair or small group activities and supplemental materials on the RÊVEZ Supersite. Mouse icons identify activities also on the Supersite for self-correction.

# COURT MÉTRAGE

## features an award-winning, short-subject dramatic film by a contemporary francophone filmmaker

**Posters** Dynamic and eye-catching movie posters visually introduce the film.

**Scènes** A synopsis of the film's plot with captioned video stills prepares you visually for the film and introduces some of the expressions you will encounter.

**Note culturelle** These sidebars provide relevant cultural information related to the **Court métrage**.

# PRÉPARATION & ANALYSE

## reinforce and expand upon the Court métrage

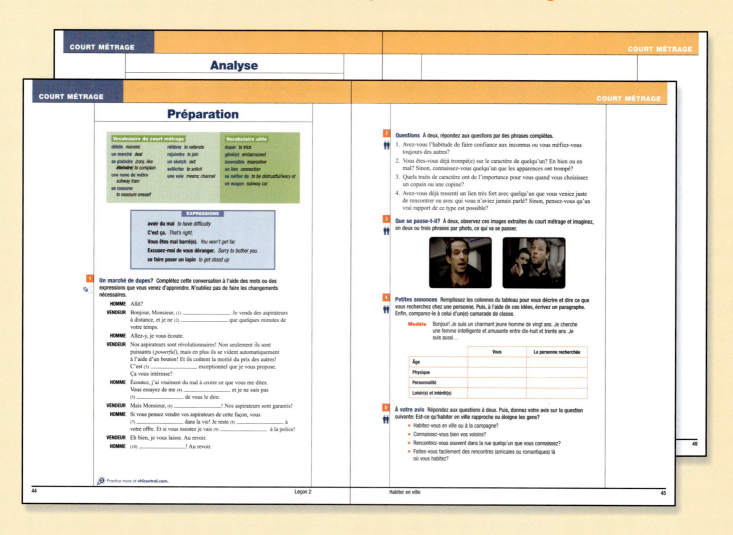

---

**Préparation** Pre-viewing activities set the stage for the short-subject film and provide key background information, facilitating comprehension.

**Vocabulaire** This section features the words that you will encounter and actively use in the **Court métrage** section.

**Expressions** This feature highlights phrases and expressions useful in understanding the film.

**Analyse** Post-viewing activities go beyond checking comprehension, allowing you to explore and analyze broader themes.

# IMAGINEZ

## simulates a voyage to the featured country or region

---

**Magazine-like design**
Each reading is presented in the attention-grabbing visual style you would expect from a magazine.

**Country- and Region-specific readings** High-interest readings draw your attention to culturally significant aspects of the country or region.

**D'ailleurs...** These boxes provide key information to understanding the context of the reading.

**Lexical variations** Terms and expressions specific to the country or region are highlighted in easy-to-reference lists.

**Qu'avez-vous appris?** Post-reading activities check your comprehension of the readings.

**Projet** Task-based projects encourage you to investigate the country or region further, connecting real-world learning to the classroom.

# LE ZAPPING

## features video clips from the francophone world

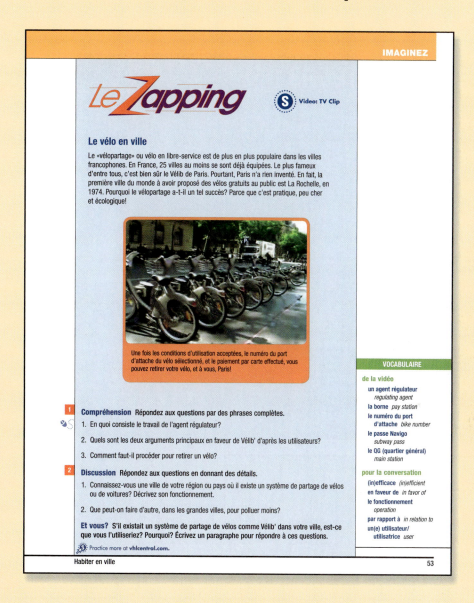

**Le Zapping** This section features video clips in French—commercials, news reports, etc.—supported by background information and images from the videos.

**Compréhension et Discussion** Post-viewing activities check your understanding of the video clip's content and provide discussion items to expand on its themes.

# GALERIE DE CRÉATEURS

## highlights important cultural and artistic figures from the country or region

## Profiles
Brief paragraphs provide a synopsis of the featured people's lives and cultural importance.

## Sur Internet
This box directs you to more in-depth information about the people and Internet activities on the **RÊVEZ** Supersite for additional avenues of discovery.

## Compréhension et Rédaction
Post-reading activities check your understanding of the paragraphs' content and provide topics for writing assignments that go beyond the basic information.

# STRUCTURES

## reviews and introduces grammar points key to intermediate French in a graphic-intensive format

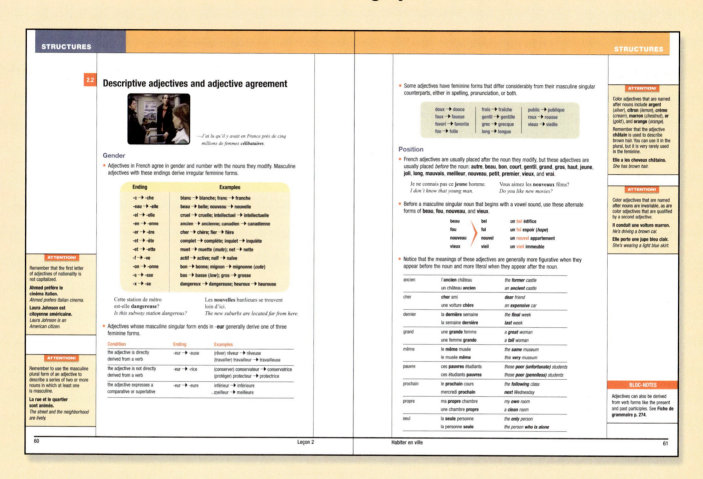

**Integration of *Court métrage*** Photos with quotes or captions from the lesson's short film show the new grammar structures in meaningful and relevant contexts.

**Charts and diagrams** Easy-to-understand charts and diagrams highlight key grammar structures and related vocabulary.

**Grammar explanations** Explanations are written in clear, comprehensible language for easy understanding and reference both in and out of class.

**Attention!** These sidebars provide you with on-the-spot linguistic or language-learning information related to the grammar point.

**Bloc-notes** These sidebars reference other grammar points relevant to the structures presented and refer you to the supplemental **Fiches de grammaire** found at the end of the book.

# STRUCTURES

## provides directed and communicative practice

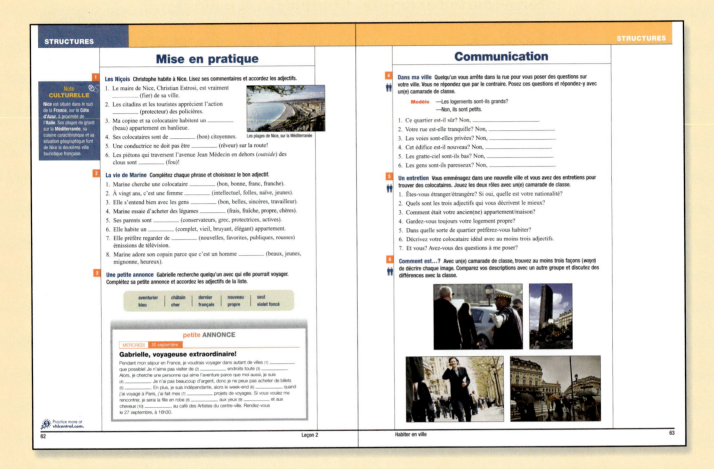

**Mise en pratique** Meaningful, guided activities support you as you begin working with the grammar structures.

**Communication** Open-ended, communicative activities help you internalize the grammar point in a range of contexts involving pair and group work.

**Fiches de grammaire** Additional grammar points related to those taught in **Structures** are included at the end of the book for review and/or enrichment.

**Note culturelle** These sidebars expand coverage of the francophone world with additional cultural information.

# SYNTHÈSE

## brings together the vocabulary, grammar, and lesson theme in a variety of contexts

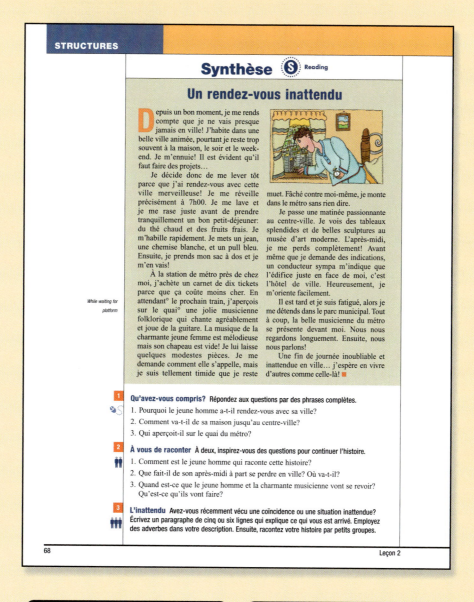

**Reading** Theme-related readings and realia reinforce the grammar structures and lesson vocabulary in a short, captivating format.

**Activities** This section integrates the three grammar points of the lesson, providing built-in, consistent review and recycling as you progress though the text.

# CULTURE

## presents a cultural reading tied to the lesson theme

**Reading** Comprehensible readings present you with additional cultural information related to the lesson theme and country or region of focus.

**Photos** Vibrant, eye-catching photos visually illustrate the reading.

**Glosses** Definitions of unfamiliar words aid in comprehension without interrupting the reading flow.

# LITTÉRATURE

## provides literary readings by well-known writers from across the francophone world

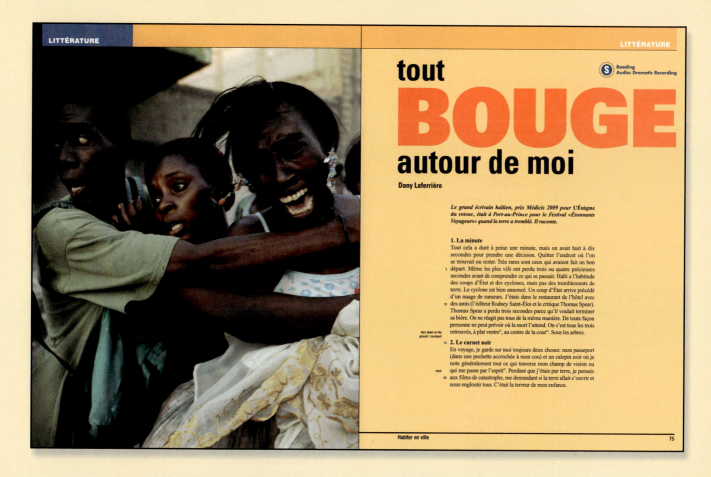

**Littérature** Thought-provoking, yet comprehensible readings present new avenues for using the lesson's grammar, vocabulary, and themes.

**Design** Each reading is presented in the attention-grabbing visual style you would expect from a magazine, along with glosses of unfamiliar words that aid in comprehension.

# PRÉPARATION & ANALYSE

## activities provide in-depth pre-reading and post-reading support for each selection in Culture and Littérature

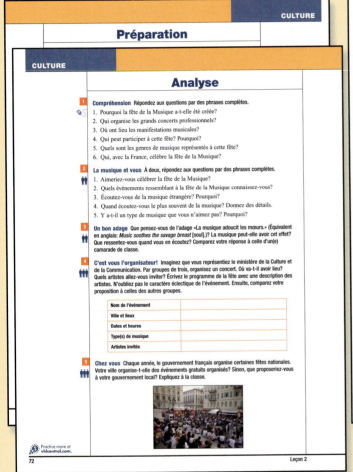

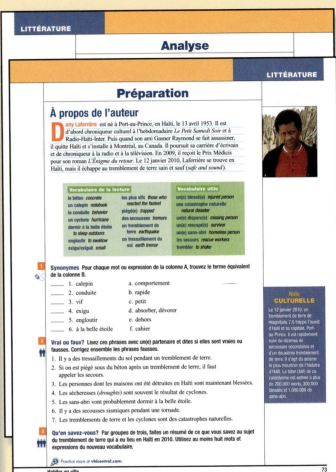

**Préparation** Helpful lists highlight active vocabulary that you will encounter in each reading, as well as other words that might prove useful for discussions. Diverse activities then allow you to practice the vocabulary.

**À propos de l'auteur** A brief description of the author gives you background information about the writer and the reading.

**Analyse** Post-reading activities check your understanding and motivate you to discuss the topic of the reading, express your opinions, and explore how it relates to your own experiences.

**Rédaction** A guided writing assignment concludes every **Littérature** section.

# VOCABULAIRE

## summarizes the active vocabulary in each lesson

# RÊVEZ Film Collection

Fully integrated with your textbook, the **RÊVEZ** Film Collection contains short-subject films by francophone filmmakers that are the basis for the pre- and post-viewing activities in the **Court métrage** section of each lesson. These films offer entertaining and thought-provoking opportunities to build your listening comprehension skills and your cultural knowledge of French speakers and the francophone world.

Besides providing entertainment, the films serve as a useful learning tool. As you watch the films, you will observe characters interacting in various situations, using real-world language that reflects the lesson themes as well as the vocabulary and grammar you are studying.

## Film Synopses

### LEÇON 1

### Le Télégramme
**(France; 12 minutes)**

In a remote village, two mothers with sons in the war impatiently await telegrams bringing news from the front. When the postman appears, the two women can see only one thing: the death that will inevitably knock on one of the village doors.

### LEÇON 2

### J'attendrai le suivant…
**(France; 4.5 minutes)**

Tonight's ride on the Lyons **métro** is far from ordinary for one young woman. She may have finally found love.

### LEÇON 3

### Émilie Muller
**(France; 20 minutes)**

When a young woman shows up for her first movie casting, the director surprises her with a number of personal questions. Will her thoughtful responses win her the part?

J'attendrai le suivant…

Une production de LA BOÎTE  Scénario THOMAS GAUDIN/PHILIPPE ORREINDY
Réalisation  PHILIPPE ORREINDY  Production CAROLINE PERCHAUD/ÉRIC PATTEDOIE
Production exécutive VALÉRIE REBOUILLAT  Photographie ÉRIC GENILLIER
Montage ANNE ARAVECCHI  Musique ALAIN MARNA  Son DOMINIQUE DAVY
Acteurs SOPHIE FORTE/THOMAS GAUDIN/PASCAL CASANOVA

### LEÇON 4
# Bon anniversaire!
#### (France; 12 minutes)

It is both Ramadan and Walid's birthday when a figure from his past walks back into his life. Suddenly, Walid has to reevaluate family, friends, love, and religion as he goes through the motions of a normal day.

### LEÇON 5
# Samb et le commissaire
#### (Suisse; 15 minutes)

Police Commissioner Knöbel's holiday is interrupted by a report of a stolen soccer ball, and he finds himself face to face with an African boy named Samb.

### LEÇON 6
# De l'autre côté
#### (Algérie/France; 29 minutes)

Samir, the son of Algerian immigrants living in France, left home and became a lawyer. When he returns to the old neighborhood for his little brother's circumcision ceremony, he is confronted by an unexpected culture shock. While his life has taken on a new direction, Samir realizes that the lives of his friends and family have not.

## Icons

Familiarize yourself with these icons that appear throughout **RÊVEZ**.

 Supersite content available      Pair activity

 Activity available on Supersite      Group activity

Text next to the Supersite icon will let you know exactly what type of content is available online. Additional practice on the Supersite, not included in the textbook, is indicated with this icon feature: Practice more at **vhlcentral.com.**

## Student Ancillaries

### Student Activities Manual

The Student Activities Manual consists of the Workbook, the Lab Manual, Video Activities, and Integrated Writing Activities. The Workbook activities provide additional practice of the vocabulary and grammar for each textbook lesson. They also reinforce the content of the **Imaginez** sections, including the main reading and the **Galerie de créateurs**. The Lab Manual activities for each textbook lesson focus on building your listening comprehension skills in French. They provide additional practice of the vocabulary, grammar points, and literary readings in each textbook lesson. The Video and Integrated Writing Activities provide writing topics to expand on those presented in the textbook.

### Lab Audio Program

The Lab Audio Program, available as MP3 files on the **RÊVEZ** Supersite, contains the recordings to be used with the activities of the Lab Manual.

### Supersite (vhlcentral.com)

Free with each purchase of a new student text, the **RÊVEZ** Supersite Access Code delivers a wide range of online resources to you. Audio, video, and auto-graded practice directly correlate to your textbook and go beyond it. See page xxvi for more information.

### Supersite Plus

In addition to the resources on the **RÊVEZ** Supersite, this option offers a WebSAM and Wimba Pronto. See p. xxvi.

# Instructor Ancillaries

In addition to the student ancillaries, all of which are available to the instructor, these supplements are also available.

### Instructor's Annotated Edition

The Instructor's Annotated Edition (IAE) provides a wealth of information designed to support classroom teaching. The IAE contains answers to exercises overprinted on the page, cultural information, suggestions for implementing and extending student activities, supplemental activities, and cross-references to student and instructor ancillaries.

### Supersite (vhlcentral.com)

The **RÊVEZ** Supersite provides a wealth of instructional resources, including a powerful gradebook and course management system. Here are some of the resources available for instructors on the Supersite.

- ### Instructor's Resource Manual
  The Instructor's Resource Manual contains teaching suggestions, lab audioscripts, **Court métrage** scripts and their English translations, plus SAM answer keys.

- ### Testing Program with Audio
  The Testing Program contains quizzes for each vocabulary and grammar strand of each of the textbook's six lessons, tests for each lesson, semester exams, and quarter exams. All tests and exams include sections on listening comprehension, vocabulary, grammar, and communication. Optional **Court métrage** and **Imaginez** testing sections are also provided. Listening scripts, answer keys, and audio files are also included. The Testing Program is available in three formats: ready-to-print PDFs, editable word-processing files, and in a Test Generator.

- ### Student Activities Manual Answer Key
  This component includes answer keys for all discrete-answer activities in the Student Activities Manual.

### Supersite Plus

In addition to the resources on the **RÊVEZ** Supersite, this option offers a WebSAM and Wimba Pronto. See p. xxvi.

### RÊVEZ Film Collection DVD

This DVD contains the short-subject films by francophone filmmakers that are the basis for the pre- and post-viewing activities in the **Court métrage** strand of each lesson. All video content has subtitles and is also available online.

#  **S**uper**site**

The **RÊVEZ** Supersite provides a wealth of resources for both students and instructors. Icons indicate exactly which resources are available on the Supersite for each strand of every lesson.

## For Students

Student resources, available through a Supersite code, are provided free of charge with the purchase of a new student text. Here is an example of what you will find at **vhlcentral.com:**

- Activities from the student text, with auto-grading
- Additional practice for each and every textbook section
- Record & Submit oral assessment activities
- The **RÊVEZ** Film Collection in streaming video
- MP3 files for the complete **RÊVEZ** Lab Program
- **NEW!** Oxford French Mini Dictionary
- **NEW!** Flashcards with audio
- **NEW!** Wimba Voice Board

**Practice more at vhlcentral.com.**

## For Instructors

Instructors have access to the entire student site, as well as these key resources:

- The Testing Program and Instructor Resources in downloadable and printable formats
- MP3 files for the complete **RÊVEZ** Testing Program
- A robust course management system
- Voice Board capabilities for you to create additional activities
- And much, much more…

# **S**uper**site**plus

In addition to the resources already listed, Supersite Plus offers:

- **WebSAM** The online, interactive Student Activities Manual includes audio record-submit activities, auto-grading for select activities, and a single gradebook for Supersite and WebSAM activities.
- **Wimba Pronto** Extend communication beyond the classroom with this powerful tool that features synchronous chat, online tutoring, online office hour capabilities, and more.

# Reviewers

On behalf of its author and editors, Vista Higher Learning expresses its sincere appreciation to the many instructors who reviewed **RÊVEZ**. Their insights and detailed comments were invaluable to the final product.

**Nicole Aas-Rouxparis**
Lewis and Clark College, OR

**Bonnie Adachi**
St. Paul's School, MD

**Cecilia Allen**
Arlington Public Schools, VA

**Elaine Ancekewicz**
George Mason University, VA

**Mary Jane Baughman**
The Latin School of Chicago, IL

**Kyra Beaver Mench**
Eastbrook High School, IN

**Pascale Birien**
James Madison University, VA

**Melissa Boudreau**
John Hugh Gillis Regional High
School, Nova Scotia, Canada

**Amy Brotschul**
The Kiski School, PA

**Thomas Buresi**
Southern Polytechnic State
University, GA

**Gwenola Caradec**
University of Wisconsin, Madison, WI

**Chantal Cassan-Moudoud**
St. Andrew's Episcopal School, MD

**Sylvain Chabra**
University of South Carolina, SC

**Matthieu ChanTsin**
Coastal Carolina University, SC

**Brigitte Codron**
College of Charleston, SC

**Amy Cornish**
Pikes Peak Community College, CO

**Naomi Danton**
Arizona State University, AZ

**Rita Davis**
The Agnes Irwin School, PA

**Vicki DeVries**
Calvin College, MI

**Amanda Dolphin**
Helix Charter High School, CA

**Olha Drobot**
Lancaster Country Day School, PA

**Dominique Duvert**
Ohio University, OH

**Béatrice Eldredge**
Charlotte Country Day, SC

**Mélanie Enkoff**
Columbus East High School, IN

**Eduardo Febles**
Simmons College, MA

**Shirley Flittie**
Minneapolis Community and
Technical College, MN

**Lynda Fox**
Perrysburg High School, OH

**Françoise Frégnac-Clave**
Washington and Lee University, VA

**Barbara M. Galbraith**
Wright State University, OH

**Martha Goodge**
University of Wisconsin, Madison, WI

**Luc Guglielmi**
Kennesaw State University, GA

**Georgia Gurrieri**
Seattle University, WA

**Martha Haveron**
Hamburg Central Schools, NY

**Rose Marie Hawver**
Shaker High School, NY

**Corinne Hayes**
Southwest Schools, OH

**Béatrice N. Henrioulle**
Washington State University, WA

**Sherril Hixon**
Cherry Creek Schools, CO

**Jennifer Hollandbeck**
Irvington Community HS/IU
Kokomo, IN

**Michael Houston**
The Montclair Kimberley Academy, NJ

**Amy L. Hubbell**
Kansas State University, KS

**Andrew Irving**
University of Wisconsin,
Madison, WI

**Laura Jean**
Belmont Public Schools, MA

**Patrick Kinne**
Bishop Grimes Junior/Senior
High School, NY

**Carrie Klaus**
DePauw University, IN

**Christophe Lagier**
California State University,
Los Angeles, CA

**Maureen Lefèvre**
Cromwell Public Schools, CT

**William Leonard**
Chatham Hall, VA

**Lara Lomicka**
University of South Carolina, SC

**Michelle Martin**
Brebeuf Jesuit Preparatory
School, IN

**Kathleen Meyer**
Bemidji State University, MN

**William Miller**
Taft School, CT

**Christine Moritz**
University of Northern Colorado, CO

**Starlight Murray**
Mesa Verde High School, CA

**Stéphane Natan**
Rider University, NJ

**Sylvia Newman**
Cannon School, NC

**Kory Olson**
Richard Stockton College, PA

**Anne Poncet-Montange**
Bentley University, MA

**Joseph Price**
Texas Tech University, TX

**Christiane E. Reese**
Florida Atlantic University,
Boca Raton, FL

**Sheilagh Riordan**
Florida Atlantic University,
Jupiter, FL

**Peggy Rocha**
San Joaquin Delta College, CA

**Jaymes Rohrer**
Randolph College, VA

**Marian Rothstein**
Carthage College, WI

**Catherine Schmitz**
Wofford College, SC

**Laura Scott**
Lord Botetourt High School, VA

**Sandra Simmons**
University of Wisconsin,
Madison, WI

**Linda Smith**
Dover High School, DE

**Emese Soos**
Tufts University, MA

**Susan F. Spillman**
Xavier University of
Louisiana, LA

**Phillip S. Stewart**
The Elon School, NC

**Bernadette Takano**
University of Oklahoma, OK

**Dominique Thévenin**
University of Wisconsin,
Eau Claire, WI

**Viola Thomas**
Tufts University, MA

**Larry Thornton**
Trinity College School,
Ontario, Canada

**Erin Toews**
Rock Canyon High School, CO

**Alan M. Tomaszewski**
Malvern Preparatory School, PA

**Flavia Vernescu**
University of Northern Iowa, IA

**Alexia Vikis**
Northern Virginia Community
College, VA

**Karen Walsh**
Chautauqua Lake Central
School, NY

**Catherine Webster**
University of Central Oklahoma,
OK

**Kao-Ly Yang**
California State University,
Fresno, CA

**Patricia Zema**
The Pennington School, NJ

# L'Amérique du Nord et du Sud

L'OCÉAN ARCTIQUE

LE GROENLAND

L'Alaska

Le Nunavut

Le Yukon

Les Territoires
du Nord-Ouest

La Colombie-
Britannique

LE CANADA

L'Alberta

Le Manitoba

Le Saskatchewan

L'Ontario

Le Québec

Le Nouveau-
Brunswick

Terre-Neuve-
et-Labrador

Québec

Montréal

Ottawa

Saint-Pierre-
et-Miquelon
(France)

La Nouvelle-
Écosse

L'Île-du-Prince-Édouard

LES ÉTATS-UNIS

Washington

L'OCÉAN
ATLANTIQUE

L'OCÉAN PACIFIQUE

La
Louisiane

LE
MEXIQUE

LA JAMAÏQUE

LE
BELIZE

HAÏTI

CUBA

Mexico

Belmopan

Tegucigalpa

Les Antilles
françaises

Régions francophones

LE GUATEMALA

Guatemala

San Salvador

LE HONDURAS

LE NICARAGUA

LE SALVADOR

Managua

Panamá

Caracas

0            2,000 milles
0            2,000 kilomètres

LE COSTA RICA

LE PANAMÁ

LE
VENEZUELA

Georgetown

Paramaribo

Cayenne

LA
COLOMBIE

Bogotá

Quito

L'ÉQUATEUR

LE
GUYANA

LE
SURINAM

La Guyane
française

LE PÉROU

Lima

LE BRÉSIL

LA BOLIVIE

La Paz

Sucre

Brasília

PORTO
RICO

HAÏTI

LA RÉPUBLIQUE
DOMINICAINE

Port-au-Prince

Saint-
Domingue

San Juan

LE
PARAGUAY

LE CHILI

Asunción

L'ARGENTINE

La Guadeloupe

Pointe-à-Pitre

LA MER DES ANTILLES

DOMINIQUE

Santiago

L'URUGUAY

Fort-de-France

Buenos Aires

Montevideo

La Martinique

0            500 milles
0            500 kilomètres

SAINTE-LUCIE

# Le monde francophone

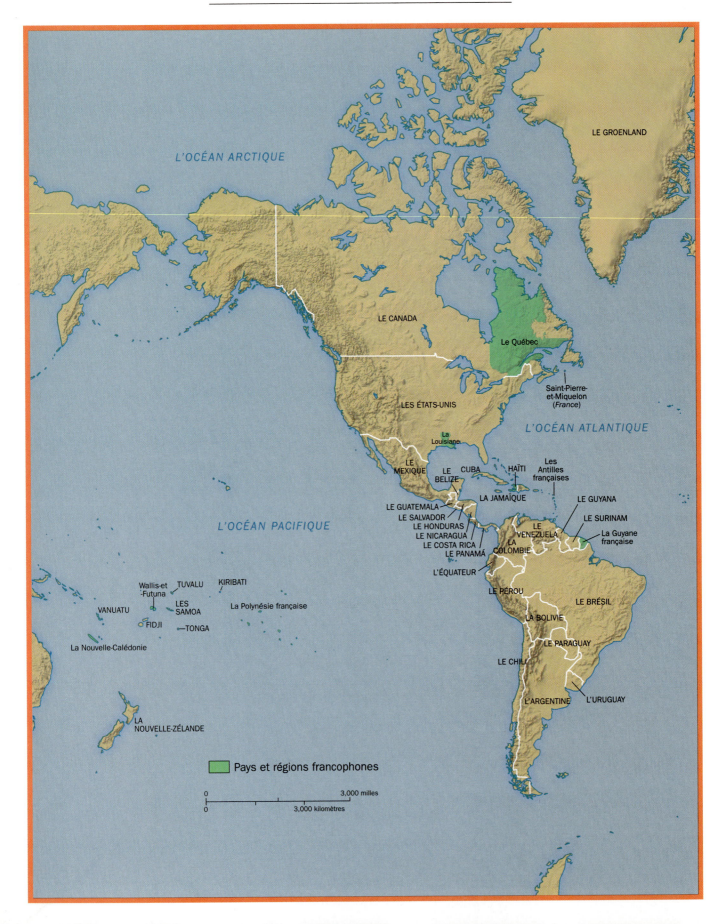

L'OCÉAN ARCTIQUE

LE GROENLAND

LE CANADA

Le Québec

Saint-Pierre-et-Miquelon
(*France*)

LES ÉTATS-UNIS

L'OCÉAN ATLANTIQUE

La Louisiane

LE MEXIQUE

LE BELIZE

CUBA

HAÏTI

Les Antilles françaises

LA JAMAÏQUE

LE GUATEMALA

LE SALVADOR

LE HONDURAS

LE NICARAGUA

LE COSTA RICA

LE PANAMÁ

LE GUYANA

LE SURINAM

LE VENEZUELA

La Guyane française

LA COLOMBIE

L'ÉQUATEUR

L'OCÉAN PACIFIQUE

LE PÉROU

LE BRÉSIL

Wallis-et-Futuna

TUVALU

KIRIBATI

LES SAMOA

La Polynésie française

VANUATU

FIDJI

TONGA

LA BOLIVIE

La Nouvelle-Calédonie

LE PARAGUAY

LE CHILI

LA NOUVELLE-ZÉLANDE

L'ARGENTINE

L'URUGUAY

Pays et régions francophones

0     3,000 milles

0     3,000 kilomètres

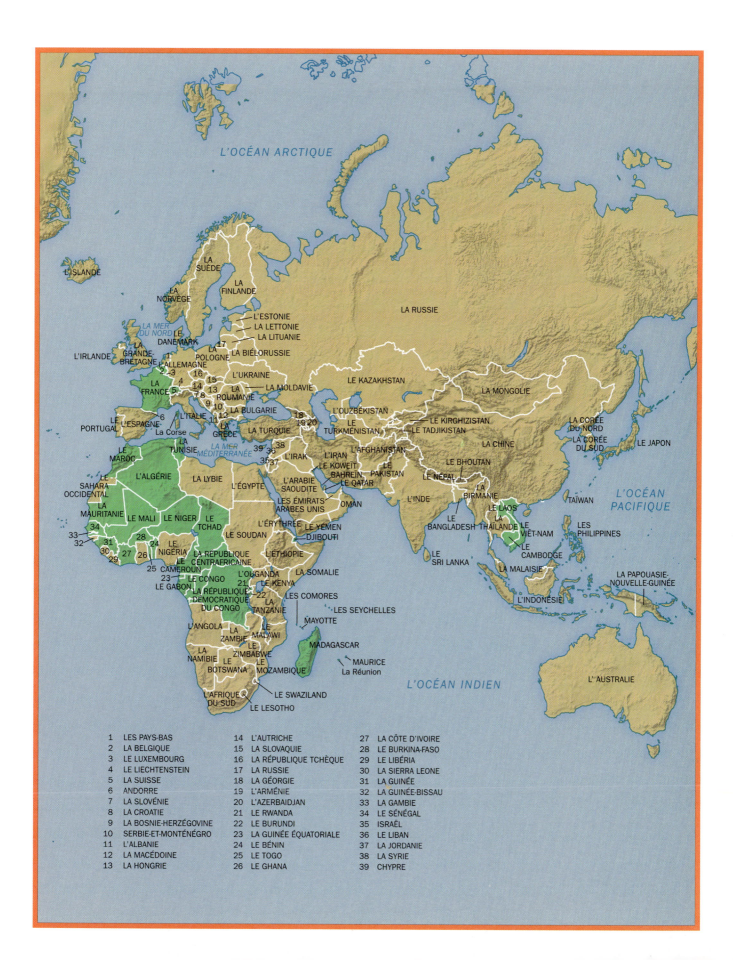

L'OCÉAN ARCTIQUE

L'ISLANDE

LA SUÈDE
LA FINLANDE
LA NORVÈGE
L'ESTONIE
LA MER DU NORD
LA LETTONIE
LA LITUANIE
LE DANEMARK
L'IRLANDE
LA GRANDE-BRETAGNE
LA POLOGNE
17
LA BIÉLORUSSIE
LA RUSSIE
2 L'ALLEMAGNE
3
16 15
L'UKRAINE
1
4
14 13
LA MOLDAVIE
LE KAZAKHSTAN
LA FRANCE 5
7 8
LA MONGOLIE
9 10
LA ROUMANIE
LA BULGARIE
18
L'OUZBÉKISTAN
LE PORTUGAL L'ESPAGNE
6
L'ITALIE
19 20
LA CORÉE DU NORD
11
12
LA GRÈCE
LE TURKMÉNISTAN
LE KIRGHIZISTAN
LA CHINE
LA CORÉE DU SUD
La Corse
LA TURQUIE
LE TADJIKISTAN
LE JAPON
LA TUNISIE
LA MER MÉDITERRANÉE
39
36 38
L'AFGHANISTAN
LE MAROC
35 37
L'IRAK
L'IRAN
LE BHOUTAN
L'ALGÉRIE
LA LYBIE
L'ÉGYPTE
LE KOWEÏT
BAHREÏN
LE PAKISTAN
LE NÉPAL
LA BIRMANIE
TAÏWAN
L'OCÉAN PACIFIQUE
LE SAHARA OCCIDENTAL
L'ARABIE SAOUDITE
LE QATAR
L'INDE
LA MAURITANIE
LES ÉMIRATS ARABES UNIS
OMAN
LE LAOS
LES PHILIPPINES
LE MALI
LE NIGER
LE TCHAD
L'ÉRYTHRÉE
LE BANGLADESH THAÏLANDE
LE VIÊT-NAM
34
LE SOUDAN
LE YÉMEN
33
28
DJIBOUTI
LE SRI LANKA
LE CAMBODGE
32
31
24
LE NIGÉRIA
L'ÉTHIOPIE
LA PAPOUASIE-NOUVELLE-GUINÉE
30
27 26
LA RÉPUBLIQUE CENTRAFRICAINE
LA MALAISIE
29
25 CAMEROUN
LA SOMALIE
23 LE CONGO
L'OUGANDA
LE GABON
21
LE KENYA
L'INDONÉSIE
LA RÉPUBLIQUE DÉMOCRATIQUE DU CONGO
22
LES COMORES
LA TANZANIE
LES SEYCHELLES
MAYOTTE
L'ANGOLA
LA ZAMBIE
LE MALAWI
MADAGASCAR
L'AUSTRALIE
LA NAMIBIE
LE ZIMBABWE
MAURICE
La Réunion
LE BOTSWANA
LE MOZAMBIQUE
L'OCÉAN INDIEN
L'AFRIQUE DU SUD
LE SWAZILAND
LE LESOTHO

| | | |
|---|---|---|
| 1 LES PAYS-BAS | 14 L'AUTRICHE | 27 LA CÔTE D'IVOIRE |
| 2 LA BELGIQUE | 15 LA SLOVAQUIE | 28 LE BURKINA-FASO |
| 3 LE LUXEMBOURG | 16 LA RÉPUBLIQUE TCHÈQUE | 29 LE LIBÉRIA |
| 4 LE LIECHTENSTEIN | 17 LA RUSSIE | 30 LA SIERRA LEONE |
| 5 LA SUISSE | 18 LA GÉORGIE | 31 LA GUINÉE |
| 6 ANDORRE | 19 L'ARMÉNIE | 32 LA GUINÉE-BISSAU |
| 7 LA SLOVÉNIE | 20 L'AZERBAIDJAN | 33 LA GAMBIE |
| 8 LA CROATIE | 21 LE RWANDA | 34 LE SÉNÉGAL |
| 9 LA BOSNIE-HERZÉGOVINE | 22 LE BURUNDI | 35 ISRAËL |
| 10 SERBIE-ET-MONTÉNÉGRO | 23 LA GUINÉE ÉQUATORIALE | 36 LE LIBAN |
| 11 L'ALBANIE | 24 LE BÉNIN | 37 LA JORDANIE |
| 12 LA MACÉDOINE | 25 LE TOGO | 38 LA SYRIE |
| 13 LA HONGRIE | 26 LE GHANA | 39 CHYPRE |

# La France

# L'Europe

# L'Afrique

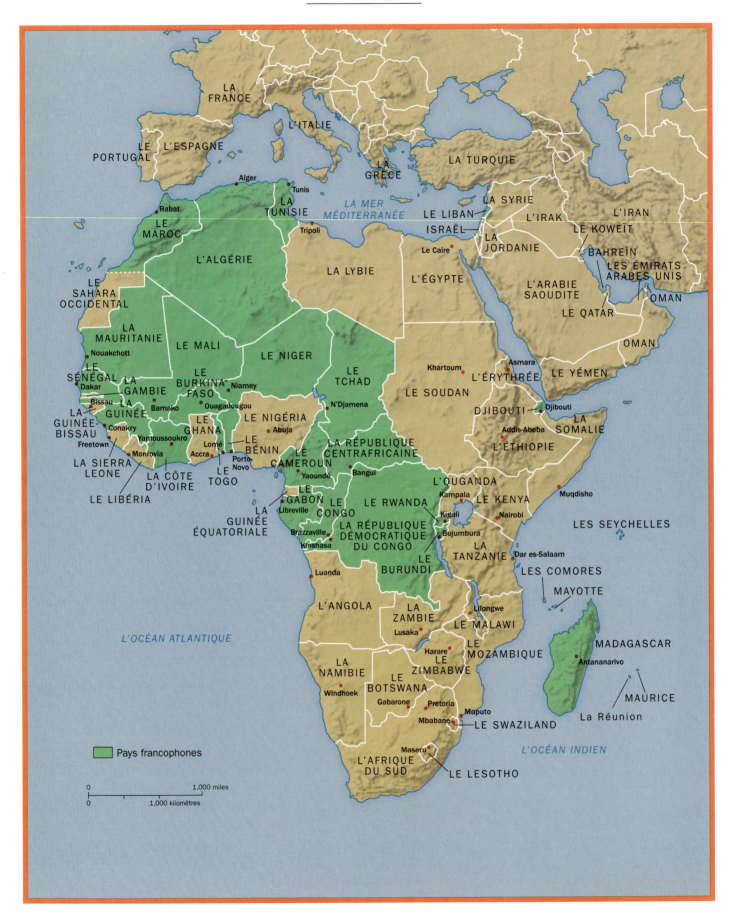

LA FRANCE

L'ITALIE

PORTUGAL  LE L'ESPAGNE

LA TURQUIE

LA MER
MÉDITERRANÉE

LA GRÈCE

Alger
Tunis
Rabat
LA TUNISIE

LA SYRIE
LE LIBAN
ISRAËL
LE MAROC

L'IRAK
L'IRAN
LE KOWEÏT

Tripoli
Le Caire
LA JORDANIE
BAHREÏN
LES ÉMIRATS ARABES UNIS

L'ALGÉRIE

L'ÉGYPTE
L'ARABIE SAOUDITE
OMAN
LE QATAR

LA LYBIE

LE SAHARA
OCCIDENTAL

OMAN

LA MAURITANIE
LE MALI
LE NIGER

Nouakchott
Khartoum
Asmara
LE YÉMEN

LE SÉNÉGAL  LA GAMBIE
Dakar
LE BURKINA FASO
Niamey
LE TCHAD
LE SOUDAN
L'ÉRYTHRÉE

Bissau  LA GUINÉE
Bamako
Ouagadougou
N'Djamena
DJIBOUTI  Djibouti

LA GUINÉE-BISSAU
Conakry
LE GHANA
LE NIGÉRIA
Abuja
Addis-Abeba
LA SOMALIE

Freetown
Yamoussoukro
Lomé  LE BÉNIN
LA RÉPUBLIQUE CENTRAFRICAINE
L'ÉTHIOPIE

LA SIERRA LEONE
Monrovia
Accra
Porto Novo
LE CAMEROUN
Yaoundé
Bangui

LE LIBÉRIA
LA CÔTE D'IVOIRE
LE TOGO
LE GABON
L'OUGANDA  LE KENYA

LA GUINÉE ÉQUATORIALE
Libreville
LE CONGO
LE RWANDA
Kampala
Muqdisho

Brazzaville
LA RÉPUBLIQUE DÉMOCRATIQUE DU CONGO
Kigali
Nairobi
LES SEYCHELLES

Kinshasa
Bujumbura

Luanda
LE BURUNDI
LA TANZANIE
Dar es-Salaam

L'ANGOLA
LA ZAMBIE
Lilongwe
LES COMORES

L'OCÉAN ATLANTIQUE
Lusaka
LE MALAWI
MAYOTTE

Harare  LE ZIMBABWE
LE MOZAMBIQUE
MADAGASCAR

LA NAMIBIE
LE BOTSWANA
Antananarivo

Windhoek
Gabarone
Pretoria
MAURICE

Maputo
La Réunion

Mbabane  LE SWAZILAND

Maseru
L'OCÉAN INDIEN

L'AFRIQUE DU SUD
LE LESOTHO

◼ Pays francophones

0 _____ 1,000 miles
0 _____ 1,000 kilomètres

# RÊVEZ

## le français sans frontières

bref cours de français intermédiaire

Mitschke

# Ressentir et vivre

S i tous les êtres humains ont la capacité d'éprouver des émotions, tous ne se sentent pas nécessairement libres de les exprimer. Pour diverses raisons, personnelles, sociales ou autres, certains ont du mal à révéler aux autres leurs vrais sentiments. Ils pensent peut-être que c'est une faiblesse. La plupart des gens que vous connaissez sont-ils plutôt ouverts ou réservés? Et vous? De quelle façon votre personnalité affecte-t-elle vos relations avec les autres?

Par une chaude journée d'été, des amis ressentent la même joie de vivre.

Destination:
ÉTATS-UNIS

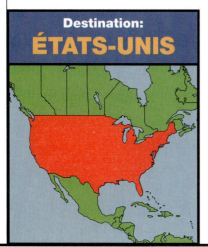

# Les relations personnelles

Audio: Vocabulary

## Les relations

une âme sœur *soul mate*
une amitié *friendship*

des commérages (*m.*) *gossip*
un esprit *spirit*
un mariage *marriage; wedding*
un rendez-vous *date*
une responsabilité *responsibility*

compter sur *to rely on*
draguer *to flirt; to try to "pick up"*
s'engager (envers quelqu'un) *to commit (to someone)*
faire confiance (à quelqu'un) *to trust (someone)*
mentir *(conj. like **sentir**) to lie*
mériter *to deserve; to be worth*
partager *to share*
poser un lapin (à quelqu'un) *to stand (someone) up*
quitter quelqu'un *to leave someone*
rompre *(irreg.) to break up*

sortir avec *to go out with*

(in)fidèle *(un)faithful*

## Les sentiments

agacer/énerver *to annoy*
aimer *to love; to like*
avoir honte (de) *to be ashamed (of)/embarrassed*
en avoir marre (de) *to be fed up (with)*
s'entendre bien (avec) *to get along well (with)*
gêner *to bother; to embarrass*
se mettre en colère contre *to get angry with*
ressentir *(conj. like **sentir**) to feel*
rêver de *to dream about*
tomber amoureux/amoureuse (de) *to fall in love (with)*

accablé(e) *overwhelmed*
anxieux/anxieuse *anxious*
contrarié(e) *upset*
déprimé(e) *depressed*
enthousiaste *enthusiastic; excited*
fâché(e) *angry; mad*
inquiet/inquiète *worried*

jaloux/jalouse *jealous*
passager/passagère *fleeting*

## L'état civil

divorcer *to get a divorce*
se fiancer *to get engaged*
se marier avec *to marry*
vivre (irreg.)* en union libre *to live together (as a couple)*

célibataire *single*
veuf/veuve *widowed; widower/widow*

## La personnalité

avoir confiance en soi *to be confident*

affectueux/affectueuse *affectionate*

charmant(e) *charming*
économe *thrifty*
franc/franche *frank; honest*
génial(e) *great; terrific*
(mal)honnête *(dis)honest*
idéaliste *idealistic*
inoubliable *unforgettable*
(peu) mûr *(im)mature*
orgueilleux/orgueilleuse *proud*
prudent(e) *careful*
séduisant(e) *attractive*
sensible *sensitive*
timide *shy*
tranquille *calm; quiet*

*The verb **vivre** is irregular in the present tense: **je vis, tu vis, il/elle vit, nous vivons, vous vivez, ils/elles vivent**.

# Mise en pratique

**1**

**L'intrus** Quel mot ne va pas avec les autres? Entourez-le.

1. affectueux • contrarié • déprimé • accablé
2. inquiet • tranquille • anxieux • prudent
3. fidèle • honnête • sincère • malhonnête
4. direct • franc • loyal • jaloux
5. beau • orgueilleux • séduisant • charmant
6. fiancés • commérages • âme sœur • union libre
7. agacer • en avoir marre • bien s'entendre • se mettre en colère
8. rompre • aimer • compter sur • faire confiance

**2**

**La description** Quel terme de la liste correspond le mieux à chaque phrase? Soyez logique!

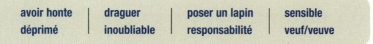

| avoir honte | draguer | poser un lapin | sensible |
| déprimé | inoubliable | responsabilité | veuf/veuve |

1. Je rêve de sortir avec elle depuis longtemps. Chaque fois que je la vois, j'essaie de la convaincre d'aller au restaurant ou au cinéma.
2. Ma tante habite seule. Son mari est mort il y a quatre ans.
3. Je suis souvent triste et je n'ai pas envie de sortir ni de voir des gens.
4. J'ai vu un film dont je me souviendrai toujours.
5. Ma petite sœur pleure facilement si on lui fait une critique.
6. J'avais rendez-vous avec quelqu'un. Je l'ai attendu au restaurant jusqu'à dix heures et quart mais il n'est jamais venu.

**3**

**Votre personnalité** Répondez aux questions puis calculez vos points. Quel est le résultat de votre test? Comparez-le avec celui d'un(e) camarade de classe.

| Oui | Quelquefois | Non | | Barème (*Key*) |
|-----|-------------|-----|---|---|
| ☐ | ☐ | ☐ | 1. Devenez-vous anxieux/anxieuse quand il y a beaucoup de monde? | **Oui** = 0 point |
| ☐ | ☐ | ☐ | 2. Est-ce que ça vous gêne de montrer vos émotions? | **Quelquefois** = 1 point |
| ☐ | ☐ | ☐ | 3. Avez-vous peur d'être le premier/la première à parler? | **Non** = 2 points |
| ☐ | ☐ | ☐ | 4. L'idée d'avoir un rendez-vous avec quelqu'un que vous ne connaissez pas vous fait-elle peur? | **Résultats** |
| ☐ | ☐ | ☐ | 5. Est-ce que ça vous intimide de flirter avec quelqu'un que vous ne connaissez pas? | **0 à 7** Vous avez tendance à être introverti(e). Sortez plus souvent! |
| ☐ | ☐ | ☐ | 6. Avez-vous peur de parler en public? | **8 à 11** Vous n'êtes ni introverti(e) ni extraverti(e). Bon équilibre! |
| ☐ | ☐ | ☐ | 7. Réfléchissez-vous longtemps avant de prendre une décision? | |
| ☐ | ☐ | ☐ | 8. Est-il plus important d'être agréable que franc dans la vie? | **12 à 20** Vous avez tendance à être extraverti(e). Écoutez un peu les autres! |
| ☐ | ☐ | ☐ | 9. Diriez-vous que vous êtes d'accord avec un(e) de vos ami(e)s juste pour éviter un conflit? | |
| ☐ | ☐ | ☐ | 10. Vous sentez-vous facilement gêné(e) dans certaines situations? | |

Practice more at **vhlcentral.com**.

# Préparation

| Vocabulaire du court métrage | Vocabulaire utile |
|---|---|
| **avancer** *to move forward* | **boiter** *to limp* |
| **la boue** *mud* | **un cauchemar** *nightmare* |
| **crier** *to yell* | **désespéré(e)** *desperate* |
| **une crise d'hystérie** *attack of hysteria* | **émotif/émotive** *emotional* |
| **s'enfoncer** *to drown* | **paniquer** *to panic* |
| **un(e) estropié(e)** *cripple* | **raconter (une histoire)** *to tell (a story)* |
| **frapper** *to knock; to hit* | **réagir** *to react* |
| **une guerre** *war* | **une route** *road* |
| **humain(e)** *human* | **soulager** *to relieve* |
| **pourtant** *though; however* | **se tromper** *to be wrong/mistaken* |
| **le pouvoir** *power* | |
| **un supplice** *torture* | |

## EXPRESSIONS

**Alors…** *So… /Well…*

**Bonté du ciel!** *Good heavens!*

**faire mourir quelqu'un à petit feu** *to make someone die a slow death*

**faire un rêve** *to have a dream*

**Pas tant de manières!** *Don't be so polite!*

**se tenir à l'écart** *to keep to oneself*

**Taisez-vous!** *Be quiet!*

**1 Un moment inoubliable** Thomas raconte à un ami son dernier match de foot. Cherchez dans la liste de vocabulaire les mots qui complètent l'histoire.

«Imagine un peu la situation. C'est le match du championnat contre notre grand rival, Marseille, donc c'est (1) _____! Les conditions sont vraiment mauvaises. Il n'y a pas d'herbe sur le terrain et il pleut, alors nous jouons dans (2) _____. Tout le monde sait que Marseille est moins forte que nous. (3) _____, elle joue très bien. Il reste seulement un quart d'heure et nous avons un point d'avance... Sans faire attention, quelqu'un (4) _____ Sylvain, notre meilleur joueur, et en fait un véritable (5) _____. (6) _____, Marseille marque un but (*scores a goal*) et notre équipe est (7) _____. C'est à moi de sauver le match! Je suis anxieux et prêt à paniquer, mais tout dépend de moi. C'est (8) _____ pour les spectateurs, mais nous (9) _____ vers le but, je (10) _____ pour qu'on me passe le ballon, et je tire (*shoot*)!»

**2 À vous de continuer** À votre avis, est-ce que le tir de Thomas est bon? et qui gagne le match? Quelles sont alors les émotions de Thomas et des autres joueurs? Avec des mots de la liste de vocabulaire, terminez l'histoire en trois ou quatre phrases.

Practice more at **vhlcentral.com.**

**3** **Et vous?** Répondez aux questions avec un(e) camarade de classe.

1. Quand vous êtes-vous trouvé(e) dans une situation stressante? Décrivez la situation. Qu'avez-vous ressenti? Comment avez-vous réagi?

2. Avez-vous regretté votre réaction? Pourquoi?

3. À votre avis, quel effet une situation stressante a-t-elle sur les réactions d'une personne?

**4** **Comment réagissez-vous?**

**A.** Dites quelle réaction vous correspond le mieux.

## Test de *Personnalité*

1. **Vous attendez un e-mail de quelqu'un que vous aimez beaucoup.**
   a. Vous regardez vos e-mails toutes les cinq minutes.
   b. Vous avez beaucoup à faire, mais vous regardez vos e-mails quand c'est possible.
   c. Ce n'est pas très important. Vous regardez quand vous y pensez.

2. **L'e-mail que vous recevez de votre professeur ou de votre patron/patronne est entièrement écrit en majuscules.**
   a. Vous pensez que la personne qui l'a envoyé est fâchée contre vous.
   b. Vous pensez que c'est une erreur.
   c. Vous n'y faites pas attention.

3. **Vous avez une mauvaise nouvelle à annoncer à quelqu'un.**
   a. Vous la lui annoncez tout de suite, face à face. C'est la meilleure manière de procéder.
   b. Vous évitez la personne pendant quelques jours avant de lui annoncer la nouvelle.
   c. Vous préférez ne pas le lui dire face à face. Vous lui envoyez un e-mail.

4. **Quelqu'un que vous connaissez est très triste. Il vient de se passer quelque chose de terrible dans sa vie.**
   a. Vous êtes aussi triste que cette personne.
   b. Vous compatissez (*sympathize*).
   c. À votre avis, cela ne vous regarde pas.

5. **Votre téléphone portable sonne à trois heures du matin. Quelle est votre première réaction?**
   a. Vous êtes inquiet/inquiète. Il s'est peut-être passé quelque chose.
   b. Vous êtes fâché(e) d'être dérangé(e) au milieu de la nuit.
   c. Vous n'y faites pas attention et continuez à dormir.

6. **Vous achetez quelque chose sur Internet. Comment voulez-vous qu'on vous l'envoie?**
   a. En priorité. Vous êtes impatient(e).
   b. Par le courrier normal. Pour le plaisir d'attendre.
   c. Vous allez le chercher vous-même. Vous n'avez pas confiance dans le système.

**B.** Échangez vos réponses avec un(e) camarade et dites ce que ses réponses révèlent de sa personnalité.

**5** **Photographies** Regardez les deux photos et imaginez les gens qui habitent le village. Que font-ils? Sont-ils heureux? Quelle est la personnalité de la femme? Est-ce que ses voisins lui ressemblent ou sont-ils différents?

**Short Film**

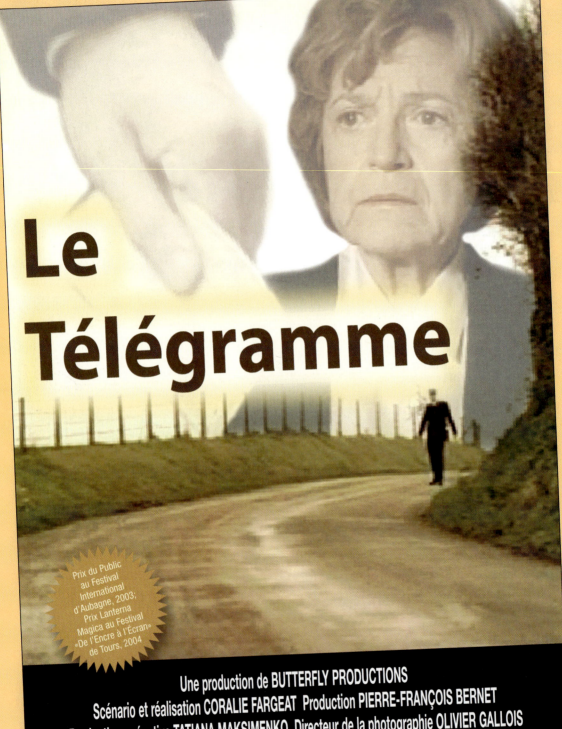

# Le Télégramme

Prix du Public au Festival International d'Aubagne, 2003; Prix Lanterna Magica au Festival «De l'Encre à l'Écran» de Tours, 2004

Une production de **BUTTERFLY PRODUCTIONS**
Scénario et réalisation **CORALIE FARGEAT** Production **PIERRE-FRANÇOIS BERNET**
Production exécutive **TATIANA MAKSIMENKO** Directeur de la photographie **OLIVIER GALLOIS**
Montage **JÉRÉMY LUC** Décors **CLÉMENT DUCROIX** Musique **GILLES MIGLIORI** Son **PATRICK VALLEY**
Acteurs **MYRIAM BOYER/STÉPHANE DAUSSE/ARLETTE TÉPHANY**

**INTRIGUE** *Pendant la Seconde Guerre mondiale, dans un petit village de France, deux mères attendent des nouvelles de leur fils.*

**BLANCHE** Alors, vous avez eu des nouvelles?
**PIERRETTE** Non, depuis sa dernière permission°, toujours pas. Et vous?
**BLANCHE** Mon fils, il n'a jamais aimé écrire.

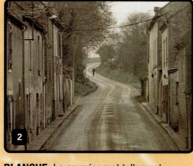

**BLANCHE** Le courrier met tellement de temps pour venir jusqu'ici. C'est tellement désorganisé.
**PIERRETTE** Sauf pour les télégrammes. Voilà McLaurie.

**BLANCHE** Dieu sait chez qui il va aujourd'hui.
**PIERRETTE** Ne vous inquiétez pas, Blanche. Ça ne peut pas être pour vous. Félix est parti il y a si peu.
**BLANCHE** Vous dites ça à chaque fois. Vous ne pouvez pas savoir. Personne ne peut savoir.

**BLANCHE** Bien sûr, pour vous c'est différent. Votre fils est officier°. Tout le monde sait... c'est plus facile pour eux.
**PIERRETTE** Ça ne dispense° pas du champ de bataille° ni de mourir comme les autres.
**BLANCHE** Oui... peut-être...

**BLANCHE** Il est fier de ce qu'il fait. Il est fier de savoir avant tout le monde.
**PIERRETTE** C'est vrai que ça lui donne un certain pouvoir.
**BLANCHE** Je ne l'ai jamais beaucoup aimé. Même avant la guerre. Ce McLaurie... Regardez-moi ça! Il avance si lentement... on dirait que c'est pour faire durer° le supplice!

**BLANCHE** C'est sûrement pour moi. J'ai fait ce rêve... Ce n'est pas possible. Dieu ne peut pas me prendre mon fils comme ça!
**PIERRETTE** Il a passé votre maison.
**BLANCHE** Pierrette!
**PIERRETTE** Taisez-vous! Il n'y a plus rien à dire.

permission *leave* officier *officer* dispense *exempts*
champ de bataille *battlefield* faire durer *prolong*

# Analyse

**Compréhension** Répondez aux questions par des phrases complètes.

1. Comment Pierrette et Blanche se connaissent-elles?
2. Que font-elles dans le film?
3. Quelle mère reçoit des nouvelles de son fils?
4. Qui est l'homme?
5. Qu'apporte-t-il?
6. Où sont les fils des deux femmes?
7. Quel est le grade (*rank*) du fils de Pierrette?
8. Finalement, pour qui est le télégramme?

**Réaction** On voit, dans le film, que Pierrette et Blanche réagissent différemment face à la même situation. Leur manière de s'exprimer, aussi, est différente. Par groupes de trois, décrivez leur manière de s'exprimer et parlez de leur personnalité à l'aide du vocabulaire. Comparez vos idées avec celles des autres groupes.

| | | |
|---|---|---|
| agacer | une amitié | accablé |
| avoir honte | des commérages | anxieux |
| crier | une crise d'hystérie | contrarié |
| s'enfoncer | un esprit | désespéré |
| gêner | une guerre | émotif |
| mentir | le pouvoir | fâché |
| paniquer | une responsabilité | humain |
| soulager | un supplice | jaloux |

**Interprétation** Avec un(e) camarade, répondez aux questions.

1. Quels sont les thèmes principaux du film?
2. Entre Pierrette et Blanche, laquelle aimez-vous le mieux? Pourquoi?
3. À la fin du film, pourquoi Pierrette dit-elle «Il n'y a plus rien à dire» et ferme-t-elle les yeux?
4. Que pensent Pierrette et Blanche quand elles voient que McLaurie est passé sans avoir frappé à aucune porte du village? À votre avis, savent-elles pour qui est le télégramme?
5. Où va le facteur à la fin du film? Que va-t-il faire? Que ressent-il?
6. Est-ce que Blanche espère vraiment que McLaurie s'arrête chez une de ses voisines?

**Imaginez** Dans ce court métrage, les gens du village dépendent de McLaurie. Mais que fait-il en dehors du travail? Quelle vie a-t-il? Qui d'autre dépend de lui? Quelle est sa personnalité? Avec un(e) camarade, décrivez la vie et la personnalité de McLaurie en cinq ou six phrases.

 Practice more at **vhlcentral.com.**

**5** **Dialogue** Lisez le dialogue entre Pierrette et Blanche. Puis imaginez ce que dirait McLaurie aux deux femmes s'il pouvait entendre leur conversation. Par groupes de trois, créez un dialogue entre les trois personnages et jouez-le devant la classe.

**BLANCHE** Il est fier de ce qu'il fait. Il est fier de savoir avant tout le monde.
**PIERRETTE** C'est vrai que ça lui donne un certain pouvoir.
**BLANCHE** D'ailleurs, moi, je ne l'ai jamais beaucoup aimé, même avant la guerre… Toujours à se tenir à l'écart, à garder ses distances…

**6** **À vous la parole!** Répondez individuellement aux questions avant de comparer vos réponses avec celles de votre camarade de classe.

1. Est-ce que vos parents s'inquiètent pour vous? Expliquez votre réponse.

2. Avez-vous de bonnes relations avec vos parents? et avec le reste de votre famille? Pourquoi?

3. Combien de fois par semaine parlez-vous avec vos parents?

4. Est-ce que vos parents vous connaissent bien? Savent-ils ce que vous aimez et ce que vous n'aimez pas? Donnez des exemples.

5. Pour qui vous inquiétez-vous? Pourquoi?

6. Connaissez-vous quelqu'un dans l'armée? Si oui, est-ce que vous vous inquiétez pour cette personne?

**7** **Moyens de communication** Aujourd'hui, il existe plusieurs moyens de communication. À votre avis, lesquels sont les plus efficaces pour communiquer ses émotions et ses sentiments? Pourquoi? Quels sont les avantages et les inconvénients de chaque moyen de communication? À l'aide de ce tableau, expliquez vos réponses et discutez-en par groupes de trois.

|  | Les avantages | Les inconvénients |
| --- | --- | --- |
| **une lettre** | | |
| **un télégramme** | | |
| **le téléphone** | | |
| **un e-mail** | | |
| **un SMS** (*text message*) | | |
| **un autre moyen…?** | | |

La statue de la Liberté à New York

# IMAGINEZ
## Les États-Unis

### Une amitié historique  Reading

Les liens° qui unissent la **France** et les **États-Unis** sont solides, fondés sur une histoire commune. À l'époque° coloniale, plusieurs Français ont participé à l'exploration de l'Amérique du Nord. Ainsi°, l'explorateur **Cavelier de La Salle** a été le premier Européen à descendre le **fleuve du Mississippi** et c'est **Antoine Cadillac**, un aventurier acadien°, qui a fondé la ville de **Detroit** en 1701. La **Louisiane française** était alors° un immense territoire avec, en son centre, le Mississipi. Elle s'étendait° des **Grands Lacs** au **golfe du Mexique**. Cet espace représente aujourd'hui dix États américains, et c'est pour cette raison que beaucoup de lieux dans cette région, comme **Belleville**, **Illinois** ou **Des Moines**, **Iowa**, portent° des noms français.

L'alliance franco-américaine s'est surtout renforcée° pendant la **guerre° d'Indépendance**. Avec le **marquis de Lafayette** et le **comte de Rochambeau**, l'armée française a offert une aide cruciale aux révolutionnaires américains, comme pendant la bataille° de la **baie de Chesapeake**, à la fin de la guerre. Ensuite, la France a été la première nation à reconnaître officiellement les nouveaux **États-Unis d'Amérique**. Des personnalités de cette période révolutionnaire comme **Benjamin Franklin**, **John Adams** et **Thomas Jefferson** étaient très francophiles et ont tous fait des séjours en France. De plus, les deux pays ont créé leur constitution en même temps et ont partagé la philosophie des **Lumières**°. Au cours des années, d'étroites° relations économiques et culturelles se sont développées entre eux, et en 1886, pour symboliser cette amitié, la France a offert aux États-Unis la **statue de la Liberté**, qu'on voit à l'entrée du port de **New York**.

Aujourd'hui, la France est le neuvième partenaire commercial des États-Unis, et hors de° l'Union Européenne, les États-Unis constituent le premier marché d'exportation

**D'ailleurs…**

Avec environ 1.300.000 étudiants, le français est la deuxième langue la plus étudiée aux USA, après l'espagnol. Plus de 100 programmes d'échanges scolaires existent entre la France et les États-Unis, et il y a plus de 130 Alliances françaises sur le territoire américain, qui organisent plus de 1.000 manifestations culturelles par an.

Audrey Tautou

de la France. Au niveau de la culture, les films français figurent parmi les films étrangers les plus vus aux États-Unis et les plus appréciés du public américain. Quel Américain ne connaît pas **Gérard Depardieu, Catherine Deneuve** ou **Audrey Tautou**, qui a incarné° l'héroïne d'*Amélie*? De même, les grands artistes sont toujours appréciés, et dans les musées américains, les expositions sur **Monet, Gauguin** ou **Cézanne** sont très populaires. Enfin, les liens touristiques sont forts: pour les Américains, la France est le pays de la bonne cuisine, des petits cafés, de la mode et du romantisme; et l'Amérique reste l'une des destinations préférées des touristes français. En somme, l'amitié entre ces deux pays semble faite pour durer°!

**liens** ties **À l'époque** At the time **Ainsi** In this way **acadien** from the Canadian region of Acadia **alors** at that time **s'étendait** stretched **portent** have **s'est renforcée** strengthened **guerre** war **bataille** battle **Lumières** Enlightenment **étroites** tight **hors de** outside **a incarné** embodied **durer** last

# Le français dans l'anglais

## Mots et expressions venus du français

| | |
|---|---|
| à la carte | en route |
| art déco | hors-d'œuvre |
| avant-garde | je ne sais quoi |
| camouflage | protégé |
| cliché | raison d'être |
| crème de la crème | rendez-vous |
| déjà vu | résumé |
| encore | touché |

## Mots anglais empruntés au français au Moyen Âge

| | |
|---|---|
| armée | army |
| bœuf | beef |
| espion | spy |
| honneur | honor |
| joie | joy |
| liberté | liberty |
| loisir | leisure |
| mariage | marriage |
| mouton | mutton |
| oncle | uncle |
| salaire | salary |
| vallée | valley |

# La francophonie aux USA

**Chevrolet** C'est un Suisse francophone, **Louis Chevrolet** (1878–1941), qui a fondé cette compagnie maintenant américaine. Après avoir été mécanicien en France et au Canada, Chevrolet déménage

à New York en 1901. Là, il travaille pour **Fiat** et, en 1905, commence sa carrière de pilote de course°. Plus tard, Chevrolet dessine des voitures de course et bat° le record du monde de vitesse! La **Chevrolet Motor Car Company** est devenue une division de **General Motors** en 1918.

**Les contes de Perrault** Les contes du Français **Charles Perrault** (1628–1703) divertissent° les petits et les grands depuis des siècles, dans le monde occidental. Ses histoires, comme *Cendrillon, Le Petit Chaperon° rouge, La Belle au bois dormant°*, et *Le Chat botté°* ont inspiré des films,

des ballets et des opéras. La compagnie Walt Disney en a même fait des films d'animation.

**Tony Parker** Malgré° son nom anglophone, **Tony Parker**, joueur professionnel de basket, est en fait° d'origine belge et française. Il

est né à **Bruges**, en Belgique, et a été élevé en France. On le connaît bien aux États-Unis, parce qu'il joue dans l'équipe des **Spurs** à **San Antonio, Texas**. Avant de rejoindre° cette équipe de la **NBA** en 2001, Tony jouait en France dans la **LNB** (**Ligue Nationale de Basket-ball**).

**Céline Dion** Dernière-née d'une famille québécoise de 14 enfants, **Céline Dion** enregistre sa première chanson à 12 ans. Sa carrière commence en français, mais à l'âge de 18 ans elle apprend l'anglais et part à la conquête du monde anglophone. Son succès aux États-

Unis est considérable; elle a vendu des millions d'albums, chanté pour la bande originale° de plusieurs films américains, et gagné de nombreux **Grammys**. Céline a encore connu un énorme succès avec son spectacle *A New Day…* créé en 2003, à **Las Vegas**.

**pilote de course** race car driver **bat** breaks **divertissent** entertain **Chaperon** hood **dormant** sleeping **Le Chat botté** Puss in Boots **Malgré** Despite **en fait** in fact **rejoindre** join **bande originale** sound track

# Qu'avez-vous appris?

**1** **Vrai ou faux?** Indiquez si ces affirmations sont vraies ou fausses et corrigez celles qui sont fausses.

1. C'est Cavelier de La Salle qui a fondé Detroit en 1701.

2. La Louisiane française s'étendait des Grands Lacs au golfe du Mexique.

3. Les films français ne sont pas appréciés des Américains.

4. Tony Parker est un joueur de basket d'origine belge et française.

5. Louis Chevrolet a écrit des contes connus dans le monde occidental.

6. Les films de Céline Dion connaissent un énorme succès aux États-Unis.

**2** **Que sais-je?** Répondez aux questions.

1. Qui a été le premier Européen à descendre le fleuve du Mississippi?

2. Quelles personnalités américaines de la période révolutionnaire étaient très francophiles?

3. Qu'est-ce que la France et les États-Unis ont créé en même temps?

4. Que symbolise la statue de la Liberté?

5. Qui a fondé la compagnie Chevrolet et de quelle nationalité était-il?

6. De quoi les films d'animation de Walt Disney s'inspirent-ils beaucoup?

## Projet

### Aux États-Unis

 ÉPREUVE

Où trouve-t-on la culture francophone aux États-Unis? Faites des recherches sur **vhlcentral.com** pour créer une page de présentation au sujet d'un événement ou d'un lieu francophone.

- Notez les détails les plus intéressants.
- Choisissez des photos.
- Présentez votre page à la classe.
- Expliquez pourquoi vous avez choisi ce sujet.

 Practice more at **vhlcentral.com**.

**Trouvez la bonne réponse.**

1. À l'époque coloniale, la Louisiane avait la taille _____.
   a. de la région des Grands Lacs
   b. de dix États américains
   c. du golfe du Mexique
   d. d'un État américain

2. L'alliance franco-américaine s'est renforcée _____.
   a. vers 1886          b. à l'époque coloniale
   c. vers 1701          d. pendant la guerre d'Indépendance

3. La France a été la première nation à _____ les États-Unis.
   a. reconnaître        b. aider
   c. explorer           d. nommer

4. À l'époque révolutionnaire, la France et les États-Unis partageaient _____.
   a. la même constitution       b. le même espace
   c. la philosophie des Lumières   d. la même économie

5. La France a offert la statue de la Liberté aux États-Unis, en _____.
   a. 1701          b. 1846
   c. 1886          d. 1776

6. Catherine Deneuve, Gérard Depardieu et Audrey Tautou sont connus pour leur carrière _____.
   a. dans le cinéma    b. d'écrivain
   c. de musicien       d. sportive

7. Il y a _____ Alliances françaises sur le territoire américain.
   a. 1.000          b. plus de 130
   c. plus de 250    d. 50

8. Le joueur de basket Tony Parker a été élevé _____.
   a. au Québec      b. en Belgique
   c. en France      d. à San Antonio

9. Céline Dion a présenté son premier _____ à Las Vegas.
   a. hôtel          b. salon de beauté
   c. magasin        d. spectacle

10. Charles Perrault n'a pas écrit _____.
    a. Le Chat botté
    b. Cendrillon
    c. La Princesse au petit pois
    d. La Belle au bois dormant

 Video: TV Clip

## Comment bien écrire le français

Les produits Clairefontaine sont généralement connus pour leur qualité. Les cahiers scolaires, par exemple, ont un papier spécial extra blanc. Beaucoup d'élèves aiment bien les utiliser. À la rentrée 2007, Clairefontaine a lancé (*launched*) une campagne télévisée qui a particulièrement plu au jeune public. Celle-ci met en scène Sophie et Jeff, dont les lettres d'amour sont tout de suite plus sophistiquées dès qu'ils les écrivent dans un cahier Clairefontaine.

Sophie, c'est fou comme c'était la lose dans ma vie avant que je te kiffe.

### VOCABULAIRE

**de la vidéo**

un baiser *kiss*
emprisonner *to imprison*
hanter *to haunt*
je te kiffe = je t'aime
un regard *look, glance*
réussir (à quelqu'un)
   *to work (for someone)*
un sourire *smile*

**pour la conversation**

l'argot (m.) *slang*
un banc *bench*
cher/chère *dear*
une lettre d'amour
   *love letter*
un texto *text message*

**1** **Compréhension** Répondez aux questions par des phrases complètes.

1. Où est la jeune fille? Que fait-elle?

2. Qu'est-ce que le garçon a tout de suite remarqué quand il a rencontré la jeune fille? Et la jeune fille?

3. Quelle différence remarquez-vous entre ce qui est écrit et ce qui est dit?

**2** **Discussion** Répondez aux questions en donnant des détails.

1. Avez-vous déjà écrit une lettre pour déclarer votre amour à quelqu'un? Si oui, qu'est-ce que vous lui avez dit? Sinon, imaginez ce qu'on dirait dans ce genre de situation.

2. Expliquez le slogan «On écrit mieux sur du papier Clairefontaine. Clairefontaine, ça vous réussit.» À votre avis, est-ce que c'est une bonne publicité? Pourquoi?

**Et vous?** Comment communiquez-vous avec les personnes qui vous sont chères? À votre avis, quel mode de communication est le plus approprié pour une déclaration d'amour? Expliquez.

Practice more at **vhlcentral.com**.

# GALERIE DE CRÉATEURS

### SUR INTERNET
Pour plus de renseignements sur ces créateurs et pour explorer des aspects précis de leurs créations, à l'aide d'activités et de projets de recherche, visitez vhlcentral.com.

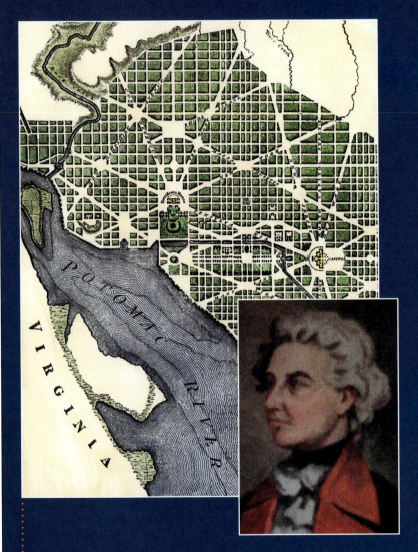

### PEINTURE
## George Rodrigue (1944–)

En 1964, ce Cajun découvre la grande différence qui existe entre la Louisiane, sa région natale (*native*) et le reste des États-Unis. Les tableaux du début de sa carrière représentent les purs Cajuns dont on lui a parlé dans les histoires hautes en couleur (*colorful*) de sa famille. Mais c'est la série de tableaux contemporains, *Chien bleu*, créée en 1984, qui va surtout le rendre célèbre. Sa chienne Tiffany, morte en 1980, y est représentée comme un fantôme. *Chien bleu* a eu un tel succès qu'il a paru dans la série télévisée *Friends* et même dans une campagne présidentielle. Rodrigue est aussi le peintre des portraits de présidents américains comme George Bush et Bill Clinton.

**URBANISME** **Pierre Charles L'Enfant (1754–1825)**

Venu pour aider Washington pendant la guerre d'Indépendance, l'ingénieur français Pierre L'Enfant a gagné le concours (*contest*) pour la construction de la nouvelle capitale américaine, Washington D.C. Le travail commence en 1791, mais L'Enfant ne termine pas le projet. Au début du 20e siècle, les plans de L'Enfant sont repris pour construire le *National Mall* de Washington, et le génie (*genius*) de l'architecte français est enfin reconnu. Aujourd'hui, la vision de L'Enfant se révèle dans le système de quadrillage, les boulevards avec les grands monuments et les espaces verts de Washington, D.C. L'Enfant est enterré (*buried*) au cimetière d'Arlington.

### GASTRONOMIE
## Julia Child (1912–2004)

Vers 1948, Julia Child découvre la cuisine française dans un restaurant de Rouen. Elle prend alors des cours au Cordon Bleu (*Blue Ribbon*), célèbre école de cuisine parisienne, puis elle écrit plusieurs guides culinaires français, dont le volumineux *Mastering the Art of French Cooking*. Elle est invitée à participer à une émission aux États-Unis, et en février 1963, l'émission culinaire, *The French Chef*, est lancée. Cette émission et ses guides culinaires ont eu un très grand succès. Julia Child devient une ambassadrice de la culture française aux États-Unis. Depuis 2001, on peut voir sa cuisine personnelle au *Smithsonian National Museum of American History*.

### DESIGN/ARCHITECTURE
## Philippe Starck (1949–)

Le designer et architecte, Philippe Starck, est tout aussi connu aux États-Unis où il réside, qu'en France où il est né. Avec plusieurs projets d'architecture et de décoration d'intérieur à l'étranger, entre autres aux États-Unis, en Australie, au Japon, en Argentine et en Turquie, il est l'un des décorateurs les plus originaux de sa génération. On compte, parmi ses créations, l'hôtel Mondrian à Los Angeles, le Royalton et le Hudson à New York et l'École Nationale Supérieure des Arts Décoratifs à Paris. L'ancien président de la République française, François Mitterrand, lui a même demandé d'apporter des modifications à ses appartements privés, dans le Palais de l'Élysée, sa résidence officielle. En 1979, l'architecte a fondé Starck Products, sa propre ligne d'objets pour la maison, de meubles et d'objets décoratifs.

## Compréhension

**Vrai ou faux?** Indiquez si chaque phrase est vraie ou fausse. Corrigez les phrases fausses.

1. Pierre L'Enfant a gagné le concours pour la construction de Washington, D.C.

2. George Rodrigue est le peintre des portraits de présidents américains comme George Washington et John Adams.

3. Julia Child découvre la cuisine française dans une école de cuisine de New York.

4. Philippe Starck n'est pas encore bien connu en France.

5. La construction de la nouvelle capitale américaine commence au début du 20e siècle.

6. La série de tableaux *Chien bleu* rend George Rodrigue célèbre.

7. Les guides culinaires de Julia Child ont eu beaucoup de succès, mais pas son émission *The French Chef*.

8. François Mitterrand, l'ancien président français, a demandé à Philippe Starck d'apporter des modifications à sa résidence officielle.

## Rédaction

**À vous!** Choisissez un de ces thèmes et écrivez un paragraphe d'après les indications.

- **Promenade dans la capitale** Vous visitez Washington, D.C. dessinée par Pierre L'Enfant. Décrivez les rues et les bâtiments de la capitale.

- **Chez les présidents** Le président des États-Unis demande à Philippe Starck de redécorer ses appartements privés, à la Maison Blanche. Décrivez ce que va faire M. Starck.

- **La cuisine française** Vous voulez suivre l'exemple de Julia Child. Décrivez ce que vous allez faire pour devenir un grand chef cuisinier.

Practice more at vhlcentral.com.

**1.1**

# Spelling-change verbs

—*Ne vous **inquiétez** pas, Blanche.*

- Several **-er** verbs require spelling changes in certain forms of the present tense. These changes usually reflect variations in pronunciation or are made to avoid a change in pronunciation.

- For verbs that end in **-ger**, add an **e** before the **-ons** ending of the **nous** form.

| voyager (*to travel*) | |
|---|---|
| je voyage | nous voyag**e**ons |
| tu voyages | vous voyagez |
| il/elle voyage | ils/elles voyagent |

Nous **mangeons** ensemble.

- Other verbs like **voyager** are **déménager** (*to move*), **déranger** (*to bother*), **manger** (*to eat*), **partager** (*to share*), **plonger** (*to dive*), and **ranger** (*to tidy up*).

- In verbs that end in **-cer**, the **c** becomes **ç** before the **-ons** ending of the **nous** form.

| commencer (*to begin*) | |
|---|---|
| je commence | nous commen**ç**ons |
| tu commences | vous commencez |
| il/elle commence | ils/elles commencent |

Nous **commençons** à 8h30.

- Other verbs like **commencer** are **avancer** (*to advance, to move forward*), **effacer** (*to erase*), **forcer** (*to force*), **lancer** (*to throw*), **menacer** (*to threaten*), **placer** (*to place*), and **remplacer** (*to replace*).

- The **y** in verbs that end in **-yer** changes to **i** in all forms *except* for the **nous** and **vous** forms.

| envoyer (*to send*) | |
|---|---|
| j'envo**i**e | nous envoyons |
| tu envo**i**es | vous envoyez |
| il/elle envo**i**e | ils/elles envo**i**ent |

Elle **paie** par chèque.

- Other verbs like **envoyer** are **balayer** (*to sweep*), **ennuyer** (*to annoy; to bore*), **essayer** (*to try*), **nettoyer** (*to clean*), and **payer** (*to pay*).

- Often the spelling change is simply the addition of an accent. Notice that the **nous** and **vous** forms of verbs like **acheter** have no accent added.

| acheter (*to buy*) | |
| --- | --- |
| j'ach**è**te | nous achetons |
| tu ach**è**tes | vous achetez |
| il/elle ach**è**te | ils/elles ach**è**tent |

Il **achète** un appareil photo.

- Other verbs like **acheter** are **amener** (*to bring someone*), **élever** (*to raise*), **emmener** (*to take someone*), **lever** (*to lift*), **mener** (*to lead*), and **peser** (*to weigh*).

- In verbs like **préférer**, the **é** in the last syllable of the verb stem changes to **è** in all forms *except* for the **nous** and **vous** forms.

| préférer (*to prefer*) | |
| --- | --- |
| je préf**è**re | nous préférons |
| tu préf**è**res | vous préférez |
| il/elle préf**è**re | ils/elles préf**è**rent |

Je **préfère** cette robe rouge.

**ATTENTION!**

The **é** in the first syllable of verbs like **élever** and **préférer** never changes. Spelling changes occur only in the last syllable of the verb stem.

- Other verbs like **préférer** are **considérer** (*to consider*), **espérer** (*to hope*), **posséder** (*to possess*), and **répéter** (*to repeat; to rehearse*).

- In certain verbs that end in -**eler** or -**eter**, the last consonant in the stem is doubled in all forms *except* for the **nous** and **vous** forms.

| appeler (*to call*) | | jeter (*to throw*) | |
| --- | --- | --- | --- |
| j'appe**ll**e | nous appelons | je je**tt**e | nous jetons |
| tu appe**ll**es | vous appelez | tu je**tt**es | vous jetez |
| il/elle appe**ll**e | ils/elles appe**ll**ent | il/elle je**tt**e | ils/elles je**tt**ent |

**BLOC-NOTES**

To review the present tense of -**er** verbs and the forms of regular -**ir** and -**re** verbs, see **Fiche de grammaire 1.4, p. 238.**

Seydou **appelle** son ami.

- Other verbs like **appeler** and **jeter** are **épeler** (*to spell*), **projeter** (*to plan*), **rappeler** (*to recall; to call back*), **rejeter** (*to reject*), and **renouveler** (*to renew*).

# Mise en pratique

**1** **Les fiancés** Jérôme et Mathilde vont bientôt se marier. Jérôme a fait une liste de toutes les tâches à accomplir. Dites ce que fait chaque personne mentionnée.

> **Modèle** **appeler le fleuriste: Mathilde et moi**
> Nous appelons le fleuriste.

> 1. *payer le pâtissier: moi*
>
> 2. *remplacer les invitations: ma sœur*
>
> 3. *amener les grands-parents: maman et papa*
>
> 4. *ranger l'appartement: Mathilde et moi*
>
> 5. *nettoyer la salle de bains: mon frère*
>
> 6. *répéter demain soir: les musiciens*
>
> 7. *jeter les vieux journaux: moi*
>
> 8. *acheter de nouvelles chaussures: mon frère et moi*

**2** **En famille** Kader est déprimé et il en donne les raisons aux membres de sa famille. Formez des phrases complètes.

1. mes enfants / préférer / leur mère
2. nous / ne… aucune / payer / dette
3. je / s'ennuyer / souvent / le dimanche
4. personne / ne… jamais / balayer dehors
5. Martine et Sonya / effacer / messages / sur / répondeur
6. mon frère / élever / mal / mes neveux
7. nous / ne… pas / remplacer / les fleurs fanées (*withered*)
8. vous / me / déranger / quand / je / amener / clients / à la maison

**3** **Les amis** Avec un(e) camarade, faites des phrases complètes avec les éléments de chaque colonne.

> **Modèle** Les vrais amis appellent souvent.

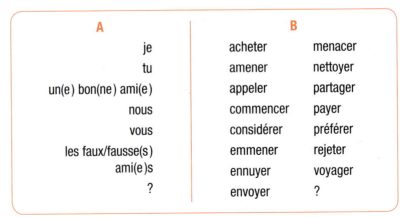

| A | B | |
|---|---|---|
| je | acheter | menacer |
| tu | amener | nettoyer |
| un(e) bon(ne) ami(e) | appeler | partager |
| nous | commencer | payer |
| vous | considérer | préférer |
| les faux/fausse(s) ami(e)s | emmener | rejeter |
| ? | ennuyer | voyager |
| | envoyer | ? |

 Practice more at **vhlcentral.com.**

# Communication

**4**

**Les jeunes mariés** Jacqueline et Thierry viennent de se marier. Avec un(e) camarade, décrivez leur vie ensemble à l'aide des mots de la liste.

| | | |
|---|---|---|
| commencer | espérer | préférer |
| considérer | essayer | projeter |
| déménager | mener | renouveler |

**Modèle** —Thierry projette de chercher un nouveau travail.

—Jacqueline préfère vivre près de Marseille.

**5**

**Conversation** Avec un(e) camarade, décrivez chaque personne à l'aide du verbe qui lui correspond.

**Modèle** **préférer: mon frère**

—Mon frère préfère travailler très tard le soir.

—Ma sœur aussi. Elle préfère commencer ses devoirs après dix heures.

1. acheter: mon père
2. posséder: le prof de français
3. rejeter: nos camarades de classe
4. ennuyer: je
5. avancer: nous
6. déranger: mes amis

**6**

**J'en ai besoin.** Par groupes de trois, dites pourquoi vous avez besoin des éléments de la liste ou pourquoi vous n'en avez pas besoin. Employez des verbes comme **voyager**, **commencer**, **envoyer**, **acheter**, **préférer** ou **appeler**. Chaque phrase doit avoir un verbe différent.

**Modèle** **une chaîne stéréo**

J'ai besoin d'une chaîne stéréo parce que j'achète beaucoup de CD.

- de l'argent
- une voiture
- un portable
- un appartement
- un ordinateur
- un aspirateur
- un(e) camarade de chambre
- ?

## 1.2 The irregular verbs *être*, *avoir*, *faire*, and *aller*

—Ils **ont** de meilleurs vêtements aussi.

- The four most common irregular verbs in French are **être**, **avoir**, **faire**, and **aller**. These verbs are considered irregular because they do not follow the predictable patterns of regular -**er**, -**ir**, or -**re** verbs.

- The verb **être** means *to be*. It is often followed by an adjective.

| être (*to be*) | |
|---|---|
| je suis | nous sommes |
| tu es | vous êtes |
| il/elle est | ils/elles sont |

Je **suis** américain.
*I am American.*

C'**est** un bon film.
*It is a good movie.*

Ils **sont** timides.
*They are shy.*

Nous **sommes** fiancés.
*We are engaged.*

- The verb **avoir** means *to have*.

| avoir (*to have*) | |
|---|---|
| j'ai | nous avons |
| tu as | vous avez |
| il/elle a | ils/elles ont |

Ils **ont** froid.

**ATTENTION!**

An idiomatic expression is one that cannot be translated or interpreted literally. Notice that many expressions with **avoir** correspond to English expressions with the verb *to be*.

**J'ai dix-neuf ans.**
*I am nineteen years old.*

**Mireille a sommeil.**
*Mireille is sleepy.*

- The verb **avoir** is used in many idiomatic expressions.

| | | |
|---|---|---|
| **avoir… ans** *to be … years old* | **avoir envie de** *to feel like* | **avoir de la patience** *to be patient* |
| **avoir besoin de** *to need* | **avoir faim** *to be hungry* | **avoir peur de** *to be afraid* |
| **avoir de la chance** *to be lucky* | **avoir froid** *to be cold* | **avoir raison** *to be right* |
| **avoir chaud** *to be hot* | **avoir honte de** *to be ashamed* | **avoir soif** *to be thirsty* |
| **avoir du courage** *to be brave* | **avoir mal à** *to ache, to hurt* | **avoir sommeil** *to be sleepy* |
| | | **avoir tort** *to be wrong* |

- The verb **faire** means *to do* or *to make*.

| faire (*to do*; *to make*) | |
|---|---|
| je fais | nous faisons |
| tu fais | vous faites |
| il/elle fait | ils/elles font |

Elle **fait** de l'exercice.

**BLOC-NOTES**

The verb **faire** followed by an infinitive means *to have something done* or *to cause something to happen*. To learn more about **faire causatif,** see **Fiches de grammaire, p. 276.**

- **Faire** is also used in numerous idiomatic expressions. Many of these expressions are related to weather, sports and leisure activities, or household tasks.

### les sports et les loisirs

**faire de l'aérobic** *to do aerobics*

**faire du camping** *to go camping*

**faire du cheval** *to ride a horse*

**faire de l'exercice** *to exercise*

**faire la fête** *to party*

**faire de la gym** *to work out*

**faire du jogging** *to go jogging*

**faire de la planche à voile** *to go windsurfing*

**faire une promenade** *to go for a walk*

**faire une randonnée** *to go for a hike*

**faire un séjour** *to spend time (somewhere)*

**faire du shopping** *to go shopping*

**faire du ski** *to go skiing*

**faire du sport** *to play sports*

**faire un tour (en voiture)** *to go for a walk (for a drive)*

**faire les valises** *to pack one's bags*

**faire du vélo** *to go cycling*

### le temps

**Il fait beau.** *The weather's nice.*

**Il fait chaud.** *It's hot.*

**Il fait froid.** *It's cold.*

**Il fait mauvais.** *The weather's bad.*

**Il fait (du) soleil.** *It's sunny.*

**Il fait du vent.** *It's windy.*

### les tâches ménagères

**faire la cuisine** *to cook*

**faire la lessive** *to do laundry*

**faire le lit** *to make the bed*

**faire le ménage** *to do the cleaning*

**faire la poussière** *to dust*

**faire la vaisselle** *to do the dishes*

### d'autres expressions

**faire attention (à)** *to pay attention (to)*

**faire la connaissance de** *to meet (someone)*

**faire mal** *to hurt*

**faire peur** *to scare*

**faire des projets** *to make plans*

**faire la queue** *to wait in line*

- The verb **aller** means *to go*.

| aller (*to go*) | |
|---|---|
| je vais | nous allons |
| tu vas | vous allez |
| il/elle va | ils/elles vont |

Ils **vont** au cinéma.

- You can use **aller** with another verb to tell what is going to happen in the near future. The second verb is in the infinitive. This construction is called the **futur proche** (*immediate future*).

Je **vais** quitter mon mari.
*I'm going to leave my husband.*

Vous **allez** lui mentir?
*Are you going to lie to him?*

**ATTENTION!**

Remember, when you negate a sentence in the **futur proche**, place **ne… pas** around the form of **aller.**

**Tu ne vas pas regarder le match?**
*Are you not going to watch the game?*

# Mise en pratique

**1**

**Le mariage** Complétez toutes les phrases. Soyez logique!

1. Soraya et Georges sont _____
2. Alors, ils vont _____
3. La mère de Soraya a _____
4. Son père est _____
5. Le jour du mariage, il fait _____
6. Soraya et Georges ont _____
7. Nous, leurs amis, nous sommes _____
8. La semaine prochaine, les jeunes mariés font _____

a. du soleil.
b. se marier.
c. amoureux.
d. déprimé parce qu'il pense au coût (*cost*) du mariage!
e. avec eux.
f. de la chance.
g. un séjour à Tahiti.
h. peur de perdre sa fille.

**2**

**Au musée** Complétez cette histoire à l'aide d'une forme correcte des verbes **être**, **avoir**, **faire** ou **aller**. Employez le présent de l'indicatif.

Kristen Aucoin et son frère Matt habitent dans le Rhode Island, et ils (1) _____ des ancêtres franco-canadiens. Ils adorent le sport et ils (2) _____ du vélo presque tous les week-ends, mais cet après-midi, il (3) _____ mauvais et il pleut. Alors, ils (4) _____ visiter le musée du Travail et de la Culture. Ils (5) _____ curieux de connaître l'histoire de leur région, et ce musée (6) _____ le meilleur endroit pour ça. Au musée, on (7) _____ la possibilité de voir des expositions sur l'immigration québécoise en Nouvelle-Angleterre. Kristen (8) _____ envie d'acheter quelques livres. Matt (9) _____ parler en français aux employés du musée. Il (10) _____ des efforts pour ne pas perdre la langue de ses grands-parents.

## Note CULTURELLE

**Le musée du Travail et de la Culture** se trouve à **Woonsocket**, dans le **Rhode Island**. Pendant tout le 19ᵉ siècle, des milliers (*thousands*) de **Québécois** sont venus dans le Rhode Island pour travailler dans les usines de la vallée du **fleuve Blackstone**. Au début du 20ᵉ siècle, Woonsocket était la ville la plus francophone des États-Unis. Aujourd'hui, on peut visiter les sites historiques de la ville pour y découvrir la forte influence de son passé francophone.

Practice more at **vhlcentral.com**.

# Communication

**3**

**Comparaisons** Avec un(e) camarade, décrivez les personnes de la liste à l'aide de ces expressions. Expliquez vos choix. Ensuite, comparez vos réponses avec celles d'un autre groupe.

> **Modèle** Madonna fait évidemment de la gym parce qu'elle est en forme.

| | |
|---|---|
| avoir du courage | faire la cuisine |
| avoir honte | faire la fête |
| avoir de la patience | faire de la gym |
| avoir sommeil | faire le ménage |
| avoir tort | faire du shopping |
| ? | ? |

- Mariah Carey
- Brad Pitt
- Céline Dion
- Will Smith
- Audrey Tautou
- Johnny Depp

**4**

**Conseils** À deux, donnez des conseils à ces personnes. Employez à chaque fois le verbe **être** ou **avoir**, une expression avec **faire** et un verbe au futur proche.

> **Modèle** Vous êtes fatiguée. Si vous faites une promenade, vous n'allez pas vous endormir.

**5**

**Promesses** Vous avez beaucoup agacé votre petit(e) ami(e) qui menace de vous quitter. Vous promettez de ne plus faire ce qui l'énerve. Il/Elle vous pose des questions pour en être sûr(e). Jouez la scène pour la classe.

> **Modèle** —Je ne vais plus draguer les filles!
> —Bon, mais est-ce que tu vas être plus affectueux?

## 1.3 Forming questions

—*Et **pourquoi ce ne serait pas** pour vous, d'abord?*

- Rising intonation is the simplest way to ask a question. Just say the same words as when making a statement and raise your pitch at the end.

Tu connais mon ami Pascal?
*Do you know my friend Pascal?*

- You can also ask a question using **est-ce que**. If the next word begins with a vowel sound, **est-ce que** becomes **est-ce qu'**.

**Est-ce que** vous prenez des risques?
*Do you take risks?*

**Est-ce qu'**il a cinq ans?
*Is he five years old?*

- You can place a tag question at the end of a statement.

Tu es canadien, **n'est-ce pas**?
*You are Canadian, right?*

On va partir à 8h00, **d'accord**?
*We're going to leave at 8 o'clock, OK?*

- You can invert the order of the subject pronoun and the verb. Remember to add a hyphen whenever you use inversion. If the verb ends in a vowel and the subject is **il**, **elle**, or **on**, add -**t**- between the verb and the pronoun.

**Aimes-tu** les maths?
*Do you like math?*

**Préfère-t-il** le bleu ou le vert?
*Does he prefer blue or green?*

- To ask for specific types of information, use the appropriate interrogative words.

**Interrogative words**

**combien (de)?** *how much/many?*
**comment?** *how?*
**où?** *where?*
**pourquoi?** *why?*
**quand?** *when?*
**que/qu'?** *what?*
**(à/avec/pour) qui?** *(to/with/for) who(m)?*
**(avec/de) quoi?** *(with/about) what?*

- You can use various methods of question formation with interrogative words.

  **Quand** est-ce qu'ils mangent?  **Combien** d'étudiants y a-t-il?
  *When are they eating?*  *How many students are there?*

- The interrogative adjective **quel** means *which* or *what*. Like other adjectives, it agrees in gender and number with the noun it modifies.

| **The interrogative adjective quel** | | |
|---|---|---|
| | **singular** | **plural** |
| masculine | quel | quels |
| feminine | quelle | quelles |

  —Je suis à l'hôtel.  —Carole aime cette chanson.
  —**Quel** hôtel?  —**Quelle** chanson?

- **Quel(le)(s)** can be used with a noun or with a form of the verb **être**.

  **Quelle est** ton adresse?  **Quelles sont** tes fleurs préférées?
  *What is your address?*  *What are your favorite flowers?*

- To avoid repetition, use the interrogative pronoun **lequel**. Like **quel**, it agrees in number and gender with the noun it modifies. Since it is a pronoun, the noun is not stated.

| **The interrogative pronoun lequel** | | |
|---|---|---|
| | **singular** | **plural** |
| masculine | lequel | lesquels |
| feminine | laquelle | lesquelles |

  —Je vais prendre cette jupe.  —Laure adore ces bonbons.
  —*I'm going to take this skirt.*  —*Laure loves these candies.*

  —**Laquelle**?  —**Lesquels**?
  —*Which one?*  —*Which ones?*

- **Lequel** and its forms can be used with the prepositions **à** and **de**. When this occurs, the usual contractions with **à** and **de** are made. In the singular, contractions are made only with the masculine forms.

  à + lequel = **auquel**  *but*  à + laquelle = **à laquelle**
  de + lequel = **duquel**  *but*  de + laquelle = **de laquelle**

  —Mon frère a peur du chien.  —Nous allons au cinéma.  —Je vais à l'université.
  —**Duquel** est-ce qu'il a peur?  —**Auquel** allez-vous?  —**À laquelle** vas-tu?

- In the plural, contractions are made with both the masculine and feminine forms: **auxquels, auxquelles; desquels, desquelles**.

  —Le prof parle aux étudiantes.  —Il a besoin de livres.
  —**Auxquelles** est-ce qu'il parle?  —**Desquels** a-t-il besoin?

# Mise en pratique

**1**

**Les copains** Posez des questions à Gisèle. Formulez chaque question deux fois, d'abord avec **est-ce que**, puis avec l'inversion.

> **Modèle**  **nous / avoir rendez-vous / avec Karim / au café**
>
> Est-ce que nous avons rendez-vous avec Karim au café? Avons-nous rendez-vous avec Karim au café?

1. tu / avoir confiance / en Myriam
2. Lucie et Ahmed / aller / faire / du sport
3. vous / rêver / de / tomber / amoureux
4. Alain / draguer / filles / de / la classe
5. Stéphanie / se mettre / souvent / en colère
6. mes copines / espérer / faire / un séjour / Canada

**2**

**Des parents contrariés** Ces parents sont fâchés contre leurs deux enfants adolescents. La mère pose des questions et le père les réitère avec des interrogatifs. Avec un(e) camarade, alternez les rôles, puis jouez la scène pour la classe.

> **Modèle**  **Tu rentres <u>à trois heures du matin</u>?**
>
> À quelle heure est-ce que tu rentres?!

1. Vous mangez <u>cinq éclairs</u> par jour?
2. Tu travailles <u>avec Laurent</u>?
3. <u>Ce</u> mauvais élève est ton meilleur ami?
4. Vous allez <u>au parc</u> pendant les cours?
5. Vos amis achètent <u>des jeux vidéo</u> avec leur argent?

**3**

**Chez le conseiller matrimonial** D'après (*According to*) les réponses, devinez les questions. Employez l'inversion.

**CONSEILLER** (1) _____

    **M. LEROUX** Ah, oui! Ma femme travaille trop!

**CONSEILLER** (2) _____

    **M. LEROUX** Elle est psychologue.

**CONSEILLER** (3) _____

**MME LEROUX** Non, malheureusement, nous ne sortons jamais ensemble.

**CONSEILLER** (4) _____

**MME LEROUX** Oui, mon mari me demande souvent de rentrer plus tôt.

**CONSEILLER** (5) _____

    **M. LEROUX** Bien sûr que ses heures de travail me gênent!

**CONSEILLER** Bon, (6) _____

    **M. LEROUX** Prenons le prochain rendez-vous pour onze heures.

# Communication

**4** **À vous de décrire!** Par groupes de trois, regardez chaque photo et posez-vous mutuellement des questions pour décrire ce qui se passe.

> **Modèle** —Combien de personnes y a-t-il?
> —Il y a cinq personnes.
> —Que font-elles?

**5** **Des curieux** Dites à votre camarade ce que vous allez faire pendant les prochaines vacances, à l'aide des mots de la liste. Ensuite, votre camarade va formuler une question avec **lequel** pour avoir plus de détails.

> **Modèle** —Je vais lire un livre.
> —Ah bon? Lequel?
> —Je vais lire *De la démocratie en Amérique*.

| | |
|---|---|
| bronzer sur une plage | sortir avec des copains/copines |
| descendre dans une auberge | visiter des musées |
| manger dans un restaurant | visiter une ville |
| regarder des émissions à la télé | voir un film |
| ? | ? |

**6** **Questions personnalisées** Avec un(e) camarade, posez-vous mutuellement au moins trois questions sur ces thèmes. Présentez ensuite vos réponses à la classe.

> **Modèle** **le/la petit(e) ami(e)**
> As-tu un(e) petit(e) ami(e)? Comment est-ce qu'il/elle s'appelle?
> À quelle université va-t-il/elle?

- les cours
- les parents
- les copains
- l'argent
- les passe-temps
- la nourriture

**Note CULTURELLE**

En 1831, le gouvernement français envoie aux États-Unis un écrivain de science politique âgé de 25 ans, **Alexis de Tocqueville**, pour y étudier les prisons. Après un séjour de neuf mois, Tocqueville retourne en France, enthousiasmé par le système démocratique américain, et il écrit *De la démocratie en Amérique*. Cette analyse politique, qui décrit tout aussi bien la réalité d'aujourd'hui que celle du 19e siècle, est un classique de la littérature française.

# Synthèse  Reading

## Où allons-nous habiter?

| De: | Martin <martin.compeau@courriel.ca> |
|-----|-------------------------------------|
| Pour: | Docteur Lesage <etienne24@courriel.qc> |
| Sujet: | Où allons-nous habiter? |

J'ai 30 ans et je suis marié. Mon problème a commencé à cause d'une blague. Je fais des blagues tout le temps. Ma femme Pauline et moi déménageons bientôt à New York, où nous faisons un tour chaque année. Elle considère que c'est la ville idéale. Nous avons deux enfants, et nous sommes tous très heureux d'aller habiter à New York. Un week-end, j'y vais pour chercher un appartement, pendant que Pauline essaie de vendre notre maison. Mais on s'envoie des messages instantanés pour être en contact. Elle m'appelle aussi chaque soir.

La semaine dernière, pour rire, j'ai l'idée d'envoyer un e-mail à Pauline pour lui dire que je n'ai plus envie de déménager. Et je réussis à la convaincre°! C'est incroyable, n'est-ce pas? Cette situation m'inquiète beaucoup, parce que ma femme s'est mise en colère. Elle ne veut plus me parler. Quelle solution me suggérez-vous? Comment vais-je lui dire que c'est une blague? Ne va-t-elle pas se mettre encore plus en colère? Êtes-vous capable de m'aider?

*to convince*

 **1 L'e-mail** Par groupes de trois, lisez l'e-mail que Martin a écrit au Docteur Lesage et répondez aux questions.

1. Qu'est-ce que Martin fait tout le temps?
2. Que font Martin et Pauline à New York?
3. Comment Martin et Pauline sont-ils en contact quand ils ne sont pas ensemble?
4. Quelle idée Martin a-t-il un jour?
5. Qu'est-ce que Martin réussit à faire?
6. Quel est l'effet de cette situation sur Martin?

 **2 Discussion** Restez dans le même groupe de trois et parlez du problème de Martin. Suggérez une solution. Choisissez un membre du groupe pour la présenter à la classe.

 **3 Solution** Écoutez les solutions suggérées par tous les groupes et parlez-en avec toute la classe. Travaillez ensemble pour trouver la meilleure solution au problème de Martin. Gardez en tête les questions suivantes.

1. Quelles sont les différentes réactions de chaque groupe au problème de Martin?
2. Y a-t-il une solution commune? Laquelle?
3. Y a-t-il des solutions plus réalisables (*workable*) que d'autres? Lesquelles?

# Préparation

| Vocabulaire de la lecture | Vocabulaire utile |
|---|---|
| **à partir de** *from* | **un(e) ancêtre** *ancestor* |
| **fuir** (*irreg.*) *to flee* | **s'assimiler à** *to blend in* |
| **grâce à** *thanks to* | **bilingue** *bilingual* |
| **un mélange** *mix* | **un choc culturel** *culture shock* |
| **une nouvelle vague** *new wave* | **le dépaysement** *change of scenery; disorientation* |
| **rejoindre** (*irreg.*) *to join* | **émigrer** *to emigrate* |
| **un soldat** *soldier* | **immigrer** *to immigrate* |
| | **s'intégrer (à un groupe)** *to integrate (into a group)* |

**1**

**Vocabulaire** Choisissez le bon mot de vocabulaire pour compléter chaque phrase.

1. _____ mes parents, je vais à l'université.

2. Il est normal de rendre hommage à nos _____, plusieurs fois dans l'année.

3. Une personne qui parle couramment deux langues est _____.

4. Dans les films d'horreur, le héros ou l'héroïne _____ toujours le monstre ou le méchant (*bad guy*).

5. Cette _____ artistique mélange le moderne et le traditionnel.

6. Benjamin Franklin a peut-être ressenti _____ quand il est arrivé pour la première fois en France, comme représentant des États-Unis.

**2**

**Chez vous** Répondez individuellement aux questions par des phrases complètes. Ensuite, comparez vos réponses avec celles de votre camarade.

1. Votre famille a-t-elle conservé des éléments de sa culture ancestrale? Si oui, lesquels? Lesquels préférez-vous? Sinon, quels sont les éléments des autres cultures que vous appréciez le plus?

2. Voudriez-vous que vos enfants et petits-enfants transmettent les traditions que vous avez maintenues dans votre famille?

3. Quelles communautés ethniques différentes de la vôtre existent près de chez vous? Ont-elles parfois des festivals ou des événements qui célèbrent leur culture? Si oui, y avez-vous déjà assisté? Décrivez votre expérience.

**3**

**Sujets de réflexion** Discutez de ces questions par groupes de trois et comparez vos réponses à celles des autres groupes.

1. Quelles sont les raisons pour lesquelles une personne immigre dans un autre pays?

2. Quand quelqu'un part vivre dans un pays étranger où on parle une autre langue, devrait-il/elle parler à ses futurs enfants dans sa langue ou dans la langue du pays? Expliquez votre réponse.

3. Comment peut-on préserver une culture? Quel rôle joue la langue dans cet effort de préservation?

4. Faut-il s'assimiler pour s'intégrer, ou peut-on arriver à l'intégration en gardant (*while keeping*) sa propre culture?

Practice more at **vhlcentral.com.**

# Les **Francophones** d'Amérique

Chaque année, vers le mois de septembre, les Festivals acadiens de Lafayette, en Louisiane, célèbrent les divers aspects de la culture cajun:
5 musique, gastronomie, art et artisanat… Cette tradition a commencé à l'époque de la «fièvre» cajun qui a fait redécouvrir une culture en voie de disparition.

C'est au 17ᵉ siècle qu'une communauté
10 francophone s'est installée en Acadie, à l'est du Canada, où on trouve aujourd'hui la *Nova Scotia* Nouvelle-Écosse°, et les régions voisines. La communauté a souffert de l'invasion des Britanniques pendant la guerre de Sept Ans
15 (1754–1763) et de la déportation en France, en Angleterre et dans les colonies britanniques. De nombreux Acadiens ont fui. Ils ont suivi le *end up* fleuve Mississippi pour aboutir° en Louisiane, en 1765. C'est alors qu'est née la culture *being* 20 cajun, ce terme étant° une altération anglaise du mot «acadien». Jusqu'au 20ᵉ siècle, d'autres francophones, du Canada, des Antilles et d'ailleurs, ont rejoint les
25 Cajuns.

En 1921, un nouvel obstacle se présente, quand le gouvernement de la Louisiane déclare
30 obligatoire l'éducation en anglais. À partir de ce moment, la culture cajun est en danger d'extinction.
35 Heureusement, en 1968, le gouvernement local crée le Conseil pour le Développement du Français en Louisiane (CODOFIL) et on appelle Acadiana le sud-ouest de l'État, où se trouve la majorité des
40 Cajuns. Aujourd'hui, le français est enseigné dans les écoles, parfois dans des programmes d'immersion.

*Besides* Outre° le retour de l'enseignement du français, la culture cajun a connu une
45 renaissance, dans les domaines de la gastronomie et de la musique. Depuis ses origines, la musique est un mélange

## Les instruments de musique

Le violon° et l'accordéon, les principaux instruments de la musique cajun, sont accompagnés de la guitare, du triangle, de l'harmonica et de la planche à laver°, ou «frottoir» en cajun. Ce dernier instrument se joue à l'aide de dés à coudre° avec lesquels on frotte° la planche ou on tape° dessus.

*fiddle*

*washboard*

*thimbles*
*rubs/hits*

d'influences étrangères provenant d'Afrique, des Antilles ou du reste des États-Unis. Le musicien Dewey Balfa a contribué à la 50 popularité de la musique acadienne depuis les années 1960, et la nouvelle vague de musiciens cajuns continue de la faire évoluer.

Celle-ci est devenue si populaire que des 55 groupes se sont formés dans d'autres villes américaines, comme les Femmes d'enfer à Seattle ou Bone Tones à 60 Minneapolis.

La gastronomie est l'autre ambassadeur culturel des Cajuns. Originaire de l'Acadiana, 65 elle s'inspire de la cuisine provençale, et ses principaux ingrédients sont le poivron, l'oignon et le céleri. Grâce à des chefs comme Paul Prudhomme et Emeril Lagasse, dont on voit les émissions télévisées, 70 cette gastronomie s'est répandue° dans *has spread* beaucoup de villes et de cuisines américaines.

Les cultures acadienne et cajun ont su résister à tous les événements qui ont voulu les détruire. Le peuple cajun a réussi son 75 intégration: il s'est assimilé à la société américaine sans abandonner ses traditions ni son mode de vie. ■

> **La culture cajun a connu une renaissance aux États-Unis, dans les domaines de la gastronomie et de la musique.**

# Analyse

**1**

**Compréhension** Répondez aux questions par des phrases complètes.

1. D'où est venue la majorité des francophones qui se sont installés en Louisiane au 18ᵉ siècle?

2. Pour quelle raison ont-ils quitté leur colonie?

3. Pourquoi la langue et la culture cajuns ont-elles été en danger d'extinction au 20ᵉ siècle?

4. À part (*Apart from*) la langue, quels sont les deux éléments les plus visibles de la culture cajun sur le continent américain?

5. Quels sont les deux instruments principaux de la musique cajun?

6. Quelle cuisine a influencé la gastronomie cajun?

**2**

**Opinion** Répondez à ces questions avec un(e) camarade.

1. Que ressentiriez-vous si le gouvernement vous interdisait de parler votre langue?

2. Pensez-vous que votre langue et votre culture fassent partie de votre personnalité? Expliquez votre réponse.

3. Pensez-vous que la coexistence de plusieurs cultures crée une société plus forte ou plus faible?

**3**

**Prédiction** Vous avez lu que d'autres cultures et des influences extérieures ont menacé l'existence de la culture cajun. Pourtant, cette culture existe encore et a de l'influence sur le continent nord-américain. Par groupes de trois ou quatre, imaginez la communauté cajun en 2100. Existera-t-elle encore, à votre avis? Le français cajun sera-t-il encore parlé?

**4**

**Allez plus loin** Pour aller plus loin, imaginez le continent nord-américain en 2100 et répondez aux questions par groupes de trois.

- À votre avis, quelles seront les cultures dominantes sur le territoire?
- Quelles seront les cultures en déclin?
- Quelles langues le peuple américain parlera-t-il?
- L'anglais persistera-t-il à dominer comme unique langue officielle?
- L'éducation bilingue ou plurilingue (*multilingual*) sera-t-elle une réalité?

 Practice more at **vhlcentral.com.**

# Préparation

## À propos de l'auteur

**G**uillaume Apollinaire (1880–1918), de son vrai nom Wilhelm Apollinaris de Kostrowitcki, est né à Rome, d'une mère polonaise. Il passe son enfance avec sa mère et son frère sur la Côte d'Azur. En 1899, ils déménagent à Paris où Wilhelm devient précepteur (*tutor*) dans une famille allemande. Il accompagne cette famille en Allemagne, en Autriche et en Hollande. Ces voyages lui inspirent de nombreux poèmes, notamment *Nuit rhénane*. De retour à Paris, Apollinaire rencontre des artistes d'avant-garde: Derain, Vlaminck, Picasso et d'autres. En 1914, il s'engage dans l'armée où il continue d'écrire des poèmes. Il est grièvement (*seriously*) blessé en 1916 et meurt de la grippe espagnole deux ans plus tard. Guillaume Apollinaire a joué un rôle considérable dans la création de mouvements littéraires et artistiques.

| Vocabulaire de la lecture | Vocabulaire utile |
|---|---|
| **s'en aller** *to go/fade (away)* | **des amants** (*m.*) *lovers* |
| **couler** *to flow; to run (water)* | **désabusé(e)** *disillusioned* |
| **la joie** *joy* | **une liaison** *affair; relationship* |
| **las/lasse** *weary* | **mélancolique** *melancholic* |
| **la peine** *sorrow* | **une rupture** *breakup* |
| **sonner** *to strike; to sound* | **la tristesse** *sadness* |

**1**  **Définitions** Faites correspondre les mots avec leur définition.

_____ 1. Fait de mettre fin à quelque chose

_____ 2. Bonheur, grand plaisir

_____ 3. Tourment, souffrance morale

_____ 4. Relation amoureuse

_____ 5. Symboliser ou décrire

_____ 6. Action de l'eau qui se déplace ou du temps qui passe

_____ 7. Qui a tendance à être triste et rêveur

_____ 8. Qui n'a plus d'illusions

a. représenter
b. mélancolique
c. sonner
d. couler
e. désabusé
f. rupture
g. liaison
h. peine
i. onde
j. joie

Marie Laurencin

**2** **Préparation** Répondez individuellement à ces questions, puis discutez-en avec un(e) camarade de classe.

1. Quels sont les événements de la vie qui symbolisent la joie? Et la peine?

2. Peut-on dire que la vie a des vagues (*waves*) de bonheur ou de tristesse? Comment peut-on l'expliquer?

3. Dans l'art et la littérature, pourquoi l'eau représente-t-elle le temps qui passe? Quelles autres métaphores ou images vous font penser au temps qui passe?

4. Êtes-vous désabusé(e)? À cause de qui ou de quoi?

5. Avez-vous vécu une rupture? Comment cela s'est-il passé? Si non, connaissez-vous quelqu'un d'autre qui a vécu une rupture?

 Practice more at **vhlcentral.com.**

# LE PONT Mirabeau

**Guillaume Apollinaire**

Sous le pont Mirabeau coule la Seine

Et nos amours

Faut-il qu'il m'en souvienne

La joie venait toujours après la peine

5      Vienne la nuit sonne l'heure

*remain*      Les jours s'en vont je demeure°

Les mains dans les mains restons face à face

*while*      Tandis que° sous

Le pont de nos bras passe

*water* 10  Des éternels regards l'onde° si lasse

Vienne la nuit sonne l'heure

Les jours s'en vont je demeure

———

## La joie venait toujours après la peine

———

*running*  L'amour s'en va comme cette eau courante°

L'amour s'en va

15      Comme la vie est lente

*hope*  Et comme l'Espérance° est violente

Vienne la nuit sonne l'heure

Les jours s'en vont je demeure

Passent les jours et passent les semaines

20      Ni temps passé

Ni les amours reviennent

Sous le pont Mirabeau coule la Seine

Vienne la nuit sonne l'heure

Les jours s'en vont je demeure ■

# Analyse

**1** **Compréhension** Répondez aux questions, si possible par des phrases complètes.

1. Qui parle, dans le poème? À qui parle cette personne?
2. De quoi se souvient le poète?
3. Qu'est-ce qui forme un «pont», à part le pont Mirabeau?
4. Dans le poème, quels sont les éléments que l'eau représente?
5. Quel est l'objet qui symbolise le poète quand il dit «je demeure»? Pourquoi?
6. Quelles sont des expressions de sentiments désabusés?
7. Y a-t-il du bonheur ou de l'optimisme dans le poème?
8. Quels sont les thèmes principaux du poème?

**2** **Interprétation** Répondez aux questions par des phrases complètes.

1. Que ressent l'auteur? Ses sentiments changent-ils pendant le poème?
2. Que veut dire le poète quand il écrit que «… sous le pont de nos bras passe / des éternels regards l'onde si lasse»?
3. Et que veulent dire «Vienne la nuit sonne l'heure / Les jours s'en vont je demeure»? Pourquoi le poète répète-t-il ces vers quatre fois?
4. La liaison de ce couple était-elle heureuse, turbulente ou tranquille, à votre avis? Décrivez-la dans un court paragraphe.

**3** **Imaginez** Avec un(e) camarade, imaginez l'histoire d'amour de ce poète et de son amie. Préparez une conversation qui explique pourquoi leur rupture est nécessaire. Servez-vous du nouveau vocabulaire et des nouvelles structures.

**4** **Rédaction** Écrivez une lettre, réelle ou imaginaire, à votre (petit[e]) ami(e) ou à quelqu'un dont vous êtes amoureux / amoureuse. Suivez le plan de rédaction.

---

### Plan

**1** **Préparation** Pensez à la personne à laquelle vous adressez la lettre. Choisissez une salutation, comme: **Cher _____ / Chère _____, Mon amour, Mon cœur**…

**2** **Développement** Organisez vos idées. Quels sont les sentiments que vous voulez exprimer? Aidez-vous de ces questions pour écrire votre lettre:

1. Comment est la personne qui va lire la lettre?
2. Que ressentez-vous quand vous pensez à cette personne?
3. Pourquoi aimez ou aimiez-vous cette personne?
4. Pensez-vous que vos sentiments sont ou étaient réciproques?
5. Quels contacts espérez-vous avoir avec cette personne à l'avenir?

**3** **Conclusion** Terminez votre lettre par une phrase qui convient, telle que: **Amitiés, Bises / Bisous, Je t'embrasse, Je t'aime**, ou **Ton amour**. Ces exemples vont de la simple amitié au grand amour.

# Les relations personnelles

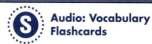 Audio: Vocabulary Flashcards

## Les relations

**une âme sœur** *soul mate*
**une amitié** *friendship*
**des commérages** *(m.) gossip*
**un esprit** *spirit*
**un mariage** *marriage; wedding*
**un rendez-vous** *date*
**une responsabilité** *responsibility*

**compter sur** *to rely on*
**draguer** *to flirt; to try to "pick up"*
**s'engager (envers quelqu'un)** *to commit (to someone)*
**faire confiance (à quelqu'un)** *to trust (someone)*
**mentir** *(conj. like **sentir**) to lie*
**mériter** *to deserve; to be worth*
**partager** *to share*
**poser un lapin (à quelqu'un)** *to stand (someone) up*
**quitter quelqu'un** *to leave someone*
**rompre** *(irreg.) to break up*
**sortir avec** *to go out with*

**(in)fidèle** *(un)faithful*

## Les sentiments

**agacer/énerver** *to annoy*
**aimer** *to love; to like*
**avoir honte (de)** *to be ashamed (of)/embarrassed*
**en avoir marre (de)** *to be fed up (with)*
**s'entendre bien (avec)** *to get along well (with)*
**gêner** *to bother; to embarrass*
**se mettre en colère contre** *to get angry with*
**ressentir** *(conj. like **sentir**) to feel*
**rêver de** *to dream about*
**tomber amoureux/amoureuse (de)** *to fall in love (with)*

**accablé(e)** *overwhelmed*
**anxieux/anxieuse** *anxious*
**contrarié(e)** *upset*
**déprimé(e)** *depressed*
**enthousiaste** *enthusiastic; excited*
**fâché(e)** *angry; mad*
**inquiet/inquiète** *worried*
**jaloux/jalouse** *jealous*
**passager/passagère** *fleeting*

## L'état civil

**divorcer** *to get a divorce*
**se fiancer** *to get engaged*
**se marier avec** *to marry*
**vivre** *(irreg.)* **en union libre** *to live together (as a couple)*

**célibataire** *single*
**veuf/veuve** *widowed; widower/widow*

## La personnalité

**avoir confiance en soi** *to be confident*

**affectueux/affectueuse** *affectionate*
**charmant(e)** *charming*
**économe** *thrifty*
**franc/franche** *frank*
**génial(e)** *great; terrific*
**(mal)honnête** *(dis)honest*
**idéaliste** *idealistic*
**inoubliable** *unforgettable*
**(peu) mûr** *(im)mature*
**orgueilleux/orgueilleuse** *proud*
**prudent(e)** *careful*
**séduisant(e)** *attractive*
**sensible** *sensitive*
**timide** *shy*
**tranquille** *calm; quiet*

## Court métrage

**la boue** *mud*
**un cauchemar** *nightmare*
**une crise d'hystérie** *attack of hysteria*
**un(e) estropié(e)** *cripple*
**une guerre** *war*
**le pouvoir** *power*
**une route** *road*
**un supplice** *torture*

**boiter** *to limp*
**crier** *to yell*
**s'enfoncer** *to drown*
**frapper** *to knock; to hit*
**paniquer** *to panic*
**raconter (une histoire)** *to tell (a story)*
**réagir** *to react*
**soulager** *to relieve*
**se tromper** *to be wrong/mistaken*

**désespéré(e)** *desperate*
**émotif/émotive** *emotional*
**humain(e)** *human*

**pourtant** *though, however*

## Culture

**un(e) ancêtre** *ancestor*
**un choc culturel** *culture shock*
**le dépaysement** *change of scenery; disorientation*
**un mélange** *mix*
**une nouvelle vague** *new wave*
**un soldat** *soldier*

**s'assimiler à** *to blend in*
**émigrer** *to emigrate*
**fuir** *(irreg.) to flee*
**immigrer** *to immigrate*
**s'intégrer (à un groupe)** *to integrate (into a group)*
**rejoindre** *(irreg.) to join*

**bilingue** *bilingual*

**à partir de** *from*
**grâce à** *thanks to*

## Littérature

**des amants** *(m.) lovers*
**la joie** *joy*
**une liaison** *affair; relationship*
**la peine** *sorrow*
**une rupture** *breakup*
**la tristesse** *sadness*

**s'en aller** *to go/fade (away)*
**couler** *to flow; to run (water)*
**sonner** *to strike; to sound*

**désabusé(e)** *disillusioned*
**las/lasse** *weary*
**mélancolique** *melancholic*

# Habiter en ville

Ah, l'attrait de la grande ville! Depuis des années, la campagne perd ses habitants. Qu'implique la vie urbaine, en fait? Est-il nécessairement plus faciie de rencontrer des gens en ville qu'à la campagne? Oui, habiter en ville, c'est pratique... mais à quel prix?

Sur l'avenue des Champs-Élysées, des Parisiens sortent du métro en face de l'Arc de Triomphe.

47

70

**Destination:**
**FRANCE**

# En ville  Audio: Vocabulary

## Les lieux

**un arrêt d'autobus** *bus stop*
**une banlieue** *suburb; outskirts*
**une caserne de pompiers** *fire station*
**le centre-ville** *city/town center; downtown*
**un cinéma** *cinema; movie theater*

**un commissariat de police**
*police station*
**un édifice** *building*
**un gratte-ciel** *skyscraper*
**un hôtel de ville** *city/town hall*
**un jardin public** *public garden*
**un logement/une habitation** *housing*
**un musée** *museum*

**le palais de justice** *courthouse*
**une place** *square; plaza*
**la préfecture de police**
*police headquarters*
**un quartier** *neighborhood*
**une station de métro** *subway station*

## Les indications

**la circulation** *traffic*
**les clous** *crosswalk*

**un croisement** *intersection*
**un embouteillage** *traffic jam*
**un feu (tricolore)** *traffic light*
**un panneau** *road sign*
**un panneau d'affichage** *billboard*
**un pont** *bridge*
**un rond-point** *rotary; roundabout*
**une rue** *street*
**les transports en commun**
*public transportation*
**un trottoir** *sidewalk*
**une voie** *lane; road; track*

**descendre** *to go down; to get off*
**donner des indications** *to give directions*
**être perdu(e)**
*to be lost*
**monter (dans une**
**voiture, dans un**
**train)** *to get (in*
*a car, on a train)*
**se trouver**
*to be located*

## Les gens

**un agent de police** *police officer*
**un(e) citadin(e)** *city-/town-dweller*
**un(e) citoyen(ne)** *citizen*
**un(e) colocataire** *roommate; co-tenant*
**un(e) conducteur/conductrice** *driver*
**un(e) étranger/étrangère** *foreigner;*
*stranger*
**le maire** *mayor*
**un(e) passager/passagère** *passenger*
**un(e) piéton(ne)** *pedestrian*

## Les activités

**les travaux** *construction*
**l'urbanisme** *city/town planning*
**la vie nocturne** *nightlife*

**améliorer** *to improve*
**s'amuser** *to have fun*
**construire** *to build*
**empêcher (de)** *to stop; to keep from*
*(doing something)*
**s'ennuyer** *to get bored*
**s'entretenir (avec)**
*to talk; to converse*
**passer (devant)**
*to go past*
**peupler** *to populate*
**rouler (en voiture)**
*to drive*
**vivre** *to live*

**(peu/très) peuplé(e)**
*(sparsely/densely) populated*

## Pour décrire

**animé(e)** *lively*
**bruyant(e)** *noisy*

**inattendu(e)** *unexpected*
**plein(e)** *full*
**privé(e)** *private*
**quotidien(ne)** *daily*
**sûr(e)/en sécurité** *safe*
**vide** *empty*

# Mise en pratique

**1** **Correspondances** Trouvez le mot qui correspond à chaque définition.

_____ 1. Gens qui habitent le même logement     a. gratte-ciel

_____ 2. De tous les jours     b. passager

_____ 3. Habitant d'une ville     c. hôtel de ville

_____ 4. Expliquer comment aller d'un endroit à un autre     d. améliorer

_____ 5. Région autour d'une ville     e. colocataires

_____ 6. Édifice aux nombreux étages     f. citadin

_____ 7. Bâtiment où se trouve l'administration municipale     g. donner des indications

_____ 8. Passage où les piétons traversent la rue     h. banlieue

_____ 9. Personne qui monte dans un bus     i. clous

_____ 10. Rendre ou devenir meilleur     j. quotidien

**2** **À la une** Complétez chaque titre de journal à l'aide du terme le plus logique de la liste.

| | | | |
|---|---|---|---|
| bruyant | embouteillage | musée | transports en commun |
| commissariat de police | hôtel de ville | peuplé | travaux |

1. BORDEAUX—Suspect retenu au _____ pour interrogatoire

2. CAEN—_____ énorme sur l'autoroute 88 à cause d'un accident

3. CHARTRES—Les _____ du centre-ville, commencés il y a dix ans, sont enfin terminés!

4. LIMOGES—Exposition de masques africains au _____ des Beaux-arts jusqu'au 12 mai

5. LILLE—La ville aujourd'hui: deux fois plus _____ qu'en 1970

6. PARIS—Grève (_Strike_) des employés du métro: prenez d'autres _____ aujourd'hui

**3** **Centre-ville ou banlieue?** Répondez au questionnaire. Ensuite, comparez vos réponses avec celles d'un(e) camarade de classe et expliquez-les en une phrase. Avez-vous les mêmes préférences?

| Préférez-vous… | A | B |
|---|---|---|
| …(A) habiter au centre-ville ou (B) en banlieue? | ☐ | ☐ |
| …(A) sortir en boîte ou (B) aller au cinéma? | ☐ | ☐ |
| …(A) vivre seul(e) ou (B) avec des colocataires? | ☐ | ☐ |
| …(A) habiter dans une petite rue ou (B) sur une grande avenue? | ☐ | ☐ |
| …(A) parler aux étrangers dans la rue ou (B) les éviter? | ☐ | ☐ |
| …(A) préserver les parcs publics ou (B) construire plus d'édifices? | ☐ | ☐ |
| …(A) rouler en voiture ou (B) prendre les transports en commun? | ☐ | ☐ |

**4** **À la mairie** Imaginez que vous soyez le maire de la ville. Que pourriez-vous faire pour améliorer la vie des citoyens? Qu'aimeriez-vous changer dans votre ville? Faites une liste de quatre ou cinq idées. Comparez-la avec celles de vos camarades de classe.

Practice more at vhlcentral.com.

# Préparation

| Vocabulaire du court métrage | | Vocabulaire utile |
|---|---|---|
| **débile** *moronic* | **réitérer** *to reiterate* | **duper** *to trick* |
| **un marché** *deal* | **rejoindre** *to join* | **gêné(e)** *embarrassed* |
| **se plaindre** *(conj. like* | **un sketch** *skit* | **insensible** *insensitive* |
| **éteindre)** *to complain* | **solliciter** *to solicit* | **un lien** *connection* |
| **une rame de métro** | **une voie** *means; channel* | **se méfier de** *to be distrustful/wary of* |
| *subway train* | | **un wagon** *subway car* |
| **se rassurer** | | |
| *to reassure oneself* | | |

**EXPRESSIONS**

**avoir du mal** *to have difficulty*

**C'est ça.** *That's right.*

**Vous êtes mal barré(e).** *You won't get far.*

**Excusez-moi de vous déranger.** *Sorry to bother you.*

**se faire poser un lapin** *to get stood up*

**1**  **Un marché de dupes?** Complétez cette conversation à l'aide des mots ou des expressions que vous venez d'apprendre. N'oubliez pas de faire les changements nécessaires.

**HOMME** Allô?

**VENDEUR** Bonjour, Monsieur, (1) _____. Je vends des aspirateurs à distance, et je ne (2) _____ que quelques minutes de votre temps.

**HOMME** Allez-y, je vous écoute.

**VENDEUR** Nos aspirateurs sont révolutionnaires! Non seulement ils sont puissants (*powerful*), mais en plus ils se vident automatiquement à l'aide d'un bouton! Et ils coûtent la moitié du prix des autres! C'est (3) _____ exceptionnel que je vous propose. Ça vous intéresse?

**HOMME** Écoutez, j'ai vraiment du mal à croire ce que vous me dites. Vous essayez de me (4) _____ et je ne suis pas (5) _____ de vous le dire.

**VENDEUR** Mais Monsieur, (6) _____! Nos aspirateurs sont garantis!

**HOMME** Si vous pensez vendre vos aspirateurs de cette façon, vous (7) _____ dans la vie! Je reste (8) _____ à votre offre. Et si vous insistez je vais (9) _____ à la police!

**VENDEUR** Eh bien, je vous laisse. Au revoir.

**HOMME** (10) _____! Au revoir.

**2**

**Questions** À deux, répondez aux questions par des phrases complètes.

1. Avez-vous l'habitude de faire confiance aux inconnus ou vous méfiez-vous toujours des autres?

2. Vous êtes-vous déjà trompé(e) sur le caractère de quelqu'un? En bien ou en mal? Sinon, connaissez-vous quelqu'un que les apparences ont trompé?

3. Quels traits de caractère ont de l'importance pour vous quand vous choisissez un copain ou une copine?

4. Avez-vous déjà ressenti un lien très fort avec quelqu'un que vous veniez juste de rencontrer ou avec qui vous n'aviez jamais parlé? Sinon, pensez-vous qu'un vrai rapport de ce type est possible?

**3**

**Que se passe-t-il?** À deux, observez ces images extraites du court métrage et imaginez, en deux ou trois phrases par photo, ce qui va se passer.

**4**

**Petites annonces** Remplissez les colonnes du tableau pour vous décrire et dire ce que vous recherchez chez une personne. Puis, à l'aide de ces idées, écrivez un paragraphe. Enfin, comparez-le à celui d'un(e) camarade de classe.

Modèle    Bonjour! Je suis un charmant jeune homme de vingt ans. Je cherche une femme intelligente et amusante entre dix-huit et trente ans. Je suis aussi…

| | Vous | La personne recherchée |
|---|---|---|
| **Âge** | | |
| **Physique** | | |
| **Personnalité** | | |
| **Loisir(s) et intérêt(s)** | | |

**5**

**À votre avis** Répondez aux questions à deux. Puis, donnez votre avis sur la question suivante: Est-ce qu'habiter en ville rapproche ou éloigne les gens?

- Habitez-vous en ville ou à la campagne?
- Connaissez-vous bien vos voisins?
- Rencontrez-vous souvent dans la rue quelqu'un que vous connaissez?
- Faites-vous facilement des rencontres (amicales ou romantiques) là où vous habitez?

Prix du Court Métrage aux European Film Awards, 2004; Nominé aux Oscars 2003, aux Césars 2004

Une production de LA BOÎTE  Scénario THOMAS GAUDIN/PHILIPPE ORREINDY
Réalisation  PHILIPPE ORREINDY  Production CAROLINE PERCHAUD/ÉRIC PATTEDOIE
Production exécutive VALÉRIE REBOUILLAT  Photographie ÉRIC GENILLIER
Montage ANNE ARAVECCHI  Musique ALAIN MARNA  Son DOMINIQUE DAVY
Acteurs SOPHIE FORTE/THOMAS GAUDIN/PASCAL CASANOVA

**INTRIGUE** *Une jeune femme pense trouver l'amour de sa vie dans le métro.*

**ANTOINE** Bonsoir. Je m'appelle Antoine et j'ai 29 ans. Rassurez-vous, je ne vais pas vous demander d'argent. J'ai lu récemment qu'il y avait, en France, près de cinq millions de femmes célibataires. Où sont-elles?

**ANTOINE** Je crois au bonheur. Je cherche une jeune femme qui aurait du mal à rencontrer quelqu'un et qui voudrait partager quelque chose de sincère avec quelqu'un.

**ANTOINE** Voilà. Si l'une d'entre vous se sent intéressée, elle peut descendre discrètement à la station suivante. Je la rejoindrai sur le quai.

**HOMME** Mais arrêtez! Restez célibataire! Moi ça fait cinq ans que je suis marié avec une emmerdeuse°. Si vous voulez, je vous donne son numéro et vous voyez avec elle. Mais il ne faudrait pas venir vous plaindre après!

**ANTOINE** C'est très aimable, Monsieur, mais je ne cherche pas la femme d'un autre. Je cherche l'amour, Monsieur. Je ne cherche pas un marché. (*À tout le monde*) Excusez ce monsieur qui, je pense, ne connaîtra jamais l'amour.

**emmerdeuse** *pain in the neck*

**ANTOINE** Mesdemoiselles, je réitère ma proposition. S'il y en a une parmi vous qui est sensible à ma vision de l'amour, eh bien, qu'elle descende.

*La femme descend.*

# Analyse

**1**

**Compréhension** Répondez aux questions par des phrases complètes.

1. Que demande Antoine aux passagers?

2. Comment se décrit-il?

3. Pourquoi dit-il qu'il cherche une femme célibataire de cette façon?

4. Pourquoi un homme dans la rame de métro l'interrompt-il?

5. Que propose cet homme?

6. Quelle est la vraie raison du discours d'Antoine?

**2**

**Opinion** À deux, répondez aux questions par des phrases complètes.

1. À quoi pense la jeune femme tout au début du film quand elle marche seule en ville?

2. À votre avis, que ressent Antoine quand la femme descend de la rame de métro?

3. Que ressent la jeune femme une fois sur le quai?

4. Pourquoi pensez-vous que le court métrage s'intitule *J'attendrai le suivant…*? Expliquez bien votre réponse.

**3**

**Jeu de rôles** Imaginez-vous dans une situation similaire à celle du film. Vous pensez trouver l'amour avec un(e) inconnu(e) (*stranger*) que vous trouvez séduisant(e). Que feriez-vous à la fin et que diriez-vous à l'inconnu(e)? Devant la classe, jouez vos rôles ou lisez votre réponse.

**4**

**La fin** Par groupes de trois, imaginez en cinq ou six phrases deux autres fins à cette histoire. Ensuite, comparez vos idées à celles des autres groupes.

- une fin heureuse
- une fin triste

**5**

**Comment faire?** À deux, faites une liste de quatre ou cinq moyens qu'une personne a aujourd'hui de trouver l'âme sœur. Dites quels sont leurs avantages et leurs inconvénients. Ensuite, comparez votre liste à celles de vos camarades de classe et discutez-en.

**6**

**Qui est-ce?** Par groupes de trois, décrivez la vie des trois personnages du film. Pour chacun des personnages, écrivez au moins cinq phrases sur sa vie quotidienne, sa vie sentimentale et sa vie professionnelle.

- Où habite-t-il/elle?
- Quelle est sa profession?
- Comment est-il/elle physiquement?
- Qu'aime-t-il/elle faire le week-end?

**7**

**À vous la parole!** Répondez aux questions par des phrases complètes.

1. Avez-vous déjà joué un mauvais tour (*dirty trick*) à quelqu'un? Si oui, l'avez-vous regretté? Sinon, n'avez-vous jamais eu envie de le faire?

2. À votre avis, quel est le meilleur moyen de rencontrer quelqu'un quand on habite en ville?

3. Qu'aimeriez-vous trouver en ville?

4. Qu'y a-t-il en ville que vous n'aimeriez pas voir?

5. Est-ce mieux d'habiter en ville ou à la campagne? Pourquoi?

6. Pensez-vous qu'on se sente plus souvent seul(e) en ville ou à la campagne?

**8**

**Réalisation** À deux, imaginez que vous deviez faire un court métrage sur le thème de la ville. Quel sujet choisiriez-vous? Expliquez votre choix. Comparez-le à ceux de la classe.

Les berges° de la Saône, à Lyon

# IMAGINEZ
## La France

### Marseille et Lyon  Reading

La France compte environ 36.000 villes et villages de toutes tailles. La ville la plus connue, c'est bien sûr Paris, mais d'autres villes ont aussi beaucoup d'intérêt. **Marseille** et **Lyon**, qui se disputent le titre de deuxième ville de France, ont toutes les deux leur charme propre et méritent le détour.

Appelée la «cité phocéenne» pour avoir été fondée par des **Grecs** de la ville de **Phocée**, en **Asie Mineure**, en 600 avant J.-C.°, Marseille est aujourd'hui une ville très peuplée de la **côte méditerranéenne**. Elle est d'une grande diversité culturelle grâce à sa situation géographique. Parler de Marseille, c'est parler de la bouillabaisse (soupe de poissons), de la pétanque, des plages, d'un grand port commercial et surtout du **Vieux-Port**. Celui-ci est maintenant un site touristique très animé, avec une succession de restaurants et de magasins. Marseille est une ville très urbanisée, mais elle possède aussi des atouts° naturels. Ses calanques°, qui donnent sur la mer, sont appréciées pour leur caractère secret et leur beauté. Au large de° la côte, les **îles du Frioul** constituent un site exceptionnel pour les plongeurs° et les amoureux de la nature. Non loin de là se trouve le **château d'If**, une prison rendue célèbre par la légende de l'homme au masque de fer et par **Alexandre Dumas** avec son roman *Le Comte de Monte-Cristo*.

De son côté, Lyon, antique cité romaine fondée en 43 avant J.-C., est une ville attirante° pour de multiples raisons. Traversée par deux fleuves, le **Rhône** et la **Saône**, et voisine des **Alpes** et de **Genève**, Lyon a été la capitale de la **Gaule** sous l'Antiquité, un grand centre de la **Renaissance** et la capitale de la **Résistance** pendant la **Seconde Guerre mondiale**. La richesse de son histoire a été reconnue par l'**UNESCO**, qui a fait d'une grande partie de la ville le plus grand espace classé° au patrimoine° mondial. Lyon est

### D'ailleurs…

**Marseille** et **Lyon** se disputent la place de deuxième ville de France en raison de l'ambiguïté du nombre d'habitants. Si on parle de la ville intra-muros°, Marseille est deuxième avec 800.000 habitants contre 480.000 pour Lyon. Par contre, si on considère l'agglomération, c'est Lyon qui est deuxième avec 1.450.000 habitants contre 1.350.000 pour Marseille. C'est une question qui n'est toujours pas réglée°.

Vue sur le Vieux-Port de Marseille

aussi un grand carrefour° économique européen depuis longtemps et elle est le siège° de quelques organisations internationales comme **Interpol**. Son statut de capitale de la gastronomie et de la soie, et de lieu de naissance du cinéma renforce sa notoriété. Lyon connaît un grand succès en France et en Europe avec un événement annuel: la **fête des Lumières**. Pendant cette célébration, les Lyonnais mettent des lumières à leurs fenêtres et les bâtiments de la ville sont illuminés par des jeux de lumière.

Les villes françaises composent toutes le visage du pays. Il serait dommage de passer à côté.

**avant J.-C.** *BC* **atouts** *assets* **calanques** *rocky coves* **Au large de** *Off* **plongeurs** *scuba divers* **attirante** *attractive* **classé** *listed* **patrimoine** *heritage* **carrefour** *hub* **siège** *headquarters* **intra-muros** *proper* **réglée** *settled* **berges** *river banks*

## Le français parlé en France

### Paris

| | |
|---|---|
| **balayer devant sa porte** | s'occuper de ses affaires d'abord |
| **Ça ne mange pas de pain.** | Ça ne demande pas un gros effort. |
| **le macadam** | le trottoir |
| **le trottoir** | la croûte (*crust*) autour d'une tarte |

### Lyon

| | |
|---|---|
| **un bouchon** | restaurant typique de Lyon |
| **le dégraissage** | le pressing; *dry-cleaning* |
| **la ficelle** | le funiculaire |
| **une gâche** | une place (dans un bus, dans un avion, etc.) |
| **un(e) gone** | un(e) enfant |
| **s'en voir** | avoir du mal à faire quelque chose: **Je m'en vois pour faire la cuisine.** (*I can't cook.*) |

### Marseille

| | |
|---|---|
| **et tout le bataclan** | et tout le reste |
| **fada** | fou/folle |
| **un(e) collègue** | un(e) ami(e), copain/copine |
| **Peuchère!** | Le/La pauvre! |
| **un(e) pitchoun(ette)** | un(e) enfant |
| **Zou!** | Allez! |

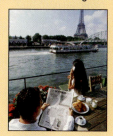

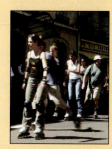

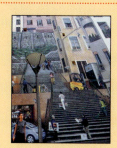

# Découvrons la France

**Rollers en ville** On pratique la randonnée urbaine en rollers dans la France entière. Des associations organisent ces randonnées dans les rues, de jour ou de nuit. Même les policiers sont en rollers pour en assurer la sécurité. C'est d'abord à Paris que les gens se sont enthousiasmés pour ce genre d'activité. Le but° de ces randonnées, qui peuvent compter jusqu'à 15.000 participants dans la capitale, est de partager le plaisir du sport et son sentiment de liberté.

**Trompe-l'œil** Une partie des murs en France sont nus, ce qui n'est pas joli. L'idée est alors née de couvrir ces murs de **fresques murales° en trompe-l'œil**. Ce sont des peintures qui simulent, de manière très réaliste, des façades d'immeubles. Les plus belles façades, comme la **Fresque des Lyonnais** à **Lyon** ou le **Mur du cinéma** à **Cannes**, trompent° beaucoup de visiteurs.

**Les péniches** Mode de transport fluvial°, les péniches° sont aussi à l'origine d'un nouveau style de vie depuis la fin des années 1960; elles ont été transformées en **bateaux-logements**. Les berges, principalement à **Paris**, sont donc devenues l'adresse d'un grand nombre de personnes. Petit à petit, ces maisons-péniches sont devenues presque conventionnelles et elles ont aujourd'hui tout le confort nécessaire.

**La fête du Citron** Inaugurée en 1934, cette fête a le même esprit que les carnavals d'hiver. Chaque année en février, la ville de **Menton**, sur la **Côte d'Azur**, organise un ensemble de manifestations liées à un thème choisi. La décoration des chars° et des expositions est faite de citrons, d'oranges et d'autres agrumes°. Pour finir, il y a un grand feu d'artifice°.

**but** *purpose* **fresques murales** *murals* **trompent** *fool* **fluvial** *on rivers* **péniches** *barges* **chars** *parade floats* **agrumes** *citrus fruit* **feu d'artifice** *fireworks display*

# Qu'avez-vous appris?

**1** **Vrai ou faux?** Indiquez si ces affirmations sont vraies ou fausses, et corrigez les fausses.

1. Il existe environ 26.000 villes et villages en France.

2. Lyon est connue pour sa bouillabaisse, ses plages et son grand port de commerce.

3. La ville de Lyon est traversée par la Seine.

4. L'agglomération de Lyon est plus grande que celle de Marseille.

5. Les policiers autorisent les Français à faire des randonnées en rollers, dans les villes.

6. Les péniches sur les fleuves de France sont utilisées uniquement dans un but commercial.

**2** **Questions** Répondez aux questions.

1. Pourquoi appelle-t-on Marseille «la cité phocéenne»?

2. Comment certaines villes de France ont-elles décidé de s'embellir?

3. Comment le château d'If est-il devenu célèbre?

4. Quelle fête a lieu chaque année dans la ville de Menton?

5. De quoi la ville de Lyon est-elle la capitale aujourd'hui?

6. Quel événement lyonnais rassemble chaque année un grand nombre de Français et d'Européens?

## Projet

### Un voyage de Lyon à Marseille

Imaginez que vous alliez visiter Lyon et Marseille. Recherchez sur **vhlcentral.com** toutes les informations dont vous avez besoin pour créer votre itinéraire. Ensuite, préparez votre voyage.

- Choisissez le mois et la durée (*length*) de votre séjour dans chaque ville.

- Sélectionnez les endroits à visiter et les activités à pratiquer.

- Présentez votre itinéraire à la classe. Montrez-le avec le plan de chaque ville et expliquez pourquoi vous avez choisi ces endroits et ces activités. (Facultatif)

 Practice more at **vhlcentral.com.**

---

 **ÉPREUVE**

Trouvez la bonne réponse.

1. Marseille est une ville _____.
   a. peu peuplée      b. secrète
   c. cosmopolite      d. heureuse

2. Les îles du Frioul et les calanques près de Marseille sont des endroits _____ d'exception.
   a. naturels      b. chers
   c. urbains      d. habités

3. Parce que Marseille et Lyon ont été fondées sous l'Antiquité, elles sont _____.
   a. anciennes      b. modernes
   c. uniques      d. nouvelles

4. Le secteur financier est très représenté à Lyon. La ville a un _____.
   a. petit port touristique      b. quartier des affaires
   c. centre historique      d. domaine artistique

5. Par le passé, on envoyait les prisonniers _____.
   a. à la fête des Lumières      b. à l'UNESCO
   c. sur les îles du Frioul      d. au château d'If

6. Lyon est la capitale _____ de la France.
   a. industrielle      b. gastronomique
   c. culturelle      d. universelle

7. Lyon a été un grand centre de la/du _____.
   a. fête du Citron      b. Réforme
   c. roller      d. Renaissance

8. La fête du Citron date de _____.
   a. 1982      b. 1968
   c. 1934      d. 1908

9. On va à Marseille si on veut visiter _____.
   a. le Vieux-Port      b. la Côte d'Azur
   c. le Rhône      d. des péniches

10. Lyon est le lieu de naissance de la/du _____.
    a. médecine      b. gastronomie
    c. cinéma      d. soie

**Video: TV Clip**

## Le vélo en ville

Le «vélopartage» ou vélo en libre-service est de plus en plus populaire dans les villes francophones. En France, 25 villes au moins se sont déjà équipées. Le plus fameux d'entre tous, c'est bien sûr le Vélib de Paris. Pourtant, Paris n'a rien inventé. En fait, la première ville du monde à avoir proposé des vélos gratuits au public est La Rochelle, en 1974. Pourquoi le vélopartage a-t-il un tel succès? Parce que c'est pratique, peu cher et écologique!

Une fois les conditions d'utilisation acceptées, le numéro du port d'attache du vélo sélectionné, et le paiement par carte effectué, vous pouvez retirer votre vélo, et à vous, Paris!

**1 Compréhension** Répondez aux questions par des phrases complètes.

1. En quoi consiste le travail de l'agent régulateur?

2. Quels sont les deux arguments principaux en faveur de Vélib' d'après les utilisateurs?

3. Comment faut-il procéder pour retirer un vélo?

**2 Discussion** Répondez aux questions en donnant des détails.

1. Connaissez-vous une ville de votre région ou pays où il existe un système de partage de vélos ou de voitures? Décrivez son fonctionnement.

2. Que peut-on faire d'autre, dans les grandes villes, pour polluer moins?

**Et vous?** S'il existait un système de partage de vélos comme Vélib' dans votre ville, est-ce que vous l'utiliseriez? Pourquoi? Écrivez un paragraphe pour répondre à ces questions.

Practice more at **vhlcentral.com.**

### VOCABULAIRE

**de la vidéo**

**un agent régulateur**
*regulating agent*

**la borne** *pay station*

**le numéro du port**
**d'attache** *bike number*

**le passe Navigo**
*subway pass*

**le QG (quartier général)**
*main station*

**pour la conversation**

**(in)efficace** *(in)efficient*

**en faveur de** *in favor of*

**le fonctionnement**
*operation*

**par rapport à** *in relation to*

**un(e) utilisateur/**
**utilisatrice** *user*

# GALERIE DE CRÉATEURS

### S  SUR INTERNET

Pour trouver plus de renseignements sur ces créateurs et pour explorer des aspects précis de leurs créations, à l'aide d'activités et de projets de recherche, visitez vhlcentral.com.

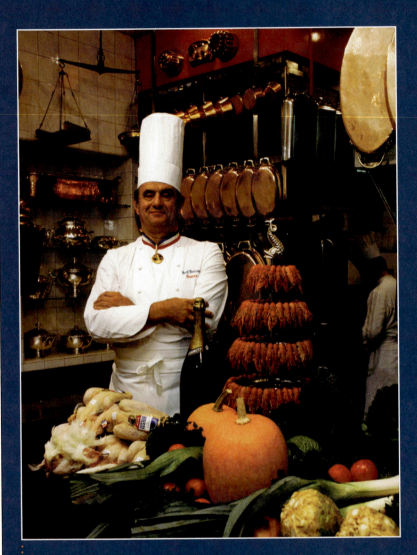

**COUTURE Sonia Rykiel**

Pour ses pulls, Sonia Rykiel a été consacrée en 1968 «Reine du tricot (*Queen of knitting*) dans le monde» par le journal américain *Women's Wear Daily.* Styliste, écrivain et gastronome, cette femme aux multiples talents est aujourd'hui un emblème de la mode française. Ses collections — qui incluent toujours le noir, les rayures (*stripes*) et la maille (*jersey*) — sont à la fois élégantes et bohèmes. Elles provoquent toujours. Pour Rykiel, la mode doit s'adapter à la personne, et non pas le contraire. L'empire Rykiel s'étend aujourd'hui aux chaussures, aux accessoires, au parfum et à la mode pour homme et pour enfant.

**GASTRONOMIE Paul Bocuse (1926–)**

Paul Bocuse est considéré comme un des chefs cuisiniers les plus importants de France. Né dans une famille de cuisiniers, il a reçu en 1965 trois étoiles du guide gastronomique *Michelin*, la plus grande distinction de la cuisine française. Plus tard, en 1989, le guide *Gault Millau* l'a nommé «Cuisinier du siècle». Aujourd'hui la base de son empire se trouve à Lyon, où il a des brasseries, son restaurant principal et l'Institut Paul Bocuse hôtellerie et arts culinaires, créé en 1990. Bocuse a aussi des épiceries fines au Japon, et il fait partie de l'équipe de chefs choisis pour le pavillon français d'Epcot Center, à Disney World.

### LITTÉRATURE
## Marguerite Duras (1914–1996)

Certains (*Some*) disent que la vie de Marguerite Duras est un roman. En effet, cette grande femme écrivain française a eu une vie mouvementée (*hectic*). Née en Indochine (à Gia Dinh, près de Saïgon), elle a rejoint (*joined*) la Résistance à Paris, aux côtés du futur président de la République française, François Mitterrand. Elle est l'auteur d'une quarantaine (*about forty*) de romans et d'une douzaine de pièces de théâtre, la scénariste (*scriptwriter*) et la réalisatrice d'une vingtaine de films. Avec un de ses romans, *L'Amant*, dans lequel elle recrée l'Indochine française des années 1930, elle gagne le prix Goncourt, grand prix de littérature français, en 1984.

L'Œil des Maldives, formation corallienne, Maldives

### PHOTOGRAPHIE
## Yann Arthus-Bertrand (1946–)

Amoureux de la nature, Yann Arthus-Bertrand a dirigé une réserve naturelle dans le sud de la France puis étudié les lions au Kenya. Là, il a découvert que la photographie permettait de faire passer ses messages mieux que les mots. Il s'est alors engagé dans ce domaine et a publié un grand nombre de livres sur la nature. Sa plus grande entreprise a été, avec l'aide de l'UNESCO, la création d'une banque d'images sous forme de livre, *La Terre vue du ciel*, qui a eu un succès international.

## Compréhension

 **Questions** Répondez à ces questions.

1. De quoi Sonia Rykiel est-elle un emblème aujourd'hui?

2. Quelle est la plus grande distinction de la cuisine française?

3. Dans quels genres littéraires Marguerite Duras a-t-elle écrit?

4. Qu'est-ce que Yann Arthus-Bertrand a découvert au Kenya?

5. D'après Sonia Rykiel, que doit faire la mode?

6. Que Paul Bocuse a-t-il ouvert à Lyon?

7. Quel grand prix de littérature français Marguerite Duras a-t-elle gagné en 1984?

8. Quelle a été la plus grande entreprise de Yann Arthus-Bertrand?

9. Que fait Paul Bocuse en Floride?

10. Avec quel futur président de France Marguerite Duras a-t-elle rejoint la Résistance à Paris?

## Rédaction

**À vous!** Choisissez un de ces thèmes et écrivez un paragraphe d'après les indications.

- **Guide gastronomique** Vous écrivez des critiques culinaires pour le guide *Gault Millau*. Vous venez de dîner au restaurant de Paul Bocuse à Lyon et maintenant vous devez décrire et juger votre repas.

- **Toujours à la mode** Vous faites du shopping dans un grand magasin et, tout à coup, vous voyez le rayon (*department*) «Sonia Rykiel» avec les dernières créations de la couturière. Décrivez les vêtements que vous voyez.

- **Vu du ciel** Vous connaissez un endroit que Yann Arthus-Bertrand n'a jamais pris en photo. Vous pensez qu'une photo aérienne de cet endroit serait assez belle pour être ajoutée à son prochain livre, et vous lui écrivez un e-mail pour le persuader de le faire.

 Practice more at **vhlcentral.com.**

## 2.1 Reflexive and reciprocal verbs

- Reflexive verbs typically describe an action that the subject does to or for himself, herself, or itself. Reflexive verbs are conjugated like their non-reflexive counterparts but always use reflexive pronouns.

**Reflexive verb**

Bruno se réveille.

**Non-reflexive verb**

Bruno réveille son fils.

| Reflexive verbs | |
|---|---|
| se réveiller *to wake up* | |
| je | **me** réveille |
| tu | **te** réveilles |
| il/elle | **se** réveille |
| nous | **nous** réveillons |
| vous | **vous** réveillez |
| ils/elles | **se** réveillent |

- Many verbs used to describe routines are reflexive.

| | | |
|---|---|---|
| **s'arrêter** *to stop (oneself)* | **se fâcher (contre)** *to get angry (with)* | **se lever** *to get up* |
| **se brosser** *to brush* | **s'habiller** *to get dressed* | **se maquiller** *to put on makeup* |
| **se coucher** *to go to bed* | **s'habituer à** *to get used to* | **se peigner** *to comb* |
| **se couper** *to cut oneself* | **s'inquiéter** *to worry* | **se raser** *to shave* |
| **se déshabiller** *to undress* | **s'intéresser (à)** *to be interested (in)* | **se rendre compte de** *to realize* |
| **se dépêcher** *to hurry* | **se laver** *to wash oneself* | **se reposer** *to rest* |
| **se détendre** *to relax* | | |

- Some verbs can be used reflexively or non-reflexively. Use the non-reflexive form if the verb acts upon something other than the subject.

La passagère **se fâche**.
*The passenger is getting angry.*

Tu **fâches** la passagère.
*You are angering the passenger.*

- Many non-reflexive verbs change meaning when they are used with a reflexive pronoun and might not literally express a reflexive action.

| | |
|---|---|
| **aller** *to go* | **s'en aller** *to go away* |
| **amuser** *to amuse* | **s'amuser** *to have fun* |
| **apercevoir** *to catch sight of* | **s'apercevoir** *to realize* |
| **attendre** *to wait (for)* | **s'attendre à** *to expect* |
| **demander** *to ask* | **se demander** *to wonder* |
| **douter** *to doubt* | **se douter de** *to suspect* |
| **ennuyer** *to bother* | **s'ennuyer** *to get bored* |
| **entendre** *to hear* | **s'entendre bien avec** *to get along with* |
| **mettre** *to put* | **se mettre à** *to begin* |
| **servir** *to serve* | **se servir de** *to use* |
| **tromper** *to deceive* | **se tromper** *to be mistaken* |

- A number of verbs are used only in the reflexive form, but may not literally express a reflexive action.

| | |
|---|---|
| **se méfier de** *to distrust* | **se souvenir de** *to remember* |
| **se moquer de** *to make fun of* | **se taire** *to be quiet* |

- Form the affirmative imperative of a reflexive verb by adding the reflexive pronoun at the end of the verb with a hyphen in between. For negative commands, begin with **ne** and place the reflexive pronoun immediately before the verb.

**Habillons-nous.** Il faut partir!
*Let's get dressed. We have to leave!*

**Ne vous inquiétez pas.**
*Don't worry.*

- Remember to change **te** to **toi** in affirmative commands.

**Repose-toi** avant de sortir ce soir.
*Rest before going out tonight.*

**Tais-toi!**
*Be quiet!*

- In reciprocal reflexives, the pronoun means *(to) each other* or *(to) one another*. Because two or more subjects are involved, only plural verb forms are used.

Nous **nous retrouvons** au stade.
*We are meeting each other at the stadium.*

Elles **s'écrivent** des e-mails.
*They write one another e-mails.*

- Use **l'un(e) l'autre** and **l'un(e) à l'autre**, or their plural forms **les un(e)s les autres** and **les un(e)s aux autres**, to emphasize that an action is reciprocal.

| | | |
|---|---|---|
| Béa et Yves se regardent. | *but* | Béa et Yves se regardent **l'un l'autre**. |
| *Béa and Yves look at each other.* | | *Béa and Yves look at each other.* |
| *Béa and Yves look at themselves.* | | |

| | | |
|---|---|---|
| Ils s'envoient des e-mails. | *but* | Ils s'envoient des e-mails **les uns aux autres**. |
| *They send each other e-mails.* | | *They send each other e-mails.* |
| *They send themselves e-mails.* | | |

**BLOC-NOTES**

Commands with non-reflexive verbs are formed the same way as with reflexive verbs. See **Fiche de grammaire 1.5, p. 240** for a review of the imperative.

**BLOC-NOTES**

The pronoun **se** can also be used with verbs in the third person to express the passive voice. See **Fiche de grammaire p. 284**.

# Mise en pratique

**1** **Le lundi matin** Complétez le paragraphe sur ce que font Charles et Hélène le lundi matin. Utilisez la forme correcte des verbes pronominaux correspondants.

| | | |
|---|---|---|
| s'apercevoir | se dépêcher | se maquiller |
| se brosser | s'en aller | se quitter |
| se casser | s'habiller | se raser |
| se coucher | se laver | se réveiller |
| se couper | se lever | se sécher |

Le dimanche soir, Charles et Hélène (1) _____ tard. Évidemment, ils mettent du temps à (2) _____ le lendemain matin. Charles est celui qui (3) _____ le premier. Il (4) _____ de prendre sa douche et de (5) _____ avec un rasoir électrique. Deux minutes plus tard, Hélène entre dans la salle de bain. Pendant qu'elle prend sa douche, (6) _____ les cheveux et (7) _____, Charles prépare le petit-déjeuner. Quand Hélène est prête, ils prennent leur petit-déjeuner. Puis, ils (8) _____ les dents et (9) _____ les mains. Ensuite, ils vont dans la chambre pour choisir leurs vêtements et (10) _____. Puis ils (11) _____ vite au travail. Charles (12) _____ alors qu'il a mis des chaussures de couleurs différentes!

**2** **Tous les samedis**

**A.** À deux, décrivez ce que fait Sylvie tous les samedis, d'après (*according to*) les illustrations.

**B.** Quelles sont les habitudes de quatre amis ou membres de la famille de Sylvie le samedi matin? Décrivez ce qu'ils font en cinq ou six phrases. Utilisez des verbes pronominaux et soyez créatifs.

 Practice more at **vhlcentral.com.**

# Communication

**3**

**Et toi?** À deux, posez-vous tour à tour ces questions. Répondez-y avec des phrases complètes et expliquez vos réponses.

1. À quelle heure te réveilles-tu généralement le samedi matin? Pourquoi?

2. T'endors-tu en cours?

3. En général, à quelle heure te couches-tu pendant le week-end?

4. Que fais-tu pour te détendre après une longue journée?

5. Te lèves-tu toujours juste après que tu t'es réveillé(e)? Pourquoi?

6. Comment t'habilles-tu pour sortir le week-end? Et tes amis?

7. Quand t'habilles-tu de façon élégante?

8. T'amuses-tu quand tu vas à une fête? Et quand tu vas à une réunion de famille?

9. Mets-tu beaucoup de temps à te préparer avant de sortir?

10. T'inquiètes-tu de ton apparence?

11. Est-ce que tes amis et toi vous téléphonez souvent? Combien de fois par semaine?

12. Connais-tu quelqu'un qui s'inquiète toujours de tout?

13. T'excuses-tu parfois pour des choses que tu as faites?

14. Te disputes-tu avec tes amis? Et avec ta famille?

15. T'est-il déjà arrivé de te tromper sur quelqu'un?

**4**

**Au café** Imaginez que vous soyez au café et que vous voyiez un(e) ami(e) se faire voler de l'argent (*have his/her money stolen*). Que faites-vous? Travaillez par groupes de trois pour représenter la scène. Employez au moins cinq verbes de la liste.

| | | |
|---|---|---|
| s'arrêter | se fâcher | se servir de |
| s'attendre à | se mettre à | se taire |
| se douter | se moquer de | se tromper |
| s'en aller | se rendre compte de | s'inquiéter |

**2.2**

# Descriptive adjectives and adjective agreement

*—J'ai lu qu'il y avait en France près de cinq millions de femmes **célibataires**.*

## Gender

- Adjectives in French agree in gender and number with the nouns they modify. Masculine adjectives with these endings derive irregular feminine forms.

| Ending | Examples |
|--------|----------|
| -c → -che | blanc → blanche; franc → franche |
| -eau → -elle | beau → belle; nouveau → nouvelle |
| -el → -elle | cruel → cruelle; intellectuel → intellectuelle |
| -en → -enne | ancien → ancienne; canadien → canadienne |
| -er → -ère | cher → chère; fier → fière |
| -et → -ète | complet → complète; inquiet → inquiète |
| -et → -ette | muet → muette (*mute*); net → nette |
| -f → -ve | actif → active; naïf → naïve |
| -on → -onne | bon → bonne; mignon → mignonne (*cute*) |
| -s → -sse | bas → basse (*low*); gros → grosse |
| -x → -se | dangereux → dangereuse; heureux → heureuse |

Cette station de métro
est-elle **dangereuse**?
*Is this subway station dangerous?*

Les **nouvelles** banlieues se trouvent
loin d'ici.
*The new suburbs are located far from here.*

- Adjectives whose masculine singular form ends in **-eur** generally derive one of three feminine forms.

| Condition | Ending | Examples |
|-----------|--------|----------|
| the adjective is directly derived from a verb | -eur → -euse | (rêver) rêveur → rêveuse <br> (travailler) travailleur → travailleuse |
| the adjective is not directly derived from a verb | -eur → -rice | (conserver) conservateur → conservatrice <br> (protéger) protecteur → protectrice |
| the adjective expresses a comparative or superlative | -eur → -eure | inférieur → inférieure <br> meilleur → meilleure |

**ATTENTION!**

Remember that the first letter of adjectives of nationality is not capitalized.

**Ahmed préfère le cinéma italien.**
*Ahmed prefers Italian cinema.*

**Laura Johnson est citoyenne américaine.**
*Laura Johnson is an American citizen.*

**ATTENTION!**

Remember to use the masculine plural form of an adjective to describe a series of two or more nouns in which at least one is masculine.

**La rue et le quartier sont animés.**
*The street and the neighborhood are lively.*

- Some adjectives have feminine forms that differ considerably from their masculine singular counterparts, either in spelling, pronunciation, or both.

| | | |
|---|---|---|
| doux → douce | frais → fraîche | public → publique |
| faux → fausse | gentil → gentille | roux → rousse |
| favori → favorite | grec → grecque | vieux → vieille |
| fou → folle | long → longue | |

## Position

- French adjectives are usually placed after the noun they modify, but these adjectives are usually placed *before* the noun: **autre**, **beau**, **bon**, **court**, **gentil**, **grand**, **gros**, **haut**, **jeune**, **joli**, **long**, **mauvais**, **meilleur**, **nouveau**, **petit**, **premier**, **vieux**, and **vrai**.

Je ne connais pas ce **jeune** homme.
*I don't know that young man.*

Vous aimez les **nouveaux** films?
*Do you like new movies?*

- Before a masculine singular noun that begins with a vowel sound, use these alternate forms of **beau**, **fou**, **nouveau**, and **vieux**.

| beau | bel | un **bel** édifice |
| fou | fol | un **fol** espoir (*hope*) |
| nouveau | nouvel | un **nouvel** appartement |
| vieux | vieil | un **vieil** immeuble |

- Notice that the meanings of these adjectives are generally more figurative when they appear before the noun and more literal when they appear after the noun.

| ancien | l'**ancien** château | the **former** castle |
|---|---|---|
| | un château **ancien** | an **ancient** castle |
| cher | **cher** ami | **dear** friend |
| | une voiture **chère** | an **expensive** car |
| dernier | la **dernière** semaine | the **final** week |
| | la semaine **dernière** | **last** week |
| grand | une **grande** femme | a **great** woman |
| | une femme **grande** | a **tall** woman |
| même | le **même** musée | the **same** museum |
| | le musée **même** | this **very** museum |
| pauvre | ces **pauvres** étudiants | those **poor (unfortunate)** students |
| | ces étudiants **pauvres** | those **poor (penniless)** students |
| prochain | le **prochain** cours | the **following** class |
| | mercredi **prochain** | **next** Wednesday |
| propre | ma **propre** chambre | my **own** room |
| | une chambre **propre** | a **clean** room |
| seul | la **seule** personne | the **only** person |
| | la personne **seule** | the person **who is alone** |

**ATTENTION!**

Color adjectives that are named after nouns include **argent** (*silver*), **citron** (*lemon*), **crème** (*cream*), **marron** (*chestnut*), **or** (*gold*), and **orange** (*orange*).

Remember that the adjective **châtain** is used to describe brown hair. You can use it in the plural, but it is very rarely used in the feminine.

**Elle a les cheveux châtains.**
*She has brown hair.*

**ATTENTION!**

Color adjectives that are named after nouns are invariable, as are color adjectives that are qualified by a second adjective.

**Il conduit une voiture marron.**
*He's driving a brown car.*

**Elle porte une jupe bleu clair.**
*She's wearing a light blue skirt.*

**BLOC-NOTES**

Adjectives can also be derived from verb forms like the present and past participles. See **Fiche de grammaire p. 274**.

# Mise en pratique

**Note CULTURELLE**

**Nice** est située dans le sud de la **France**, sur la **Côte d'Azur**, à proximité de l'**Italie**. Ses plages de granit sur la **Méditerranée**, sa cuisine caractéristique et sa situation géographique font de Nice la deuxième ville touristique française.

**1** **Les Niçois** Christophe habite à Nice. Lisez ses commentaires et accordez les adjectifs.

1. Le maire de Nice, Christian Estrosi, est vraiment _____ (fier) de sa ville.

2. Les citadins et les touristes apprécient l'action _____ (protecteur) des policières.

3. Ma copine et sa colocataire habitent un _____ (beau) appartement en banlieue.

4. Ses colocataires sont de _____ (bon) citoyennes.

5. Une conductrice ne doit pas être _____ (rêveur) sur la route!

6. Les piétons qui traversent l'avenue Jean Médecin en dehors (*outside*) des clous sont _____ (fou)!

Les plages de Nice, sur la Méditerranée

**2** **La vie de Marine** Complétez chaque phrase et choisissez le bon adjectif.

1. Marine cherche une colocataire _____ (bon, bonne, franc, franche).

2. À vingt ans, c'est une femme _____ (intellectuel, folles, naïve, jeunes).

3. Elle s'entend bien avec les gens _____ (bon, belles, sincères, travailleur).

4. Marine essaie d'acheter des légumes _____ (frais, fraîche, propre, chères).

5. Ses parents sont _____ (conservateurs, grec, protectrices, actives).

6. Elle habite un _____ (complet, vieil, bruyant, élégant) appartement.

7. Elle préfère regarder de _____ (nouvelles, favorites, publiques, rousses) émissions de télévision.

8. Marine adore son copain parce que c'est un homme _____ (beaux, jeunes, mignonne, heureux).

**3** **Une petite annonce** Gabrielle recherche quelqu'un avec qui elle pourrait voyager. Complétez sa petite annonce et accordez les adjectifs de la liste.

| | | | | |
|---|---|---|---|---|
| aventurier | châtain | dernier | nouveau | seul |
| bleu | cher | français | propre | violet foncé |

## petite ANNONCE

| MERCREDI | 20 septembre |
|---|---|

### Gabrielle, voyageuse extraordinaire!

Pendant mon séjour en France, je voudrais voyager dans autant de villes (1) _____ que possible! Je n'aime pas visiter de (2) _____ endroits toute (3) _____. Alors, je cherche une personne qui aime l'aventure parce que moi aussi, je suis (4) _____. Je n'ai pas beaucoup d'argent, donc je ne peux pas acheter de billets (5) _____. En plus, je suis indépendante, alors le week-end (6) _____, quand j'ai voyagé à Paris, j'ai fait mes (7) _____ projets de voyages. Si vous voulez me rencontrer, je serai la fille en robe (8) _____, aux yeux (9) _____ et aux cheveux (10) _____, au café des Artistes du centre-ville. Rendez-vous le 27 septembre, à 16h30.

# Communication

**4**

**Dans ma ville** Quelqu'un vous arrête dans la rue pour vous poser des questions sur votre ville. Vous ne répondez que par le contraire. Posez ces questions et répondez-y avec un(e) camarade de classe.

> **Modèle** —Les logements sont-ils grands?
> —Non, ils sont petits.

1. Ce quartier est-il sûr? Non, _____.
2. Votre rue est-elle tranquille? Non, _____.
3. Les voies sont-elles privées? Non, _____.
4. Cet édifice est-il nouveau? Non, _____.
5. Les gratte-ciel sont-ils bas? Non, _____.
6. Les gens sont-ils paresseux? Non, _____.

**5**

**Un entretien** Vous emménagez dans une nouvelle ville et vous avez des entretiens pour trouver des colocataires. Jouez les deux rôles avec un(e) camarade de classe.

1. Êtes-vous étranger/étrangère? Si oui, quelle est votre nationalité?
2. Quels sont les trois adjectifs qui vous décrivent le mieux?
3. Comment était votre ancien(ne) appartement/maison?
4. Gardez-vous toujours votre logement propre?
5. Dans quelle sorte de quartier préférez-vous habiter?
6. Décrivez votre colocataire idéal avec au moins trois adjectifs.
7. Et vous? Avez-vous des questions à me poser?

**6**

**Comment est...?** Avec un(e) camarade de classe, trouvez au moins trois façons (*ways*) de décrire chaque image. Comparez vos descriptions avec un autre groupe et discutez des différences avec la classe.

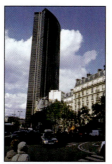

### 2.3 Adverbs

—*Eh bien, elle peut descendre* **discrètement** *à la station suivante.*

#### Formation of adverbs

- To form an adverb from an adjective whose masculine singular form ends in a consonant, add the ending -**ment** to the adjective's feminine singular form. If the masculine singular ends in a vowel, simply add the ending -**ment** to that form.

| | |
|---|---|
| absolu | absolu**ment** *absolutely* |
| doux | douce**ment** *gently* |
| franc | franche**ment** *frankly* |
| naturel | naturelle**ment** *naturally* |
| poli | poli**ment** *politely* |

- To form an adverb from an adjective whose masculine singular form ends in -**ant** or -**ent**, replace the ending with -**amment** or -**emment**, respectively.

| | |
|---|---|
| bruyant | bruy**amment** *noisily* |
| constant | const**amment** *constantly* |
| évident | évid**emment** *obviously* |
| patient | pati**emment** *patiently* |

- An exception to this rule is the adjective **lent**, whose corresponding adverb is **lentement**. Remember that the endings -**amment** and -**emment** are pronounced identically.

- A limited number of adverbs are formed by adding -**ément** to the masculine singular form of the adjective. If this form ends in a silent final -**e**, drop it before adding the suffix.

| | |
|---|---|
| confus | confus**ément** *confusedly* |
| énorme | énorm**ément** *enormously* |
| précis | précis**ément** *precisely* |
| profond | profond**ément** *profoundly* |

- A few adverbs, like **bien**, **gentiment**, **mal**, and **mieux**, are entirely irregular. The irregular adverb **brièvement** (*briefly*) is derived from **bref** (**brève**).

## Categories of adverbs

- Most common adverbs can be grouped by category.

| time | alors, aujourd'hui, bientôt, d'abord, de temps en temps, déjà, demain, encore, enfin, ensuite, hier, jamais, maintenant, parfois, quelquefois, rarement, souvent, tard, tôt, toujours |
|---|---|
| manner | ainsi (*thus*), bien, donc, en général, lentement, mal, soudain, surtout, très, vite |
| opinion | heureusement, malheureusement, peut-être, probablement, sans doute |
| place | dedans, dehors, ici, là, là-bas, nulle part (*nowhere*), partout (*everywhere*), quelque part (*somewhere*) |
| quantity | assez, autant, beaucoup, peu, trop |

## Position of adverbs

- In the case of a simple tense (present indicative, **imparfait**, future, etc.), an adverb immediately follows the verb it modifies.

Gérard s'arrête **toujours** au centre-ville.
*Gérard always stops downtown.*

Il attend **patiemment** au feu.
*He waits patiently at the traffic light.*

- In the **passé composé**, place short or common adverbs before the past participle. Place longer or less common adverbs after the past participle.

Nous sommes **déjà** arrivés à la gare.
*We already arrived at the train station.*

Vous avez **vraiment** compris ses indications?
*Did you really understand his directions?*

Il a conduit **prudemment**.
*He drove prudently.*

Tu t'es levée **régulièrement** à six heures.
*You got up regularly at six o'clock.*

- In negative sentences, the adverbs **peut-être**, **sans doute**, and **probablement** usually precede **pas**.

Elle n'est pas **souvent** chez elle.
*She is not often at home.*

***but***

Elle n'a **peut-être** pas lu ton e-mail.
*She probably has not read your e-mail.*

- Common adverbs of time and place typically follow the past participle.

Elle a commencé **tôt** ses devoirs.
*She started her homework early.*

Nous ne sommes pas descendus **ici**.
*We did not get off here.*

- In a few expressions, an adjective functions as an adverb. Therefore, it is invariable.

| | |
|---|---|
| **coûter cher** *to cost a lot* | **sentir bon/mauvais** *to smell good/bad* |
| **parler bas/fort** *to speak softly/loudly* | **travailler dur** *to work hard* |

**ATTENTION!**

In English, adverbs sometimes immediately follow the subject. In French, this is *never* the case.

*My roommate **constantly** wakes me up.*
**Mon colocataire me réveille constamment.**

**BLOC-NOTES**

There are other compound tenses in French that require a form of **avoir** or **être** and a past participle. See **Structures 4.1, pp. 134–135** for an introduction to the **plus-que-parfait**.

# Mise en pratique

**1** **Les adverbes** Écrivez l'adverbe qui correspond à chaque adjectif.

1. facile _____
2. heureux _____
3. jaloux _____
4. quotidien _____
5. mauvais _____
6. conscient _____
7. profond _____
8. meilleur _____
9. public _____
10. indépendant _____

**2** **Deux sortes d'amis** Décidez s'il faut placer les adverbes avant ou après les mots qu'ils modifient.

Jérôme et Patricia (1) _____ habitent _____ (maintenant) à Lyon. Ils ont beaucoup d'amis à Paris qui leur (2) _____ rendent _____ (souvent) visite. Ils sont (3) _____ heureux _____ (toujours) de les recevoir parce qu'ils sont (4) _____ fiers _____ (très) de leur ville. Ils ont deux sortes d'amis: ceux qui (5) _____ sortent _____ (fréquemment) en boîte, et ceux qui (6) _____ aiment _____ (mieux) les musées. Les amis qui préfèrent les musées ont (7) _____ téléphoné _____ (hier) pour dire qu'ils ne viendront (8) _____ pas _____ (peut-être) cet été. Ils ont (9) _____ fait _____ (déjà) des projets! Ils ont (10) _____ choisi _____ (tôt) leurs vacances cette année: ils ne visiteront (11) _____ pas _____ (obligatoirement) Lyon tous les ans. Ils dansent (12) _____ bien _____ (incroyablement) et ils ont envie d'aller chez des amis qui sortent en boîte!

**3** **La famille Giscard** Travaillez à deux pour dire, à tour de rôle, comment les membres de cette famille font les choses quand ils sont en ville.

**Modèle** **Isabelle est à la poste. Elle est rapide.**
Elle achète rapidement des timbres.

1. Martin est au magasin. Il est impatient.
2. Mme Giscard est à la banque. C'est une femme polie.
3. Paul et Franck sont au café. Ce sont des frères bruyants.
4. Maryse est à la gare. Elle est nerveuse.
5. Les grands-parents sont au supermarché. Ils sont lents.
6. M. Giscard se promène avec son fils Alain. C'est un bon père.
7. Alain est avec M. Giscard. C'est un garçon très franc.
8. Les cousines sont au cinéma. C'est cher.
9. Sophie va au restaurant ce soir. Elle a une robe élégante.
10. Isabelle va au jardin public avec sa petite cousine. Elle est gentille quand elle parle à sa cousine.

Practice more at **vhlcentral.com**.

# Communication

**4**

**Sondage** Interviewez un maximum de camarades différent(e)s. Font-ils/elles ces choses toujours, fréquemment, parfois, rarement ou jamais? Comparez vos résultats avec ceux du reste de la classe.

**Modèle** **travailler à la bibliothèque**

—Travailles-tu toujours à la bibliothèque?

—Non, mais j'y travaille parfois.

|  | Toujours | Fréquemment | Parfois | Rarement | Jamais |
|---|---|---|---|---|---|
| 1. sortir en boîte de nuit |  |  |  |  |  |
| 2. se retrouver dans un embouteillage |  |  |  |  |  |
| 3. prendre le métro |  |  |  |  |  |
| 4. brûler (*to run*) les feux rouges |  |  |  |  |  |
| 5. aller en cours à pied |  |  |  |  |  |
| 6. visiter un musée le week-end |  |  |  |  |  |
| 7. assister à des concerts |  |  |  |  |  |
| 8. s'ennuyer le samedi soir |  |  |  |  |  |

**5**

**Vivre en ville** À tour de rôle, posez ces questions à un(e) camarade de classe. Dans vos réponses, employez les adverbes de la liste ou d'autres adverbes.

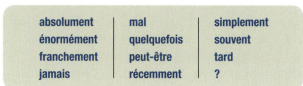

| absolument | mal | simplement |
|---|---|---|
| énormément | quelquefois | souvent |
| franchement | peut-être | tard |
| jamais | récemment | ? |

1. Traverses-tu la rue dans les clous? Pourquoi?
2. As-tu déjà été obligé(e) d'aller à la préfecture de police? Pourquoi?
3. Es-tu monté(e) au dernier étage d'un gratte-ciel? Lequel?
4. Fais-tu des promenades dans les jardins publics? Où?
5. As-tu fait du sport cette semaine? Où? Quand?
6. Que fais-tu quand on te demande des indications en ville?
7. T'es-tu entretenu(e) avec quelqu'un en particulier cette semaine? Qui? De quoi avez-vous parlé?
8. Que fais-tu pour éviter les embouteillages?

**6**

**Les gens heureux** Travaillez à deux pour dire ce que les gens font pour être heureux. Employez des adverbes dans vos réponses.

**Modèle** Pour rester heureux, ils font souvent de la gym.

## Synthèse  Reading

# Un rendez-vous inattendu

Depuis un bon moment, je me rends compte que je ne vais presque jamais en ville! J'habite dans une belle ville animée, pourtant je reste trop souvent à la maison, le soir et le week-end. Je m'ennuie! Il est évident qu'il faut faire des projets…

Je décide donc de me lever tôt parce que j'ai rendez-vous avec cette ville merveilleuse! Je me réveille précisément à 7h00. Je me lave et je me rase juste avant de prendre tranquillement un bon petit-déjeuner: du thé chaud et des fruits frais. Je m'habille rapidement. Je mets un jean, une chemise blanche, et un pull bleu. Ensuite, je prends mon sac à dos et je m'en vais!

À la station de métro près de chez moi, j'achète un carnet de dix tickets parce que ça coûte moins cher. En attendant° le prochain train, j'aperçois sur le quai° une jolie musicienne folklorique qui chante agréablement et joue de la guitare. La musique de la charmante jeune femme est mélodieuse mais son chapeau est vide! Je lui laisse quelques modestes pièces. Je me demande comment elle s'appelle, mais je suis tellement timide que je reste muet. Fâché contre moi-même, je monte dans le métro sans rien dire.

Je passe une matinée passionnante au centre-ville. Je vois des tableaux splendides et de belles sculptures au musée d'art moderne. L'après-midi, je me perds complètement! Avant même que je demande des indications, un conducteur sympa m'indique que l'édifice juste en face de moi, c'est l'hôtel de ville. Heureusement, je m'oriente facilement.

Il est tard et je suis fatigué, alors je me détends dans le parc municipal. Tout à coup, la belle musicienne du métro se présente devant moi. Nous nous regardons longuement. Ensuite, nous nous parlons!

Une fin de journée inoubliable et inattendue en ville… j'espère en vivre d'autres comme celle-là! ■

*While waiting for*

*platform*

---

**1** **Qu'avez-vous compris?** Répondez aux questions par des phrases complètes.

1. Pourquoi le jeune homme a-t-il rendez-vous avec sa ville?

2. Comment va-t-il de sa maison jusqu'au centre-ville?

3. Qui aperçoit-il sur le quai du métro?

**2** **À vous de raconter** À deux, inspirez-vous des questions pour continuer l'histoire.

1. Comment est le jeune homme qui raconte cette histoire?

2. Que fait-il de son après-midi à part se perdre en ville? Où va-t-il?

3. Quand est-ce que le jeune homme et la charmante musicienne vont se revoir? Qu'est-ce qu'ils vont faire?

**3** **L'inattendu** Avez-vous récemment vécu une coïncidence ou une situation inattendue?

Écrivez un paragraphe de cinq ou six lignes qui explique ce qui vous est arrivé. Employez des adverbes dans votre description. Ensuite, racontez votre histoire par petits groupes.

# Préparation

| Vocabulaire de la lecture | Vocabulaire utile |
|---|---|
| **une ambiance** *atmosphere* | **la batterie** *drums* |
| **s'étendre** *to spread* | **un défilé** *parade* |
| **une fanfare** *marching band* | **une fête foraine** *carnival* |
| **une manifestation** *demonstration* | **un feu d'artifice** *fireworks display* |
| **rassembler** *to gather* | **une foire** *fair* |
| **le soutien** *support* | **se réunir** *to get together* |
| | **unir** *to unite* |
| | **un violon** *violin* |

**1**

**À choisir** Choisissez le mot qui correspond à chaque définition. Ensuite, utilisez cinq de ces mots pour écrire des phrases.

1. Ce que fait un groupe de personnes dans la rue pour exprimer leurs idées ou leurs opinions

   a. une ambiance          b. une manifestation          c. un défilé

2. Le climat psychologique d'un événement ou d'un endroit

   a. la promotion          b. la fanfare          c. l'ambiance

3. Le fait que quelque chose prenne de plus grandes proportions

   a. se promener          b. s'étendre          c. rassembler

4. Quand quelqu'un aide quelqu'un d'autre, physiquement ou moralement

   a. le soutien          b. la publicité          c. la fanfare

5. L'action de réunir plusieurs personnes

   a. inviter          b. protéger          c. rassembler

6. Un groupe de musiciens qui défilent dans la rue

   a. une fanfare          b. des spectateurs          c. un chanteur

**2**

**Sujets de réflexion** Répondez individuellement aux questions par des phrases complètes. Ensuite, comparez vos réponses avec celles d'un(e) camarade de classe.

1. À quels événements culturels avez-vous assisté? Étaient-ils locaux, régionaux, nationaux ou internationaux?

2. Qu'est-ce que vous aimez dans les grands événements culturels?

3. Vous est-il arrivé de participer activement à l'un de ces événements?

4. Allez-vous souvent à des concerts?

5. Jouez-vous d'un instrument de musique? Si oui, lequel? Sinon, de quel instrument aimeriez-vous jouer?

6. Quel est votre genre de musique préféré? Pourquoi?

7. À quoi vous fait penser le concept d'une fête de la musique?

**3**

**À votre avis** Par groupes de trois, donnez votre avis sur les avantages que peut avoir un événement culturel ou artistique organisé par le gouvernement local ou fédéral. Qu'est-ce que ce genre d'événement apporte à un peuple?

 Practice more at **vhlcentral.com.**

# Rythme dans la rue:
# La fête de la
# Musique

Le 21 juin 1982, le Ministre de la Culture, Jack Lang, a inauguré la fête de la Musique, destinée à promouvoir la musique au quotidien, en France. Plus manifestation musicale que festival, cette fête encourage les musiciens amateurs et professionnels à descendre dans la rue et à partager leur musique avec le public.

La France s'y connaît en manifestations. Ses citoyens descendent le plus souvent dans la rue pour exprimer leur colère. Mais le 21 juin, la rue devient, pendant toute une journée, un lieu où on exprime sa joie et l'amour de la musique, et où on célèbre l'arrivée de l'été.

Le ministère de la Culture et de la Communication supervise l'organisation de cette fête, aujourd'hui l'un des événements les plus importants de France. La principale fonction du ministère dans cette manifestation est d'organiser de grands concerts de musiciens professionnels, sur les places ou dans les édifices publics des grandes villes. La place de la République à Paris et la place Bellecour à Lyon, par exemple, deviennent des lieux de concerts de rock en plein air, alors que° les musées, les écoles et les hôpitaux accueillent° des spectacles moins importants. On trouve partout en France d'autres événements plus modestes. Ceux-ci sont en grande partie organisés par des personnes ou des groupes de personnes, avec le soutien du ministère. Une promenade en ville peut amener° à la rencontre d'un groupe d'enfants qui chantent devant leur école, d'étudiants en musique qui testent leur dernière composition sur le trottoir ou d'un cadre qui saisit l'occasion de montrer ses talents de guitariste.

Tous les concerts et spectacles de la fête de la Musique sont gratuits, ce qui permet aux Français de tous âges et de toutes catégories socioprofessionnelles d'y

*while*

*host*

*lead*

## Faites de la musique

Ce slogan est particulièrement bien choisi. C'est un jeu de mots qui illustre la raison pour laquelle la fête de la Musique a été créée: permettre à tout le monde d'y participer, d'une manière ou d'une autre.

participer. Cela crée une ambiance populaire et conviviale.

Un des buts° de la fête de la Musique est de révéler les musiques du monde. Elle prête autant d'attention à la musique contemporaine qu'aux genres musicaux plus traditionnels. Par exemple, on trouve un DJ de musique électronique à deux rues d'un quatuor à cordes°, ou on peut voir une fanfare passer devant un concert de rap. Le reggae, le jazz, la musique classique, le funk, la pop, l'opéra, le hip-hop, le hard rock… tous les genres y sont représentés. C'est ce côté éclectique qui donne de l'intérêt à cette célébration.

Au cours de° son histoire, la France a connu peu d'événements qui aient réussi à rassembler les Français. Mais en voilà un qui relève le défi° chaque année, depuis plusieurs décennies. On voit ce désir d'unir les gens s'étendre toujours plus loin. La fête de la Musique a eu un tel° succès en France que depuis 1985, à l'occasion de l'Année européenne de la musique, des villes comme Berlin, Bruxelles, Rome et Londres organisent leur propre manifestation, le même jour. Aujourd'hui, le 21 juin représente la célébration de la musique dans plus de cent pays. Cela prouve que cette fête de la joie a encore un bel avenir devant elle. ■

*goals*

*string quartet*

*in the course of*

*rises to the challenge*

*such*

> ## La rue devient, pendant toute une journée, un lieu où on exprime sa joie.

# Analyse

**1**  **Compréhension** Répondez aux questions par des phrases complètes.

1. Pourquoi la fête de la Musique a-t-elle été créée?

2. Qui organise les grands concerts professionnels?

3. Où ont lieu les manifestations musicales?

4. Qui peut participer à cette fête? Pourquoi?

5. Quels sont les genres de musique représentés à cette fête?

6. Qui, avec la France, célèbre la fête de la Musique?

**2**  **La musique et vous** À deux, répondez aux questions par des phrases complètes.

1. Aimeriez-vous célébrer la fête de la Musique?

2. Quels événements ressemblant à la fête de la Musique connaissez-vous?

3. Écoutez-vous de la musique étrangère? Pourquoi?

4. Quand écoutez-vous le plus souvent de la musique? Donnez des détails.

5. Y a-t-il un type de musique que vous n'aimez pas? Pourquoi?

**3**  **Un bon adage** Que pensez-vous de l'adage «La musique adoucit les mœurs.» (Équivalent en anglais: *Music soothes the savage breast* [soul].)? La musique peut-elle avoir cet effet? Que ressentez-vous quand vous en écoutez? Comparez votre réponse à celle d'un(e) camarade de classe.

**4** **C'est vous l'organisateur!** Imaginez que vous représentiez le ministère de la Culture et de la Communication. Par groupes de trois, organisez un concert. Où va-t-il avoir lieu? Quels artistes allez-vous inviter? Écrivez le programme de la fête avec une description des artistes. N'oubliez pas le caractère éclectique de l'événement. Ensuite, comparez votre proposition à celles des autres groupes.

| | |
|---|---|
| **Nom de l'événement** | |
| **Ville et lieux** | |
| **Dates et heures** | |
| **Type(s) de musique** | |
| **Artistes invités** | |

**5** **Chez vous** Chaque année, le gouvernement français organise certaines fêtes nationales. Votre ville organise-t-elle des événements gratuits organisés? Sinon, que proposeriez-vous à votre gouvernement local? Expliquez à la classe.

# Préparation

## À propos de l'auteur

**D**any Laferrière est né à Port-au-Prince, en Haïti, le 13 avril 1953. Il est d'abord chroniqueur culturel à l'hebdomadaire *Le Petit Samedi Soir* et à Radio-Haïti-Inter. Puis quand son ami Gasner Raymond se fait assassiner, il quitte Haïti et s'installe à Montréal, au Canada. Il poursuit sa carrière d'écrivain et de chroniqueur à la radio et à la télévision. En 2009, il reçoit le Prix Médicis pour son roman *L'Énigme du retour*. Le 12 janvier 2010, Laferrière se trouve en Haïti, mais il échappe au tremblement de terre sain et sauf (*safe and sound*).

### Vocabulaire de la lecture

**le béton** *concrete*
**un calepin** *notebook*
**la conduite** *behavior*
**un cyclone** *hurricane*
**dormir à la belle étoile** *to sleep outdoors*
**engloutir** *to swallow*
**exigu/exiguë** *small*

**les plus vifs** *those who reacted the fastest*
**piégé(e)** *trapped*
**des secousses** *tremors*
**un tremblement de terre** *earthquake*
**un tressaillement du sol** *earth tremor*

### Vocabulaire utile

**un(e) blessé(e)** *injured person*
**une catastrophe naturelle** *natural disaster*
**un(e) disparu(e)** *missing person*
**un(e) rescapé(e)** *survivor*
**un(e) sans-abri** *homeless person*
**les secours** *rescue workers*
**trembler** *to shake*

**1** **Synonymes** Pour chaque mot ou expression de la colonne A, trouvez le terme équivalent de la colonne B.

_____ 1. calepin        a. comportement

_____ 2. conduite       b. rapide

_____ 3. vif            c. petit

_____ 4. exigu          d. absorber, dévorer

_____ 5. engloutir      e. dehors

_____ 6. à la belle étoile   f. cahier

**2** **Vrai ou faux?** Lisez ces phrases avec un(e) partenaire et dites si elles sont vraies ou fausses. Corrigez ensemble les phrases fausses.

1. Il y a des tressaillements du sol pendant un tremblement de terre.

2. Si on est piégé sous du béton après un tremblement de terre, il faut appeler les secours.

3. Les personnes dont les maisons ont été détruites en Haïti sont maintenant blessées.

4. Les sécheresses (*droughts*) sont souvent le résultat de cyclones.

5. Les sans-abri vont probablement dormir à la belle étoile.

6. Il y a des secousses sismiques pendant une tornade.

7. Les tremblements de terre et les cyclones sont des catastrophes naturelles.

**3** **Qu'en savez-vous?** Par groupes de trois, faites un résumé de ce que vous savez au sujet du tremblement de terre qui a eu lieu en Haïti en 2010. Utilisez au moins huit mots et expressions du nouveau vocabulaire.

 Practice more at **vhlcentral.com.**

### Note CULTURELLE

Le 12 janvier 2010, un tremblement de terre de magnitude 7,0 frappe l'ouest d'Haïti et sa capitale, Port-au-Prince. Il est rapidement suivi de dizaines de secousses secondaires et d'un deuxième tremblement de terre. Il s'agit du séisme le plus meurtrier de l'histoire d'Haïti. Le bilan (*toll*) de ce cataclysme est estimé à plus de 200.000 morts, 300.000 blessés et 1.000.000 de sans-abri.

# tout BOUGE autour de moi

**Dany Laferrière**

*Le grand écrivain haïtien, prix Médicis 2009 pour* L'Énigme du retour, *était à Port-au-Prince pour le Festival «Étonnants Voyageurs» quand la terre a tremblé. Il raconte.*

### 1. La minute

Tout cela a duré à peine une minute, mais on avait huit à dix secondes pour prendre une décision. Quitter l'endroit où l'on se trouvait ou rester. Très rares sont ceux qui avaient fait un bon
5    départ. Même les plus vifs ont perdu trois ou quatre précieuses secondes avant de comprendre ce qui se passait. Haïti a l'habitude des coups d'État et des cyclones, mais pas des tremblements de terre. Le cyclone est bien annoncé. Un coup d'État arrive précédé d'un nuage de rumeurs. J'étais dans le restaurant de l'hôtel avec
10   des amis (l'éditeur Rodney Saint-Éloi et le critique Thomas Spear). Thomas Spear a perdu trois secondes parce qu'il voulait terminer sa bière. On ne réagit pas tous de la même manière. De toute façon personne ne peut prévoir où la mort l'attend. On s'est tous les trois retrouvés, à plat ventre°, au centre de la cour°. Sous les arbres.

*face down on the ground / courtyard*

### 15   2. Le carnet noir

En voyage, je garde sur moi toujours deux choses: mon passeport (dans une pochette accrochée à mon cou) et un calepin noir où je note généralement tout ce qui traverse mon champ de vision ou qui me passe par l'esprit°. Pendant que j'étais par terre, je pensais
20   aux films de catastrophe, me demandant si la terre allait s'ouvrir et nous engloutir tous. C'était la terreur de mon enfance.

*mind*

### 3. Le silence

*yells* 
*deafening* 

Je m'attendais à entendre des cris, des hurlements°. Rien. Un silence assourdissant°. On dit en Haïti que tant qu'on n'a pas hurlé, il n'y a
25 pas de mort. Quelqu'un a crié que ce n'était pas prudent de rester sous les arbres. On s'est alors réfugié sur le terrain de tennis de l'hôtel. En fait, c'était faux, car pas une fleur n'a bougé malgré les 43 secousses sismiques. J'entends encore ce silence.

### 4. Les projectiles

*sheet of metal*

*plummeted* 35

30 Même à 7,3 sur l'échelle de Richter, ce n'est pas si terrible. On peut encore courir. C'est le béton qui a tué. Les gens ont fait une orgie de béton ces 50 dernières années. De petites forteresses. Les maisons en bois et en tôle°, plus souples, ont résisté. Dans les chambres d'hôtel souvent exiguës, l'ennemi, c'était le téléviseur. On se met toujours en face de lui. Il a foncé° droit sur nous. Beaucoup de gens l'ont reçu à la tête.

### 5. La nuit

*of this magnitude*

40

La plupart des gens de Port-au-Prince ont dormi cette nuit-là à la belle étoile. Je crois que c'est la première fois que c'est arrivé. Le dernier tremblement de terre d'une telle ampleur° remonte à près de 200 ans. Les nuits précédentes étaient assez froides. Celle-là, chaude et étoilée. Comme on était couché par terre, on a pu sentir chaque tressaillement du sol au plus profond de soi. On faisait corps avec la terre. Je pissais dans les bois quand mes jambes se sont mises à trembler. J'ai eu l'impression que c'était la terre qui tremblait.

45 ### 6. Le temps

*slid off* 50

Je ne savais pas que soixante secondes pouvaient durer aussi longtemps. Et qu'une nuit pouvait n'avoir plus de fin. Plus de radio, les antennes étant cassées. Plus de télé. Plus d'Internet. Plus de téléphone portable. Le temps n'est plus un objet qui sert à communiquer. On avait l'impression que le vrai temps s'était glissé° dans les soixante secondes qu'ont duré les premières violentes secousses.

### 7. La prière

*rose* 55

*started*

60

*blew*

Subitement un homme s'est mis debout et a voulu nous rappeler que ce tremblement de terre était la conséquence de notre conduite inqualifiable. Sa voix enflait° dans la nuit. On l'a fait taire car il réveillait les enfants qui venaient juste de s'endormir. Une dame lui a demandé de prier dans son cœur. Il est parti après s'être défendu longuement. Son argument c'est qu'on ne peut demander pardon à Dieu à voix basse. Des jeunes filles ont entamé° un chant religieux si doux que certains adultes se sont endormis. Deux heures plus tard, on a entendu une clameur. Des centaines de personnes priaient et chantaient dans les rues. C'était pour eux la fin du monde que Jéhovah annonçait. Une petite fille, près de moi, a voulu savoir s'il y avait classe demain. Un vent d'enfance a soufflé° sur nous tous.

### 8. L'horreur

Une dame qui habite dans un appartement dans la cour de l'hôtel a passé la nuit à parler à sa famille encore piégée sous une tonne de béton. Assez vite, le père n'a plus répondu. Ensuite l'un des trois enfants. Plus tard, un autre. Elle n'arrêtait pas de les supplier° de tenir encore un peu. Plus de douze heures après, on a pu sortir le bébé qui n'avait pas cessé de pleurer. Une fois dehors, il s'est mis à sourire comme si rien ne s'était passé.

*to beg*

### 9. Les animaux

Les chiens et les coqs nous ont accompagnés durant toute la nuit. Le coq de Port-au-Prince chante n'importe quand. Ce que je déteste généralement. Cette nuit-là j'attendais sa gueulante.°

*crowing*

### 10. La révolution

Le palais national cassé. Le bureau des taxes et contributions détruit. Le palais de justice détruit. Les magasins par terre. Le système de communication détruit. La cathédrale détruite. Les prisonniers dehors. Pendant une nuit ce fut la révolution. ■

Source: Ceci est la version intégrale du texte de Dany Laferrière publié dans *Le Nouvel Observateur* du 21 janvier 2010.

# Analyse

**1** **Le bon ordre** Numérotez ces événements dans l'ordre chronologique d'après le texte de Dany Laferrière.

_____ Il y a un grand silence.

_____ Les gens chantent et prient dans les rues.

_____ L'auteur se demande si la terre va s'ouvrir et l'engloutir.

_____ L'auteur boit un verre avec des amis dans le restaurant d'un hôtel.

_____ Une femme passe la nuit à parler à sa famille qui est piégée sous le béton.

_____ Un bébé est sauvé.

_____ L'auteur se réfugie sur un terrain de tennis.

**2** **Vrai ou faux?** Indiquez si chaque phrase est vraie ou fausse. Corrigez les phrases fausses.

1. Les bâtiments et les maisons en béton ont bien résisté au tremblement de terre.

2. Haïti ne connaît pas les coups d'État.

3. La personne qui a crié qu'il n'était pas prudent de rester sous les arbres a eu raison.

4. La plupart des systèmes de communication ont été détruits par le tremblement de terre.

5. Beaucoup de victimes ont trouvé du réconfort dans les chants et les prières.

6. Une femme que l'auteur connaît a perdu toute sa famille.

**3** **Discussion** À deux, répondez à ces questions.

1. En quoi les tremblements de terre sont-ils différents des cyclones ou des coups d'État, d'après l'auteur? Expliquez.

2. Au paragraphe 4, Laferrière dit «C'est le béton qui a tué.» Que veut-il dire par cette constatation?

3. Un homme a dit que le tremblement de terre était la conséquence d'une «conduite inqualifiable». Que voulait-il dire, à votre avis?

4. Pourquoi Laferrière a-t-il choisi le titre **La révolution** pour le dernier paragraphe, à votre avis? Expliquez cette analogie.

**4** **Rédaction** Pensez à un événement marquant de votre vie. Que s'est-il passé? Comment avez-vous réagi? En quoi cet événement vous a-t-il changé(e)? Vous allez raconter cet événement sous la forme d'un journal à paragraphes, comme le texte que vous venez de lire.

### Plan

**1** **Choix du sujet** Tout d'abord, pensez à plusieurs événements de votre vie que vous considérez marquants. Choisissez celui qui vous paraît le plus important et notez les idées qui vous viennent à l'esprit au sujet de cet événement: où, quand, qui, quoi, comment, pourquoi, etc.

**2** **Organisation** Organisez vos idées de façon logique en essayant de vous concentrer sur cinq thèmes ou aspects particuliers de l'événement.

**3** **Écriture** Écrivez cinq paragraphes de quelques lignes pour présenter vos idées. Inspirez-vous de l'organisation et du style du texte de Laferrière.

**4** **Titres** Relisez chaque paragraphe, puis donnez-lui un titre approprié, comme dans le texte.

# En ville

Audio: Vocabulary Flashcards

## Les lieux

un **arrêt d'autobus** *bus stop*
une **banlieue** *suburb; outskirts*
une **caserne de pompiers** *fire station*
le **centre-ville** *city/town center; downtown*
un **cinéma** *cinema; movie theater*
un **commissariat de police** *police station*
un **édifice** *building*
un **gratte-ciel** *skyscraper*
un **hôtel de ville** *city/town hall*
un **jardin public** *public garden*
un **logement/une habitation** *housing*
un **musée** *museum*
le **palais de justice** *courthouse*
une **place** *square; plaza*
la **préfecture de police**
　*police headquarters*
un **quartier** *neighborhood*
une **station de métro** *subway station*

## Les indications

la **circulation** *traffic*
les **clous** *crosswalk*
un **croisement** *intersection*
un **embouteillage** *traffic jam*
un **feu (tricolore)** *traffic light*
un **panneau** *road sign*
un **panneau d'affichage** *billboard*
un **pont** *bridge*
un **rond-point** *rotary; roundabout*
une **rue** *street*
les **transports en commun**
　*public transportation*
un **trottoir** *sidewalk*
une **voie** *lane; road; track*

**descendre** *to go down; to get off*
**donner des indications** *to give directions*
**être perdu(e)** *to be lost*
**monter (dans une voiture, dans un**
　**train)** *to get (in a car, on a train)*
**se trouver** *to be located*

## Les gens

un **agent de police** *police officer*
un(e) **citadin(e)** *city-/town-dweller*
un(e) **citoyen(ne)** *citizen*

un(e) **colocataire** *roommate; co-tenant*
un(e) **conducteur/conductrice** *driver*
un(e) **étranger/étrangère**
　*foreigner; stranger*
le **maire** *mayor*
un(e) **passager/passagère** *passenger*
un(e) **piéton(ne)** *pedestrian*

## Les activités

les **travaux** *construction*
l'**urbanisme** *city/town planning*
la **vie nocturne** *nightlife*

**améliorer** *to improve*
**s'amuser** *to have fun*
**construire** *to build*
**empêcher (de)** *to stop; to keep from*
　*(doing something)*
**s'ennuyer** *to get bored*
**s'entretenir (avec)** *to talk; to converse*
**passer (devant)** *to go past*
**peupler** *to populate*
**rouler (en voiture)** *to drive*
**vivre** *to live*

**(peu/très) peuplé(e)**
　*(sparsely/densely) populated*

## Pour décrire

**animé(e)** *lively*
**bruyant(e)** *noisy*
**inattendu(e)** *unexpected*
**plein(e)** *full*
**privé(e)** *private*
**quotidien(ne)** *daily*
**sûr(e)/en sécurité** *safe*
**vide** *empty*

## Court métrage

un **lien** *connection*
un **marché** *deal*
une **rame de métro** *subway train*
un **sketch** *skit*
une **voie** *means; channel*
un **wagon** *subway car*

**duper** *to trick*
**se méfier de** *to be distrustful/wary of*

**se plaindre** *(conj. like* **éteindre***) to complain*
**se rassurer** *to reassure oneself*
**réitérer** *to reiterate*
**rejoindre** *to join*
**solliciter** *to solicit*

**débile** *moronic*
**gêné(e)** *embarrassed*
**insensible** *insensitive*

## Culture

une **ambiance** *atmosphere*
la **batterie** *drums*
un **défilé** *parade*
une **fanfare** *marching band*
une **fête foraine** *carnival*
un **feu d'artifice** *fireworks display*
une **foire** *fair*
une **manifestation** *demonstration*
le **soutien** *support*
un **violon** *violin*

**s'étendre** *to spread*
**rassembler** *to gather*
**se réunir** *to get together*
**unir** *to unite*

## Littérature

le **béton** *concrete*
un(e) **blessé(e)** *injured person*
un **calepin** *notebook*
une **catastrophe naturelle** *natural disaster*
la **conduite** *behavior*
un **cyclone** *hurricane*
un(e) **disparu(e)** *missing person*
les **plus vifs** *those who reacted the fastest*
un(e) **rescapé(e)** *survivor*
un(e) **sans-abri** *homeless person*
les **secours** *rescue workers*
des **secousses** *tremors*
un **tremblement de terre** *earthquake*
un **tressaillement du sol** *earth tremor*

**dormir à la belle étoile** *to sleep outdoors*
**engloutir** *to swallow*
**trembler** *to shake*

**exigu/exiguë** *small*
**piégé(e)** *trapped*

# L'influence des médias

La télévision. La radio. Internet. Les journaux. Les magazines. Nous sommes bombardés 24 heures sur 24, sept jours sur sept. Les médias divertissent. Ils informent. Ils mobilisent. Ils agacent. Ils font peur. Les médias sont-ils trop présents dans notre vie? Quelle influence ont-ils sur nous?

Peut-on absorber tout ce que les médias ont à proposer?

87

110

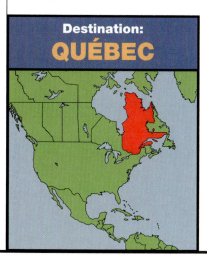

**Destination:**
**QUÉBEC**

# L'univers médiatique  Audio: Vocabulary

## Les médias

l'actualité (*f.*) *current events*
la censure *censorship*
un événement *event*
un message/spot publicitaire; une publicité (une pub) *advertisement*
les moyens (*m.*) de communication; les médias (*m.*) *media*
la publicité (la pub) *advertising*
un reportage *news report*
un site web/Internet *web/Internet site*
une station de radio *radio station*

s'informer (par les médias) *to keep oneself informed (through the media)*
naviguer/surfer sur Internet/le web *to search the web*

actualisé(e) *updated*
en direct *live*
frappant(e)/marquant(e) *striking*
influent(e) *influential*
(im)partial(e) *(im)partial; (un)biased*

## Les gens des médias

un(e) animateur/animatrice de radio *radio presenter*
un auditeur/une auditrice *(radio) listener*
un(e) critique de cinéma *film critic*
un éditeur/une éditrice *publisher*
un(e) envoyé(e) spécial(e) *correspondent*
un(e) journaliste *journalist*
un(e) photographe *photographer*
un réalisateur/une réalisatrice *director*
un rédacteur/une rédactrice *editor*
un reporter *reporter (male or female)*

un téléspectateur/une téléspectatrice *television viewer*
une vedette (de cinéma) *(movie) star (male or female)*

## Le cinéma et la télévision

une bande originale *sound track*
une chaîne *network*
un clip vidéo; un vidéoclip *music video*
un divertissement *entertainment*
un documentaire *documentary*
l'écran (*m.*) *screen*
les effets (*m.*) spéciaux *special effects*
un entretien/une interview *interview*
un feuilleton *soap opera; series*
une première *premiere*
les sous-titres (*m.*) *subtitles*

divertir *to entertain*
enregistrer *to record*

retransmettre *to broadcast*
sortir un film *to release a movie*

## La presse

une chronique *column*
la couverture *cover*
un extrait *excerpt*
les faits (*m.*) divers *news items*
un hebdomadaire *weekly magazine*
un journal *newspaper*

la liberté de la presse *freedom of the press*
un mensuel *monthly magazine*
les nouvelles (*f.*) locales/internationales *local/international news*
la page sportive *sports page*
la presse à sensation *tabloid(s)*
la rubrique société *lifestyle section*
un gros titre *headline*

enquêter (sur) *to research; to investigate*
être à la une *to be on the front page*
publier *to publish*

# Mise en pratique

**1**

**Les analogies** Complétez chaque analogie à l'aide du mot le plus logique de la liste.

| actualisé | la censure | frappant | un réalisateur | un site web |
|---|---|---|---|---|
| un auditeur | enregistrer | un journaliste | retransmettre | la une |

1. un reporter : un reportage :: _____ : un journal
2. la télévision : un téléspectateur :: la radio : _____
3. important : influent :: marquant : _____
4. un rédacteur : un magazine :: _____ : un film
5. _____ : un journal :: la couverture : un magazine
6. un film : le cinéma :: _____ : Internet
7. une émission : _____ :: un divertissement : divertir
8. l'impartialité : la partialité :: la liberté de la presse : _____

**2**

**Quelques nouvelles** Complétez chaque phrase à l'aide des mots ou des expressions les plus logiques.

| animateur | écran | en direct | média |
|---|---|---|---|
| clip vidéo | effets spéciaux | frappante | vedette |

Reportage exclusif (1) _____ sur la chaîne TV5.

Cette (2) _____ de cinéma sort un nouveau film avec beaucoup d' (3) _____.

Son nouveau (4) _____ a détruit la réputation de ce chanteur.

L'influence des sites Internet: une enquête (5) _____!

Les déclarations partiales d'un (6) _____ de radio mettent ses auditeurs en colère.

**3**

**À votre avis** Dites si vous êtes d'accord ou pas avec chaque affirmation. Ensuite, comparez vos réponses avec celles de vos camarades de classe.

| | Oui | Non |
|---|---|---|
| 1. Aujourd'hui, il est plus facile de s'informer qu'avant. | ☐ | ☐ |
| 2. Grâce aux médias, les gens connaissent mieux le monde. | ☐ | ☐ |
| 3. La liberté de la presse est un mythe. | ☐ | ☐ |
| 4. La publicité essaie de divertir le public. | ☐ | ☐ |
| 5. La presse à sensation n'a qu'un seul objectif: informer le public. | ☐ | ☐ |
| 6. On trouve plus de reportages impartiaux sur Internet que dans la presse. | ☐ | ☐ |
| 7. Dans les médias, les images ont plus d'influence que les mots. | ☐ | ☐ |
| 8. Si on veut s'informer, il vaut mieux regarder la télévision que lire les journaux. | ☐ | ☐ |

**4**

**Un reportage** Avec un(e) camarade, imaginez que vous soyez reporter. Quel sujet choisiriez-vous pour votre prochain reportage? Préparez le reportage.

Practice more at
**vhlcentral.com.**

# Préparation

**Vocabulaire du court métrage**

**une bague** *ring*
**un(e) comédien(ne)** *actor*
**un cours d'art dramatique** *drama course*
**un défaut** *flaw*

**émouvoir** (*irreg.*) *to move*
**un rôle** *part, role*
**séduire** (*conj. like **conduire***) *to seduce; to captivate*
**tourner** *to shoot (a film)*

**Vocabulaire utile**

**s'attendre à quelque chose** *to expect something*
**avoir le trac** *to have stage fright*
**le comportement** *behavior*
**se comporter** *to behave, to act*
**égocentrique** *egocentric*
**exprimer** *to express*

**EXPRESSIONS**

**Et encore!** *If that!*

**Moteur!** *Action!*

**Va/Allez savoir pourquoi!** *Go figure!*

**1** **Les acteurs** Magali et Sylvain parlent avec leur professeur d'art dramatique. Choisissez les mots de la liste de vocabulaire qui complètent leur conversation.

**PROFESSEUR** Bonjour, et bienvenue dans mon (1) _____. Je suis votre professeur, le grand acteur Georges Gaboury. Pourquoi êtes-vous dans ma classe?

**MAGALI** Monsieur, je voudrais être actrice.

**PROFESSEUR** Vous voulez devenir une vraie (2) _____ ou une vedette de cinéma, Mademoiselle?

**MAGALI** Je veux jouer des (3) _____ dans lesquels j'aurai la capacité d'(4) _____ le public.

**SYLVAIN** Moi, j'ai envie d'être réalisateur, mais avant de (5) _____ un film, j'aimerais mieux comprendre les acteurs.

**PROFESSEUR** C'est admirable, jeune homme, mais pensez-vous que les comédiens (6) _____ d'une manière différente des autres?

**SYLVAIN** Bien sûr! La plupart des acteurs ne pensent qu'à eux-mêmes: ils sont tellement (7) _____!

**PROFESSEUR** Mon garçon, vous avez encore beaucoup à apprendre!

**2** **Au cinéma** Répondez aux questions par des phrases complètes.

1. Quels genres de films aimez-vous le mieux? Les comédies? Les films d'action? Les films dramatiques? Les documentaires? Pourquoi?

2. Connaissez-vous des films presque entièrement basés sur un dialogue ou sur un monologue? Aimez-vous ce type de film? ou préférez-vous les films avec beaucoup d'action?

3. Est-ce qu'un bon dialogue dans un film est important pour vous? Expliquez votre réponse.

Practice more at **vhlcentral.com.**

**3** **Les comédiens dans les médias** Répondez aux questions avec un(e) camarade.

1. Les comédien(ne)s d'aujourd'hui sont harcelé(e)s par les médias et les paparazzi. Considérez-vous qu'ils doivent s'y attendre s'ils veulent être célèbres?

2. Les médias présentent tous les jours des interviews avec des comédien(ne)s. Y voit-on la «vraie» personne ou continuent-ils à jouer un rôle?

3. Croyez-vous ce que vous disent les médias à propos de ces personnes?

**4** **Devant la caméra**

**A.** Répondez à chaque question et expliquez vos réponses à un(e) camarade.

| | Oui | Non |
|---|---|---|
| 1. Aimez-vous vous voir en photo ou en vidéo? | ☐ | ☐ |
| 2. À votre avis, est-ce qu'une personne change de comportement devant une caméra? | ☐ | ☐ |
| 3. Aimez-vous être le centre d'intérêt? | ☐ | ☐ |
| 4. Seriez-vous prêt(e) à divulguer les détails de votre vie privée devant une caméra? | ☐ | ☐ |
| 5. Parleriez-vous de votre vie privée devant un public? | ☐ | ☐ |
| 6. Êtes-vous déjà, ou aimeriez-vous être un jour, comédien(ne)? | ☐ | ☐ |

**B.** Discutez des questions par petits groupes.

1. Que ressentez-vous quand vous êtes le centre d'intérêt?

2. Quels traits de caractère faut-il avoir pour être comédien(ne)?

**5** **L'audition** Répondez aux questions par groupes de trois.

1. Avez-vous déjà auditionné pour un rôle ou passé un entretien (*job interview*)? Quelles émotions ressent-on dans ce genre de situation? Avez-vous eu le rôle ou le poste?

2. Est-il plus important d'être soi-même ou de «jouer un rôle» pendant ces épreuves? Expliquez.

3. À votre avis, que faut-il faire si on n'est pas sélectionné?

**6** **Photographies** Dans ce court métrage, une jeune fille passe une audition pour un rôle dans un film. À deux, regardez les photographies et imaginez ce qui va se passer. Est-ce que ce sera une expérience mémorable? Aura-t-elle le rôle?

Short Film

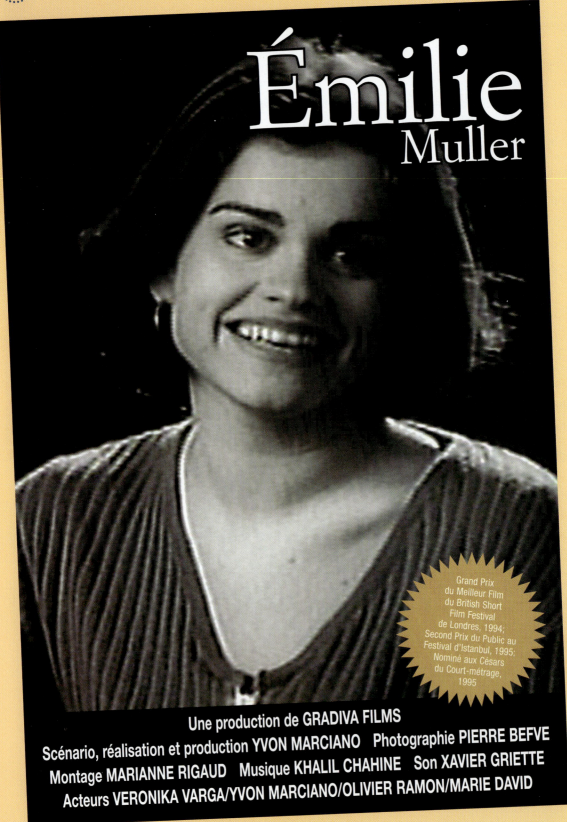

# Émilie
## Muller

Grand Prix
du Meilleur Film
du British Short
Film Festival
de Londres, 1994;
Second Prix du Public au
Festival d'Istanbul, 1995;
Nominé aux Césars
du Court-métrage,
1995

Une production de GRADIVA FILMS
Scénario, réalisation et production YVON MARCIANO   Photographie PIERRE BEFVE
Montage MARIANNE RIGAUD   Musique KHALIL CHAHINE   Son XAVIER GRIETTE
Acteurs VERONIKA VARGA/YVON MARCIANO/OLIVIER RAMON/MARIE DAVID

**INTRIGUE** *Une jeune comédienne passe une audition.*

**RÉALISATEUR** Bonjour, asseyez-vous… Vous vous appelez comment?
**ÉMILIE** Émilie Muller…
**RÉALISATEUR** Vous êtes comédienne?
**ÉMILIE** J'ai joué un petit rôle une fois, mais on ne peut pas appeler ça comédienne.

**RÉALISATEUR** Est-ce que vous pourriez me montrer ce qu'il y a dans votre sac à main?
**ÉMILIE** Dans mon sac?… Vous voulez que je vide mon sac°…
**RÉALISATEUR** Mmm… Vous tirez° un objet et vous me racontez ce que ça fait dans votre sac.

**ÉMILIE** Il n'y a rien d'extraordinaire… Un porte-monnaie… Un petit carnet° pour noter une histoire, une phrase que j'ai lue… c'est une manie° absurde…
**RÉALISATEUR** Pourquoi absurde?
**ÉMILIE** Ce qui compte vraiment, c'est inutile de le noter, on s'en souvient.

**ÉMILIE** Un… un stylo… C'est un cadeau de mon ami, pour son anniversaire.
**RÉALISATEUR** Pour son anniversaire?
**ÉMILIE** Oui, il a toujours préféré faire des cadeaux plutôt qu'en recevoir… Une carte postale… D'une amie… Elle vit au Brésil.
**RÉALISATEUR** Il reste des choses?

**ÉMILIE** Je crois que c'est fini là… Ah non, là, c'est ma mère. Elle était jeune. J'ai trouvé cette photo il y a quelques jours. C'est la première fois que je la vois dans les bras d'un autre homme que mon père.

**RÉALISATEUR** Bon, on peut couper, c'est fini. Merci beaucoup. On vous rappellera dans une semaine…
**ÉMILIE** D'accord, d'accord.
*ÉMILIE s'en va.*

**vide mon sac** *empty my bag/lay it all on the table* **tirez** *pull out* **carnet** *notebook* **manie** *habit*

---

### Note
## CULTURELLE

### Henri Matisse
### (1869–1954)

Émilie dit qu'elle a un billet Paris-Nice parce qu'elle a envie de voir une tombe: celle du grand peintre Henri Matisse. On considère qu'il est le chef d'un mouvement artistique, le Fauvisme. Bien que ce mouvement ne dure pas longtemps, les œuvres de Matisse connaissent un succès international, même de son vivant°. Il devient Citoyen d'Honneur de la ville de Nice dès sa mort en 1954. Matisse repose aujourd'hui dans le cimetière du Monastère de Cimiez qui se trouve près de sa dernière résidence et du musée Matisse.

**de son vivant** *during his lifetime*

---

Une manifestation en faveur de la souveraineté du Québec

# IMAGINEZ
## Le Québec

### La souveraineté du Québec

 **Reading**

**U**n **Québec** francophone et souverain, voilà l'idée que va défendre **René Lévesque** (1922–1987) pendant toute sa carrière politique. D'abord journaliste, Lévesque occupera plusieurs postes de ministre sous le gouvernement de **Jean Lesage** (1912–1980), **Premier ministre** du Québec dans les années 1960.

Pendant cette période, qu'on a appelée la **Révolution tranquille**, l'idée de la souveraineté du Québec, c'est-à-dire de la création d'un pays québécois à part entière°, domine le débat politique. L'éducation francophone et laïque° se développe et une vraie politique culturelle est mise en place. Les Québécois prennent conscience de leur identité propre et de leur culture francophone.

Ce phénomène se reflète surtout dans la chanson et dans le cinéma. Des chanteurs comme **Félix Leclerc** (1914–1988) et **Gilles Vigneault** (1928–) défendent l'idée de la souveraineté et font renaître la tradition de la chanson francophone québécoise. **Robert Charlebois** (1944–)

reprend cette tradition et la modernise. Le cinéma québécois francophone se développe grâce à la création, en 1967, de la **Société de Développement de l'Industrie Cinématographique Canadienne** (SDICC) qui apporte une aide financière aux réalisateurs comme **Denys Arcand**.

Sur le plan politique, c'est en 1968 que René Lévesque fonde le **Parti québécois** ou PQ, qui demande la souveraineté du Québec. Quand Lévesque est élu Premier ministre en 1976, c'est la première fois qu'un tel° parti arrive au pouvoir. Dès° l'année suivante, la **Loi 101** pour la défense du français est votée. En effet°, beaucoup de jeunes Québécois choisissaient de recevoir une éducation en anglais. Cette loi oblige tous les immigrants à aller à l'école française. En outre°, l'affichage° doit être en français dans les lieux publics et dans les magasins.

### D'ailleurs...

Le 24 juillet 1967, le président français, **Charles de Gaulle**, qui est en visite à **Montréal**, proclame son soutien au mouvement de souveraineté du Québec. Pendant un discours° qu'il prononce du balcon de l'Hôtel de ville, il s'exclame: «Vive Montréal! Vive le Québec! Vive le Québec... libre! Vive le Canada français et vive la France!»

René Lévesque, fondateur du Parti québécois

Aujourd'hui, grâce à ces mesures, le Québec est à plus de 82% francophone. Cependant, le cœur° du programme indépendantiste est bien la souveraineté totale. Celle-ci ne peut vraiment se faire que si la majorité des Québécois votent en sa faveur.

Une série de **référendums** est organisée: si la population répond «oui», le Québec s'émancipera. Mais voilà: à chaque fois, le «non» l'emporte°! Au référendum de 1995, il n'y avait plus que 50.000 voix° de différence, alors les partisans du «oui» n'ont pas encore dit leur dernier mot. Affaire à suivre…

à part entière *on its own* laïque *secular* un tel *such a* Dès *From* En effet *Indeed* En outre *In addition* affichage *display/posting* cœur *core* emporte *wins* voix *votes* discours *speech*

# Le français parlé au Québec

## Le joual
### (français québécois)

| | |
|---|---|
| **un abreuvoir** | une fontaine; *drinking fountain* |
| **l'achalandage** (*m.*) | la circulation |
| **une aubaine** | une promotion; *sale, promotion* |
| **avoir l'air bête** | être désagréable, impoli |
| **bienvenue** | de rien |
| **une blonde** | une copine; *girlfriend* |
| **bonjour** | au revoir |
| **un breuvage** | une boisson |
| **un char** | une voiture |
| **chauffer** | conduire |
| **un chum** | un copain; *boyfriend, male friend* |
| **la crème glacée** | la glace |
| **débarquer** (du bus, du métro) | descendre |
| **le déjeuner** | le petit-déjeuner |
| **le dîner** | le déjeuner |
| **être plein** | avoir trop mangé; *to be full* |
| **magasiner** (faire du magasinage) | faire des courses |
| **ça mouille** | il pleut |
| **le souper** | le dîner |

# Découvrons le Québec

**Je me souviens** Cette devise° est apparue sur les plaques d'immatriculation° québécoises en 1939. **Eugène-Étienne Taché**, architecte et homme politique québécois, fait graver°, en 1883, «Je me souviens» au-dessus de° la porte du parlement québécois. Taché n'a jamais précisé ce qu'il a voulu dire par

ces mots, mais ils sont probablement liés à l'histoire de la Province que cette façade rappelle.

**La fête de la Saint-Jean** Le 24 juin, c'est le jour de la **Saint-Jean-Baptiste**, le patron des Canadiens francophones. C'est aussi, depuis 1977, la Fête nationale du Québec. Arrivée en Amérique avec les premiers colons français, cette fête, qui a des racines° à la fois

païennes° et religieuses, y est célébrée depuis 1638 environ. Aujourd'hui, c'est un immense festival qui donne aux Québécois l'occasion de montrer leur fierté° et leur héritage culturel.

**La poutine** Elle consiste en un mélange de frites et de fromage Cheddar râpé°, le tout recouvert d'une sauce brune

chaude qui fait fondre° le fromage. C'est une spécialité québécoise très appréciée qui trouve son origine dans les milieux ruraux° des années 1950. Aujourd'hui, au Québec, presque tous les restaurants à service rapide offrent de la poutine.

**La ville souterraine de Montréal** Construite vers 1960 et appelée RÉSO depuis 2004, la ville souterraine° comprend 60 complexes résidentiels et commerciaux reliés par° 30 kilomètres de tunnels. On y trouve sept stations de métro et deux

gares qui desservent° la banlieue, des banques, des centres commerciaux, des bureaux et même des hôtels. Plus de 500.000 personnes y passent chaque jour, surtout en hiver!

devise *motto* plaques d'immatriculation *licence plates* graver *to engrave* au-dessus de *above* racines *roots* païennes *pagan* fierté *pride* râpé *grated* fondre *melt* ruraux *rural* souterraine *underground* reliés par *linked by* desservent *serve*

# Qu'avez-vous appris?

 **ÉPREUVE**

**1** **Vrai ou faux?** Indiquez si les affirmations sont vraies ou fausses, et corrigez les fausses.

1. L'un des plus grands défenseurs d'un Québec francophone et souverain était Félix Leclerc.

2. La notion de la souveraineté du Québec domine le débat politique, pendant la Révolution tranquille.

3. Le cinéma québécois francophone se développe grâce à la création du Parti québécois.

4. L'ancien président français Charles de Gaulle était pour la souveraineté du Québec.

5. «Je me souviens» est l'hymne national du Québec.

6. RÉSO est le nom donné à une fête québécoise importante.

**2** **Questions** Répondez aux questions.

1. Pourquoi 1976 est-elle une année importante pour le Parti québécois?

2. Quelle est une des conséquences de la Loi 101?

3. Qui sont les deux chanteurs qui contribuent à la renaissance de la chanson francophone québécoise?

4. Quelle sorte de fête est la Saint-Jean aujourd'hui?

5. Qu'est-ce que la poutine?

6. Qu'est-ce que la Révolution tranquille?

## Projet

### Festivals au Québec

Vous connaissez déjà la fête de la Saint-Jean, mais le Québec est une Province aux multiples festivals. Imaginez que vous soyez agent de publicité et que vous deviez créer une brochure pour un festival francophone au Québec. Faites des recherches sur **vhlcentral.com** pour choisir un festival et trouver les informations nécessaires.

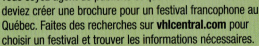

• Quel est le nom du festival?

• Quelles sont ses dates?

• Quel est son thème?

• Que fait-on au festival pour s'amuser? (trois activités)

 Practice more at **vhlcentral.com**.

**Trouvez la bonne réponse.**

1. _____ est un réalisateur francophone québécois.
   a. Denys Arcand
   b. Robert Charlebois
   c. Jean Lesage
   d. René Lévesque

2. _____ fonde le Parti québécois en 1968.
   a. Félix Leclerc
   b. Saint-Jean Baptiste
   c. Jean Lesage
   d. René Lévesque

3. _____ est pour la souveraineté du Québec.
   a. La population canadienne
   b. Le Parti québécois
   c. La devise du Québec
   d. La loi 101

4. Charles de Gaulle a soutenu _____.
   a. le mouvement de souveraineté du Québec
   b. Eugène-Étienne Taché
   c. la Loi 101
   d. la construction du RÉSO

5. La devise du Québec est _____.
   a. «Vive le Québec libre!»
   b. «Au bout de la route»
   c. un rappel de l'histoire
   d. un hommage à Lévesque

6. La phrase «Je me souviens» est inscrite sur _____.
   a. les permis de conduire québécois
   b. le drapeau québécois
   c. les plaques d'immatriculation
   d. les cartes d'électeurs

7. La Saint-Jean-Baptiste est _____.
   a. un parti politique
   b. un quartier souterrain
   c. une spécialité québécoise
   d. la Fête nationale du Québec

8. La poutine a son origine dans les _____ du Québec.
   a. chaînes internationales
   b. restaurants rapides
   c. milieux ruraux
   d. quartiers industriels

9. Dans le RÉSO, il y a des complexes résidentiels et commerciaux reliés par des _____.
   a. tunnels
   b. minibus
   c. tramways
   d. autoroutes

10. Plus de _____ personnes passent par le RÉSO tous les jours, surtout en hiver.
    a. 300.000    b. 50.000    c. 500.000    d. 400.000

 **Video: TV Clip**

## Un OVNI dans l'information numérique

Dans le paysage (*landscape*) médiatique français, Vendredi est un véritable OVNI (*UFO*) parce qu'il va à l'inverse de la presse traditionnelle. Quand la plupart des journaux s'efforcent (*are trying hard*) encore de publier leurs articles sur Internet, Vendredi, lui, transfère chaque semaine les «meilleures infos du Net» sur papier. Dans cette pub, *Vendredi* remet en cause (*challenges*) l'aspect pratique de l'information en ligne et prône (*advocates*) un retour au papier, support (*medium*) aux usages multiples.

Internet, c'est pas mal, mais le papier, ça reste utile. Surtout vendredi, c'est le jour du poisson!

**1** **Compréhension** Répondez aux questions par des phrases complètes.

1. Qu'est-ce qui constitue une révolution, d'après le clip?

2. Qu'est-ce que l'homme moderne a la possibilité de faire grâce à Internet?

3. Qu'est-ce qu'on trouve dans *Vendredi*, d'après le clip?

**2** **Discussion** Répondez aux questions en donnant des détails.

1. Utilisez-vous l'Internet pour vous tenir au courant des infos? Expliquez.

2. Expliquez l'ironie de la dernière phrase de la vidéo: «Internet, c'est pas mal, mais le papier, ça reste utile. Surtout vendredi, c'est le jour du poisson!»

**Et vous?** Y a-t-il un journal dans votre région qui résume les informations trouvées sur Internet? Si oui, décrivez-le. Sinon, dites si vous aimeriez avoir accès à un tel journal et expliquez pourquoi.

 Practice more at **vhlcentral.com**.

### VOCABULAIRE

**de la vidéo**

**croustillant(e)**
  (*referring to news*) *spicy*
**un désagrément** *nuisance*
**fournir** *to relay*
**subsister** *to remain*

**pour la conversation**

**grâce à** *thanks to*
**imprimé(e)** *printed*
**numérique** *digital*

# GALERIE DE CRÉATEURS

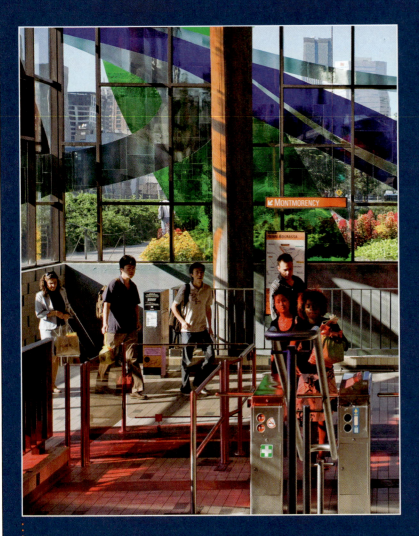

**S** **SUR INTERNET**

Pour plus de renseignements sur ces créateurs et pour explorer des aspects précis de leurs créations, à l'aide d'activités et de projets de recherche, visitez vhlcentral.com.

**DANSE Édouard Lock (1954–)**
Né au Maroc, ce Québécois a vite trouvé son bonheur dans l'univers de la danse contemporaine. En 1975, à l'âge de 21 ans, il présente sa première chorégraphie. Quelques années plus tard, les Grands Ballets Canadiens l'invitent à réaliser des chorégraphies. Fort de ses expériences, il fonde, à 26 ans, sa propre troupe de danseurs, Lock-Danseurs, qui devient plus tard La La La Human Steps. Ses chorégraphies connaissent un succès international. En 1986, il reçoit le prestigieux Bessie Award à New York pour la reconnaissance (*recognition*) de son talent. Aujourd'hui, il travaille dans les théâtres du monde entier. Il a su créer un style, un langage qui n'appartiennent qu'à lui, où il cherche à retrouver les impressions de l'enfance.

**SCULPTURE/VERRERIE Marcelle Ferron (1924–2001)**
Peintre, femme sculpteur et artiste verrier (*stained glass maker*), Marcelle Ferron était une figure importante de l'art contemporain québécois. Dès les années 1940, elle fait partie d'un mouvement artistique révolutionnaire de la Province, les Automatistes, dérivé du Surréalisme. Ce mouvement influence toute sa carrière. Elle prend aussi part à un manifeste politique et artistique appelé le Refus global. Publié le 9 août 1948, ce manifeste remet en question les valeurs traditionnelles de la société québécoise; il est à l'origine de la «Révolution tranquille», dans les années 1960, période de grandes transformations politiques, sociales, économiques et religieuses, comparable à mai 1968 en France. En 1953, Marcelle Ferron part vivre à Paris où elle apprend l'art du vitrail (*stained glass*), grâce auquel elle devient plus connue. On peut admirer ses œuvres dans certaines stations du métro de Montréal et dans d'autres villes du Québec.

### LITTÉRATURE
## Antonine Maillet (1929–)

Née en Acadie, dans le Nouveau-Brunswick, cette romancière (*novelist*) et dramaturge de grand talent, qui a passé sa vie au Québec, commence sa carrière comme professeur de littérature à l'université. Elle se lance ensuite dans (*went into*) l'écriture avec un premier roman en 1958, suivi par une trentaine (*about thirty*) d'œuvres. Ses livres s'inspirent de la langue, de l'histoire, des traditions et des caractéristiques géographiques de l'Acadie. Antonine Maillet a été lauréate (*winner*) de plusieurs prix (*awards*) littéraires, dont le prix Goncourt en France, en 1979, pour son roman, *Pélagie la charrette*. Elle est la première femme écrivain francophone qui n'habite pas en France à l'avoir reçu. Membre du Haut conseil de la francophonie depuis 1987, elle contribue, par ses œuvres et son action, à promouvoir la littérature francophone.

### CIRQUE Guy Laliberté (1959–)

Le co-fondateur du Cirque du Soleil commence sa carrière à 14 ans, après avoir quitté la maison familiale. En 1982, il fait partie du Club des talons hauts (*high heels*), groupe d'acrobates des rues montés sur des échasses (*stilts*) qui jonglent, jouent de l'accordéon et crachent le feu (*eat fire*). C'est le début d'un nouveau concept du cirque. Et en 1984, l'année du 450e anniversaire de l'arrivée de Jacques Cartier au Canada, il crée le Cirque du Soleil avec un ami, Daniel Gauthier. Ils ont su imposer une idée novatrice du cirque où la beauté est aussi essentielle que les exploits des acrobates. Laliberté a été président du cirque jusqu'en 1990. Depuis, devenu homme d'affaires, il est l'administrateur du Cirque du Soleil qui rayonne (*shines*) sur plusieurs continents.

## Compréhension

**À compléter** Complétez chaque phrase logiquement.

1. En 1975, à l'âge de 21 ans, Édouard Lock présente sa première _____.

2. Dès les années 1940, Marcelle Ferron fait partie des Automatistes, mouvement _____ révolutionnaire.

3. Les livres d'Antonine Maillet s'inspirent de la langue, de l'histoire et des traditions de l'_____.

4. Co-fondateur du _____, Guy Laliberté commence sa carrière à 14 ans.

5. Édouard Lock a su créer un style où il cherche à retrouver les _____ de l'enfance.

6. La «Révolution tranquille» est une période de grandes _____ politiques et sociales au Québec.

7. Antonine Maillet est la première femme écrivain francophone qui n'habite pas en France à recevoir le prestigieux prix _____.

8. Les _____ du Club des talons hauts jonglent et crachent du feu montés sur des échasses.

## Rédaction

**À vous!** Choisissez un de ces thèmes et écrivez un paragraphe d'après les indications.

- **Resto U** Vous aimeriez qu'on installe des vitraux (*stained glass*) inspirés du style de Marcelle Ferron dans le resto U. Décrivez ce que vous envisagez.

- **Lumière sur l'Acadie** Vous êtes Antonine Maillet et vous avez gagné le prix Goncourt. Expliquez l'importance de ce grand prix littéraire pour l'Acadie.

- **Au cirque** Décrivez un spectacle au Cirque du Soleil. En quoi diffère-t-il des cirques traditionnels?

 Practice more at **vhlcentral.com**.

# GUY LALIBERTÉ

## Un homme hors du commun

Vous avez dû entendre parler de Guy Laliberté. Ce Québécois mondialement connu ne cesse° d'apparaître dans les médias. Jongleur°, cracheur de feu°, accordéoniste, créateur du célèbre Cirque du Soleil mais aussi redoutable° joueur de poker, homme d'affaires° des plus fortunés de la planète et même touriste spatial, Guy Laliberté ne cesse de nous surprendre.

Guy Laliberté est né à Québec en 1959. À quatorze ans, il quitte sa famille pour devenir saltimbanque°, cracheur de feu et accordéoniste. En 1984, il a l'idée géniale de donner au spectacle de rue une dimension internationale. Il fonde alors avec un ami le Cirque du Soleil, une entreprise québécoise de divertissement° artistique dont la spécialité est le cirque contemporain. Il crée ainsi une toute nouvelle forme d'art du spectacle où se mélangent théâtre, musique, danse, spectacle de rue et magie du cirque. Le concept est extrêmement novateur° et va connaître un succès extraordinaire. En effet, le Cirque du Soleil est désormais° une multinationale qui emploie plus de 4.000 personnes de par le monde, parmi lesquels plus de 1.000 artistes dont certains sont d'anciens sportifs professionnels reconvertis. Cette compagnie présente de nombreux spectacles au Canada et dans le monde entier. Longue est la liste des villes qui ont accueilli°, accueillent ou accueilleront les productions de divertissement artistique de Guy Laliberté: Las Vegas, Orlando, New York, mais aussi Tokyo, Macao et bientôt Dubaï, Los Angeles et très certainement bien d'autres villes encore car Laliberté voit grand, toujours plus grand.

L'homme qui a commencé comme saltimbanque dans une petite ville du Québec est devenu milliardaire. Laliberté règne sur un véritable empire car les ramifications de la première multinationale de divertissement artistique sont multiples. Il y a, par exemple, la maison de disque qui distribue les produits musicaux des productions de la compagnie, la société de production cinématographique qui distribue les documentaires et les enregistrements° des spectacles. La liste de ces ramifications est longue et loin d'être close°.

La personnalité et la fortune fulgurante° de Laliberté ont fait l'objet de très nombreux articles de journaux et continuent de fasciner les médias du monde entier. Son dernier coup de théâtre° médiatique est surprenant°: Laliberté est parti comme touriste spatial à bord d'un vaisseau° en compagnie d'un cosmonaute russe et d'un astronaute américain. En s'envolant ainsi dans l'espace, l'artiste cherche par sa notoriété à sensibiliser le monde à l'importance de la conservation des réserves d'eau potable°. En effet, Laliberté défend le développement durable et l'environnement. En 2007, il a créé One Drop, une fondation qui cherche à assurer un meilleur accès à l'eau potable aux populations les plus pauvres du monde. En se servant des médias pour aider les autres, Guy Laliberté se place du côté de ces fondateurs de multinationales qui cherchent par leur pouvoir financier, mais aussi par leur immense notoriété médiatique, à changer le monde. ■

## La personnalité et la fortune fulgurante de Laliberté continuent de fasciner les médias.

**Glosses:**
- cease
- 5 juggler / fire-eater
- formidable
- businessman
- street acrobat
- 20 entertainment
- innovative 30
- now
- have hosted
- recordings
- 60 finished
- dazzling
- 65
- 70 stunt
- surprising
- 75 spaceship
- 80 drinking water
- 85
- 90

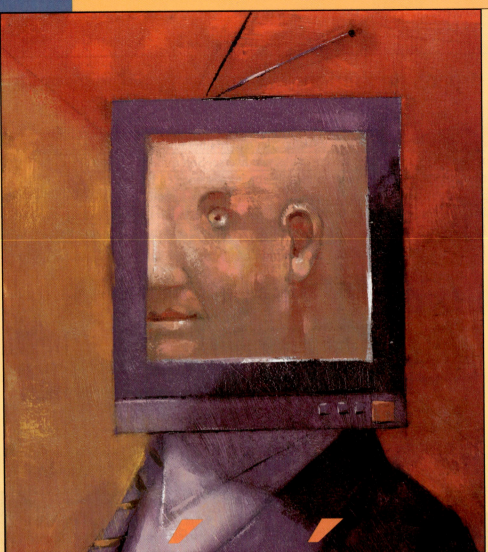

# LA TÉLÉ
## et la mort

**Marguerite Duras**

**Ça a commencé avec la mort** de Michel Foucault; Michel Foucault est mort et à la télévision le lendemain° de sa mort, on a vu un reportage sur lui en train de faire un cours au Collège de France. On n'entendait presque rien de sa voix qu'un grésillement lointain. Elle était là mais recouverte par la voix du journaliste qui disait que c'était la voix de Michel Foucault en train de faire son cours au Collège de France. Et puis peu après, Orson Welles est mort et ça a été pareil°. On entendait une voix très claire

*the next day*

*the same thing*

qui disait que cette voix qu'on entendait, inaudible et lointaine, c'était celle d'Orson Welles qui venait de mourir. C'est devenu la règle à chaque décès de personnalité°, l'image parlante du défunt est recouverte par celle du journaliste qui dit que ce qu'on entend c'est bien entendu° la voix d'un tel ou d'un tel° qui vient de mourir. Un chef de service° qui a découvert ça sans doute, que si le journaliste et le défunt parlaient ensemble, ça économiserait une minute d'antenne° pour parler ensuite, pas forcément du sport, non, mais d'autres choses, de choses différentes, divertissantes, intéressantes.

En France nous n'avons aucun moyen d'atteindre les journalistes de la télévision pour leur dire qu'ils ne devraient pas passer avant le moment précis du sourire lugubre qu'ils arborent° avec les otages° au sourire ravi° avec la météo. Ce n'est pas possible. On peut toujours faire autrement, par exemple prendre un air entre deux airs, un air de rien. Faire de toute information un événement insolite, ce n'est pas possible non plus, même si c'est une exigence° des chefs. De même cette obligation de la bonne humeur. Il faut que tu l'abandonnes pour annoncer les tremblements de terre, les attentats° au Liban, la mort des gens célèbres, les accidents d'autocar°, et toi tu vas tellement vite vers l'information comique que tu te marres déjà sur celle de l'autocar. Alors tu es foutu°. Tu dors plus la nuit. Tu sais plus ce que tu racontes. Ça fait des journaux télévisés comiques de fond en comble° et toi tu fais la dépression.

En général, en dehors des grands événements ponctuels, tels que la mort des gens célèbres, le Nobel, les votes au Parlement, rien ne se passe à la télévision. Personne ne parle à la télévision. Parler comme parler. C'est-à-dire: à partir de n'importe quoi, un chien écrasé, remettre en route l'imaginaire de l'homme, de sa lecture créatrice de l'univers, cet étrange génie, si répandu°, cela à partir d'un chien qui a été écrasé. Parler c'est autre chose que ce qui se passe à la télévision. Il faut dire que nous, clients, acheteurs de postes de télévision et imposables à ce titre, nous attendons beaucoup des lapsus et autres accidents de la télé, d'où qu'ils viennent, des membres du gouvernement ou des journalistes à dix millions de salaire mensuel. Chirac disant à l'inauguration du Salon du Livre en 84 qu'il lisait de la poésie parce que la poésie c'est court et que c'est donc le mieux indiqué pour quelqu'un qui prend souvent l'avion, ou le type qui annonce que télé-Noir sera diffusé à telle heure, c'est ce qu'on préfère. Moi j'ai entendu à la télévision, à propos de *Hiroshima mon amour*: le célèbre film d'Alain René et de Jacqueline Duval. J'ai entendu aussi: *L'Amante anglaise* jouée par la célèbre comédienne Madeleine Barrault. Une petite jeune fille timide qui venait d'être engagée° à la télé.

Peut-être que si l'on entendait tout le temps un vrai langage tenu par des personnes sans rôle à jouer, qui parleraient entre elles des choses de l'actualité°, on ne pourrait plus les supporter° à la télévision. Elles ne seraient pas assez décalées°, pas assez marginales, trop vraies. On se tient devant la télévision parce que là on y ment° obligatoirement, sur le fond et sur la forme°. Quand des journalistes disent exactement ce que nous attendons comme dans la grève miraculeuse des étudiants, en décembre 86, on a peur pour les journalistes. On a envie de les embrasser, de leur écrire. Leur prestation° avait rejoint la grève et ne faisait qu'un avec elle. Ça n'arrive presque jamais. C'est arrivé en France en décembre 86. Tout Paris en parlait, autant que de la grève. Une fête vraiment ces journaux, jusqu'à ce que Pasqua et Pandraud lâchent° leurs chiens. ■

*Glossary (margin):*
- celebrity
- of course
- someone or another
- department head
- air time
- wear / hostages
- delighted
- requirement
- attacks
- bus
- out of luck
- completely
- widespread
- hired
- news
- tolerate
- removed
- lies
- in substance and form
- performance
- release

# La valeur des idées

Qu'est-ce qui donne de la valeur à une idée? Son originalité, l'impact qu'elle peut avoir sur un groupe ou sur une société? Cependant, une nouvelle idée fait parfois peur aux membres d'un groupe, parce qu'elle les oblige à changer, et il faut souvent du courage pour la faire adopter. Une idée, même bonne, sert-elle à quelque chose, s'il n'y a personne pour la mettre en pratique?

Une société a toujours besoin de groupes qui défendent des idées.

125

148

**Destination:**
## ANTILLES

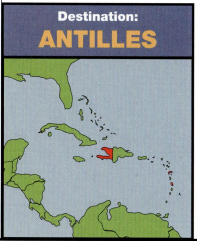

# La justice et la politique

 **Audio: Vocabulary**

## Les lois et les droits

un crime *murder, violent crime*
la criminalité *crime (in general)*
un délit *(a) crime*
les droits (*m.*) de l'homme *human rights*
une (in)égalité *(in)equality*

une (in)justice *(in)justice*
la liberté *freedom*
un tribunal *court*

abuser *to abuse*
approuver une loi *to pass a law*
défendre *to defend*
emprisonner *to imprison*
juger *to judge*

analphabète *illiterate*
coupable *guilty*
(in)égal(e) *(un)equal*
(in)juste *(un)fair*
opprimé(e) *oppressed*

## La politique

un abus de pouvoir *abuse of power*

une armée *army*
une croyance *belief*
la cruauté *cruelty*

la défaite *defeat*
une démocratie *democracy*
une dictature *dictatorship*
un drapeau *flag*

le gouvernement *government*
la guerre (civile) *(civil) war*
la paix *peace*
un parti politique
    *political party*
la politique *politics*
la victoire *victory*

avoir de l'influence (sur) *to have
    influence (over)*
se consacrer à *to dedicate oneself to*
élire *to elect*
gagner/perdre les élections
    *to win/lose elections*
gouverner *to govern*
voter *to vote*

conservateur/conservatrice *conservative*
libéral(e) *liberal*
modéré(e) *moderate*
pacifique *peaceful*
puissant(e) *powerful*
victorieux/victorieuse *victorious*

## Les gens

un(e) activiste *militant activist*
un(e) avocat(e) *lawyer*

un(e) criminel(le) *criminal*
un(e) député(e) *deputy (politician);
    representative*
un homme/une femme politique *politician*
un(e) juge *judge*
un(e) juré(e) *juror*
un(e) président(e) *president*
un(e) terroriste *terrorist*
une victime *victim*
un voleur/une voleuse *thief*

## La sécurité et le danger

une arme *weapon*
une menace *threat*
la peur *fear*

un scandale *scandal*
la sécurité *security, safety*
le terrorisme *terrorism*
la violence *violence*

combattre (*irreg.*) *to fight*
enlever/kidnapper *to kidnap*
espionner *to spy*
faire du chantage *to blackmail*
sauver *to save*

# Mise en pratique

**1**

**Synonymes et antonymes** Remplissez la liste de synonymes et d'antonymes pour les mots suivants.

| Synonymes | | Antonymes | |
|---|---|---|---|
| 1. équivalence | _____ | 6. défaite | _____ |
| 2. terreur | _____ | 7. guerre | _____ |
| 3. protéger | _____ | 8. victime | _____ |
| 4. pacifiste | _____ | 9. conservateur | _____ |
| 5. opinion | _____ | 10. innocent | _____ |

**2**

**Qui est-ce?** Dites qui parle dans chaque situation.

> 1. une activiste    2. un terroriste    3. un voleur    4. une avocate    5. un homme politique

_____ a. J'espionnais des résidences dans un quartier riche. Quand une famille est partie en vacances, je suis entré dans leur maison. Je n'ai pas eu le temps de prendre l'argent, parce que des policiers sont arrivés. J'ai essayé de fuir, mais ils m'ont arrêté. Au tribunal, le juge m'a condamné à trois mois de prison.

_____ b. Je suis membre d'un groupe politique qui croit en la démocratie. Nous sommes pour la liberté des citoyens du monde et contre la dictature. Nous combattons les dictatures, parce que nous pensons que c'est une forme d'emprisonnement.

_____ c. Je m'occupe des affaires publiques dans ma région. Aux dernières élections, soixante-quinze pour cent des habitants qui ont voté m'ont choisi. J'ai aussi gagné les élections il y a quatre ans.

_____ d. Je m'intéresse beaucoup plus à la justice qu'à la politique. Chaque jour, je défends mes clients, qui sont souvent victimes d'injustices. En plus, je me consacre à la défense des droits de l'homme.

_____ e. Je suis membre d'une armée spéciale. Nous faisons peur aux gens pour les informer sur nos croyances et sur nos luttes. Nous utilisons aussi la violence et la cruauté pour détruire ce qui est injuste dans le monde. Nous utilisons fréquemment le chantage pour atteindre notre but.

**3**

**Définir et inventer** Dans un groupe de trois ou quatre, définissez les mots de la liste. Ensuite, inventez une histoire qui inclut au moins huit des douze mots.

| | | | |
|---|---|---|---|
| chantage | démocratie | espionner | politique |
| combattre | dictature | libéral | scandale |
| criminel | égalité | pacifique | sécurité |

**4**

**Au tribunal** Imaginez que vous soyez avocat(e). Décrivez quelle sorte de droit vous pratiquez. Si vous choisissez le droit pénal (*criminal*), défendez-vous des clients qui sont coupables? Qu'est-ce qui est le plus important: défendre la justice ou gagner un salaire élevé? Discutez de vos idées avec celles d'un(e) camarade de classe.

Practice more at **vhlcentral.com.**

# Préparation

**1** **Vrai ou faux?** Indiquez si ces affirmations sont vraies ou fausses. Corrigez les fausses.

1. Quand on a des galères, tout va bien.
2. Les parents renient parfois leurs enfants quand ils n'approuvent pas leurs actions.
3. Deux personnes de religions ou de races différentes forment un couple mixte.
4. La tolérance et le respect des autres sont des qualités.
5. Un péché est une pratique religieuse.
6. Un père ou une mère qui se tire abandonne sa famille.
7. Quand on ne s'intéresse pas à quelque chose, on s'en fout.
8. Quand on parle très bien une langue étrangère, on baragouine.

**2** **À compléter** Complétez le dialogue avec les mots et les expressions appropriés du vocabulaire.

**MOHAMMED** Oh, j'en ai vraiment marre de la situation chez moi. _____. Il faut vraiment que ça change.

**SAMIR** Qu'est-ce qui se passe?

**MOHAMMED** Eh bien, tu vois, il y a un grand _____. Personne ne se parle! Ma sœur refuse de suivre les pratiques religieuses musulmanes et elle ne fait plus ses _____. Mon père voit cela comme une _____.

**SAMIR** J'espère qu'il ne va pas _____ ta sœur.

**MOHAMMED** Écoute, j'en ai peur.

**SAMIR** Il faut que ton père respecte les autres et qu'il fasse preuve de _____.

**MOHAMMED** Je sais bien. Hier, je lui ai même dit: «Papa, _____, arrête de traiter Khadija comme ça!» Mais il ne m'a pas écouté!

**3**

**Questions** Répondez aux questions par des phrases complètes.

1. Qu'est-ce qu'un Gaulois? Les Gaulois sont-ils musulmans d'habitude?

2. Connaissez-vous un couple mixte? Sont-ils parfois victimes de discrimination? Pourquoi?

3. Qu'est-ce qui peut faire que quelqu'un abandonne sa famille? Est-ce que cet acte peut être excusé dans certaines circonstances? Expliquez.

4. Avez-vous déjà été trahi(e) par quelqu'un ou connaissez-vous quelqu'un qui l'a été? Expliquez les circonstances. Peut-on ou doit-on pardonner une telle trahison? Pourquoi?

5. À votre avis, la mondialisation (*globalization*) contribue-t-elle à améliorer la tolérance et le respect des autres? Expliquez votre point de vue.

**4**

**Anticipation** Avec un(e) camarade, observez ces images du court métrage et répondez aux questions.

A                B

**Image A**

- Que voit-on sur l'image? Décrivez la scène dans le parc. Que fait l'homme à la veste en cuir?

- Comment sont les autres personnages? Que font-ils? Imaginez les relations entre les personnages.

**Image B**

- Qui sont les deux personnages sur la photo, d'après vous? Décrivez-les.

- Ces deux personnes ont-elles l'air heureux? Imaginez leur relation.

**5**

**À vous** On entend parfois dire que «l'amour n'a pas de frontières». Par petits groupes, discutez de cette idée. Êtes-vous d'accord? Pourquoi?

**INTRIGUE** *Leïla, une jeune femme maghrébine, a quitté sa famille il y a six mois pour partir avec un jeune homme français.*

**WALID** Allô?
**LEÏLA** Walid? C'est Leïla. Ça fait des jours et des jours que j'ai envie de te parler.
**WALID** Attends, là! Mais pourquoi tu m'appelles? Pourquoi tu m'appelles?

**MARIE** Un petit café... Mais tu as pété un câble°, Walid, ou quoi? Tu ne vas pas me faire un petit café alors que c'est ramadan.
**WALID** Et alors? Je peux te faire un petit café même si je fais le ramadan. Où est le problème?

**MARIE** Mais tu ne décroches° pas?
**WALID** Non, non, non, ce n'est rien, on s'en fout, ce n'est rien.
**MARIE** Comment ça, on s'en fout?
**LEÏLA** (*voix sur le répondeur*) Allez, Walid, réponds!
**MARIE** C'est qui?

**WALID** Et le pire, c'est que c'est un Gaoli°, le mec. Tu imagines la tête de mes parents? [...]
**FRED** Je comprends ta rage, Walid, mais ta sœur, elle est grande! Il fallait bien qu'un jour ou l'autre, elle fasse sa vie°, tu ne crois pas?

**FRED** Walid, arrête de noyer le poisson°. C'est un problème uniquement parce que c'est une fille. Tiens, toi et Marie, a priori°, ça ne dérange personne.
**WALID** Attends, qu'est-ce que tu racontes? Qu'est-ce que tu en sais si ça ne dérange personne? Tu es dans ma tête, toi? Tu sais à quel point c'est compliqué?

**WALID** Fred, non mais sérieux, tu imagines mon père appeler ses petits-enfants Marie-Pierre, Christophe, Jean-Pierre. Non, mais c'est vrai, franchement, tu rigoles!

**tu as pété un câble... ?** *are you crazy... ?* **décroches** *pick up*
**Gaoli** *Frenchman* **fasse sa vie** *make her own decisions*
**noyer le poisson** *clouding the issue* **a priori** *apparently*

Vue aérienne d'une île de l'archipel des Saintes, Guadeloupe

# IMAGINEZ
## Les Antilles

### Alerte! Les pirates!  **S** Reading

«**À** l'abordage°!» Au 17ᵉ siècle, tous les voyageurs des **Antilles** avaient peur d'entendre ce cri. En effet, chaque traversée° les livrait à la merci° d'horribles pirates qui hantaient la **mer des Caraïbes**. Des noms comme le **capitaine Morgan** ou le **capitaine Kidd** pour les **Britanniques**, et **Jean Bart** ou **Robert Surcouf** pour les **Français** semaient l'épouvante°. **Pirates**, corsaires, et boucaniers… leur réputation était terrible!

Pourtant la piraterie avait son utilité. À l'époque, les nations européennes se disputaient les Caraïbes et n'avaient pas les moyens financiers de mettre en place une force navale dans une région aussi vaste. Les **Espagnols** constituaient la plus grande puissance coloniale des Antilles, mais en 1564, ce sont les **Français** qui ont été les premiers non-espagnols à s'y installer, à **Fort Caroline**, aujourd'hui près de **Jacksonville**, en **Floride**. Bien qu'ils n'y soient pas restés très longtemps — ils en ont vite été chassés par les **Espagnols** —

les **Français** ont profité de l'emplacement de leurs colonies pour saisir° l'or et l'argent que les **Espagnols** extrayaient° des mines sud-américaines. La piraterie permettait aussi de s'emparer° des bateaux marchands qui visitaient les

Un galion, bateau armé des temps anciens

ports de **Saint-Pierre** en **Martinique, Basse-Terre en Guadeloupe** ou **Cap Français** à **Saint-Domingue** (aujourd'hui **Haïti**), trois colonies françaises à l'époque.

Il existait différents types d'équipages°. Les **corsaires** étaient souvent des nobles ou de riches entrepreneurs qui travaillaient directement pour le roi. Cette piraterie-là rapportait bien°. Les pirates ordinaires, eux, étaient indépendants et beaucoup vivaient sur **l'île de la Tortue**, colonie française au nord de Saint-Domingue. Les **boucaniers**, les pirates des Antilles, étaient de véritables aventuriers. Leur nom vient du «boucan», une grille de bois sur laquelle ils faisaient griller la viande et les poissons, à la manière des populations locales, les **Amérindiens Arawak.** Les Arawaks étaient un groupe linguistique qui comprenait plusieurs tribus. Ils étaient aussi les premiers à avoir été en contact avec des Européens. Sinon, les boucaniers étaient réputés pour leur vie en plein air et leurs festins bruyants. Parmi leurs lieux favoris: **Saint-Barthélemy, Port-de-Paix** à Saint-Domingue et des petites îles comme **les Saintes,** en Guadeloupe.

Les sociétés de pirates, qu'on appelait aussi des **flibustiers,** étaient égalitaires, et même révolutionnaires pour l'époque. Les pirates étaient les seuls marins à pouvoir élire leur capitaine démocratiquement. Celui-ci combattait avec eux, au lieu de° leur donner des ordres de loin. Le butin° était partagé entre tous les membres de l'équipage, et les invalides recevaient des indemnités°. En temps de guerre, la piraterie devenait très active. En temps de paix, les pirates faisaient de la contrebande°, pour le bonheur de tous. Beaucoup allaient par exemple au petit village de **Pointe-Noire,** en Guadeloupe, pour vendre leurs marchandises à très bon prix. Ce village doit son nom aux roches volcaniques qu'on aperçoit au nord.

Aujourd'hui, si vous allez aux Antilles, vous aurez peu de chance de rencontrer des pirates. Par contre, vous pourrez toujours déguster° un bon poulet boucané en souvenir du passé!

**À l'abordage!** *a pirate cry used when taking over another ship* **traversée** *crossing* **livrait à la merci** *put at the mercy* **semaient l'épouvante** *spread terror* **saisir** *seize* **extrayaient** *extracted* **s'emparer** *to grab* **équipages** *crews* **rapportait bien** *was profitable* **au lieu de** *instead of* **butin** *booty* **indemnités** *compensation* **contrebande** *smuggling* **déguster** *savor*

# Des mots utilisés aux Antilles

## Guadeloupe et Martinique

| | |
|---|---|
| **un acra** | un beignet de poisson ou de légumes |
| **une anse** | une baie |
| **une doudou** | une chérie |
| **le giraumon** | le potiron; *pumpkin* |
| **une habitation** | une plantation, un domaine agricole |
| **le maracudja** | le fruit de la passion |
| **une morne** | une colline; *hill* |
| **une trace** | un chemin; *path* |
| **le vesou** | le jus de la canne à sucre |
| **un zombi** | un revenant; *ghost; zombie* |

# Découvrons les Antilles

**Saint-Barthélemy** **Saint-Barth** est une île du nord des Caraïbes, qui porte le nom du frère de **Christophe Colomb.**

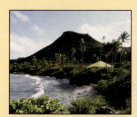

Aujourd'hui, l'île fait partie des **Antilles françaises,** mais elle a aussi été espagnole et suédoise. À présent, elle est connue pour son tourisme de luxe. Entre une chaîne de montagnes et une barrière de corail°, ses 14 plages ont chacune un caractère unique. Cette grande diversité s'accompagne d'un climat paradisiaque. L'île fait ainsi le bonheur des vacanciers et des stars.

**Les yoles rondes** La yole ronde est un voilier° inventé en **Martinique,** dans les années 1940. Elle s'inspire du **gommier,** le bateau traditionnel, et de la yole européenne. Ses premiers utilisateurs étaient les marins pêcheurs°, qui faisaient la course° quand ils rentraient de la pêche. La yole ronde est aujourd'hui un véritable sport nautique, dont l'événement le plus populaire est le **Tour de la Martinique,** une course en sept étapes° autour de l'île.

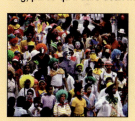

**Le carnaval de Guyane** En **Guyane française,** le carnaval ne ressemble à aucun autre. Il est d'abord exceptionnellement long, parce qu'il dure deux mois: du jour de l'Épiphanie, le 6

janvier, au mercredi des Cendres, début mars. Il est aussi à la fois populaire, multiethnique et traditionnel, avec des costumes historiques comme celui du boulanger ou de l'ours°. C'est surtout une grande fête qui rassemble tous les Guyanais.

**John James Audubon (1785–1851)**
Tout le monde en Amérique connaît **J. J. Audubon,** le fameux ornithologue et naturaliste, et la **National Audubon Society** créée en sa mémoire. Audubon, d'origine française, est né en Haïti. Il a grandi en France, près de Nantes,

et a émigré aux États-Unis en 1803. Dans son œuvre, *Les oiseaux d'Amérique* (1840), il a dessiné, en quatre volumes, toutes les espèces connues d'oiseaux d'Amérique du Nord.

**barrière de corail** *coral reef* **voilier** *sailboat* **marins pêcheurs** *fishermen* **faisaient la course** *raced* **étapes** *stages* **ours** *bear*

# Qu'avez-vous appris?

**1** **Correspondances** Faites correspondre les mots et les noms avec les définitions.

1. _____ John James Audubon

2. _____ le boucan

3. _____ Saint-Barthélemy

4. _____ la yole ronde

5. _____ le Tour de la Martinique

6. _____ l'ours

a. une course nautique en sept étapes

b. une île qui fait le bonheur des touristes et des stars

c. un des costumes traditionnels du carnaval de Guyane

d. un voilier qui s'inspire du gommier et de la yole européenne

e. une grille de bois pour faire cuire le poisson ou la viande

f. un ornithologue né en Haïti

**2** **Complétez** Complétez chaque phrase de manière logique.

1. …est un cri qui faisait peur aux voyageurs du 17e siècle.

2. Aux Antilles, au 17e siècle, on risquait de rencontrer des pirates…

3. La piraterie était utile quand les nations…

4. Les touristes qui visitent Saint-Barth peuvent apprécier…

5. Le carnaval de Guyane est…

6. John James Audubon était gardien du patrimoine naturel américain parce qu'…

## Projet

### Dans la peau d'un boucanier

Imaginez que vous soyez un pirate ou un boucanier du 17e siècle. Recherchez sur **vhlcentral.com** les informations dont vous avez besoin pour écrire un extrait de votre journal. En au moins dix phrases, expliquez ce qui s'est passé pendant une journée, et présentez-le à la classe.

- Inventez des aventures et donnez des détails. Où êtes-vous allé(e)s? Qui avez-vous rencontré? Quels problèmes avez-vous eus? Comment avez-vous survécu?

- Dessinez un plan de la route que vous avez suivie.

 Practice more at **vhlcentral.com**.

## ÉPREUVE

Trouvez la bonne réponse.

1. Des noms comme le capitaine Morgan, le capitaine Kidd, Jean Bart et Robert Surcouf semaient _____.
   a. la joie
   b. l'épouvante
   c. le bonheur
   d. le calme

2. _____ travaillaient directement pour le roi.
   a. Les flibustiers *filibustes*
   b. Les corsaires
   c. Les pirates
   d. Les boucaniers

3. Les pirates ordinaires étaient _____.
   a. riches
   b. anglais
   c. nobles
   d. indépendants

4. Le boucan était à l'origine utilisé par _____.
   a. les boucaniers
   b. les colons
   c. les Amérindiens Arawak
   d. les marins

5. Les sociétés pirates étaient très avancées pour leur époque, parce qu'elles étaient _____.
   a. hiérarchiques
   b. célèbres
   c. riches
   d. égalitaires

6. Le butin était partagé entre _____ de l'équipage.
   a. tous les membres
   b. tous les capitaines
   c. tous les bateaux
   d. tous les invalides

7. En temps de paix, les pirates faisaient _____.
   a. du commerce
   b. de la contrebande
   c. la guerre
   d. des réparations

8. La recette qui rappelle les pirates des Antilles s'appelle _____.
   a. le poulet boucané
   b. le rhum
   c. le poisson
   d. la viande cuite

9. _____ porte le nom du frère de Christophe Colomb.
   a. Saint-Barthélemy
   b. Cap Français
   c. Saint-Domingue
   d. Fort Caroline

10. Les premiers utilisateurs des yoles rondes étaient _____.
    a. les boucaniers
    b. les Espagnols
    c. les marins pêcheurs
    d. les Amérindiens Arawak

## Qu'en pensent les jeunes Belges?

Aux élections européennes de 2009 en Belgique, les primo-votants représentaient environ 8% des électeurs (*voters*). Les primo-votants sont les personnes qui votent pour la première fois, c'est-à-dire une majorité de jeunes. Un sondage (*survey*) réalisé par l'Université de Liège et Dedicated Research a résumé les opinions des jeunes électeurs belges francophones. Même si deux jeunes sur trois (*two out of three*) déclarent s'intéresser peu à la politique, 86% d'entre eux estiment que voter est «utile» ou «très utile».

Mais il ne faut pas oublier que c'est un droit et que ce n'est pas un acquis et que, la démocratie, ça se travaille.

### VOCABULAIRE

**de la vidéo**

**un acquis** *something taken for granted*

**une convocation** *registration notice*

**un devoir** *duty*

**un droit** *right*

**en sous-main** *secretly*

**sauter sur l'occasion** *to jump on the opportunity*

**traîner** *to lie around*

**une voix** *vote*

**pour la conversation**

**un chef d'état** *head of state*

**les droits** (*m.*) **civiques** *civil rights*

**un(e) élu(e)** *elected official*

**les enjeux** (*m.*) *stakes*

**être au pouvoir** *to be in power*

**la majorité** *majority*

**la minorité** *minority*

**prendre au sérieux** *to take seriously*

**un sénateur** *senator*

**1**  **Compréhension** Répondez aux questions par des phrases complètes.

1. Pourquoi la première personne n'a-t-elle pas l'air de prendre le droit de vote au sérieux?

2. Que pense la troisième jeune femme de l'idée de voter?

3. Qu'est-ce que le jeune homme de la dernière interview apprécie au sujet de la candidate dont il parle?

**2** **Discussion** Répondez aux questions en donnant des détails.

1. Avez-vous déjà voté dans des élections? Si oui, expliquez. Sinon, aimeriez-vous voter? Pourquoi?

2. Pour vous, que doit-on prendre en considération avant de décider pour qui voter?

**Et vous?** Quelles vont être les prochaines élections dans votre ville, votre état ou votre pays? Quel va être l'enjeu de ces élections?

Practice more at **vhlcentral.com.**

# GALERIE DE CRÉATEURS

**S**

### SUR INTERNET

Pour plus de renseignements sur ces créateurs et pour explorer des aspects précis de leurs créations, à l'aide d'activités et de projets de recherche, visitez vhlcentral.com.

**LITTÉRATURE**

### Aimé Césaire (1913–2008)

En 1934, ce Martiniquais, qui fait ses études à Paris, fonde le magazine *L'Étudiant noir* avec Léopold Sédar Senghor et Léon-Gontran Damas. Ces trois écrivains créent ensuite un grand mouvement littéraire et culturel, la Négritude. C'est Aimé Césaire qui invente ce nouveau mot. Puis en 1945, il décide de se consacrer à la politique et est élu maire de Fort-de-France. Il le restera jusqu'en 2001. Il est à l'origine de la création du concept des Départements d'Outre-Mer (DOM). Son *Discours sur le colonialisme* s'inscrit (*is engraved*) dans la lutte pour la reconnaissance de l'identité noire. Cette pensée révolutionnaire qui l'anime se reflète dans son œuvre littéraire: poésies, pièces de théâtre, essais... Aimé Césaire est resté une figure importante de la Martinique jusqu'à la fin de sa vie.

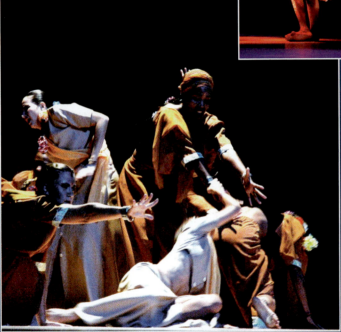

**DANSE** Léna Blou (1962–)

Cette danseuse et chorégraphe guadeloupéenne obtient plusieurs diplômes d'interprétation et d'enseignement pour les danses jazz et contemporaine. Elle perfectionne d'abord sa formation par des stages en Europe et aux États-Unis auprès d' (*with*) éminentes personnalités de cette discipline. Forte de son expérience, elle ouvre son école de danse à Pointe-à-Pitre puis crée en 1995 la compagnie Trilogie. Elle veut faire connaître l'esthétique chorégraphique traditionnelle des Caraïbes. Elle modernise même la danse traditionnelle guadeloupéenne, le Gwo-ka, en créant (*by creating*) la technique de danse «Techni'ka». Blou est ainsi une artiste à la fois (*both*) moderne et traditionnelle qui désire mettre la danse de son île au même rang de popularité que les techniques Graham ou Horton. Pour cela, elle dirige des stages de Techni'ka en Europe et aux États-Unis.

## LITTÉRATURE
### Paulette Poujol-Oriol (1926–)

Paulette Poujol-Oriol est une Haïtienne aux multiples talents — professeur, metteur en scène et auteur. Elle écrit des romans et des nouvelles (*short stories*) qui présentent des personnages haïtiens, et elle enseigne le théâtre aux enfants. C'est aussi une femme très engagée qui milite (*is an activist*) dans plusieurs associations féministes. Elle connaît le succès dès qu'elle publie sa première œuvre, *Le Creuset*. Le style de Paulette Poujol-Oriol est caractéristique: elle mélange (*mixes*) depuis toujours le français et le créole haïtien. Pleins d'ironie, ses livres sont en général perçus comme des œuvres morales.

## PEINTURE
### Franky Amete (1966–)

Ce peintre guyanais est spécialisé dans l'art «tembé» hérité des «Noirs marrons» des plateaux de Guyane. Les «Noirs marrons» sont des esclaves noirs qui ont fui dans la forêt, pendant la période de l'esclavage. Ils se servaient de cet art pour communiquer d'une plantation à l'autre. Comme eux, Franky Amete est le gardien de la culture africaine présente en Amérique du Sud. Tout est équilibre (*balance*) et harmonie dans l'art tembé. Amete travaille ses œuvres à l'aide de la règle (*ruler*) et du compas pour créer un art géométrique très riche en couleurs. Il est le premier à avoir utilisé des sables (*sands*) de couleurs différentes comme éléments artistiques. Ses tableaux peuvent mesurer jusqu'à plusieurs mètres de long.

## Compréhension

**Vrai ou faux?** Indiquez si chaque phrase est vraie ou fausse. Corrigez les phrases fausses.

1. Léna Blou enseigne une version modernisée du Gwo-ka, la danse traditionnelle guadeloupéenne.

2. La troupe de danseurs Trilogie se spécialise dans l'interprétation chorégraphique en jazz.

3. Aimé Césaire est un des pères de la Négritude.

4. En plus de sa carrière littéraire, Césaire a aussi été homme politique.

5. La Négritude est un mouvement politique dans les Départements d'Outre-Mer

6. Les livres de Paulette Poujol-Oriol mélangent le français et le créole haïtien.

7. Poujol-Oriol milite également pour la défense de l'environnement.

8. «Noirs marrons» est le nom donné aux esclaves noirs qui ont fui pendant la période de l'esclavage.

9. Franky Amete peint surtout des paysages guyanais.

10. Amete s'inspire beaucoup de l'art impressionniste.

## Rédaction

**À vous!** Choisissez un de ces thèmes et écrivez un paragraphe d'après les indications.

- **La Négritude** Un(e) ami(e) vous demande des informations sur la Négritude. Expliquez-lui ce que vous savez au sujet de ce mouvement en un paragraphe.

- **Aimé Césaire** Vous devez préparer un exposé sur Aimé Césaire. Écrivez-lui un e-mail dans lequel vous lui posez des questions pour en apprendre plus sur sa vie et sa carrière.

- **Critique d'art** Vous êtes critique d'art et vous assistez à une exposition de Franky Amete. Écrivez un paragraphe dans lequel vous décrivez son style artistique et son inspiration.

 Practice more at **vhlcentral.com.**

**4.1**

# The *plus-que-parfait*

*Quand Walid et Leïla ont parlé, elle lui **avait** déjà **téléphoné** plusieurs fois.*

- The **plus-que-parfait** is used to talk about what someone *had done* or what *had occurred* before another past action, event, or state. Like the **passé composé**, the **plus-que-parfait** uses a form of **avoir** or **être** — in this case, the **imparfait** — plus a past participle.

| The *plus-que-parfait* | | |
|---|---|---|
| **voter** | **finir** | **perdre** |
| j'**avais** voté | j'**avais** fini | j'**avais** perdu |
| tu **avais** voté | tu **avais** fini | tu **avais** perdu |
| il/elle **avait** voté | il/elle **avait** fini | il/elle **avait** perdu |
| nous **avions** voté | nous **avions** fini | nous **avions** perdu |
| vous **aviez** voté | vous **aviez** fini | vous **aviez** perdu |
| ils/elles **avaient** voté | ils/elles **avaient** fini | ils/elles **avaient** perdu |

RECENT PAST

**Nous lui avons dit**
*We told her*

REMOTE PAST

que Sarkozy **avait gagné** les élections.
*that Sarkozy had won the election.*

RECENT PAST

**L'accusé souriait**
*The accused was smiling*

REMOTE PAST

parce que les juges ne l'**avaient** pas **mis** en prison.
*because the judges had not put him in prison.*

**BLOC-NOTES**

See **Fiche de grammaire 5.5, p. 256**, for a review of agreement with past participles.

- Recall that some verbs of motion, as well as a few others, take **être** instead of **avoir** as the auxiliary verb in the **passé composé**. Use the **imparfait** of **être** to form the **plus-que-parfait** of such verbs and make the past participle agree with the subject.

Les avocats ne savaient pas que vous **étiez** déjà **partie.**
*The lawyers didn't know that you had already left.*

On a découvert que les victimes **étaient mortes** à la suite de leurs blessures.
*They discovered that the victims had died of their injuries.*

- Use the **imparfait** of **être** as the auxiliary for reflexive and reciprocal verbs. Make agreement whenever you would do so for the **passé composé**.

Avant le dîner, le président et sa femme **s'étaient levés** pour recevoir les invités.
*Before dinner, the president and his wife had gotten up to welcome the guests.*

Il ne savait pas que nous **nous étions téléphoné** hier soir.
*He didn't know that we had phoned each other last night.*

M. Vartan a reçu une amende. Il ne **s'était** pas **arrêté** au feu.

- In all other cases as well, agreement of past participles in the **plus-que-parfait** follows the same rules as in the **passé composé**.

> La police a trouvé les armes qu'il avait **cachées.**
> *The police found the weapons that he had hidden.*

> Le président a signé la loi que le congrès avait **approuvée.**
> *The president signed the law that the congress had passed.*

- Use the **plus-que-parfait** to emphasize that something happened in the past before something else happened. Use the **passé composé** to describe completed events in the more recent past and the **imparfait** to describe conditions or habitual actions in the more recent past.

| Action in remote past . . . | completed action in recent past |
| --- | --- |

L'activiste n'**avait** pas **fini** de parler quand vous **avez coupé** le micro.
*The activist hadn't finished talking when you cut off the microphone.*

| Condition in recent past . . . | action in remote past |
| --- | --- |

Il y **avait** des drapeaux partout parce que le président **était arrivé** la veille.
*There were flags everywhere because the president had arrived the day before.*

- The **plus-que-parfait** is also used after the word **si** to mean *if only…* (*something else had taken place*). It expresses regret.

> **Si j'avais su** que tu avais un plan!
> *If only I had known you had a map!*

> **Si** seulement il n'**était** pas **arrivé** en retard!
> *If only he hadn't arrived late!*

- To say that something had *just* happened in the past, use a form of **venir** in the **imparfait** + **de** + the infinitive of the verb that describes the action.

> Je **venais de raccrocher** quand le téléphone a sonné de nouveau.
> *I had just hung up when the phone rang again.*

> Le président **venait de signer** l'accord quand on a entendu l'explosion.
> *The president had just signed the treaty when we heard the explosion.*

**ATTENTION!**

In informal speech, speakers of English sometimes use the simple past to imply the past perfect. In French, you still use the **plus-que-parfait**.

**Le voleur a cherché les papiers que l'avocate avait posés sur son bureau.**
*The thief looked for the papers that the lawyer placed (had placed) on her desk.*

**BLOC-NOTES**

**Si** clauses can also contain a verb in the present tense or **imparfait**. See **Fiches de grammaire, p. 282**, to learn more about **si** clauses.

# Mise en pratique

**1**

**Un prix Nobel** Pendant une interview, une militante de l'organisation «Un monde tranquille» parle de sa vie avant 1998, année où elle a reçu le prix Nobel de la paix. Employez le plus-que-parfait pour compléter ses phrases.

Quand j'étais petite, mes parents m' (1) _____ (apprendre) que les gens avaient besoin d'aide et j' (2) _____ (essayer) de nombreuses fois de me rendre utile. À l'université aussi, avant 1998, j' (3) _____ (combattre) l'injustice et j' (4) _____ (défendre) la liberté. Mes amis et moi, nous (5) _____ (se promettre) d'aider les opprimés. À cette époque, j' (6) _____ (penser) devenir avocate. Mais avant de prendre ma décision, la présidente de l'organisation (7) _____ (venir) me parler et elle (8) _____ (finir) par me convaincre de devenir militante

**2**

**Dans le journal** Les phrases suivantes viennent d'un journal politique. Mettez-les au plus-que-parfait.

| se consacrer | fuir | perdre |
|---|---|---|
| élire | gagner | retourner |

**Modèle** La femme politique ___avait eu___ de l'influence dans son parti, mais au moment des élections, elle n'en avait plus.

1. Le candidat _____ les élections, et il ne le savait pas encore.

2. Les gouvernements _____ à la lutte contre l'inégalité.

3. Tu _____ un bon représentant, le meilleur depuis des années.

4. Les kidnappeurs du fils du président _____ à l'approche de la police.

5. Monsieur et Madame Duval, vous _____ au tribunal avant midi?

6. Je leur disais que nous _____ notre lutte contre la dictature.

**3**

**De cause à effet** Employez le plus-que-parfait pour expliquer pourquoi ces choses se sont passées.

**Modèle** Je me suis réveillé dans la nuit. Le téléphone a sonné.
Je me suis réveillé dans la nuit parce que le téléphone avait sonné.

1. Elle n'a pas pu rentrer chez elle le soir. Elle a perdu les clés de la maison le matin.

2. Nous avons voté dimanche. Nous avons regardé le débat politique à la télévision samedi.

3. Ma mère nettoyait la cuisine. Les invités sont partis.

4. Le parti conservateur a perdu les élections. Le peuple a voté pour le parti écologiste.

5. Elles sont sorties. Personne ne leur a dit que j'arrivais.

6. J'ai caché (*hid*) les confitures de fraises. Mon colocataire a mangé toutes les confitures de pêches.

7. Les activistes entraient dans la salle. Le maire a fini son discours.

8. La justice régnait. La démocratie a gagné.

# Communication

**4** **Vacances antillaises** Claire revient de ses vacances aux Antilles et raconte tout à son ami. À deux, créez le dialogue avec ces verbes. Employez le plus-que-parfait.

| | |
|---|---|
| adorer | permettre |
| aller | préférer |
| apprécier | savoir |
| avoir de la chance | visiter |
| finir | voir |

**Modèle** JULIEN Qu'est-ce que tu as apprécié à la Martinique?

CLAIRE J'ai vu des milliers de papillons dans un jardin. Jamais je n'avais eu la chance d'assister à un tel spectacle!

**Note· CULTURELLE**

Le **Jardin des papillons** (*butterflies*), à l'**Anse Latouche**, en **Martinique**, est un parc dédié (*dedicated*) à l'élevage (*breeding*) des papillons du monde entier. Les plantes de ce jardin y créent un écosystème idéal. Les visiteurs ont la chance d'évoluer au milieu des innombrables (*countless*) insectes qui y vivent en toute liberté.

**5** **À votre avis?** Que pensez-vous du gouvernement actuel? Est-il meilleur que le gouvernement précédent? À deux, donnez votre opinion et servez-vous du plus-que-parfait.

**Modèle** —Le gouvernement actuel a fait de bonnes choses jusqu'à maintenant.

—Peut-être, mais je pense que le gouvernement précédent avait réussi à…

**6** **Avant la guerre** Une guerre a éclaté (*erupted*) dans un pays européen et le Conseil de l'Europe se réunit. Par groupes de trois, imaginez que chacun(e) de vous représente un pays différent. Utilisez le plus-que-parfait pour débattre du rôle du conseil avant la guerre. Consultez la carte de l'Europe au début du livre et servez-vous du vocabulaire suivant.

**Modèle** —Avant la guerre, nous avions déjà accusé votre président d'abus de pouvoir.

—Peut-être, mais c'est mon pays qui avait combattu pour les droits de tous les Européens.

—Tous nos pays avaient espionné leur armée, et personne n'avait rien dit!

| | |
|---|---|
| abuser | espionner |
| approuver | faire du chantage |
| avoir de l'influence | juger |
| combattre | kidnapper |
| se consacrer à | sauver |
| défendre | voter |

# Negation and indefinite adjectives and pronouns

—*Pourquoi tu **n'**as **rien** dit?*

## Negation

- To negate a phrase, you typically place **ne… pas** around the conjugated verb. If you are negating a phrase with a compound tense such as the **passé composé** or the **plus-que-parfait**, place **ne… pas** around the auxiliary verb.

| Infinitive construction | Passé composé |
|---|---|
| Ça **ne** va **pas** faire un scandale, j'espère.<br>*This won't cause a scandal, I hope.* | La famille **n'**a **pas** fui la ville pendant la guerre.<br>*The family didn't flee the town during the war.* |

- To be more specific, use variations of **ne… pas**, such as **ne… pas du tout** and **ne… pas encore**.

| | |
|---|---|
| Le président **n'**aime **pas du tout** les brocolis.<br>*The president doesn't like broccoli at all.* | La voleuse **n'**a **pas encore** choisi sa victime.<br>*The thief has not chosen her victim yet.* |

- Use **non plus** to mean *neither* or *not either*. Use **si**, instead of **oui**, to contradict a negative statement or question.

| | |
|---|---|
| —Je n'aime pas la violence.<br>—*I don't like violence.* | —Tu n'aimes pas la démocratie?<br>—*You don't like democracy?* |
| —Moi **non plus.**<br>—*I don't either.* | —Mais **si.**<br>—*Yes, I do.* |

- To say *neither… nor*, use **ne… ni… ni…** Place **ne** before the conjugated verb or auxiliary, and **ni** before the word(s) it modifies. Omit the indefinite and partitive articles after **ni**, but use the definite article when appropriate.

| | |
|---|---|
| Il **n'**y a **ni** justice **ni** liberté dans une dictature.<br>*There is neither justice nor liberty under a dictatorship.* | **Ni** le juge **ni** l'avocat **ne** va juger l'accusé.<br>*Neither the judge nor the lawyer will judge the accused.* |

- It is also possible to combine several negative elements in one sentence.

| | |
|---|---|
| On **ne** fait **plus jamais rien.**<br>*We never do anything anymore.* | **Personne n'**a **plus rien** écouté.<br>*No one listened to anything anymore.* |

**ATTENTION!**

When forming a question with inversion, place **ne** first, then any pronouns, then the verb. Place **pas** in last position.

**Ne vous êtes-vous pas consacré à la lutte contre la criminalité?**
*Did you not dedicate yourself to the fight against crime?*

**BLOC-NOTES**

To review commands and how to negate them, see **Fiche de grammaire 1.5, p. 240.**

**Moi** and **toi** are disjunctive pronouns. To learn more about them, see **Fiche de grammaire 6.4, p. 258.**

- Note how the placement of these expressions varies according to their function.

### More negative expressions

| | |
|---|---|
| **ne… aucun(e)**<br>*none (not any)* | Le congrès **n'**a approuvé **aucune** loi cette année.<br>*The congress didn't approve any laws this year.* |
| **ne… jamais**<br>*never (not ever)* | Tu **n'**as **jamais** voté?<br>*You've never voted?* |
| **ne… nulle part**<br>*nowhere (not anywhere)* | On **n'**a trouvé l'arme du crime **nulle part**.<br>*They didn't find the crime weapon anywhere.* |
| **ne… personne**<br>*no one (not anyone)* | **Personne ne** peut voter; les machines sont en panne.<br>*No one can vote; the machines are broken.* |
| | Ils **n'**ont vu **personne**.<br>*They didn't see anyone.* |
| **ne… plus**<br>*no more (not anymore)* | Il **ne** veut **plus** être analphabète.<br>*He doesn't want to be illiterate anymore.* |
| **ne… que**<br>*only* | Je **n'**ai parlé **qu'**à Mathieu.<br>*I only spoke to Mathieu.* |
| **ne… rien**<br>*nothing (not anything)* | Les jurés **n'**ont **rien** décidé.<br>*The jury members haven't decided anything.* |
| | **Rien ne** leur fait peur.<br>*Nothing frightens them.* |

## Indefinite adjectives and pronouns

- Many indefinite adjectives and pronouns can also be used in affirmative phrases.

| Indefinite adjectives | Indefinite pronouns |
|---|---|
| **autre(s)** *other* | **chacun(e)** *each one* |
| **un(e) autre** *another* | **la plupart** *most (of them)* |
| **certain(e)(s)** *certain* | **plusieurs** *several (of them)* |
| **chaque** *each, every single* | **quelque chose** *something* |
| **plusieurs** *several* | **quelques-un(e)s** *some, a few (of them)* |
| **quelques** *some* | **quelqu'un** *someone* |
| **tel(le)(s)** *such (a)* | **tous/toutes** *all (of them)* |
| **tout(e)/tous/toutes (les)** *every, all* | **tout** *everything* |

- The adjectives **chaque**, **plusieurs**, and **quelques** are invariable.

  **Chaque** élève a droit à des livres gratuits.    **Plusieurs** terroristes ont fui.
  *Each student is entitled to free books.*    *Several terrorists fled.*

- The pronouns **la plupart**, **plusieurs**, **quelque chose**, **quelqu'un**, and **tout** are invariable.

  **Tout** va bien au gouvernement.    Il y a **quelqu'un** dehors?
  *Everything goes well in the government.*    *Is there someone outside?*

---

**ATTENTION!**

To negate a phrase with a partitive article, you usually replace the article with **de** or **d'**.

**Il y a des activistes dans la capitale.**
*There are activists in the capital.*

**Il n'y a pas d'activistes dans la capitale.**
*There aren't any activists in the capital.*

---

**ATTENTION!**

Note that the final **-s** of **tous** is pronounced when it functions as a pronoun, but silent when it functions as an adjective.

When you wish to modify **personne, rien, quelqu'un,** or **quelque chose**, add **de** + [*masculine singular adjective*].

**Ce week-end, nous ne faisons rien d'intéressant.**
*This weekend, we aren't doing anything interesting.*

# Mise en pratique

**1** **Une nouvelle loi** Pendant un débat, un défenseur des droits de l'homme contredit les déclarations d'une avocate. Complétez leur dispute à l'aide des nouvelles structures.

> **Modèle** **AVOCATE** Il faut absolument approuver cette nouvelle loi!
>
> **DÉFENSEUR** Mais non! Il ____*ne faut pas*____ approuver cette loi!

**AVOCATE** La loi donne le pouvoir au peuple de notre nation.

**DÉFENSEUR** Mais non! La loi (1) _____ pouvoir au peuple, et tout le pouvoir au président.

**AVOCATE** Calmez-vous! Avec cette loi, nous serons toujours une démocratie.

**DÉFENSEUR** Mais non. Avec cette loi, nous (2) _____ une démocratie.

**AVOCATE** Le gouvernement sera juste et puissant avec ces changements.

**DÉFENSEUR** Mais non. Il (3) _____ avec ces changements.

**AVOCATE** Certains citoyens apprécient les choses que j'essaie de faire.

**DÉFENSEUR** Mais non. (4) _____ ce que vous essayez de faire.

**AVOCATE** Une telle loi va réduire la menace du terrorisme partout dans le pays.

**DÉFENSEUR** Mais non. Elle (5) _____ la menace du terrorisme.

**AVOCATE** (6) _____ m'a dit que vous étiez désagréable, et maintenant je vois pourquoi.

**2** **Voyager** Imaginez que vous soyez un homme ou une femme politique qui voyage souvent avec un(e) collègue. Vous l'entendez parler de vos voyages, mais vous n'êtes pas d'accord.

> **Modèle** **Quand je voyage à l'étranger, je mange toujours des repas authentiques.**
>
> Non, quand vous voyagez à l'étranger, vous ne mangez jamais de repas authentiques.

1. J'ai toujours aimé voyager en avion.

2. Tous sortent dîner avec moi le soir.

3. Toutes les villes que je visite sont dangereuses.

4. Je suis allé(e) partout dans le monde francophone.

5. Je n'ai pas encore vu de pays où il y avait une guerre civile.

6. Je m'intéresse encore à la politique des pays que je visite.

**3** **Disputes** À deux, imaginez les échanges qui provoqueraient ces réponses. Utilisez les adjectifs et les pronoms indéfinis. Ensuite, jouez l'un des dialogues devant la classe.

JE NE FERAI JAMAIS ÇA!

Rien ne t'en empêchera!

Dommage, personne ne s'y intéresse.

Moi non plus.

Chacun de nous doit envoyer une lettre.

Un tel scandale ne détruit que la réputation.

Je ne devrais ni le voir ni lui parler.

Practice more at **vhlcentral.com**.

# Communication

**4**

**Vos idées** Avec un(e) camarade de classe, posez-vous ces questions à tour de rôle. Développez vos réponses et utilisez les nouvelles structures le plus possible. Ensuite, discutez de vos opinions respectives.

**Modèle** —As-tu déjà été juré(e)?

—Non, je n'ai jamais été juré(e).

## Les gens

As-tu déjà été juré(e)?

Es-tu un(e) militant(e)? En connais-tu un(e)?

As-tu déjà été la victime d'un voleur?

## Les lois

Approuves-tu toutes les lois?

Un prisonnier est-il toujours coupable?

L'égalité est-elle présente partout? Dans quelles circonstances ne l'est-elle pas?

## La sécurité

As-tu l'impression d'être en sécurité? Pourquoi?

Y a-t-il beaucoup de violence où tu habites?

La menace terroriste te fait-elle peur?

**5**

**Débat politique** Vous participez à un débat politique. Votre adversaire est le président sortant (*outgoing*) et vous n'êtes pas d'accord avec ce qu'il a fait pendant son mandat. Jouez le dialogue devant la classe.

**Modèle** —Vous n'avez pas encore démontré que vous êtes le meilleur candidat.

—Je ne l'ai peut-être pas encore démontré, mais pendant ces dernières années, vous ne l'avez jamais démontré non plus.

### Note CULTURELLE

Née en **Guyane, Christiane Taubira** est une femme politique qui a été candidate aux élections présidentielles françaises de 2002. Elle est surtout connue pour être à l'origine d'une loi de 2001 où la France reconnaît que la traite négrière (*slave trade*) transatlantique et l'esclavage (*slavery*) sont des crimes contre l'humanité.

### 4.3 Irregular -ir verbs

—*Je suis parti en Inde.*

- Many commonly used **-ir** verbs are irregular.

- The following irregular **-ir** verbs have similar present-tense forms.

|  | courir | dormir | partir | sentir | sortir |
|---|---|---|---|---|---|
| je | cours | dors | pars | sens | sors |
| tu | cours | dors | pars | sens | sors |
| il/elle | court | dort | part | sent | sort |
| nous | courons | dormons | partons | sentons | sortons |
| vous | courez | dormez | partez | sentez | sortez |
| ils/elles | courent | dorment | partent | sentent | sortent |

- The past participles of these verbs are, respectively, **couru, dormi, parti, senti,** and **sorti. Sortir** and **partir** take **être** as the auxiliary in the **passé composé** and **plus-que-parfait.**

Pourquoi est-ce que vous **avez dormi** au bureau hier soir?
*Why did you sleep in the office last night?*

Les armées **sont** définitivement **parties** en 1945, après la guerre.
*The armies left for good in 1945, after the war.*

- Use **sortir** to say that someone is leaving, as in exiting a building. Use **partir** to say that someone is leaving, as in departing. The preposition **de** often accompanies **sortir**, and the preposition **pour** often accompanies **partir.**

Nous ne **sortons** jamais **de** la salle avant la sonnerie.
*We never leave the room before the bell rings.*

Le premier ministre **part pour** l'Espagne demain.
*The prime minister leaves for Spain tomorrow.*

- **Mourir** (*to die*) also is conjugated irregularly in the present tense. Its past participle is **mort**, and it takes **être** as an auxiliary in the **passé composé** and **plus-que-parfait.**

Il fait chaud et je **meurs** de soif!
*It's hot, and I'm dying of thirst!*

En quelle année la présidente **est**-elle **morte**?
*In which year did the president die?*

| mourir | |
|---|---|
| je meurs | nous mourons |
| tu meurs | vous mourez |
| il/elle meurt | ils/elles meurent |

**BLOC-NOTES**

For a review of the present-tense conjugation of regular **-ir** verbs, see **Fiche de grammaire 1.4, p. 238.**

**ATTENTION!**

**Sentir** means *to sense* or *to smell*. The reflexive verb **se sentir** is used with an adverb to tell how a person feels.

**Cette fleur sent très bon!**
*This flower smells very good!*

**Je sens qu'il t'aime, même s'il ne le dit pas.**
*I sense that he loves you, even if he doesn't say it.*

**Tu es rentrée parce que tu ne te sentais pas bien?**
*You went home because you didn't feel good?*

**BLOC-NOTES**

To review formation of the **passé composé** with **être**, see **Structures 3.2, pp. 100–101.** To learn more about past participle agreement, see **Fiche de grammaire 5.5, p. 256.**

- These verbs are conjugated with the endings normally used for **-er** verbs in the present tense.

## Quiz de grammaire

**Nom :** Jonathan Welson

*Répondez aux questions au plus-que-parfait*

1. Pourquoi étais-tu malade ? J'étais malade parce que j(e) _*avais attrapé*_ (attraper) un virus.

2. Pourquoi avait-il mal à la jambe ? Parce qu'il _*s'était cassé*_ (se casser) la cheville.

3. Pourquoi étaient-ils distraits ? Parce qu'ils _*n'avaient pas dormi*_ (ne pas dormir) la veille.

4. Pourquoi avions-nous faim? Parce que nous _*n'avions pas mangé*_ (ne pas manger).

5. Pourquoi était-elle furieuse ? Parce qu'elle _*ne s'était pas brossé*_ (ne pas se brosser) les cheveux.

*Conjuguez ces verbes au plus-que-parfait*

-être = tu _*avais été*_

-avoir = nous _*avions eu*_

-se lever = vous _*vous étiez levé(e)(s)*_

-vouloir = ils _*avaient voulu*_

-grandir = j(e) _*avais grandi*_

**BLOC-NOTES**

Remember that a past participle usually agrees with its subject in number and gender for verbs that take **être** as an auxiliary. To learn more about past participle agreement, see **Fiche de grammaire 5.5, p. 256.**

# Mise en pratique

**1**

**À compléter** Assemblez les éléments des colonnes pour former des phrases complètes. Chaque élément ne doit être utilisé qu'une fois.

_____ 1. Tous les enfants…                a. vient d'un journaliste.

_____ 2. Cet animal…                       b. devenons avocats à la fin de l'année.

_____ 3. Tu…                               c. tenez une conférence à quelle heure?

_____ 4. Mon ami et moi…                   d. dorment paisiblement.

_____ 5. Le scandale…                      e. sent toujours d'où vient le danger.

_____ 6. Vous…                             f. souffres toujours d'un mal de tête.

**2**

**Cuisine créole** Stéphanie et Daniel parlent de leur expérience au restaurant hier soir. Choisissez le bon verbe et conjuguez-le au temps qui convient.

Vous savez que nous (1) _____ (devenir / découvrir) une cuisine exotique tous les mois. Eh bien, hier soir, Daniel et moi (2) _____ (sortir / sentir) manger dans ce nouveau restaurant créole que vous nous aviez suggéré. Il faut dire que je (3) _____ (dormir / mourir) d'envie d'y aller depuis que vous nous en aviez parlé. Nous (4) _____ (sentir / venir) la délicieuse odeur épicée depuis la rue. Nous avons essayé toutes sortes de plats traditionnels. Après ça, nous (5) _____ (ouvrir / revenir) enchantés de notre soirée. Finalement, nous (6) _____ (courir / partir) pour Saint-Martin la semaine prochaine!

**3**

**À choisir** Créez des phrases cohérentes avec les éléments du tableau. Faites attention au temps. N'utilisez chaque élément qu'une fois

| A | B | C |
|---|---|---|
| Les jurés | courir | me voir pendant les vacances d'été. |
| La victime | découvrir | son jugement. |
| Vous | maintenir | dans le tribunal pour prononcer la sentence il y a quelques secondes. |
| Les policiers | offrir | de l'hôpital, mais elle ne nous l'avait pas dit. |
| Tu | partir | mes compliments au nouveau président. |
| Le juge | revenir | une nouvelle île chaque fois que tu vas aux Antilles. |
| Nous | sortir | toujours après les voleurs. |
| Je/J' | venir | très bientôt pour Saint-Barthélemy. |
| ? | ? | ? |

 Practice more at **vhlcentral.com.**

# Communication

**4** **Votre personnalité** À deux, posez-vous des questions à tour de rôle. Utilisez des verbes irréguliers en **-ir** dans vos réponses.

- Tu dors jusqu'à quelle heure le week-end?
- Sors-tu souvent le week-end? Avec qui?
- Souffres-tu beaucoup de la chaleur en été? Du froid en hiver?
- Qu'offres-tu à tes parents pour leur anniversaire? À ton/ta meilleur(e) ami(e)?
- Est-ce que tu es devenu(e) la personne que tu rêvais de devenir?
- Pars-tu en vacances tous les ans? Où vas-tu?

**5** **Saint-Barthélemy ou Marie-Galante?** Sandra et Timothée planifient leurs prochaines vacances. Sandra veut aller à Saint-Barthélemy, mais Timothée préfère visiter l'île de Marie-Galante.

**A.** À deux, décidez quelles phrases de la liste correspondent à chaque île, puis complétez le tableau.

- *Partir en randonnée*
- *Dormir sur la plage*
- *Devenir un(e) aventurier/aventurière*
- *Découvrir la nature luxuriante de l'île*
- *Sortir en boîte de nuit*
- *Revenir enchanté(e) de ses vacances*

| Saint-Barthélemy | Marie-Galante |
|---|---|
|  |  |
|  |  |
|  |  |
|  |  |

> ### Note
> ### CULTURELLE
> **Saint-Barthélemy** est la Côte d'Azur des Antilles françaises. Par contre, loin d'être le paradis des milliardaires, **Marie-Galante** est une île de rêve pour les fous de nature, qui apprécient beaucoup ses plages.

**B.** Sandra et Timothée reviennent de leur voyage. À l'aide des phrases ci-dessus, imaginez un dialogue où ils expliquent ce qu'ils ont fait. Faites-le pour chaque île.

# Synthèse  Reading

### L'Union pour la démocratie française

## (UDF)

## Vous avez voté pour Antoine Éraste en 2007

Parce que vous n'aviez jamais eu
un candidat aussi incorruptible!
Sortez de chez vous et votez UDF!

**Il faut réélire Antoine!**

### Le Parti socialiste guyanais **PSG**

*Personne n'a le droit d'être au chômage!*

*Tel est l'idéal de*
**THÉLOR MADIN.**

**Pour ne plus souffrir,
courez aux urnes°!**

### Le Front national (FN)

*Pour maintenir une Cayenne en action et pour ne pas revenir en arrière°!*

**Votez pour Jean-Baptiste Pancrace, qui n'a jamais peur de prendre les bonnes décisions.**

Le Parti écologique
## LES VERTS

*Pour ne plus jamais perdre face à la pollution,*

**FLEUR DESMARAIS**

*est la solution!*
*Chacun doit voter pour les Verts!*

urnes *polls* en arrière *backward*

**1**  **Interview** En Guyane, c'est le moment d'élire un nouveau député. Lisez les slogans des différents partis politiques. Choisissez un slogan et imaginez un entretien entre le candidat et un journaliste. Utilisez le plus-que-parfait et d'autres structures de cette leçon.

**2**  **Reproches** Vous rencontrez l'ancien(ne) député(e) de la Guyane, dont vous n'êtes pas satisfait(e). À deux, imaginez la scène. Utilisez des expressions négatives, et des pronoms et des adjectifs indéfinis, pour lui donner votre opinion.

> **Modèle** Vous n'aviez jamais écouté la voix de certaines personnes avant de commencer votre campagne.

**3**  **Demandes** On demande beaucoup de choses aux hommes et aux femmes politiques, pendant la période des élections. Par petits groupes, imaginez qu'un(e) étudiant(e) soit le/la candidat(e) et inventez cinq questions que les gens lui poseraient. Utilisez le plus possible les structures et le vocabulaire de cette leçon.

**4**  **Élection** Avez-vous déjà pris part à une élection ou à sa préparation? Pour quel événement était-ce? Qu'avez-vous fait? Par groupes de quatre, expliquez à vos camarades les impressions positives et négatives que vous avez ressenties à cette occasion.

# Préparation

<table>
<tr><td colspan="2">

**Vocabulaire de la lecture**

**un colon** *colonist*

**l'esclavage** (*m.*) *slavery*

**évadé(e)** *escaped*

**renverser** *to overthrow*

**se révolter** *to rebel*

**vaincre** (*irreg.*) *to defeat*

</td></tr>
<tr><td colspan="2">

**Vocabulaire utile**

**l'asservissement** (*m.*) *enslavement*

**la guerre de Sécession** *the American Civil War*

**une monarchie absolue** *absolute monarchy*

**la noblesse** *nobility*

**l'ordre** (*m.*) **public** *public order*

**un régime totalitaire** *totalitarian regime*

**la sûreté publique** *public safety*

**un système féodal** *feudal system*

**la traite des Noirs** *slave trade*

</td></tr>
</table>

**1**

**Un peuple révolté** Complétez ce petit résumé (*summary*) de la Révolution française à l'aide des mots de la liste de vocabulaire.

Avant la Révolution, la France était une (1) _____. La population était divisée en trois grands groupes: le peuple, le clergé et la (2) _____. En 1789, le peuple commence à (3) _____ contre l'injustice du (4) _____ qui existait depuis le Moyen Âge et qui perpétuait (5) _____ d'une grande partie de la population française au profit des nobles. Le 14 juillet 1789, le peuple prend la Bastille, un symbole de la tyrannie royale. Quelques années plus tard, le roi Louis XVI est (6) _____, la royauté est abolie et l'An I de la République française est proclamé.

**2** **Colonisation et esclavage** Répondez aux questions et comparez vos réponses avec celles d'un(e) camarade.

1. Citez les différents types de régimes politiques. Quelles sont leurs caractéristiques?

2. Quels ont été les grands empires coloniaux? Pourquoi ces pays sont-ils devenus colonisateurs?

3. Pouvez-vous citer d'anciennes colonies françaises? Où sont-elles situées? Savez-vous quand et comment elles ont obtenu leur indépendance?

4. À quoi vous fait penser le terme «esclavage»? Expliquez.

5. Que savez-vous d'Haïti?

**3** **Les droits de l'homme** Par groupes de quatre, discutez de ces deux extraits de la **Déclaration des droits de l'homme et du citoyen**. Puis, comparez vos idées avec celles d'un autre groupe.

> *Article 1: Les hommes naissent et demeurent (remain) libres et égaux en droits.*
>
> *Article 6: La loi est l'expression de la volonté générale [...] Elle doit être la même pour tous...*

• Êtes-vous d'accord avec les valeurs présentées par ces deux extraits?

• Connaissez-vous des pays où ces principes ne sont pas en vigueur?

• L'égalité existe-t-elle pour tout le monde dans votre pays?

Practice more at **vhlcentral.com.**

# HAÏTI
## soif de liberté

**S** Audio: Reading

Haïti est réellement née le 1er janvier 1804, le jour de la proclamation de son indépendance. L'île devient alors le premier État noir indépendant. Comment y est-elle arrivée?

La société haïtienne, basée sur l'escla- *free black men* vage, était composée de Blancs, de libres°, d'esclaves et de Noirs marrons. Extrêmement prospère, l'île était le premier producteur mondial de sucre et la plus riche des colonies françaises. C'est la Déclaration des droits de l'homme en France (1789) qui constitue *trigger* l'élément déclencheur° de la révolution.

En 1791, des esclaves noirs se révoltent contre les colons blancs: c'est le début de la Révolution haïtienne. Pierre Dominique Toussaint Louverture (1743–1803) est un ancien esclave et un des seuls Noirs révolutionnaires qui sachent lire et écrire. Il se joint aux Espagnols, qui occupent l'est de l'île, pour combattre les Français et l'esclavage. Il est fait prisonnier en 1802 et déporté en France, où il mourra en 1803. Avant de quitter Haïti, il dira: «En *By overthrowing me/ brought down* me renversant°, on n'a abattu° à Saint-Domingue que le tronc de l'arbre de la *will grow again/ roots* liberté, mais il repoussera° car ses racines° sont profondes et nombreuses.» Il a raison. Jacques Dessalines, son lieutenant, continue la lutte et finira par vaincre les Français en automne 1803. Il proclame l'indépendance en 1804.

«Cet achat de nègres, pour les réduire en esclavage, est un négoce° qui viole la *trade* religion, la morale, les lois naturelles, et tous les droits de la nature humaine.» Cette phrase est écrite en France en 1776, mais la France n'abolit l'esclavage qu'en 1794, par une loi qui ne sera jamais appliquée. Il faut attendre 1848 pour que la France l'abolisse vraiment. La fin de l'esclavage en Haïti est la conséquence de sa lutte pour l'indépendance et de la victoire du peuple haïtien sur les planteurs blancs.

Aujourd'hui, Haïti a une culture où les arts français et africains fusionnent. La France a eu beaucoup d'influence en Haïti jusqu'au milieu du 20e siècle, et cela se ressent dans les textes, marqués par les

### Des mots...

**Gary Victor** (1958–) l'un des écrivains les plus lus, est l'auteur de nouvelles,° de livres pour *short stories* la jeunesse et de romans. **Kettly Mars** (1958–) décrit, dans ses poèmes, les émotions qu'elle ressent devant l'amour, la beauté de la nature et les objets quotidiens. Avec d'autres auteurs de l'île, qui écrivent en français ou en créole, ils sont garants d'une réelle littérature haïtienne.

courants° littéraires français. Puis, dans *trends* les années 1950, il y a une révolution de l'écriture. Les écrivains prennent conscience du sentiment d'être haïtiens et cessent de copier les auteurs français. Les racines africaines et la réalité sociale de l'île les inspirent. D'ailleurs°, le créole devient *Moreover* langue littéraire.

Mais en Haïti, c'est la peinture qui est le moyen d'expression artistique le plus courant. Elle est présente partout, et tout le monde a peint au moins une fois dans sa vie. C'est pourquoi le style artistique haïtien va d'un extrême à l'autre, du naïf au surréalisme. On y trouve les mêmes thèmes que dans la littérature: l'origine, les peines° *sufferings* et les espoirs de la société haïtienne.

En 2006, après une période de grands troubles politiques, le peuple élit René Préval Président de la République. Depuis l'indépendance d'Haïti, il est le troisième président élu démocratiquement. On peut donc espérer un avenir meilleur pour cette société qui, ne l'oublions pas, est la première à s'être libérée de l'esclavage. ■

### Des couleurs...

La peinture haïtienne, c'est d'abord de la couleur, vive et généreuse. **Gérard Fortune** (vers 1930–) est l'un des peintres les plus importants de sa génération. Il commence à peindre en 1978, après avoir été pâtissier. Dans ses tableaux, il mélange le vaudou et le christianisme. **Michèle Manuel** (1935–) vient d'une famille riche et apprend à peindre à **Porto-Rico** et aux **États-Unis**. Ses scènes de marchés sont particulièrement appréciées.

# Analyse

**1** **Compréhension** Répondez aux questions par des phrases complètes.

1. Décrivez brièvement la société haïtienne avant 1804.
2. Qu'est-ce que la Déclaration des droits de l'homme de 1789 a déclenché en Haïti?
3. Qu'est-ce que l'île d'Haïti a obtenu en 1804?
4. Qui était Pierre Dominique Toussaint Louverture?
5. Quelle différence y a-t-il entre la littérature haïtienne d'avant 1950 et celle d'aujourd'hui?
6. Quelle est la forme d'expression artistique la plus courante en Haïti?

**2** **Réflexion** Répondez aux questions, puis comparez vos réponses avec celles d'un(e) camarade de classe.

1. Ce sont la **Déclaration des droits de l'homme** de 1789 et la Révolution française qui ont été les éléments déclencheurs de la révolte des esclaves en Haïti. Pourquoi, à votre avis?
2. Commentez cette citation de Toussaint Louverture: «En me renversant, on n'a abattu à Saint-Domingue que le tronc de l'arbre de la liberté, mais il repoussera car ses racines sont profondes et nombreuses.»
3. En 1776, on pouvait lire que l'esclavage violait les droits de la nature humaine. Mais il a fallu plus de 70 ans à la France pour réellement abolir l'esclavage. Pourquoi, à votre avis?

**3** **Perdu** Par groupes de trois, imaginez que vous soyez naufragé(e)s (*shipwrecked*) sur une île déserte des Antilles. Vous devez créer une nouvelle civilisation. Quels sont les dix droits principaux dont bénéficieront les citoyens de cette île? Comparez votre nouvelle déclaration des droits de l'homme avec celles des autres groupes.

**4** **Sûreté publique ou liberté individuelle?** Les attentats terroristes de ce début de siècle ont déclenché un débat sur l'équilibre entre la sûreté publique et la liberté individuelle. À votre avis, est-il nécessaire de sacrifier certaines libertés individuelles pour assurer une plus grande sécurité? Par groupes de trois, discutez de ce sujet, puis présentez le résultat de votre discussion à la classe.

 Practice more at **vhlcentral.com.**

# Préparation

## À propos de l'auteur

L'écrivain antillais **Jean Juraver** (1945–) dit lui-même que ses œuvres ont un but didactique, tout comme des fables. «Que cessent les guerres, que cessent les injustices, que cesse la méchanceté, que cesse la duplicité, c'est tout ce que mes écrits signifient», déclare-t-il. Né à Pointe-à-Pitre, la plus grande ville de la Guadeloupe, Juraver a, dès l'enfance, un grand appétit d'apprendre. Il ne devient donc pas seulement écrivain, mais aussi journaliste, photographe, musicien et grand voyageur. Ayant (*Having*) habité dans beaucoup de pays différents, c'est chez lui, en Guadeloupe, qu'il exerce ses talents de professeur d'anglais et de musique, d'écrivain et de poète. On compte parmi (*among*) ses publications *Contes créoles, Le sang du cactus* et un essai, *Anse-Bertrand, une commune de Guadeloupe.*

© Thomas C. Spear, www.lehman.cuny.edu/ile.en.ile

| Vocabulaire de la lecture | | Vocabulaire utile |
|---|---|---|
| **ça suffit** *that's enough* | **la haine** *hatred* | **une métaphore** *metaphor* |
| **car** *for; because* | **un indice** *clue, indication* | **la morale** *moral* |
| **la colère** *anger* | | **personnifier** *to personify* |
| **une foule** *crowd; mob* | **maigre** *thin, scrawny* | **une punition** *punishment* |
| **gras(se)** *fat, plump* | **une patte** *paw* | **tuer** *to kill* |

**1**  **C'est le cas de le dire!** Faites correspondre les expressions aux situations.

### Situations

_____ 1. Votre patron est très méchant.

_____ 2. Il y a beaucoup de monde au cinéma.

_____ 3. Le voisin a mystérieusement disparu.

_____ 4. Votre ami n'arrête pas de se plaindre.

_____ 5. Les apparences peuvent tromper.

### Expressions

a. Ça suffit!

b. C'est la personnification du mal.

c. La morale de l'histoire est que l'habit ne fait pas le moine (*monk*).

d. Il est parti sans laisser d'indices.

e. Quelle foule!

**2**   **Discussion** Par groupes de trois, répondez aux questions.

1. Avez-vous déjà été traité(e) injustement? Par qui? Décrivez les circonstances.

2. Avez-vous déjà été injuste envers (*towards*) quelqu'un? Qui? Qu'avez-vous fait ou dit à cette personne?

3. Quand avez-vous été témoin (*witness*) d'une injustice? Que s'est-il passé? Décrivez les circonstances à vos camarades.

# Chien maigre et chien gras

Jean Juraver

Reading
Audio: Dramatic Recording

**U**n jour, le boucher du village fit du tapage° en ameutant° tout le quartier, car on lui avait dévoré un gros quartier de bœuf, et il ne lui restait que les os°. Tous les chiens des environs assistaient à la scène; au fond d'eux-mêmes°, ils savaient que le coupable était un des leurs°.

*made a racket/by stirring up*

*bones*

*deep inside*

5 *one of their own*

Mais dans la foule, on distinguait deux sortes de chiens: les chiens à collier et les chiens sans collier. Il y avait une véritable division sociale entre les premiers et les derniers: un chien à collier ne fréquentait pas un chien sans collier. Les chiens à collier étaient propres et gras; les chiens sans collier étaient sales et maigres. Bien sûr, le coupable ne pouvait pas être un chien à collier!

10

Tout le monde s'observait pour chercher un petit signe trahissant° le coupable. Mais aucun indice.

*betraying*

## Un chien à collier ne fréquentait pas un chien sans collier.

Soudain, voilà qu'apparaît au détour du chemin, un petit chien sale, boueux°, maigre comme une lame° de couteau, le poil rare° et noir. Tous les regards convergent vers lui, des regards chargés de haine et de colère. Un cri jaillit° dans la foule: «À mort!», cri repris en chœur°: «À mort, qu'on le pende°, à bas le scélérat°!»

15 *muddy/blade/sparse hair*

*in chorus/let's hang him/ down with the villain*

Alors la foule en colère se jette sur le malheureux à coups de dents, à coups de pattes, à coups de griffes°; les éléments déchaînés° l'ont déjà pratiquement écorché vif°. Ils l'auraient fait passer de vie à trépas°, si le boucher, se sentant vengé, n'avait crié:

20 *claws/unleashed*

*skinned alive*

*death*

—Ça suffit pour aujourd'hui. Avec une telle leçon, j'espère qu'il ne recommencera pas.

Un chien à collier, énorme et propre, s'est écrié d'un air philosophe:

25

—Il y aura toujours une justice des riches et une justice des pauvres. ■

# La société en évolution

**D**ans un monde où les cultures se rencontrent de plus en plus, quel est le rôle du dialogue? Comment profiter des différences dans la manière de penser, de vivre et de voir le monde? Que devons-nous faire pour assurer l'harmonie et, en même temps, éliminer les conflits? Si la diversité donne l'occasion d'enrichir sa propre culture, qu'apporte-t-elle d'autre à une société?

La société aux multiples visages évolue constamment.

163

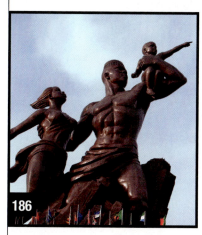

186

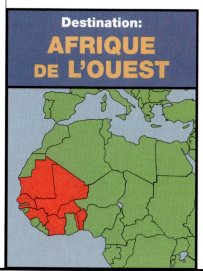

Destination:
## AFRIQUE DE L'OUEST

# Crises et horizons  Audio: Vocabulary

## En mouvement

l'assimilation (*f.*) *assimilation*
un but *goal*
une cause *cause*
le développement *development*
la diversité *diversity*
un(e) émigré(e) *emigrant*
une frontière *border*
l'humanité (*f.*) *humankind*
l'immigration (*f.*) *immigration*
un(e) immigré(e) *immigrant*
l'intégration (*f.*) *integration*
une langue maternelle *native language*
une langue officielle *official language*
le luxe *luxury*
la mondialisation *globalization*
la natalité *birthrate*

le patrimoine culturel *cultural heritage*
les principes (*m.*) *principles*

aller de l'avant *to forge ahead*
s'améliorer *to better oneself*
attirer *to attract*
augmenter *to grow; to raise*

baisser *to decrease*
deviner *to guess*
prédire *(irreg.) to predict*

exclu(e) *excluded*
(non-)conformiste *(non)conformist*

polyglotte *multilingual*
prévu(e) *foreseen*
seul(e) *alone*

## Les problèmes et les solutions

le chaos *chaos*
la compréhension *understanding*
le courage *courage*
un dialogue *dialogue*

une incertitude *uncertainty*
l'instabilité (*f.*) *instability*
la maltraitance *abuse*
un niveau de vie *standard of living*
une polémique *controversy*
la surpopulation *overpopulation*
un travail manuel *manual labor*
une valeur *value*
un vœu *wish*

avoir le mal du pays *to be homesick*
faire sans *to do without*
faire un effort *to make an effort*
lutter *to fight; to struggle*

dû/due à *due to*
surpeuplé(e) *overpopulated*

## Les changements

s'adapter *to adapt*
appartenir (à) *to belong (to)*
dire au revoir *to say goodbye*

s'enrichir *to become rich*

s'établir *to settle*
manquer à *to miss*
parvenir à *to attain; to achieve*
projeter *to plan*
quitter *to leave behind*
réaliser (un rêve) *to fulfill (a dream)*
rejeter *to reject*

# Mise en pratique

**1** **L'intrus** Dans chaque cas, indiquez le mot qui ne convient pas.

1. **diversité**
   a. immigration    c. mondialisation
   b. patrimoine    d. humanité

2. **population**
   a. habitants    c. résidents
   b. citoyens    d. touristes

3. **but**
   a. faire un effort    c. projeter
   b. incertitude    d. parvenir

4. **prévu**
   a. prédit    c. attendu
   b. exclu    d. deviné

5. **manquer**
   a. appartenir    c. quitter
   b. avoir le mal du pays    d. dire au revoir

6. **polémique**
   a. débat    c. cause
   b. controverse    d. contestation

**2** **Dans le contexte** Écrivez le mot de la liste qui correspond le mieux au contexte de chaque phrase.

| s'adapter | émigré | mal du pays | quitter |
|---|---|---|---|
| courage | faire sans | polyglotte | rejeter |

1. Il est important de parvenir à se débrouiller (*to manage*) face à une nouvelle situation. _____

2. Au travail, on me demande souvent de voyager parce que je parle plusieurs langues. _____

3. Quand j'étais petit, ma famille n'était pas riche, mais on n'était pas malheureux non plus. _____

4. Je n'hésite pas à dire «non» et je refuse les propositions qu'on me fait neuf fois sur dix. _____

5. J'ai quitté le pays où je suis né pour trouver un meilleur travail, pas pour des raisons politiques. _____

6. Voyager à l'étranger, c'est important et amusant en même temps, mais le problème, c'est que ma famille me manque. _____

**3** **Questions personnelles** Répondez à chaque question. Discutez de vos réponses avec un(e) camarade de classe.

1. Quelle est votre langue maternelle? Combien de langues parlez-vous?

2. Avez-vous déjà eu le mal du pays? Expliquez la situation.

3. Êtes-vous pour ou contre la mondialisation? Expliquez votre point de vue.

4. Êtes-vous plutôt conformiste ou non-conformiste? Citez trois exemples.

5. Quel est votre but dans la vie? Comment est-ce que vous espérez l'atteindre?

6. Comment décririez-vous votre niveau de vie? À quel point est-il différent de celui que vous espérez avoir dans dix ans?

**4** **À l'avenir** Imaginez qu'en 2057, votre enfant trouve une capsule témoin (*time capsule*) que vous aviez préparée cinquante ans auparavant (*prior*). Elle contient des coupures de presse (*clippings*) et des souvenirs. À deux, dites ce que vous aviez mis dans cette capsule et expliquez pourquoi ces objets représentent votre génération.

Practice more at
vhlcentral.com.

**Short Film**

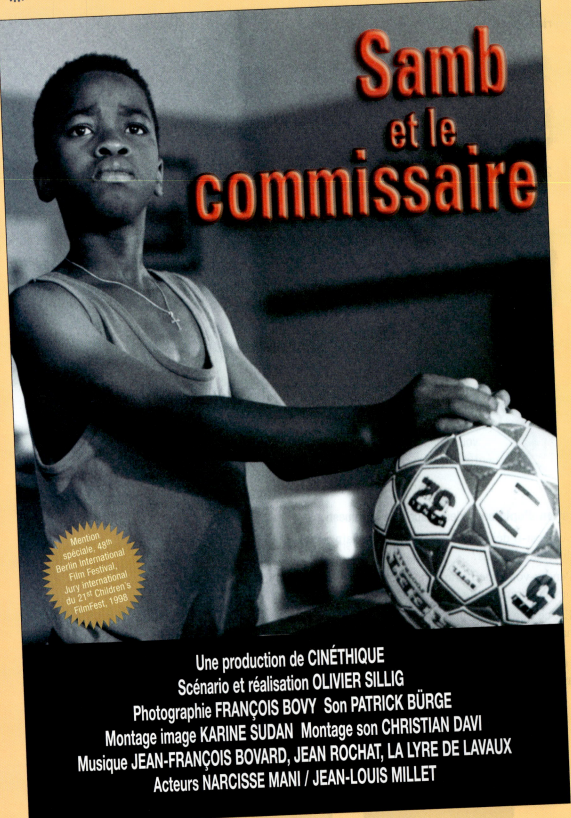

Une production de CINÉTHIQUE
Scénario et réalisation OLIVIER SILLIG
Photographie FRANÇOIS BOVY  Son PATRICK BÜRGE
Montage image KARINE SUDAN  Montage son CHRISTIAN DAVI
Musique JEAN-FRANÇOIS BOVARD, JEAN ROCHAT, LA LYRE DE LAVAUX
Acteurs NARCISSE MANI / JEAN-LOUIS MILLET

**INTRIGUE** *Le jour de la Fête nationale, en Suisse, un commissaire de police interroge un jeune garçon d'origine africaine qui vient de voler un ballon.*

**OFFICIER** Ils en ont marre, les gens, ils en ont marre.
**COMMISSAIRE** Je sais, ils sont toujours plus nombreux. Enfin, appeler les flics pour un gamin. Ces stations-service, ils… ils exagèrent, vraiment. Envoyez-le-moi.

**COMMISSAIRE** Alors, c'est vrai ce qu'on dit? Vous êtes tous des voleurs. Incroyable! À ton âge, tu es déjà un voleur. Tu t'appelles comment? Ton nom?
**SAMB** S…
**COMMISSAIRE** Juste ton nom. Je vous connais, vous êtes des bavards terribles.

**COMMISSAIRE** Vingt francs. Vingt francs. Porter plainte pour vingt balles. Il faut vraiment que les gens en aient marre de vous. Et tes parents? Ils sont où aujourd'hui, tes parents? Ah, eux aussi, ils sont allés apprendre l'hymne° national?

**SAMB** Monsieur, je m'appelle Samb. Samb, et toi? Non, non. Juste votre nom.
**COMMISSAIRE** Knöbel.
**SAMB** Elle est en vie, votre maman?
**COMMISSAIRE** Ah oui. Bien sûr.
**SAMB** Et votre papa, aussi?
**COMMISSAIRE** Ah oui, aussi.

**SAMB** Vous avez de la chance.
**COMMISSAIRE** De la chance?
**SAMB** Oui. Mes parents à moi, ils sont morts. Kakachnikov! Ils se sont mis à tirer° sur moi, mais j'ai réussi à me cacher°. Quand je suis revenu, tout brûlait. Même mon ballon. Il n'y avait plus rien.

**COMMISSAIRE** Ah, c'est vous les parents? Ce n'est pas grave. C'est un môme. Bon, on laisse tomber la plainte, on écrase°.
*Samb revient.*
**SAMB** Eh, mon ballon!
**COMMISSAIRE** Ton ballon?

**hymne** *anthem* **tirer** *shoot* **me cacher** *hide* **écrase** *oublie*

Des motocyclistes dans le désert pendant le Dakar

# IMAGINEZ
## L'Afrique de l'Ouest

### Destination: dunes!  Reading

En 1977, un coureur motocycliste français se perd dans le désert de Libye pendant une course entre **Abidjan**, en **Côte d'Ivoire** et **Nice**, en **France**. Cette expérience l'inspirera. En 1979, **Thierry Sabine** (1949–1986) crée le rallye **Paris-Dakar**, une course annuelle de véhicules (autos, motos, camions) qui traversera surtout des régions désertiques de l'Afrique, à partir de **Paris**, jusqu'à **Dakar**, capitale du **Sénégal**. Aujourd'hui, plus de 700 concurrents° y participent pour couvrir plus de 9.000 kilomètres de pistes°.

Appelée **le Dakar** (depuis 1995, elle ne part pas toujours de Paris), cette course° est considérée comme le rallye le plus exigeant du monde. Le parcours° change chaque année, mais c'est l'**Afrique de l'Ouest** qui reçoit le plus grand nombre de visites.

Et si nous partions visiter ces pays d'Afrique? Voici un itinéraire possible. Nous traverserons d'abord le désert du **Sahara** en **Mauritanie**, et ses dunes magnifiques. Nous ferons une halte à l'oasis de **Terjit**, située au milieu d'un canyon et alimentée° par deux sources naturelles permanentes. Dans ce désert, cette oasis est un merveilleux havre° de fraîcheur. On peut même s'y baigner!

Nous quitterons la Mauritanie pour aller au **Mali**, mais nous ne quitterons pas le désert qui couvre les deux tiers° de ce pays au nord. Nous descendrons vers le sud et nous nous arrêterons à **Tombouctou**, ville mythique sur le **fleuve Niger**, fondée au 11$^e$ siècle et qui a gardé son style original. Encore plus au sud, à **Bandiagara**, nous admirerons les villages troglodytes perchés sur une étendue de 200 kilomètres de falaises. Une partie du peuple **Dogon** y habite encore.

Puis nous continuerons notre voyage vers le **Niger**. Nous n'irons pas jusqu'au **désert du Ténéré**, au nord-est du pays. C'est la partie la plus aride du **Sahara**, connue pour ses violentes tempêtes de sable°, où beaucoup de concurrents du Dakar ont abandonné la course. Mais nous descendrons vers le sud et traverserons le **parc national du W** (prononcez

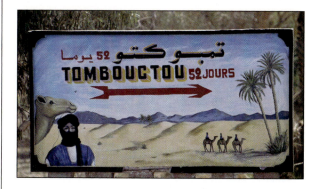

blay-way), site superbe où on voit une faune très diverse et des villages de pêcheurs.

Nous continuerons notre descente vers le sud pour arriver en **Côte d'Ivoire**, où, vers le centre, nous nous arrêterons à **Yamoussoukro**, la capitale depuis 1983. Nous y verrons la basilique Notre-Dame de la Paix, construite entre 1986 et 1989 et inspirée de la basilique Saint-Pierre de Rome. C'est la plus grande église du monde.

Ensuite nous irons en **Guinée**. Nous arriverons par l'est, où nous admirerons la plus belle forêt d'Afrique de l'Ouest, surmontée par le **mont Nimba** avec sa flore et sa faune uniques au monde. Puis nous passerons par la région habitée par les **Peulhs**, tribu d'Afrique dont les cases° sont de vraies œuvres d'art.

Nous arriverons enfin au **Sénégal**, et pour nous reposer de ce long voyage, nous visiterons une île près de **Dakar**: **Gorée**, où on peut voir son ancien fort et admirer les maisons coloniales. À 37 km de la capitale, le très beau **lac Retba**, aussi appelé le **lac Rose** en raison de sa couleur, constituera notre dernière étape… comme pour le rallye.

**concurrents** *competitors* **pistes** *trails* **course** *race* **parcours** *itinerary* **alimentée** *fed* **havre** *haven* **deux tiers** *two-thirds* **tempêtes de sable** *sandstorms* **cases** *huts*

## Le français parlé en Afrique de l'Ouest

### Au Sénégal

| | |
|---|---|
| **aller sénégalaisement bien** | aller très bien |
| **un(e) chéri(e)-coco** | un(e) petit(e) ami(e) |
| **un pain chargé** | un sandwich |
| **une tablette de chocolat** | un nid-de-poule; *pothole* |

### En Côte d'Ivoire

| | |
|---|---|
| **un maquis** | un restaurant, un café |
| **mettre papier dans la tête** | éduquer |

### En Afrique de l'Ouest

| | |
|---|---|
| **payer** | acheter |
| **un taxi-brousse** | un taxi collectif; *shared taxi* |

# Découvrons l'Afrique de l'Ouest

**La Casamance** Située au sud du **Sénégal**, c'est la région agricole la plus riche du pays, grâce au **fleuve Casamance** et à

une abondante saison des pluies. La **Basse-Casamance**, à l'ouest, en est la partie la plus touristique. On y trouve de nombreux villages installés au milieu de canaux appelés «bolongs». À l'est de la ville de **Cap-Skirring**, on peut admirer le **parc national de Basse-Casamance** avec ses buffles°, ses singes°, ses léopards, ses crocodiles et ses nombreuses espèces d'oiseaux.

**Djenné** C'est une ville du **Mali** à environ 570 km de **Bamako**, la capitale. Fondée au 9e siècle, elle devient un important centre d'échanges commerciaux° au 12e siècle. Cette ville est connue pour son architecture exceptionnelle. Ses bâtiments sont construits en

«banco», ou terre crue°, avec des morceaux de bois appelés «terrons» qui traversent les murs. Le marché du lundi enchante le visiteur par ses couleurs et son animation.

**Les Touaregs** On les appelle souvent «les hommes bleus», en raison de la couleur du turban, ou chèche, qu'ils portent sur

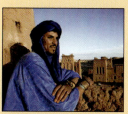

la tête. C'est un peuple nomade d'origine berbère. Ils vivent en tribus dans une société très hiérarchisée. Leur territoire couvre la plus grande partie du désert du **Sahara** et une partie importante du **Sahel** central. C'est un peuple hospitalier° qui accueillent les visiteurs de passage avec le cérémonial du thé. Le thé est servi trois fois, et il est impoli de refuser de le boire.

**Le cacao et le café ivoiriens**
La culture du café et du cacao constitue l'activité économique la plus importante de Côte d'Ivoire. En effet, la moitié de la population vit de cette culture. La **Côte d'Ivoire** est le premier producteur mondial de cacao (40% de la production

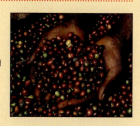

mondiale) et le cinquième producteur de café (200.000 tonnes par an). Le café produit en Côte d'Ivoire est surtout de type «robusta». Près de 80% de la production est destinée à l'**Europe**.

**buffles** *buffalos* **singes** *monkeys* **commerciaux** *trade* **terre crue** *mud* **hospitalier** *hospitable*

# Qu'avez-vous appris?

**1** **Vrai ou faux?** Indiquez si ces affirmations sont vraies ou fausses, et corrigez les fausses.

1. Seules les voitures peuvent participer au rallye Dakar.

2. Les concurrents du rallye Dakar traversent plusieurs pays d'Afrique de l'Ouest.

3. Le Dakar se termine souvent au Niger.

4. La ville de Djenné est connue pour son architecture particulière.

5. La Côte d'Ivoire est le premier producteur mondial de café.

6. On produit surtout du café «robusta» en Côte d'Ivoire.

**2** **Questions** Répondez aux questions.

1. Qu'est-ce que le Dakar?

2. Pourquoi est-ce qu'un grand nombre de participants du Dakar abandonnent la course dans le Ténéré?

3. Qu'est-ce que Thierry Sabine et Daniel Balavoine ont créé? Dans quel but?

4. Qu'est-ce qu'on peut voir en Casamance?

5. Qui sont les Touaregs? De quelle origine sont-ils? Où vivent-ils?

6. À quel continent est destiné 80% du café produit en Côte d'Ivoire?

## Projet

### Sur le Dakar

Choisissez une année depuis 1979 et faites des recherches sur le Dakar de cette année-là. Imaginez que vous soyez reporter. En neuf ou dix phrases, faites un reportage sur le Dakar, que vous présenterez à la classe. Incluez le nombre de concurrents, les pays traversés, les moments importants de la course et les gagnants. Pour plus de renseignements sur ce sujet, visitez **vhlcentral.com**. À la fin, dites à la classe quel pays vous aimeriez visiter le plus, parmi ceux traversés pendant la course, et expliquez pourquoi.

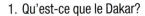 Practice more at **vhlcentral.com.**

 **ÉPREUVE**

Trouvez la bonne réponse.

1. Thierry Sabine crée le Paris-Dakar en _____.
   a. 1975          b. 1979
   c. 1980          d. 1986

2. Au Mali, Tombouctou est située sur _____.
   a. le Nil          b. le fleuve Niger
   c. le Congo          d. le fleuve Casamance

3. Le désert du Ténéré se trouve _____.
   a. en Côte d'Ivoire          b. au Sénégal
   c. au Niger          d. au Mali

4. Dans le centre de la Côte d'Ivoire, on trouve _____.
   a. Yamoussoukro          b. un grand désert
   c. Abidjan          d. Conakry

5. _____ vivent en Guinée.
   a. Les Peuhls          b. Les Touaregs
   c. Les Berbères          d. Les pêcheurs

6. _____ se trouve près de la ville de Dakar.
   a. L'île de Gorée          b. L'île de Ngor
   c. Le lac Rose          d. Bel Air

7. Les maisons de Djenné sont construites avec _____.
   a. de la terre cuite          b. du banco
   c. du sable          d. des pierres

8. La Côte d'Ivoire est le premier producteur mondial de _____.
   a. tissus          b. riz
   c. cacao          d. café

9. Les «bolongs» sont des _____.
   a. pirogues          b. canaux
   c. villages de pêcheurs          d. animaux

10. _____ sont souvent appelés «les hommes bleus».
    a. Les Peuhls          b. Les Ivoiriens
    c. Les Maliens          d. Les Touaregs

# le Zapping

**S** Video: TV Clip

## Les Jeunes Magasins

En Belgique, Oxfam-magasins du monde est une association qui cherche à développer la solidarité Nord-Sud et le commerce équitable (*fair trade*). Pour les plus jeunes, cette association a eu la bonne idée de lancer les Jeunes Magasins du monde-Oxfam ou JM. Les JM sont des petits groupes qui se forment dans les écoles avec l'aide des professeurs. Les jeunes s'y réunissent pour discuter des problèmes actuels et organiser des actions.

Je ne suis pas un acheteur décérébré; je ne suis pas un esclave de la société.

### VOCABULAIRE

**de la vidéo**

**un acheteur décérébré** *zombie consumer*

**l'empreinte** (*f.*) *impact*

**des fraises** (*f.*) *strawberries*

**point barre** *period, end of story*

**les poubelles** (*f.*) **de tri** *recycling bins*

**un robinet** *faucet*

**le truc** *thing*

**pour la conversation**

**le comportement** *behavior*

**la consommation** *consumption*

**économiser** *to save*

**des modes** (*m.*) **de consommation** *consumption habits*

**l'origine** (*f.*) *origin*

**produit(e)** *produced*

**reprocher à** *to criticize*

**la surconsommation** *overconsumption*

**1** **Compréhension** Trouvez le bon mot pour compléter chaque phrase.

1. D'après le clip, la publicité nous impose une façon d'_____ et de _____.

2. Un des adolescents préfère acheter des produits _____ dont il connaît l'_____.

3. Une adolescente aime aller à la _____ parce qu'elle peut _____ comment les produits sont fabriqués.

**2** **Discussion** Répondez aux questions en donnant des détails.

1. Avez-vous vu le film d'Al Gore cité dans le clip? Quelle en est votre opinion?

2. Que pensez-vous de l'initiative Oxfam-Jeunes Magasins du Monde? Pensez-vous qu'elle puisse vraiment avoir un impact sur les modes de consommation des jeunes? Expliquez.

**Et vous?** En général, vous sentez-vous concerné(e) par les problèmes associés à la surconsommation? Expliquez.

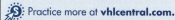 Practice more at **vhlcentral.com.**

# GALERIE DE CRÉATEURS

## SUR INTERNET

Pour plus de renseignements sur ces créateurs et pour explorer des aspects précis de leurs créations, à l'aide d'activités et de projets de recherche, visitez vhlcentral.com.

### LITTÉRATURE
**Véronique Tadjo (1955–)**

Véronique Tadjo est une poétesse et romancière (*novelist*) ivoirienne qui a beaucoup voyagé, mais sa source d'inspiration est sans aucun doute le continent africain. Elle trouve le sujet de ses livres dans l'histoire, parfois bouleversante (*disturbing*), de pays africains comme le Rwanda ou son propre pays. Elle décrit des émotions et des scènes de la vie quotidienne en Afrique. Auteur de romans et de contes pour adultes, elle est aussi l'auteur de livres pour enfants qu'elle illustre elle-même. Fille de la femme peintre Michèle Tadjo, Véronique Tadjo s'exprime aussi dans la peinture qui, pour elle, complète l'écriture.

### CINÉMA/LITTÉRATURE **Ousmane Sembène (1923–2007)**

Ce réalisateur et écrivain sénégalais est d'abord soldat dans l'armée française, pendant la Seconde Guerre mondiale, puis il va travailler à Marseille et entre au Parti communiste français. Il milite alors contre la guerre d'Indochine et pour l'indépendance de l'Algérie. En 1956, il publie son premier livre, *Le docker noir*, qui a une connotation sociale, comme tous ses autres livres. Puis en 1960, l'année de l'indépendance du Sénégal, il rentre en Afrique où il décide de faire du cinéma. Ses films dénoncent tous des injustices, et deux d'entre eux sont censurés. Cependant (*However*), son œuvre est très appréciée. Il reçoit de nombreuses récompenses (*awards*). Il a parcouru les villages d'Afrique pour montrer ses films et transmettre son message.

**PHOTOGRAPHIE**
## Seydou Keïta (1921–2001)

Seydou Keïta était un photographe autodidacte (*self-taught*). Son thème préféré était le portrait en noir et blanc. En 1948, il crée un studio de photographie dans sa maison. Il y reçoit ses clients et les immortalise dans leurs vêtements traditionnels ou occidentaux. Quand le Mali devient indépendant en 1960, le gouvernement malien oblige Seydou Keïta à fermer son studio et à travailler comme photographe pour l'État. Il cache (*hides*) alors ses photographies dans son jardin, soit (*that is*) près de 7.000 négatifs. Un photographe français découvre cet artiste en 1990. L'art de Seydou Keïta est enfin révélé au public. Grâce à son œuvre, nous découvrons l'évolution des mœurs de la population malienne.

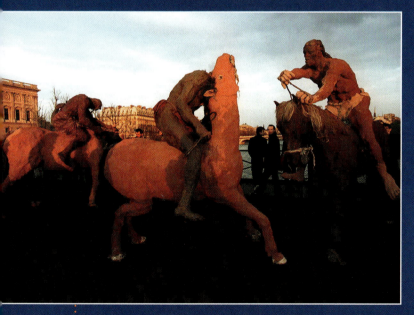

**SCULPTURE Ousmane Sow (1935–)**

Après une carrière d'infirmier et de kinésithérapeute (*physical therapist*), Ousmane Sow décide, à l'âge de 50 ans, de se tourner vers la sculpture, une passion de jeunesse. Jusque-là, il avait passé son temps libre à améliorer son style et sa technique. Celle-ci est très personnelle: il utilise une pâte (*paste*), dont lui seul connaît la composition, qu'il modèle sur une armature (*frame*). Ses sculptures sont d'un grand réalisme. Ce sont surtout des séries qui représentent des tribus africaines, mais l'une d'elle montre la bataille de Little Big Horn. Sow expose (*exhibits*) pour la première fois en 1988, à Dakar. Connu aujourd'hui dans le monde entier, il est considéré comme l'un des plus grands sculpteurs contemporains.

## Compréhension

**À compléter** Complétez chaque phrase logiquement.

1. Le premier métier d'Ousmane Sembène était _____.

2. Le Mali et _____ ont tous les deux obtenu leur indépendance en 1960.

3. Le thème _____ est présent dans tous les films de Sembène.

4. L'œuvre de Véronique Tadjo s'inspire surtout _____.

5. En parallèle avec sa carrière d'écrivain, Véronique Tadjo pratique aussi _____.

6. Seydou Keïta a été obligé de travailler pour _____.

7. C'est _____ qui a découvert l'art de Keïta.

8. Keïta est surtout connu pour ses _____.

9. Les sculptures d'Ousmane Sow sont de style _____.

10. Les _____ sont souvent le sujet des sculptures de Sow.

## Rédaction

**À vous!** Choisissez un de ces thèmes et écrivez un paragraphe d'après les indications.

- **La censure** Deux des films d'Ousmane Sembène ont été censurés. Que pensez-vous de la censure? Est-elle toujours une atteinte à la liberté personnelle et au droit d'expression ou bien est-elle parfois nécessaire? Expliquez votre opinion personnelle en utilisant quelques exemples précis.

- **L'art de Keïta** Décrivez la photo de Seydou Keïta. Que révèle celle-ci sur les modes de vie et les coutumes de la population malienne?

- **Avis personnel** Que pensez-vous de la sculpture d'Ousmane Sow? Son style vous plaît-il? Décrivez la sculpture présentée sur cette page, puis faites-en la critique.

 Practice more at **vhlcentral.com.**

**BLOC-NOTES**

For a review of definite and indefinite articles, see **Fiche de grammaire 2.4, p. 242.**

**ATTENTION!**

Unlike English contractions such as *don't* or *you're*, French contractions are *not* optional or considered informal.

### 5.1

# Partitives

—*Vous avez **de la chance**.*

- You already know how to use the indefinite articles **un**, **une**, and **des**. They are used to refer to whole items. When you want to talk about *part* of something, use partitive articles.

- Partitive articles refer to uncountable items or mass nouns. They usually correspond to *some* or *any* in English.

- The partitive articles are formed by combining **de** with the definite articles **le**, **la**, **l'**, and **les**. Notice that **de** contracts with **le** and **les**.

| | |
|---|---|
| **de + le** | **du** |
| **de + la** | **de la** |
| **de + l'** | **de l'** |
| **de + les** | **des** |

—*Il y a sans doute **du porc** là-dedans.*

- In English, sometimes the words *some* and *any* can be omitted. In French, the partitive *must* be used.

Cet écrivain a **du** courage.
*That writer has (some) courage.*

Elle lui a montré **de la** compréhension?
*Did she show her (any) understanding?*

- Some nouns can be countable or mass nouns, depending on the context. Compare these sentences.

Elle prend **un** café.     ***but***     Elle prend **du** café.
*She's having a (cup of) coffee.*       *She's having some coffee.*

- The article **des** can function as either a plural indefinite or plural partitive article, depending on whether the nouns can be counted.

| **Countable** | **Uncountable** |
|---|---|
| Nous visiterons **des** musées à Dakar. | Nous avons mangé **des** pâtes. |
| *We will visit (some) museums in Dakar.* | *We ate (some) pasta.* |

- In a negative sentence, all partitive articles become **de/d'**.

Les émigrés n'ont plus **de** travail.      La météo n'a pas prédit **de** pluie.
*The emigrants no longer have (any) work.*      *The forecast didn't predict (any) rain.*

- Use **de** with most expressions of quantity.

On va acheter **beaucoup de** viande.

**ATTENTION!**

Remember that **des** changes to **de** before an adjective followed by a noun.

**Ils préfèrent embaucher de jeunes travailleurs.**
*They prefer to hire young workers.*

**BLOC-NOTES**

For more information about negation, see **Structures 4.2, pp. 138–139.**

- Here are some common expressions of quantity:

| | |
|---|---|
| **assez de** *enough* | **un paquet de** *a package of* |
| **beaucoup de** *a lot of* | **(un) peu de** *few/(a) little of* |
| **une boîte de** *a can/box of* | **un tas de** *a lot of* |
| **une bouteille de** *a bottle of* | **une tasse de** *a cup of* |
| **un kilo de** *a kilogram of* | **trop de** *too much of* |
| **un litre de** *a liter of* | **un verre de** *a glass of* |

**Note CULTURELLE**

French-speaking countries around the world use the metric system. Here are some conversions of metric liquid and dry measures:
25 centiliters = 1.057 cups
1 liter = 1.057 quarts
500 grams = 1.102 pounds
1 kilogram = 2.205 pounds

- In a few exceptions, **des** is used with expressions of quantity:

| |
|---|
| **bien des** *many* |
| **la moitié des** *half of* |
| **la plupart des** *most of* |

- No article is used with **quelques** (*a few*) or **plusieurs** (*several*).

Ils ont mentionné **quelques** incertitudes.      On utilise **plusieurs** langues officielles.
*They mentioned a few uncertainties.*      *We use several official languages.*

# Mise en pratique

**1**

**Un week-end à Lomé** Thibault écrit un e-mail de Lomé, où il suit une conférence. Complétez le texte à l'aide d'articles indéfinis, de partitifs et d'expressions de quantité.

| De: | Thibault <thibault44@email.fr> |
|---|---|
| Pour: | Edwige <edwige.martin@email.fr> |
| Sujet: | Un petit coucou de Lomé |

Je passe (1) _____ jours à Lomé. C'est incroyable! Cette ville a (2) _____ grandes plages, (3) _____ petits restaurants où on sert (4) _____ nourriture très variée, et (5) _____ boîtes de nuit. J'ai (6) _____ temps le soir pour visiter un peu. Je suis sorti avec (7) _____ collègues hier soir. Il y avait (8) _____ monde. Nous avons commandé (9) _____ champagne! C'est surprenant à quel point il y a (10) _____ diversité dans cette ville.

Grosses bises,
Thibault

**2**

**Un peu d'ordre** Reconstituez ces phrases. Utilisez votre imagination pour en créer d'autres.

| As-tu | d' | respect de leur part. |
|---|---|---|
| **Nous demandons** | de | valeur à cet objet. |
| **J'ai acheté** | de l' | asperges dans le frigo. |
| **Il n'y a plus** | de la | courage dans votre vie! |
| **Ces personnes donnent** | des | argent dans ton sac? |
| **Vous n'avez jamais eu** | du | olives pour la salade de ce soir. |
| **...?** | | **...?** |

1. _____
2. _____
3. _____
4. _____
5. _____
6. _____

**3**

**À finir** À deux, finissez les phrases à l'aide de partitifs et d'expressions de quantité.

1. Ce pays a beaucoup…

2. Je ne veux plus manger…

3. Je sais que la moitié…

4. Notre peuple a peu…

5. Veux-tu que je donne…

6. Mes amis ont manqué quelques…

7. La population de notre État a trop…

8. Nous sommes sortis pour acheter une boîte…

# Communication

**4** **Au supermarché** Vous rendez visite à un(e) ami(e) à Abidjan, en Côte d'Ivoire. Vous allez lui préparer un plat typique de votre pays, et vous êtes au supermarché pour acheter les ingrédients. À deux, créez un dialogue où vous expliquez ce qu'il vous faut, et puis échangez vos rôles. Utilisez les partitifs le plus possible.

> **Modèle** —Il te faut des tomates?
>
> —Non, mais je dois acheter de la crème.

**5** **Le conseil** Le président du Bénin va parler à une conférence de presse. Vous préparez son discours sur les problèmes de son pays et sur leurs solutions. À deux, imaginez ce qu'il va dire. Servez-vous de la liste de vocabulaire. Ensuite, la classe choisira le meilleur discours.

| | |
|---|---|
| s'améliorer | la mondialisation |
| augmenter | le niveau de vie |
| l'incertitude | parvenir à |
| l'intégration | la population |
| lutter | réaliser |

**6** **À votre avis?** Le monde moderne a beaucoup de problèmes. Lesquels? Selon vous, que doit-on faire pour les résoudre (*solve*)? Par groupes de trois, discutez de ces problèmes et essayez de trouver des solutions.

> **Modèle** —Il n'y a pas assez de compréhension entre les peuples.
>
> —Il faut encourager le dialogue international.

| Problèmes | Solutions |
|---|---|
| | |
| | |
| | |
| | |
| | |
| | |

**Note CULTURELLE**

Petit pays d'Afrique de l'Ouest, le **Bénin** a un régime démocratique et connaît la stabilité politique depuis plusieurs années. Il vit de la culture du coton et de son port (*harbor*), **Cotonou**, qui permet beaucoup d'échanges commerciaux avec le **Niger** et le **Burkina Faso**.

**5.2**

# The pronouns *y* and *en*

- The pronoun **y** often represents a location. In this case, it usually means *there*.

Nous allons **en Côte d'Ivoire**.
*We go to the Ivory Coast.*

Nous **y** allons.
*We go there.*

Mon sac est **dans ma chambre**.
*My purse is in my room.*

Mon sac **y** est.
*My purse is there.*

J'habite **à Ouagadougou**.
*I live in Ouagadougou.*

J'**y** habite.
*I live there.*

- The pronoun **y** can stand for these common prepositions of location and their objects.

> **à** *in or at*
>
> **chez** *at the place or home of*
>
> **dans** *in or inside*
>
> **derrière** *behind*
>
> **devant** *in front of*
>
> **en** *in or at*
>
> **sur** *on*

- **Y** can stand for *non-human* objects of the preposition **à**.

Tu penses toujours **à l'examen**?
*Are you still thinking about the test?*

Oui, j'**y** pense toujours.
*Yes, I'm still thinking about it.*

Il a répondu **à la question**?
*Did he answer the question?*

Oui, il **y** a répondu.
*Yes, he answered it.*

- You already know that the preposition **à** can be used in contractions. The pronoun **y** can represent the contraction and its object.

Vous assisterez **au cours de maths**?
*Will you attend math class?*

Oui, nous **y** assisterons.
*Yes, we will attend.*

Tu vas **aux États-Unis**?
*Are you going to the U.S.?*

Oui, j'**y** vais.
*Yes, I'm going there.*

**ATTENTION!**

Remember, the indirect object pronouns **me**, **te**, **lui**, **nous**, **vous**, and **leur** stand for *human* objects of the preposition **à**.

—**Avez-vous répondu à Danielle?**
—**Non, je ne lui ai pas encore répondu.**

**ATTENTION!**

The prepositions used in English do not necessarily translate literally into French. Notice that sometimes no preposition is used at all in English.

—**Réponds tout de suite à Danielle!**
—*Answer Danielle right away!*

**BLOC-NOTES**

For more information about object pronouns, see **Fiche de grammaire 5.4, p. 254.**

- The pronoun **en** stands for the preposition **de** and its object.

  Ils n'ont pas **de villes surpeuplées**.
  *They don't have overpopulated cities.*

  Ils n'**en** ont pas.
  *They don't have any.*

- **En** can replace a partitive article and its object.

  Voudriez-vous **de la charcuterie**?
  *Would you like some cold cuts?*

  Nous **en** voudrions.
  *We would like some.*

- **En** can replace a noun that follows an expression of quantity. In this case, omit the noun and the preposition **de/d'**, but retain the expression of quantity.

  Les étudiants ont beaucoup **d'idéaux**.
  *Students have a lot of ideals.*

  Ils **en** ont beaucoup.
  *They have a lot (of them).*

- **En** can replace a noun that follows a number. In this case, omit the noun, but retain the number.

  Ils veulent **trois tomates**?
  *Do they want three tomatoes?*

  Non, ils **en** veulent **cinq**.
  *No, they want five (of them).*

- In a negative sentence, the number is not retained.

  Nathalie a acheté **deux litres de lait**?
  *Did Nathalie buy two liters of milk?*

  Non, elle n'**en** a pas du tout acheté.
  *No, she didn't buy any at all.*

- **En** can represent **de** plus a location. In this case, it usually means *from there*.

  Ils reviennent **de Lomé**.
  *They are returning from Lomé.*

  Ils **en** reviennent.
  *They are returning from there.*

- **En** can also stand for a verbal expression with **de**. In this case, **en** often means *about it*, *for it*, or *from it*.

  Avez-vous la force **de supporter ce chaos**?
  *Are you strong enough to stand this chaos?*

  Non, je n'**en** ai pas la force.
  *No, I am not strong enough for it.*

  Tu es capable **de manger tout le gâteau**?
  *Are you capable of eating the whole cake?*

  Non, je n'**en** suis pas capable.
  *No, I am not capable of it.*

**ATTENTION!**

Remember, the indefinite articles **un** and **une** are also numbers.

**J'ai un frère.**
*I have one brother.*

You can use **en** to represent the object of **un** or **une**. In an affirmative sentence, retain the number.

J'**en** ai **un**.
*I have one.*

As with other numbers, in a negative sentence, the number is not retained.

Je n'**en** ai pas.
*I don't have one.*

# Mise en pratique

**1**

Note
**CULTURELLE**

Bien que le **français** soit
la langue officielle de la **Côte
d'Ivoire**, on y parle aussi
d'autres langues. On compte
plus d'une soixantaine de
**dialectes locaux**, comme le
**baoulé**, le **sénoufa** ou l'**agni**.
Le **diaoula** est le dialecte
choisi par les commerçants; il
est parlé dans tout le pays.

**Combien y en a-t-il?** Écrivez une phrase avec les pronoms **y** et **en** pour indiquer le nombre de choses mentionnées.

> **Modèle**   **Pays francophones en Afrique de l'Ouest (8)**
> Il y en a huit.

1. Couleurs du drapeau togolais (4)
2. Habitants de Bamako, au Mali, dans dix ans (2.000.000)
3. Langues couramment employées en Côte d'Ivoire (65)
4. Partis politiques en Guinée depuis 1992 (16)
5. Années de colonisation française au Niger dans le passé (60 environ)
6. Festivals du film à Ouagadougou, au Burkina-Faso (1)

**2**

**À compléter**  Katie et Jabril se sont rencontrés aux États-Unis, dans un cours d'anglais pour étudiants étrangers. Complétez leur dialogue par le pronom qui convient: **y** ou **en**.

**KATIE**  Salut, tu vas bien?

**JABRIL**  Oui et non. J' (1) _____ ai marre des cours.

**KATIE**  Moi aussi! Qu'est-ce qu'on fait?

**JABRIL**  Je projette un voyage en Afrique. J'aime ce continent. Je m' (2) _____ intéresse beaucoup. Et toi?

**KATIE**  Oui, beaucoup! Où comptes-tu aller?

**JABRIL**  J'ai toujours voulu aller au Sénégal.

**KATIE**  C'est vrai?! Pourquoi as-tu toujours voulu (3) _____ aller?

**JABRIL**  En fait, ma grand-mère est née au Sénégal. Elle m'(4) _____ parle souvent.

**KATIE**  Est-ce que tu prépares beaucoup de plats sénégalais?

**JABRIL**  Non, je n' (5) _____ prépare pas beaucoup.

**KATIE**  D'où vient ton grand-père? Du Sénégal aussi?

**JABRIL**  Non, il n' (6) _____ est même jamais allé. Il est né en France.

**KATIE**  En France? Moi aussi, j' (7) _____ suis née!

**JABRIL**  Tu ne m' (8) _____ avais rien dit! Je croyais que tu avais grandi aux États-Unis.

**KATIE**  Non, c'est ma mère qui a passé son enfance à New York.

**JABRIL**  New York? J' (9) _____ suis allé une fois, pendant une semaine seulement. J' (10) _____ rêve souvent.

**3**

**Notre société**  À deux, faites des phrases à propos de chaque idée donnée.

> **Modèle**   **aller chez mes parents**   J'y vais quand j'ai le mal du pays.

- habiter aux États-Unis
- aller faire un séjour en Afrique
- avoir du courage face au danger
- réaliser beaucoup de rêves
- s'adapter à la mondialisation
- faire partie du monde des humains

# Communication

**4**

**Sondage** Circulez parmi vos camarades de classe afin de leur poser ces questions. Essayez de trouver au moins une personne qui réponde oui à chaque question et une qui réponde non.

**Modèle** **aimer aller à la campagne pour les vacances**

—Aimes-tu aller à la campagne pour les vacances?

—Non, je n'aime pas y aller pour les vacances.

—Moi si, j'aime y aller pour les vacances.

| **Et vous?** | **Noms** |
|---|---|
| 1. faire des commérages | _____ |
| 2. assister sans exception au cours de français | _____ |
| 3. s'attendre à réussir le prochain examen de français | _____ |
| 4. aller chez le président de l'université | _____ |
| 5. discuter souvent des polémiques | _____ |
| 6. souhaiter travailler en Côte d'Ivoire | _____ |
| 7. avoir beaucoup d'incertitudes | _____ |
| 8. accepter trop d'inégalités dans la vie | _____ |
| 9. être parvenu(e) à obtenir une bourse universitaire | _____ |
| 10. connaître des personnes d'Afrique de l'Ouest | _____ |

**5**

**Carte du monde** À deux, demandez-vous dans quels pays vous avez déjà voyagé, ce que vous y avez vu et si vous aimeriez y retourner.

**Modèle** —Es-tu déjà allé(e) au Sénégal?

—Non, je n'y suis pas allé(e). Mais j'ai fait un séjour en Guinée.

—Qu'est-ce que tu y as vu?

—J'y ai vu…

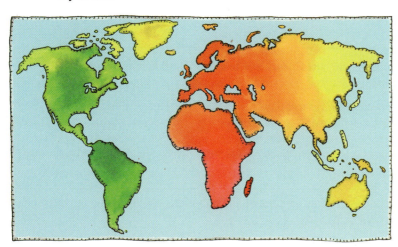

### 5.3

# Order of pronouns

*—Envoyez-le-moi.*

- French sentences may contain more than one object.

| | DIRECT OBJECT | INDIRECT OBJECT |
|---|---|---|
| **Le politicien explique** | **ses principes** | **au reporter.** |
| *The politician explains* | *his principles* | *to the reporter.* |

- You can replace multiple objects with multiple object pronouns. Use the same pronouns you would use if there were only one object.

Il **les** explique au reporter.
*He explains them to the reporter.*

Il **lui** explique ses principes.
*He explains his principles to him.*

> Il **les lui** explique.
> *He explains them to him.*

- Where there is more than one object pronoun, they are placed in this order.

| me | | | | |
|---|---|---|---|---|
| te | le | | | |
| se | la | lui | | |
| | les | leur | y | en |
| nous | l' | | | |
| vous | | | | |

(me / te / se / nous / vous *before* le / la / les / l' *before* lui / leur *before* y *before* en)

Le guide montre la **sculpture aux touristes**.
*The guide shows the sculpture to the tourists.*

Il **la leur** montre.
*He shows it to them.*

Qui s'occupe **des réservations**?
*Who is taking care of the reservations?*

Hubert **s'en** occupe.
*Hubert is taking care of them.*

- Double object pronouns are placed in the same position relative to verbs as single object pronouns.

- In simple tenses, such as the present, the **imparfait**, and the future, pronouns are placed in front of the verb.

Il apporte **le courrier à Mme Delorme**.
*He brings the mail to Mrs. Delorme.*

Il **le lui** apporte.
*He brings it to her.*

J'attendrai **Jules à la gare**.
*I will wait for Jules at the station.*

Je **l'y** attendrai.
*I will wait for him there.*

### BLOC-NOTES

For a review of past participle agreement, see **Fiche de grammaire 5.5, p. 256.**

- In compound tenses, such as the **passé composé** and the **plus-que-parfait**, pronouns are placed in front of the helping verb.

On **nous** a parlé **du patrimoine culturel**.
*They spoke to us about the cultural heritage.*

On **nous en** a parlé.
*They spoke to us about it.*

Vous aviez rendu **les passeports aux voyageurs**.
*You had returned the passports to the travelers.*

Vous **les leur** aviez rendus.
*You had returned them to them.*

- When there is more than one verb, the pronouns are usually placed in front of the second verb, typically an infinitive.

Tu vas offrir un **biscuit aux enfants**?
*Are you going to buy the children a cookie?*

Tu vas **leur en** offrir un?
*Are you going to buy them one?*

Je voudrais poser **cette question au prof**.
*I would like to ask the professor this question.*

Je voudrais **la lui** poser.
*I would like to ask it to her.*

- When negating sentences with pronouns in simple tenses, place **ne** in front of the pronouns and **pas** after the verb. In compound tenses, place **ne... pas** around the pronouns and the helping verb. When there is more than one verb, **ne... pas** is usually placed around the first one.

Il **ne** le lui apporte **pas**.     On **ne** nous en a **pas** parlé.     Je **ne** voudrais **pas** la lui poser.

- The order of object pronouns is different in affirmative commands. Notice that hyphens are placed between the verb and the pronouns.

### BLOC-NOTES

For a review of the imperative, see **Fiche de grammaire 1.5, p. 240.**

| le<br>la<br>les | *before* | moi<br>toi<br>lui<br>nous<br>vous<br>leur | *before* | y | *before* | en |
|---|---|---|---|---|---|---|

Apportez **le courrier à Mme Delorme**!
*Bring the mail to Mrs. Delorme!*

Apportez-**le-lui**!
*Bring it to her!*

Racontez **l'histoire aux gamins**.
*Tell the story to the kids.*

Racontez-**la-leur**.
*Tell it to them.*

- Note that **me** and **te** become **moi** and **toi**. They revert to **m'** and **t'** before **y** or **en**.

Parle-**moi de ta vie**.
*Talk to me about your life.*

Parle-**m'en**.
*Talk to me about it.*

- The order of pronouns in negative commands is the same as in affirmative statements. Compare these sentences.

Dis-**le-lui**!
*Tell it to him!*

Ne **le lui** dis pas!
*Don't tell it to him!*

# Mise en pratique

**1** **À remplacer** Remplacez les mots soulignés (*underlined*) par des pronoms.

1. N'oublions pas de mettre <u>les valises</u> dans <u>la voiture</u>.
2. Les voisins ont apporté <u>des cadeaux</u> à <u>mes parents</u>.
3. Pouvez-vous <u>nous</u> emmener <u>à la gare</u>?
4. Laisse <u>son ballon</u> à <u>ton frère</u>!
5. Tu ne <u>m'</u>avais jamais dit <u>que tu voulais y aller</u>.

**2** **À transformer** Faites des phrases avec les éléments et changez les objets en pronoms.

> **Modèle** **je / parler / à vous / de mes cours**
> Je vous parle de mes cours. Je vous en parle.

1. on / avoir / voir / émigrés / à la frontière / au sud de Sissako / hier soir
2. Matthieu / donner / toujours / des conseils / à ses amis
3. il faut / beaucoup / courage / à cet homme
4. Christine / ne / avoir / jamais / laisser / de pourboire / aux serveurs
5. ma mère / aller / présenter / deux nouveaux produits / au directeur du marketing

**3** **Carte postale** Jérôme est en train de faire un trekking dans le désert mauritanien et raconte ses aventures à sa sœur. Trouvez les phrases qui ont deux objets et transformez-les en faisant attention à l'ordre des pronoms.

Un grand bonjour de l'oasis de Chinguetti où je passe des moments incroyables! Je rencontre souvent les nomades mauritaniens dans cette oasis. Je leur montrerai mes photos pendant mon prochain séjour ici. Des guides locaux m'ont fait visiter l'oasis hier. En ce moment, c'est la grande fête des dattes. Tout le monde les cueille° et on m'a offert des pâtisseries délicieuses faites avec ces dattes. Les gens chez qui je suis m'ont donné leurs recettes.

Quand je partirai, je dirai à mes nouveaux amis que j'ai beaucoup apprécié mon séjour. J'espère que tu recevras bien cette carte du bout du monde.

À bientôt,

Jérôme

Viviane Dubosc

28, rue des Lilas

34000 Montpellier
France

°**cueille** *picks*

1. _____
2. _____
3. _____
4. _____
5. _____
6. _____

# Communication

**4** **Qui fait quoi?** À tour de rôle, posez-vous des questions à partir de ces illustrations, répondez-y et employez des pronoms. Utilisez votre imagination. Attention à l'ordre des pronoms.

1.

2.

3.

4.

5.

6.

**5** **À votre avis** Que pensez-vous de ces affirmations? Discutez-en par groupes de trois. Chaque membre du groupe donne son avis et les deux autres réagissent. Ensuite, imaginez d'autres affirmations.

- L'immigration est une bonne chose pour l'économie d'un pays.
- Il n'est pas nécessaire de connaître la langue officielle du pays dans lequel on vit pour y habiter.
- La mondialisation est la cause de certains problèmes dans le monde.
- Le travail manuel a beaucoup de valeur.
- La lutte des classes est encore une réalité pour certaines personnes.
- La surpopulation diminue le niveau de vie d'un pays.
- …?

**6** **Vos solutions** Vous n'êtes pas d'accord sur les solutions prévues par le gouvernement pour répondre aux problèmes que le pays connaît. Par groupes de trois, exprimez (*express*) votre mécontentement (*dissatisfaction*) par des verbes à l'impératif, à la forme affirmative et négative, et avec des pronoms.

**Modèle** —Il faut que le gouvernement change de tactique immédiatement. Pourquoi ne pas lui envoyer une pétition?

—Oui, écrivons-lui une pétition!

—Et envoyons-la-lui dès que possible!

# Synthèse  Reading

Moussa est ivoirien et vit à Yamoussoukro. Il y a deux ans, il a décidé de quitter la campagne pour aller travailler en ville. C'est sa famille d'agriculteurs qui le lui a demandé, pour avoir une aide financière. Il lui a fallu du courage et de la ténacité pour faire face aux problèmes de la grande ville et pour réussir à atteindre son but.

Moussa est un homme parmi beaucoup d'autres qui ont fait le même choix. C'est une tendance qui s'est accélérée dans les années 1980 en Afrique de l'Ouest, mais surtout en Côte d'Ivoire. Beaucoup de villes ont connu une explosion démographique; le nombre des citadins s'est multiplié par dix. Plus d'une dizaine° de villes ont passé le cap du million d'habitants, alors qu'il n'y en avait qu'une dans les années 1960.

Mais ce phénomène d'«exode rural» n'en est pas vraiment un. En effet, si les villes ont bénéficié de la venue° des populations rurales, l'inverse est vrai aussi pour deux raisons principales. L'espace urbain a attiré les populations et empiété sur° l'espace rural où le nombre de villes, petites ou grandes, a augmenté, soit en élargissant un village, soit en créant une nouvelle ville. Mais au-delà de ces nouvelles villes, les campagnes existent toujours et continuent à nourrir les villes. Et celles-ci le leur rendent bien. Elles apparaissent comme un facteur de développement du monde rural. Donc tout le monde s'y retrouve. Et Moussa, comme tous les autres, prend part à cet échange. Mais il ne faudrait pas que la surpopulation de toutes ces villes en soit le résultat néfaste°.

*arrivée*

*encroached upon*

*ten*

*mauvais*

**1** **Qu'en pensez-vous?** Le phénomène d'exode rural existe-t-il ou a-t-il existé où vous habitez? Quelles sont les similarités et les différences de l'exode rural en Afrique de l'Ouest et dans votre région? Écrivez un paragraphe de cinq ou six phrases qui justifie votre opinion. Utilisez les structures de cette leçon.

**2** **Conséquences** Par petits groupes, discutez des conséquences positives et négatives de l'exode rural dans votre pays, à l'aide des structures de cette leçon. Servez-vous de la liste pour regrouper vos idées.

| Idées | Effets positifs | Effets négatifs |
|---|---|---|
| La surpopulation | | |
| L'intégration | | |
| Le développement | | |
| ? | | |

# Préparation

**Vocabulaire de la lecture**

**anecdotique** *trivial*
**un conte** *tale*
**un défi** *challenge*
**fleurir** *to flourish*
**les lettres (f.)** *literature*

**marcher sur les pas de quelqu'un** *to follow in someone's footsteps*
**une récompense** *award*
**la scolarisation** *schooling*
**la vente** *sale*
**vivre de sa plume** *to earn one's living as a writer*

**Vocabulaire utile**

**à succès** *bestselling*
**la décolonisation** *decolonization*
**déclencher** *to trigger*
**bien s'exporter** *to be popular abroad*
**se libérer** *to free oneself*

**1**

**Les candidats** Il y a plusieurs candidats aux élections. Complétez leurs déclarations avec des mots du vocabulaire.

1. Notre pays doit _____ de toutes les influences étrangères.

2. Ce sont les journalistes qui ont _____ cette polémique, pas moi.

3. Si nous voulons aller de l'avant, il faut augmenter _____ des enfants.

4. L'année dernière, cette ville a reçu une _____ pour sa politique de diversité.

5. Préserver notre patrimoine culturel n'est pas, et ne doit jamais devenir, _____.

6. Éviter la surpopulation, c'est notre _____ de demain.

**2**

**Tous indépendants** Répondez aux questions et comparez vos réponses à celles d'un(e) camarade.

1. Le jour où un pays devient indépendant est-il un jour important?

2. Quels pays connaissez-vous qui sont devenus indépendants? Quand le sont-ils devenus?

3. La plupart de ces pays aiment-ils célébrer la date de leur indépendance? Comment le font-ils, en général?

4. Y a-t-il des pays ou des peuples dans le monde qui cherchent encore à gagner leur liberté? Lesquels?

5. D'après vous, ont-ils une chance de réussir un jour? Pourquoi?

**3**

**Artistes africains** Par petits groupes, faites une liste d'artistes ou de personnalités francophones d'origine africaine. Expliquez pourquoi ils sont connus et de quels pays ou régions d'Afrique ils viennent. Ensuite, présentez votre liste à la classe.

| Artiste ou personnalité | Pourquoi il/elle est connu(e) | Pays ou région d'Afrique |
|---|---|---|
| | | |
| | | |
| | | |
| | | |
| | | |

 Practice more at **vhlcentral.com.**

# UN DEMI-SIÈCLE
# D'INDÉPEN

En 2010, la plupart des pays de l'Afrique de l'Ouest ont fêté les 50 ans de leur indépendance. Cinquante ans dans une vie humaine, c'est important°, mais pour une nation, c'est très peu. Imaginez: Les États-Unis avaient 50 ans... en 1826!

Pourtant en un demi-siècle, beaucoup a été accompli. Ainsi, la scolarisation des enfants a fortement augmenté. En 1960, seuls 39 pour cent des enfants d'Afrique francophone allaient à l'école. Aujourd'hui,

*significant* 5

10

c'est plus de 60 pour cent. À travers les difficultés politiques et économiques, les états ont donc valorisé l'instruction. La naissance de véritables identités nationales constitue une autre évolution. Comme l'a remarqué le célèbre saxophoniste Manu Dibango, les gens ont appris à devenir camerounais, togolais, béninois, ivoiriens... Ils ne sont plus seulement africains ou membres de leurs groupes ethniques.

Au niveau culturel surtout, les progrès sont considérables. À l'époque coloniale, la

15

20

25 musique africaine était perçue comme une curiosité folklorique et assez anecdotique. Aujourd'hui pourtant, cette musique s'exporte dans le monde entier grâce à sa richesse artistique et à sa créativité. Par 30 exemple, le Sénégalais Youssou N'Dour et le Malien Salif Keïta ont conquis un public international, qui leur reste fidèle° depuis des années. Plus récemment, le duo malien d'Amadou et Mariam a 35 été un très beau succès commercial en France, malgré la crise des ventes de disques.

*loyal* (fidèle)

Dans le domaine 40 des lettres, les écrivains africains donnent de l'énergie au monde de la francophonie. Il est loin le temps où le poète 45 sénégalais Léopold Sédar Senghor venait juste d'entrer à l'Académie française! En 1983, c'était le premier écrivain africain à le faire. Aujourd'hui par 50 exemple, la Camerounaise Calixthe Beyala est un véritable phénomène littéraire. Son style explore tous les registres de la langue française, du plus cru° au plus baroque°, et ses personnages de femmes africaines

*blunt / wild* (cru / baroque)

**Les gens ont appris à devenir camerounais, togolais, béninois, ivoiriens...**

# DANCE

55 sont des modèles de libération et de modernité. Beyala est si prolixe° qu'elle peut vivre de sa plume, ce qui est rare pour un auteur africain. Un écrivain comme Fatou Diome du Sénégal appartient déjà à 60 la quatrième génération littéraire africaine. Quelles sont les principales différences entre ces jeunes écrivains africains et leurs aînés? Ils choisissent des sujets plus universels et qui parlent à un public 65 cosmopolite, alors que leurs prédécesseurs se concentraient beaucoup plus sur

*prolific* (prolixe)

l'histoire et la colonisation. Ils ont aussi des sensibilités esthétiques et des styles très variés qui explorent vraiment tous les registres de la littérature, par exemple 70 du roman autobiographique aux contes mythologiques.

Côté cinéma, ce sont des personnalités francophones comme le réalisateur malien Souleymane Cissé qui ont aidé 75 à lancer° cet art en Afrique au moment des indépendances. Depuis, de nombreux artistes ont marché sur leurs 80 pas, et en particulier des réalisatrices dans les années 1990 comme Safi Faye au Sénégal ou Fanta Régina Nacro 85 au Burkina Faso. Ce cinéma africain est de qualité et il reçoit des récompenses de haut niveau: Ainsi, le film *Yeelen* de Souleymane 90 Cissé a eu le Prix du Jury au Festival de Cannes en 1987.

*to launch* (lancer)

Enfin, des avancées tout aussi importantes se sont faites dans les secteurs culturels modernes. La télévision par 95 satellite et l'Internet, qui ont remplacé les anciens médias coloniaux, permettent à la population urbaine grandissante° de se connecter au reste du monde. À côté des programmes télé importés, des séries 100 produites localement, comme *Ma famille* en Côte d'Ivoire, fleurissent. Depuis les années 2000, beaucoup de stations de radio privées viennent aussi concurrencer° les radios nationales traditionnelles. Youssou 105 N'Dour, l'une des Personnalités de l'année 2007 selon *Time Magazine*, a bien compris l'importance des nouveaux médias pour l'Afrique et veut lancer sa propre station de télévision au Sénégal. 110

*growing* (grandissante)

*compete with* (concurrencer)

En 2050, environ un habitant de la planète sur cinq sera africain. Malgré les défis, l'Afrique est un continent dynamique et en pleine évolution. Rendez-vous donc dans cinquante ans pour voir ce que ces pays 115 auront accompli en un siècle complet! ■

# Analyse

**1**

**Vrai ou faux** Décidez si ces affirmations sont vraies ou fausses d'après le texte, puis corrigez les fausses.

1. En Afrique francophone, beaucoup plus d'enfants qu'avant vont à l'école.
2. Après 50 ans d'indépendance, les gens ne se sentent toujours pas camerounais, togolais ou béninois.
3. La musique africaine reste très peu connue hors de ce continent.
4. La francophonie se nourrit de l'énergie que lui apportent les écrivains africains.
5. Les nouveaux écrivains africains parlent plus souvent de la colonisation que leurs prédécesseurs.
6. Le cinéma en Afrique a commencé avec des réalisateurs francophones.
7. Il y a de nombreuses radios privées dans les pays francophones de l'Afrique de l'Ouest.
8. Tous les programmes télé en Afrique de l'Ouest sont importés.

**2**

**Léopold Sédar Senghor** À deux, expliquez et commentez cette citation de Léopold Sédar Senghor (1906-2001), poète, homme politique et premier président du Sénégal.

> «Penser et agir par nous-mêmes et pour nous-mêmes, en Nègres..., accéder à la modernité sans piétiner (*trampling on*) notre authenticité.»

- Que dit Senghor dans cette citation? N'oubliez pas que Senghor faisait partie du mouvement appelé la Négritude, mentionné dans la **Galerie de créateurs** de la leçon 4.
- Êtes-vous d'accord avec ce qu'il dit? Expliquez.
- Quel lien voyez-vous entre cette citation et l'article que vous venez de lire? Soyez précis et donnez des exemples tirés de l'article.

**3**

**Dans 50 ans** Par petits groupes et en utilisant les questions, imaginez comment la culture des pays francophones de l'Afrique de l'Ouest va changer dans les 50 prochaines années.

- D'après vous, comment les différents secteurs culturels évoqués dans l'article vont-ils évoluer?
- Que feront les artistes les plus connus? Dans quels domaines seront-ils les plus créatifs?
- Quelle sera l'influence de ces artistes au niveau mondial?

Practice more at **vhlcentral.com.**

# Préparation

## À propos de l'auteur

**G**hislaine Sathoud (1969–), née à Pointe-Noire, capitale économique et grand port de la République du Congo, est une femme écrivain et une poétesse qui défend la cause des femmes. Elle publie son premier recueil (*collection*) de poèmes à l'âge de 18 ans. Elle part faire des études supérieures en France et au Québec, où elle habite actuellement. Elle écrit pour de grands journaux et participe à des activités qui ont pour but d'améliorer les conditions de vie des femmes immigrées. En 2004, elle sort un premier roman intitulé *Hymne à la tolérance*. Elle a aussi écrit deux pièces de théâtre, *Les maux du silence* (2000), qui parle des difficultés d'une Africaine en occident et *Ici, ce n'est pas pareil chérie!* (2005), qui traite de la violence conjugale.

| Vocabulaire de la lecture | | Vocabulaire utile |
|---|---|---|
| **une bande** *gang* | **pareil(le)** *similar; alike* | **s'acharner sur** *to persist relentlessly* |
| **une couche sociale** *social level* | **raffoler de** *to be crazy about* | **se décourager** *to lose heart* |
| **en vouloir (à)** *to have a grudge* | **une règle** *rule* | **s'en vouloir** *to be angry with oneself* |
| **s'installer** *to settle* | **sourd(e)** *deaf* | **la persévérance** *perseverance* |
| **se lancer** *to launch into* | **soutenir** *to support* | **la vengeance** *revenge* |
| **mener** *to lead* | **un(e) tel(le)** *such a(n)* | |

**1** **Syllabes** Combinez les syllabes du tableau pour former quatre mots du nouveau vocabulaire. Ensuite, écrivez quatre phrases avec ces mots en utilisant des pronoms.

| me | dé | ra | sta |
|---|---|---|---|
| vou | se | s'a | ger |
| s'in | char | ner | ner |
| ra | cer | cou | ller |

**2** **Discussion** Avez-vous déjà vécu une tragédie? Connaissez-vous quelqu'un qui a été victime d'une tragédie? Comment explique-t-on ces tragédies qui surviennent (*happen*) dans notre vie ou dans le monde? Discutez-en par petits groupes.

**3** **L'Afrique francophone** Que savez-vous de l'Afrique francophone et de son histoire? À deux, répondez à autant de questions de la liste que possible. Ensuite, comparez vos connaissances avec celles du reste de la classe.

- Combien de pays francophones y a-t-il en Afrique? Quels sont-ils?
- Quelles autres langues y parle-t-on?
- Quelles religions y pratique-t-on?
- Quels types de gouvernement y trouve-t-on?
- À quelle époque les Européens ont-ils commencé à coloniser le continent?
- Quels pays européens ont colonisé l'Afrique?
- Quels ont été les effets de la colonisation?

# Le Marché

## Ghislaine Sathoud

Yaba était une femme au courage exceptionnel, une vraie légende. Il y a très longtemps de cela, elle avait décidé de se lancer dans la restauration. À l'époque, personne ne se serait imaginé qu'avec la vie luxueuse qu'elle avait menée du vivant de son mari°, elle en aurait été réduite à s'installer dans un coin de notre rue pour y vendre du poisson grillé. Faute de° moyens financiers, elle avait installé un petit marché de nuit dans un endroit proche de° son domicile. Une telle entreprise demandait beaucoup d'énergie et de courage, mais les clients accueillirent° favorablement l'idée et ses efforts furent° récompensés.

Elle travaillait fort, très fort pour subvenir aux° besoins de ses enfants et au fil des mois et des années° d'autres femmes étaient venues s'installer à côté d'elle pour y vendre leurs spécialités et faire du commerce. La clientèle augmenta° sans qu'on ait besoin de faire de publicité. Pas d'affiches. Pas de publicité dans les journaux. Pas de publicité à la télévision! Seulement du bouche à oreille. De fil en aiguille°, le marché de Yaba devint° un symbole de réussite: Jeunes, adultes, hommes et femmes se retrouvaient là le soir, après de longues journées de travail. Chacun y trouvait son compte à sa manière.

*while her husband was alive*

*Lacking*

*près de*

*ont accueilli*

*étaient*

*to provide for*

*over the months and years*

*a augmenté*

*One thing leading to another / est devenu*

Reading
Audio: Dramatic Recording

# de l'espoir

Les enfants couraient, criaient, jouaient. Les garçons avec des ballons. Les filles avec des cordes à sauter°. De nombreuses
35 femmes vendaient du poisson cuit à la braise avec des bananes frites. Dieu° sait si les gourmands en raffolaient.

    Les vendeuses s'installaient là tous les soirs pour vendre leurs produits, se faire un
40 revenu et nourrir° leurs enfants. Chaque année, elles étaient plus nombreuses et les clients aussi. Des clients de toutes les couches sociales. Tout le monde aimait bien acheter du poisson auprès des femmes
45 de notre rue. Certains venaient de loin. On disait que ces femmes avaient une touche spéciale pour l'apprêter°, une façon à nulle autre pareille. Nuit et jour, la rue était noire de monde. Les jeunes y trouvaient
50 des occupations en assurant la sécurité des vendeuses. Les vieillards° discutaient en jouant à des jeux de cartes.

    Était-il vrai que le poisson vendu dans cette rue était meilleur que celui des
55 cuisines? Était-ce l'ambiance de fête qui y régnait qui donnait l'illusion d'un goût toujours imité mais jamais égalé? Était-ce la présence des filles de Yaba superbement habillées avec des ensembles aux couleurs
60 chatoyantes° et rayonnantes° qui donnait cette impression? Le poisson cuit à la braise servi dans des plats superbement

*jump ropes*

*God*

*to nourish*

*to prepare*

*old men*

*shimmering / radiant*

colorés et accompagné de bananes faisait le bonheur des clients. Les filles qui servaient ces mets° succulents faisaient aussi la réputation de l'endroit et on aurait eu du mal à savoir ce qui attirait le plus la clientèle, de la bonne chère° ou des vendeuses. Les deux sans doute!

Le succès des uns s'accompagnant souvent de la jalousie des autres, des rumeurs commencèrent° à circuler sur les raisons du succès du marché de Yaba. On prétendit° que certaines vendeuses ne respectaient pas les règles élémentaires d'hygiène. On disait aussi que d'autres poussaient° des pères de famille à la débauche° en les exposant à la tentation. Jalouses, les épouses de quelques clients habitués s'inquiétaient. On faisait courir diverses balivernes° pour décourager les clients, de toutes les façons possibles! Mais les vendeuses avaient un moral d'acier° et Yaba qui tenait à son marché comme à la prunelle de ses yeux° affirmait dur comme fer que rien ne pouvait empêcher sa prospérité et celle de ses filles; qu'elles devaient continuer contre vents et marées° leurs activités, des activités qui faisaient par ailleurs° vivre de nombreuses familles élargies°! C'étaient des familles de quatre, cinq voire° six enfants sans compter les autres parents° au sens large du terme.

Sourde aux médisances°, une clientèle fidèle continuait à soutenir les vendeuses et à affluer°. Notre rue continuait à faire le bonheur des habitants de Dilalou. On y mangeait plus que jamais. On y riait. On y dansait. On y rencontrait aussi des amoureux...

Mais un jour, une bande de jeunes inconnus arrivèrent° au marché. Ils firent irruption° brusquement dans notre rue et tout se passa° très vite. Le coup avait certainement été préparé minutieusement°. Les vendeuses furent surprises. Les clients aussi. Et les assaillants devenus furieux cassèrent° tout ce qui pouvait l'être. Ils battirent° à mort les jeunes mères et les vieilles femmes. Ils battirent les clients. Et ceux qui furent les témoins de cette boucherie ne l'oublieront jamais. La radio annonça° plusieurs morts et de très nombreux blessés, mais il était impossible d'en donner le nombre exact. On ne savait pas qui se trouvait là, le jour de la tragédie. En haut lieu°, on ne voulut pas° vraiment savoir qui étaient les victimes ni pourquoi on s'était acharné ainsi° sur des innocents. Comment avait-on pu mettre autant de vies en péril? Pourquoi? Pourquoi?

Par solidarité, nous serrions les coudes°. Nous refusions de donner raison aux responsables de cette tragédie. On

*Side glosses:*

65 delicacies

good food

70

ont commencé

claimed

75

drove 80

debauchery

nonsense

90

steel

apple of her eye

95

against all odds

in addition

extended 100

or even

relatives

slander

105 to flock

110

sont arrivés

burst into

s'est passé

115 consciencieusement

120 ont cassé

ont battu

125

130

a annoncé

135 In high places / n'a pas voulu

thus

140

were sticking together

parlait de règlements de compte°... On parlait de guerre... Mais pourquoi notre marché? Qu'est-ce que notre rue avait fait? Notre marché avait-il vraiment quelque chose à voir dans cette impitoyable° tragédie qui transformait des enfants en véritables assassins? Comment pouvait-on en vouloir à notre marché? Personne ne comprenait pourquoi ce marché avait été l'objet d'une telle violence, d'actes de vandalisme si démesurés°, pourquoi il avait été la scène de toutes ces horreurs. Personne!

Traumatisés, les habitants avaient perdu leur joie de vivre et quand le ciel revêtait° son manteau noir, on se réfugiait dans les maisons. À la tombée de la nuit, notre rue était déserte. Pas un chat dehors. Nouvelles habitudes et repli° sur soi-même. C'était tout le contraire du mode de vie d'ici. Seules les bottes entonnaient° leur chant de désolation dans les rues et dans les esprits. Des soldats nouveaux modèles. Une jeunesse sacrifiée. Des soldats au sang frais. Des enfants soldats qui pillent°, qui tuent. Notre rue n'était plus ce qu'elle était. Pour sortir, on attendait impatiemment le chant du coq qui annoncerait un jour nouveau, mais les pauvres coqs, eux aussi terrorisés, oubliaient d'annoncer le jour.

Comme de nombreux habitants de Dilalou, Yaba se retrouvait sans rien. À la suite° des pillages, elle avait tout perdu. La confusion qui s'était abattue° sur nous dans cette période tumultueuse ne l'épargnait° pas. Mais comme à l'époque de ses débuts, elle refusait de se perdre dans une errance° éternelle, toujours à la recherche d'un refuge. Les souvenirs de la guerre la hantaient° et elle ne se sentirait jamais plus vraiment en sécurité. Mais elle refusait l'idée de déambuler° encore et toujours à la recherche d'un refuge qu'elle ne trouverait jamais parce que l'esprit des lieux qu'elle aimait avait été changé à tout jamais par la guerre. Rien n'était plus comme avant. Rien ne serait plus jamais comme avant.

Mais elle était en vie.

Comme les autres rescapées° du marché, Yaba se remit° vaillamment° à la tâche. Elle remua° ciel et terre pour remettre les pendules à l'heure° et redonner vie à son marché. Elle espérait que la guerre était bel et bien finie, que le marché ne serait pas détruit à nouveau. Elle avait peur mais elle touchait du bois! Elle espérait que ces femmes dont elle était la doyenne° connaîtraient d'autres espaces de bonheur; que le souvenir des victimes innocentes de la tragédie serait associé à une nouvelle prospérité de son marché, rebaptisé° «Marché de l'espoir». Elle espérait, encore et toujours, car avec l'espoir ne dit-on pas que tout est possible? ■

> **Rien n'était plus comme avant. Rien ne serait plus jamais comme avant.**

*settling of scores*

*merciless*

*excessive*

*donned*

*mouvement de retrait*

*commençaient à chanter*

*pillage*

*following*

*beat down*

*spared*

*restless wandering*

*haunted*

*to wander*

*survivors*

*s'est remise / courageusement*

*moved*

*to set the record straight*

*la plus âgée*

*renommé*

# Analyse

**1** **Compréhension** Répondez aux questions.

1. Comment les clients ont-ils reçu l'idée du marché de Yaba?
2. Qui venait au marché?
3. Qu'est-ce qui faisait l'énorme succès du marché?
4. Quelles rumeurs ont commencé à circuler à propos du marché?
5. Qu'est-ce qu'une bande de jeunes a fait un jour?
6. Qu'est-ce que les habitants ont pensé de la tragédie?
7. Qu'est-ce que les habitants ont perdu à cause des pillages?
8. Pourquoi est-ce que le marché de Yaba a été rebaptisé «Marché de l'espoir»?

**2** **Interprétation** À deux, répondez aux questions par des phrases complètes.

1. Que représente la période de paix et de prospérité de Dilalou?
2. Qu'est-ce que les personnes qui ont fait circuler des rumeurs espéraient gagner par cette réaction de jalousie?
3. Après la tragédie, les habitants de Dilalou ont parlé de règlements de compte. Que pensez-vous de la vengeance?
4. Que veut dire Sathoud quand elle parle de jeunesse sacrifiée et de soldats au sang frais?
5. Qu'est-ce que les habitants de Dilalou avaient en commun avec toutes les victimes de guerre?
6. Que pensez-vous de la fin de cette histoire? Que révèle-t-elle sur la condition humaine?

**3** **La tragédie** Par groupes de trois, discutez de la bande de jeunes assaillants qui ont terrorisé le marché. Répondez aux questions de la liste.

- Que voulaient-ils?
- Pourquoi ont-ils fait connaître leurs sentiments par la violence?
- Qui étaient-ils exactement? De quel groupe de la société faisaient-ils partie?
- Quel sentiment universel représentaient-ils?

**3** **Rédaction** Imaginez que vous soyez journaliste et que vous ayez été témoin d'un acte de violence, réel ou fictif, contre un groupe de personnes. Suivez le plan de rédaction pour écrire un article sur cette tragédie. Employez des partitifs et des pronoms.

## Plan

**1** **Organisation** Organisez les faits que vous avez observés. Commencez par les plus importants.

**2** **Historique** Décrivez le contexte dans lequel les événements se sont passés.

**3** **Comparaison** Pour terminer, expliquez les répercussions possibles que cet événement pourrait avoir.

# Crises et horizons

## En mouvement

**l'assimilation** (*f.*)  assimilation
**un but**  goal
**une cause**  cause
**le développement**  development
**la diversité**  diversity
**un(e) émigré(e)**  emigrant
**une frontière**  border
**l'humanité** (*f.*)  humankind
**l'immigration** (*f.*)  immigration
**un(e) immigré(e)**  immigrant
**l'intégration** (*f.*)  integration
**une langue maternelle**  native language
**une langue officielle**  official language
**le luxe**  luxury
**la mondialisation**  globalization
**la natalité**  birthrate
**le patrimoine culturel**  cultural heritage
**les principes** (*m.*)  principles

**aller de l'avant**  to forge ahead
**s'améliorer**  to better oneself
**attirer**  to attract
**augmenter**  to grow; to raise
**baisser**  to decrease
**deviner**  to guess
**prédire** (*irreg.*)  to predict

**(non-)conformiste**  (non)conformist
**exclu(e)**  excluded
**polyglotte**  multilingual
**prévu(e)**  foreseen
**seul(e)**  alone

## Les problèmes et les solutions

**le chaos**  chaos
**la compréhension**  understanding
**le courage**  courage
**un dialogue**  dialogue
**une incertitude**  uncertainty
**l'instabilité** (*f.*)  instability
**la maltraitance**  abuse

**un niveau de vie**  standard of living
**une polémique**  controversy
**la surpopulation**  overpopulation
**un travail manuel**  manual labor
**une valeur**  value
**un vœu**  wish

**avoir le mal du pays**  to be homesick
**faire sans**  to do without
**faire un effort**  to make an effort
**lutter**  to fight; to struggle

**dû/due à**  due to
**surpeuplé(e)**  overpopulated

## Les changements

**s'adapter**  to adapt
**appartenir (à)**  to belong (to)
**dire au revoir**  to say goodbye
**s'enrichir**  to become rich
**s'établir**  to settle
**manquer à**  to miss
**parvenir à**  to attain; to achieve
**projeter**  to plan
**quitter**  to leave behind
**réaliser (un rêve)**  to fulfill (a dream)
**rejeter**  to reject

## Court métrage

**un(e) bavard(e)**  chatterbox
**un châtiment**  punishment
**un commissaire (de police)**  (police) commissioner
**(un jour) férié**  public holiday
**un flic**  cop
**un(e) gamin(e)**  kid
**un(e) môme**  kid
**une supposition**  assumption
**un témoin**  witness

**avoir des préjugés**  to be prejudiced
**brûler**  to burn
**supposer**  to assume
**témoigner de**  to be witness to
**voler**  to steal

**défavorisé(e)**  underprivileged
**nombreux/nombreuse**  numerous

## Culture

**un conte**  tale
**la décolonisation**  decolonization
**un défi**  challenge
**les lettres** (*f.*)  literature
**une récompense**  award
**la scolarisation**  schooling
**la vente**  sale

**déclencher**  to trigger
**bien s'exporter**  to be popular abroad
**fleurir**  to flourish
**se libérer**  to free oneself
**marcher sur les pas de quelqu'un**  to follow in someone's footsteps
**vivre de sa plume**  to earn one's living as a writer

**à succès**  bestselling
**anecdotique**  trivial

## Littérature

**une bande**  gang
**une couche sociale**  social level
**la persévérance**  perseverance
**une règle**  rule
**la vengeance**  revenge

**s'acharner sur**  to persist relentlessly
**se décourager**  to lose heart
**en vouloir (à)**  to have a grudge
**s'en vouloir**  to be angry with oneself
**s'installer**  to settle
**se lancer**  to launch into
**mener**  to lead
**raffoler de**  to be crazy about
**soutenir**  to support

**pareil(le)**  similar; alike
**sourd(e)**  deaf
**un(e) tel(le)**  such a(n)

# Les générations qui bougent

Les enfants vivent souvent des choses que leurs parents n'ont pas vécues. Si, pour cette raison, les générations ne se comprennent pas, cette incompréhension est-elle inévitable? L'affection qui existe entre les enfants et les parents ne permet-elle pas, au contraire, aux générations de se rejoindre et de se comprendre?

À chaque étape de la vie, les générations trouvent des points communs.

203

226

**Destination:**
## AFRIQUE DU NORD ET LIBAN

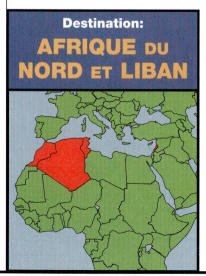

# En famille

 **Audio: Vocabulary**

## Les membres de la famille

**un(e) arrière-grand-père/-mère**
*great-grandfather/grandmother*

**un beau-fils/-frère/-père** *son-/brother-/*
*father-in-law; stepson/father*
**une belle-fille/-sœur/-mère**
*daughter-/sister-/mother-in-law;*
*stepdaughter/mother*
**un(e) demi-frère/-sœur** *half brother/sister*
**un(e) enfant/fille/fils unique** *only child*
**un époux/une épouse** *spouse;*
*husband/wife*
**un(e) grand-oncle/-tante**
*great-uncle/-aunt*
**des jumeaux/jumelles**
*twin brothers/sisters*
**un neveu/une nièce** *nephew/niece*
**un(e) parent(e)** *relative*
**un petit-fils/une petite-fille**
*grandson/granddaughter*

## La vie familiale

**déménager** *to move*
**élever (des enfants)** *to raise (children)*
**être désolé(e)** *to be sorry*
**gâter** *to spoil*
**gronder** *to scold*

**punir** *to punish*
**regretter** *to regret*
**remercier** *to thank*
**respecter** *to respect*
**surmonter** *to overcome*

## La cuisine

**un aliment** *(type or kind of) food*
**une asperge** *asparagus*
**un citron** *lemon*
**un citron vert** *lime*
**un conservateur** *preservative*
**des épinards (m.)** *spinach*
**une fromagerie** *cheese store*
**un hypermarché** *large supermarket*

**un raisin (sec)** *grape (raisin)*
**le saumon** *salmon*
**une supérette** *mini-market*
**la volaille** *poultry, fowl*

**alimentaire** *related to food*
**bio(logique)** *organic*

## La personnalité

**le caractère** *character, personality*

**autoritaire** *bossy*
**bien/mal élevé(e)** *well-/bad-mannered*
**égoïste** *selfish*
**exigeant(e)** *demanding*

**insupportable** *unbearable*
**rebelle** *rebellious*
**soumis(e)** *submissive*
**strict(e)** *strict*
**uni(e)/lié(e)** *close-knit*

## Les étapes de la vie

**l'âge (m.) adulte** *adulthood*
**l'enfance (f.)** *childhood*
**la jeunesse** *youth*
**la maturité** *maturity*
**la mort** *death*
**la naissance** *birth*

**la vieillesse** *old age*

## Les générations

**l'amour-propre (m.)** *self-esteem*
**le fossé des générations** *generation gap*
**la patrie** *homeland*
**une racine** *root*
**un rapport/une relation**
*relation/relationship*
**un surnom** *nickname*

**hériter** *to inherit*
**ressembler (à)** *to resemble, to look like*
**survivre** *to survive*

# Mise en pratique

**1** **Les analogies** Choisissez le meilleur terme pour compléter chaque analogie. Ajoutez l'article ou le partitif devant le nom quand c'est nécessaire.

| | | | |
|---|---|---|---|
| alimentaire | gronder | jumelles | supérette |
| arrière-grand-mère | jeunesse | saumon | volaille |

1. un grand-oncle : une grand-tante :: un arrière-grand-père : _____
2. la mort : la naissance :: la vieillesse : _____
3. la famille : familiale :: la nourriture : _____
4. une fromagerie : du camembert :: une poissonnerie : _____
5. un gratte-ciel : une maison :: un hypermarché : _____
6. regretter : être désolé :: punir : _____

**2** **Les devinettes** Répondez à chaque devinette. Utilisez uniquement le nouveau vocabulaire de cette leçon.

1. Au début, j'étais fils unique. Mes parents ont divorcé et mon père s'est remarié avec une femme qui a deux filles. Qui suis-je pour ma nouvelle maman?
2. Je suis un légume vert, fin et long. Je suis une bonne source d'acide folique et de potassium. Que suis-je?
3. Nous sommes de petits fruits ronds. Nous pouvons être verts ou rouges et on a besoin de nous pour faire du vin. Que sommes-nous?
4. Je suis un produit naturel et sans conservateurs. Quelle sorte de produit suis-je?
5. Je ne pense qu'à moi. Je n'aide jamais les autres. Comment suis-je?
6. Je demande beaucoup à mes enfants: réussir à l'école, faire du sport, manger des fruits et des légumes et plein d'autres choses. Mais je ne suis pas trop stricte. Quelle sorte de mère suis-je?

**3** **Définissez et devinez** Vous définissez six mots et un(e) camarade définit les six autres mots. Ensuite, à tour de rôle, essayez de deviner quel mot va avec chaque définition.

**Étudiant(e) 1:**

| | | |
|---|---|---|
| déménager | jumeau | soumis |
| hériter | petite-fille | surnom |

**Étudiant(e) 2:**

| | | |
|---|---|---|
| beau-père | gâter | patrie |
| fille/fils unique | insupportable | surmonter |

**4** **Un repas de famille** Par groupes de cinq, imaginez que vous soyez un membre de la famille Lavelle. Regardez la photo et prenez quelques minutes pour organiser une conversation qui utilise autant de nouveau vocabulaire que possible.

 Practice more at **vhlcentral.com.**

# Préparation

| Vocabulaire du court métrage | Vocabulaire utile |
|---|---|
| **déranger** *to bother, to disturb* | **chuchoter** *to whisper* |
| **mépriser** *to have contempt for* | **une cité** *low-income housing development* |
| **la pension** *benefits* | **un complexe d'infériorité** *inferiority complex* |
| **soûler** *to bug; to talk to death* | **un foulard** *headscarf* |
| **traîner** *to hang around; to drag* | **la gêne** *embarrassment* |
| **un voyou** *hoodlum* | |

Vocabulaire utile right column:
**un(e) intellectuel(le)** *intellectual*
**tendu(e)** *tense*
**traiter avec condescendance** *to patronize*
**un(e) travailleur/travailleuse manuel(le)** *blue-collar worker*

---

**EXPRESSIONS**

**comme d'hab'** *as usual*

**faire son cinéma** *to show off*

**Qu'est-ce que tu me racontes?** *What are you talking about?*

---

**1**

**Le foulard islamique** Complétez à l'aide des mots de vocabulaire.

En France, les écoles publiques sont laïques (*secular*). Les élèves n'ont pas le droit de montrer leur religion. Donc, les musulmanes ne peuvent pas porter leur (1) _____ à l'école. Quand on parle de ce sujet, l'ambiance est (2) _____. C'est un problème qui (3) _____ beaucoup de gens. Certains (4) _____ ces filles, d'autres trouvent qu'elles devraient avoir le droit de le porter. Les filles ressentent de (5) _____, quand un professeur leur demande de l'enlever. C'est une situation difficile où les enfants se retrouvent coincés (*stuck*) entre deux opinions.

**2**

**Associez** Trouvez la fin logique de chaque phrase.

_____ 1. Adolescente, Sophie avait un complexe d'infériorité…

_____ 2. Tout le monde considère que Thomas est un voyou…

_____ 3. Le père de Fatima touche aujourd'hui une très bonne pension…

_____ 4. Sylvain a chuchoté pour ne pas déranger les gens…

_____ 5. Éric me soûle chaque fois qu'il vient chez moi…

a. … parce qu'il était travailleur manuel et faisait partie d'un bon syndicat.

b. … parce que sa sœur était une grande intellectuelle.

c. … parce qu'il fait toujours son cinéma devant ma sœur.

d. … parce qu'il traîne tout le temps dans la rue avec ses amis..

e. … parce qu'il est arrivé à un moment assez tendu dans le film.

Practice more at **vhlcentral.com**.

**3** **Questions** À deux, répondez aux questions et expliquez vos réponses.

1. Vos parents s'inquiètent-ils beaucoup pour vous ou sont-ils heureux que vous soyez indépendant(e)?

2. Depuis que vous êtes à l'université, les relations que vous avez avec vos parents ont-elles changé? Si oui, dans quel sens?

3. Que ressentez-vous quand vous rentrez chez vos parents pour des congés?

**4** **Changements** À deux, discutez des changements des cinquante dernières années. Comment vivait-on avant et comment vit-on aujourd'hui? Remplissez le tableau et comparez vos réponses avec celles des autres groupes.

|  | Il y a 50 ans | Aujourd'hui |
|---|---|---|
| les relations personnelles |  |  |
| les relations professionnelles |  |  |
| les relations familiales |  |  |
| la recherche d'un emploi |  |  |
| les maisons |  |  |
| les villes |  |  |
| l'université |  |  |
| les moyens de transport |  |  |
| les moyens de communication |  |  |

**5** **L'évolution de la famille** Répondez aux questions par groupes de trois et comparez vos réponses avec celles des autres groupes.

1. Pourquoi avez-vous une vie plus facile que celle qu'ont eue vos parents? Pourquoi est-elle plus difficile?

2. Êtes-vous fier/fière des origines de votre famille? Pourquoi?

3. Connaissez-vous des gens qui ont honte de leur famille ou de leurs parents? Pourquoi en ont-ils honte?

4. Pensez-vous que les enfants doivent s'occuper de leurs parents quand ils sont âgés?

**6** **Qui est-ce?** Par petits groupes, regardez les trois images. Imaginez les relations entre tous les personnages. Décrivez comment chacun passe la journée en général.

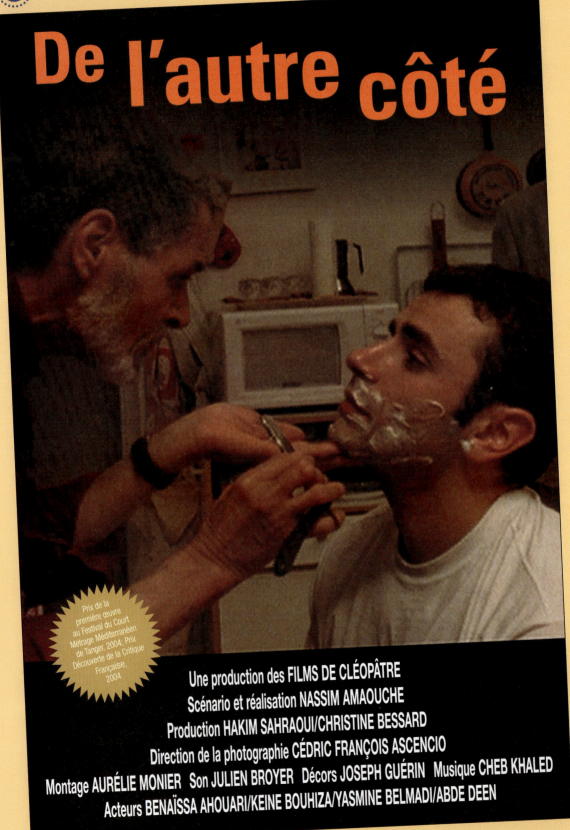

# De l'autre côté

Prix de la première œuvre au Festival du Court Métrage Méditerranéen de Tanger, 2004; Prix Découverte de la Critique Française, 2004

Une production des FILMS DE CLÉOPÂTRE
Scénario et réalisation NASSIM AMAOUCHE
Production HAKIM SAHRAOUI/CHRISTINE BESSARD
Direction de la photographie CÉDRIC FRANÇOIS ASCENCIO
Montage AURÉLIE MONIER  Son JULIEN BROYER  Décors JOSEPH GUÉRIN  Musique CHEB KHALED
Acteurs BENAÏSSA AHOUARI/KEINE BOUHIZA/YASMINE BELMADI/ABDE DEEN

**INTRIGUE** *Un jeune avocat d'origine algérienne retourne chez ses parents «de l'autre côté», pour la fête de circoncision de son petit frère.*

**LA MÈRE** Malik! Ton frère, il va arriver pour la fête. Il prend ta chambre.
**MALIK** Je vais dormir où, moi?
**LA MÈRE** Avec le petit.
**MALIK** S'il te plaît, ne me fais pas ça! Il va me soûler avec ses lapins… J'en ai marre!

**SAMIR** Ça n'a pas trop changé.
**LA MÈRE** Ah oui, on a fait un peu la peinture et tout ça.
**SAMIR** Et Malik, il est où?
**LA MÈRE** Oh, Malik, il traîne toujours… avec les voyous. Il ne change pas.

**SAMIR** Samedi, on va avoir une grande fête. Des gens que tu ne connais pas vont te donner plein d'argent, et tu pourras t'acheter plein de cadeaux!
**LE PETIT** Je sais, Malik m'a dit qu'avec cet argent je pourrai m'acheter une ferme°, des lapins, un coq°, et surtout des lapins!

**LE PÈRE** Allo? Je m'appelle BOUJIRA. Je vous téléphone au sujet d'un dossier°, là… Je me suis trompé…
**LE FONCTIONNAIRE** Mais quand même, faites un effort…
**SAMIR** Il te parle comme à un gamin… Il l'a sentie, ta honte.

**MALIK** Comment ça doit être dur de passer de l'autre côté… Avec tous ces cravatés°-là qui te regardent sûrement comme un objet exotique quand t'es avec eux. Tu crois que je vois pas?… Il [Le père] [n'] a pas gueulé° de la journée. J'ai été voir maman. Elle m'a tout raconté.

**SAMIR** Il n'y a que ça comme rasoir?
**LE PÈRE** Laisse, laisse… tu vas te couper. Tu sais, ton frère, il ne se rase pas. Il a la peau de bébé.
**MALIK** On y va quand vous voulez.

**ferme** *farm* **coq** *rooster* **dossier** *file* **cravatés** *businesspeople (slang); "suits"* **gueulé** *yelled*

# Analyse

**1** **Compréhension** Répondez aux questions par des phrases complètes.

1. Pourquoi Malik est-il fâché contre sa mère au début du film?
2. Pour quelle raison Samir est-il revenu?
3. Comment les parents réagissent-ils face à Malik? Et face à Samir?
4. Comment sont Malik et le petit frère quand ils revoient Samir?
5. Pour qui la famille Boujira organise-t-elle une fête?
6. Pourquoi Samir est-il déçu après la conversation de son père avec le fonctionnaire?
7. Pourquoi Malik et ses copains passent-ils à la maison le samedi soir, avant la fête?
8. Quelle est la réaction de Malik quand Samir lui offre un emploi au cabinet où Samir travaille? Pourquoi Malik réagit-il de cette manière?

**2** **Interprétation** À deux, répondez aux questions et expliquez vos réponses.

1. Pourquoi Samir est-il venu tout seul, sans son amie?
2. Malik est-il jaloux de son frère, Samir?
3. Samir et Malik respectent-ils leurs parents?
4. Quelle est la nature des relations entre la mère et le père?
5. À votre avis, quel membre de la famille Boujira est le plus heureux? Pourquoi?
6. Comment Samir est-il passé «de l'autre côté»? Et pourquoi passer de l'autre côté est-il difficile (comme le dit Malik)?
7. Pourquoi Malik emploie-t-il souvent des mots arabes, et Samir pas du tout?
8. Imaginez l'avenir du petit frère. Deviendra-t-il comme Samir ou comme Malik?

**3** ## Samir et Malik

**A.** À deux, discutez des différences et des points communs qui existent entre Samir et Malik. Comment se comportent-ils? Qu'est-ce qui les intéresse dans la vie?

**B.** Remplissez les deux premières colonnes du tableau. Ensuite, cochez les points communs dans la troisième colonne.

| Comment est Samir? | Comment est Malik? | Points communs |
|---|---|---|
|  |  |  |
|  |  |  |
|  |  |  |

**4** **Les thèmes du film** À deux, réfléchissez aux thèmes du film. À votre avis, quel est le thème principal? Écrivez un paragraphe qui explique ce thème et pourquoi vous l'avez choisi. Suggérez au moins deux thèmes secondaires. Quel est le rapport avec le thème principal?

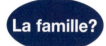 La famille?  *Le fossé des générations?*  La honte?  L'immigration?

**5** **La fête** Regardez l'image ci-dessous et pensez à la scène de la fête, à la fin du film. Par petits groupes, décrivez la scène puis répondez aux questions.

- Pourquoi la scène de la fête est-elle différente de la vie quotidienne?
- Quel est le personnage dont le comportement est le plus différent, comparé à la vie de tous les jours? Pourquoi?
- Que ressent le petit frère? Et que ressentent ses parents?

**6** **Les générations** À deux, écrivez un dialogue basé sur une de ces deux situations.

 **A**

On vous offre la possibilité de travailler dans un pays étranger pendant un an, avant de terminer vos études. Vous devez en discuter avec vos parents. Votre père/mère préférerait que vous terminiez d'abord vos études.

 **B**

Vous avez envie de retourner à l'université pour continuer vos études et vous devez en discuter avec votre fils/fille. Il/Elle ne pense pas que ce soit une bonne idée.

La porte Bab Bou Jeloud, à Fès, au Maroc

# IMAGINEZ
## L'Afrique du Nord et le Liban

### Voyage inoubliable! Ⓢ Reading

**P**arti au **Proche-Orient**° et en **Afrique du Nord**, notre reporter, Jean-Michel Caron, nous fait part de ses impressions de voyage.

«Après un long voyage en avion avec deux escales°, je suis enfin arrivé au **Liban**, le pays du cèdre°, arbre majestueux, qui est devenu le symbole du pays et l'emblème du drapeau. J'ai voulu visiter **Beyrouth**, sa capitale, port de commerce et centre financier, qui est aussi connue pour son intense vie culturelle et nocturne. Cette vie culturelle renaît aujourd'hui et le couturier° à la mode **Elie Saab**, spécialisé dans les somptueuses robes du soir, en est un bel exemple. Comme j'y étais au printemps, je n'ai pas voulu manquer cette expérience unique dont on m'avait parlé: skier le matin dans les montagnes enneigées° de la **chaîne du Liban**, puis aller se baigner dans la **Méditerranée**. Génial!

«J'ai repris l'avion pour me rendre au **Maghreb**, et je me suis d'abord arrêté en **Tunisie**. J'ai choisi d'aller à **Matmata**, au sud-est, où j'ai trouvé un paysage lunaire°, formé de cratères. Saviez-vous que **George Lucas** y avait filmé un épisode de *La Guerre des étoiles*? À **Carthage**, près de **Tunis**, la capitale du pays, j'ai visité un site archéologique majeur d'**Afrique du Nord**: les ruines d'une ville dont l'histoire a marqué l'**Antiquité**. Au 9ᵉ siècle avant J.-C. (*B.C.*), Carthage, qui veut dire *Nouvelle ville* en phénicien, était un empire tout-puissant. Après avoir été détruite une première fois, elle sera reconstruite et deviendra une grande rivale de **Rome**.

«Puis j'ai quitté la Tunisie pour aller en **Algérie**. **Alger** la blanche offre les charmes d'une capitale portuaire et une vue superbe sur la baie. Elle doit son surnom à la blancheur éclatante des murs de la **Casbah**. La Casbah… on ne peut pas visiter Alger sans passer par ce centre historique. C'est une ancienne forteresse magnifique qui domine la ville. Elle est entourée de petites rues et de maisons aux belles cours intérieures avec une fontaine en leur centre. On voit

**D'ailleurs…**

Le thé à la menthe est la boisson traditionnelle des pays du Maghreb. Il est aussi symbole d'hospitalité et ne peut se refuser. Contrairement à la cuisine préparée par les femmes, le thé est préparé et servi par les hommes, le chef de famille en général.

Dromadaires dans les dunes du Sahara, au Maroc

aussi beaucoup de vestiges° historiques dans la région d'**Oran**, ville côtière à l'ouest d'Alger. Cette ville a aussi inventé le **raï traditionnel**, qui a donné naissance au pop raï moderne et aux artistes comme **Khaled** et **Cheb Mami**.

«J'ai terminé mon voyage par le **Maroc**. Si **Rabat** en est la capitale, **Casablanca** est plus moderne. J'y ai admiré la **place Mohamed V**, avec son architecture de style art-déco des années 1930 et sa très belle fontaine, j'ai fait mes courses au marché central et je me suis promené dans le quartier des **Habous**. Construit dans les années 1920, mais dans le style d'une vieille médina, j'ai aimé ce quartier qui mélange le traditionnel et le moderne. À **Fès**, je suis tombé sous le charme de la **médina**, l'une des plus anciennes du monde. On se promène dans de petites rues étroites, on s'arrête pour regarder travailler les artisans. J'ai d'ailleurs rapporté en souvenir un magnifique service à thé en céramique bleue, spécialité de Fès. Et un petit thé à la menthe, maintenant, ça vous dirait?»

**Proche-Orient** *Near East* **escales** *layovers* **cèdre** *cedar* **couturier** *fashion designer* **enneigées** *snowy* **lunaire** *lunar* **vestiges** *remains*

## L'arabe dans le français

### Mots

| | |
|---|---|
| **un bled** | un village |
| **une casbah** | une maison |
| **un chouïa** | un peu |
| **kiffer** | aimer beaucoup |
| **un riad** | une villa traditionnelle |
| **une smala** | une famille |
| **un souk** | un désordre |

### Expressions

| | |
|---|---|
| **C'est pas bézef.** | Ce n'est pas beaucoup. |
| **C'est kif-kif.** | C'est pareil. |
| **faire fissa** | se dépêcher |
| **Il est maboul!** | Il est fou! |
| **Zarma!** | Ma parole!; *No way!* |

# Découvrons le Maghreb!

**Essaouira**  Essaouira est un petit port marocain connu pour la douceur de son climat et la gentillesse de ses habitants. Les touristes aiment aussi visiter ses fortifications, sa médina et ses «riads», maisons marocaines traditionnelles, car la ville possède un patrimoine architectural bien conservé. Ses rues, où se rencontrent petits pêcheurs, commerçants, artisans et artistes du monde entier, offrent une atmosphère unique.

**Le site de Timgad**  Aux portes du désert en Algérie, c'est un site archéologique exceptionnel par sa beauté et son état de conservation remarquables, classé au Patrimoine mondial de l'humanité. C'est une ville romaine construite par l'**empereur Trajan**, en 100 après

J.-C. Son architecture est unique car les artistes **numides** (qui habitaient cette région à l'époque des Romains) ont ajouté des détails qu'on ne trouve nulle part ailleurs.

**Les Berbères**  Ils représentent le groupe ethnique le plus ancien d'**Afrique du Nord**. Nombreux au Maroc et en Algérie, ils vivent aussi en Mauritanie, en Tunisie, en Libye et dans le

Sahara. Unifiés sous le terme *Imazighen*, «hommes libres», les **Berbères** se différencient par des dialectes locaux variés, comme le touareg ou le kabyle. Depuis l'an 2000, **Berbère Télévision** émet° à **Paris** et aide à promouvoir° cette culture.

**Sidi Bou Saïd**  Ce petit village de pêcheurs, perché sur une falaise, a une vue superbe sur Carthage et sur la baie de Tunis. En 1912, l'arrivée du **baron** français **Rodolphe d'Erlanger**, peintre et musicologue spécialiste de la musique arabe, a transformé Sidi

Bou Saïd. Le baron fait restaurer les anciennes maisons et y impose les couleurs **bleu** et **blanc**. Beaucoup d'artistes, comme **Paul Klee**, s'y sont installés pour profiter de la lumière et des couleurs fantastiques. **Camus**, **Hemingway** et **Flaubert** ont tous visité son mythique **Café des Nattes** et ses ruelles à l'ambiance exotique et ensorcelante°.

**émet** *broadcasts* **promouvoir** *promote* **ensorcelante** *captivating*

# Qu'avez-vous appris?

**1**  **Vrai ou faux?** Indiquez si ces affirmations sont vraies ou fausses. Corrigez les fausses.

1. Le Liban est aussi grand que la France.

2. Au Liban, vous pouvez, dans la même journée, faire du ski et vous baigner dans la mer.

3. George Lucas a filmé un épisode de *La Guerre des étoiles* au Maroc.

4. Oran en Algérie est le lieu d'origine du raï traditionnel.

5. On peut admirer la place Mohamed V à Rabat.

6. Essaouira est connue pour la douceur de son climat et la gentillesse de ses habitants.

**2** **Questions** Répondez aux questions.

1. Que représente le thé à la menthe au Maghreb?

2. Quel est le surnom de la ville d'Alger?

3. Que doit-on visiter à Casablanca?

4. Qui sont les Berbères?

5. Qu'est-ce qui caractérise les maisons de Sidi Bou Saïd?

6. Quels écrivains célèbres ont visité Sidi Bou Saïd?

## Projet

### La traversée du Maghreb

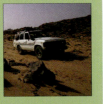

Organisez un voyage où vous traverserez entre trois et cinq villes du Maghreb. Pour créer votre itinéraire, faites des recherches sur **vhlcentral.com**. Ensuite, préparez votre voyage d'après ces critères et vos intérêts personnels:

• Dans chaque ville, visitez un important site historique, naturel ou culturel.

• Faites une description de ces visites dans votre journal.

• Racontez vos aventures à la classe et montrez des photos de chaque lieu visité. Expliquez à vos camarades ce que vous avez découvert et donnez vos impressions de voyage pour chaque destination.

 Practice more at **vhlcentral.com**.

---

 **ÉPREUVE**

**Trouvez la bonne réponse.**

1. Le Liban est aussi appelé _____.
   a. le petit pays      b. le Paris du Moyen-Orient
   c. le pays du cèdre   d. le pays du ski

2. Elie Saab est un _____ libanais qui est très à la mode.
   a. couturier          b. sportif
   c. touriste           d. voyageur

3. À Carthage, on peut visiter _____.
   a. des musées         b. des ruines
   c. des oasis          d. des riads

4. La Casbah est _____ d'Alger.
   a. le centre historique   b. le palais
   c. la plage               d. le marché

5. _____ est la capitale du Maroc.
   a. Essaouira          b. Fès
   c. Rabat              d. Casablanca

6. La Médina de _____ est l'une des plus anciennes du monde.
   a. Casablanca         b. Rabat
   c. les Habous         d. Fès

7. La ville d'Essaouira a un _____ architectural bien conservé.
   a. marché             b. patrimoine
   c. palais             d. musée

8. Le site de _____ est une ville romaine construite par l'empereur Trajan.
   a. Essaouira          b. Sidi Bou Saïd
   c. Fès                d. Timgad

9. Les Berbères vivent en Algérie, au Maroc, en Mauritanie, _____, en Tunisie et dans le Sahara.
   a. en Afrique du Nord b. en Égypte
   c. au Liban           d. en Libye

10. Le verbe **kiffer** en français est d'origine arabe et veut dire _____.
    a. aimer             b. boire
    c. voyager           d. se dépêcher

 **Video: TV Clip**

## Générations en construction

Il faut plus que jamais s'efforcer (*try hard*) d'intégrer les personnes du troisième âge (*seniors*), de plus en plus nombreuses, à la vie en société et faire cohabiter les générations. Une initiative qui se développe, en France et en Belgique par exemple, est le logement intergénérationnel. Des étudiants emménagent (*move in*) chez des personnes âgées qui vivent seules. Souvent, ils paient un loyer modéré et, en échange, ils tiennent compagnie ou rendent de petits services aux personnes qui les accueillent.

Les plus anciens apprennent la technique de la pierre à la chaux aux plus jeunes.

**1** **Compréhension** Répondez aux questions par des phrases complètes.

1. Que construit-on à Rocheservière?

2. Qu'est-ce que les anciens enseignent aux plus jeunes?

3. Décrivez l'évolution de la relation entre les retraités et les adolescents au fil du temps.

**2** **Discussion** Répondez aux questions en donnant des détails.

1. D'après vous, l'idée du chantier de Rocheservière est-elle bonne? Pourquoi?

2. Quels sont trois aspects positifs importants de ce projet que le clip mentionne? Classez-les par ordre d'importance, selon vous, et expliquez votre choix.

**Et vous?** Avez-vous déjà participé à un projet similaire? Décrivez votre expérience. Sinon, dites si cela vous intéresserait et expliquez pourquoi.

 Practice more at **vhlcentral.com**.

---

### VOCABULAIRE

**de la vidéo**

**les anciens** *elders*
**un chantier** *construction site*
**une commune** *town*
**se côtoyer** *to work alongside one another*
**un maçon** *mason*
**un(e) ouvrier/ouvrière** *(manual) worker*
**la pierre à la chaux** *limestone*
**la sagesse** *wisdom*
**le savoir-faire** *know-how*

**pour la conversation**

**apprendre un métier** *to learn a trade, a skill*
**une association caritative** *charity*
**au fil du temps** *as time passes, over time*
**enseigner** *to teach*
**la maçonnerie** *masonry*
**prendre part à** *to take part in*
**un projet d'embellissement civique** *civic beautification project*
**venir en aide aux autres** *to help others*
**un(e) volontaire** *volunteer*

# GALERIE DE CRÉATEURS

**MUSIQUE Djura**

D'origine berbère, cette chanteuse est aussi réalisatrice et femme écrivain. Elle s'oppose à sa famille, extrêmement traditionaliste, et décide de vivre sa vie comme elle le souhaite. En 1977, à Paris, elle forme le groupe Djur Djura (nom d'une montagne d'Algérie) avec ses deux sœurs puis plus tard avec d'autres chanteuses. Le groupe mêle les rythmes et les sonorités d'Afrique du Nord aux instruments occidentaux. Dans ses chansons, Djura, qui chante en français et en kabyle, parle des femmes et de leur condition, de la liberté et de l'Algérie. Elle aime marier différentes influences musicales — le classique, l'électronique, le rock, la salsa... Elle débute enfin une carrière solo en 2002 avec l'album Uni-vers-elles. La chanteuse veut faire de la musique un moyen de soulager (*relieve*) toutes les souffrances. Et elle dédie (*dedicates*) ses chansons à toutes les femmes qui ont été privées (*deprived*) d'amour, de connaissance (*knowledge*) et de liberté.

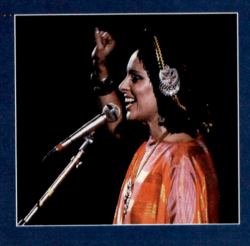

 **SUR INTERNET**

Pour plus de renseignements sur ces créateurs et pour explorer des aspects précis de leurs créations, à l'aide d'activités et de projets de recherche, visitez **vhlcentral.com**.

**COUTURE**
**Azzedine Alaia (1939–)**

Le couturier tunisien Azzedine Alaia a d'abord travaillé pour la maison Christian Dior puis pour d'autres couturiers. Il crée ensuite sa propre marque (*brand*), et présente son premier défilé (*fashion show*) en 1982, à New York. Son style cherche à mettre en valeur la silhouette féminine et son succès est tel que la presse l'appelle le *King of Cling*. Des célébrités comme Tina Turner, Raquel Welch ou Madonna portent ses créations. Ses vêtements peuvent avoir jusqu'à 40 pièces individuelles liées (*linked*) les unes aux autres. Son atelier (*workshop*) est à Paris, et c'est là qu'il organise des défilés, en toute simplicité, à son image.

## LITTÉRATURE
### Nadia Tuéni (1935–1983)

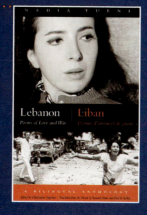

Nadia Tuéni était la fille d'un diplomate libanais et d'une mère française. En 1963, elle écrit son premier recueil (collection) de poèmes, *Les textes blonds*, à la suite d'un drame personnel, la mort de sa fille âgée de sept ans. Elle découvre que la poésie (poetry) est un merveilleux moyen d'exorciser ses douleurs. L'amour et la souffrance sont les thèmes principaux de ses œuvres. Son pays lui inspire aussi de magnifiques poèmes, et elle en évoque l'agonie dans *Archives sentimentales d'une guerre au Liban* (1982). À partir de 1967, elle écrit des articles littéraires pour le journal francophone libanais, *Le jour*. Avec d'autres grands poètes libanais et arabes, elle contribue au développement culturel de Beyrouth et crée un des cercles littéraires les plus actifs de son temps.

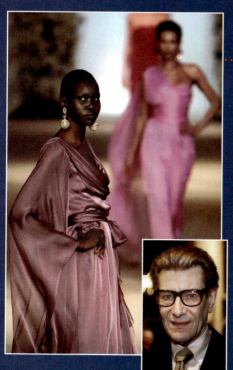

## COUTURE
### Yves Saint Laurent (1936–2008)

«Je n'ai qu'un regret, ne pas avoir inventé le jean», dira-t-il. Ce grand couturier est né à Oran, en Algérie, où il passe toute son enfance. Il commence sa carrière dans la haute couture comme styliste pour Christian Dior. À la mort de celui-ci en 1957, Yves Saint Laurent, alors âgé de 21 ans, est chargé (a la responsabilité) de sauver la maison Dior de la ruine. Il obtient un grand succès avec sa robe trapèze, contraste avec la mode serrée de l'époque, mais est remplacé à la tête de la maison. Il crée alors sa propre maison de couture en 1962. Saint Laurent est un innovateur à l'origine de nombreuses révolutions dans la mode comme la robe transparente, la saharienne (safari jacket) et le smoking (tuxedo) féminin. Il veut donner ainsi plus de pouvoir aux femmes en leur offrant la possibilité de porter des vêtements dits masculins comme le pantalon. Il introduit les couleurs vives (bright), le noir, qui n'est plus réservé aux cérémonies, et l'univers oriental. La simplicité et l'originalité caractérisent depuis le début la maison YSL.

## Compréhension

**Questions** Répondez à ces questions.

1. De quoi Djura parle-t-elle dans ses chansons?

2. Comment peut-on décrire le style musical de Djura?

3. Qu'a fait Azzedine Alaia avant de fonder sa propre marque de vêtements?

4. Qu'est-ce qu'Alaia cherche à mettre en valeur par ses vêtements?

5. Comment Nadia Tuéni décrit-elle la poésie?

6. Quels sont les thèmes principaux de l'œuvre de Tuéni?

7. Quel vêtement a apporté son premier grand succès à Yves Saint Laurent?

8. Citez trois autres vêtements créés par Saint Laurent qui montrent son désir d'innovation.

## Rédaction

**À vous!** Choisissez un de ces thèmes et écrivez un paragraphe d'après les indications.

- **«La musique adoucit les mœurs»** est une citation française qu'on entend souvent. Djura dit qu'elle veut faire de la musique un moyen de «soulager toutes les souffrances». Pensez-vous que la musique puisse réellement avoir un effet sur les émotions et les comportements? Expliquez votre point de vue et donnez quelques exemples pour le justifier.

- **Mon auteur préféré** Inspirez-vous du texte sur Nadia Tuéni pour écrire un petit portrait de votre poète (ou autre auteur) préféré. Parlez de sa vie, de sa carrière littéraire, de ce qui l'inspire et des thèmes qui sont importants dans son œuvre. Expliquez aussi pourquoi cette personne est votre auteur préféré.

- **La mode—un art à part entière?** Pensez-vous que la mode soit une forme d'art au même titre que les beaux-arts, la musique, la littérature ou le cinéma? Donnez votre point de vue personnel sur cette question et justifiez votre opinion.

 Practice more at **vhlcentral.com**.

**6.1**

# The subjunctive: impersonal expressions; will, opinion, and emotion

*Samir ne veut pas que son père **ait** honte.*

**BLOC-NOTES**

To review imperfect forms, see **Fiche de grammaire 3.5, p. 248.**

## Forms of the present subjunctive

- You have already been using verb tenses in the indicative mood. You can also use French verbs in the *subjunctive* mood, which is used to express an attitude, an opinion, or personal will, or to imply hypothesis or doubt.

- To form the present subjunctive of most verbs, take the **ils/elles** stem of the present indicative and add the subjunctive endings. For **nous** and **vous**, use their **imparfait** forms.

| The present subjunctive | | | |
|---|---|---|---|
| | **parler** | **finir** | **attendre** |
| | parl**ent** | finiss**ent** | attend**ent** |
| que je/j' | parl**e** | finiss**e** | attend**e** |
| que tu | parl**es** | finiss**es** | attend**es** |
| qu'il/elle | parl**e** | finiss**e** | attend**e** |
| que nous | parl**ions** | finiss**ions** | attend**ions** |
| que vous | parl**iez** | finiss**iez** | attend**iez** |
| qu'ils/elles | parl**ent** | finiss**ent** | attend**ent** |

- Use the same pattern to form the subjunctive of verbs with spelling or stem changes.

| | |
|---|---|
| acheter | achèt**e**, achèt**es**, achèt**e**, achet**ions**, achet**iez**, achèt**ent** |
| croire | croi**e**, croi**es**, croi**e**, croy**ions**, croy**iez**, croi**ent** |
| prendre | prenn**e**, prenn**es**, prenn**e**, pren**ions**, pren**iez**, prenn**ent** |
| recevoir | reçoiv**e**, reçoiv**es**, reçoiv**e**, recev**ions**, recev**iez**, reçoiv**ent** |

- Some verbs are unpredictably irregular in the present subjunctive.

| | |
|---|---|
| aller | aille, ailles, aille, allions, alliez, aillent |
| avoir | aie, aies, ait, ayons, ayez, aient |
| être | sois, sois, soit, soyons, soyez, soient |
| faire | fasse, fasses, fasse, fassions, fassiez, fassent |
| pouvoir | puisse, puisses, puisse, puissions, puissiez, puissent |
| savoir | sache, saches, sache, sachions, sachiez, sachent |
| vouloir | veuille, veuilles, veuille, voulions, vouliez, veuillent |

## Impersonal expressions and verbs of will and emotion

- Sentences calling for the subjunctive fit the pattern [*main clause*] + **que** + [*subordinate clause*]. In each case, the subjects of the two clauses are different and **que** is used to connect the clauses. Note that although the word *that* is optional in English, the word **que** *cannot* be omitted in French.

| MAIN CLAUSE | CONNECTOR | SUBORDINATE CLAUSE |
|---|---|---|
| **Il est étonnant** | **que** | **Thierry ne connaisse pas ses parents.** |
| *It is surprising* | *(that)* | *Thierry doesn't know his parents.* |

- The subjunctive is used after many impersonal expressions that state an opinion.

### Impersonal expressions followed by the subjunctive

| | |
|---|---|
| **Ce n'est pas la peine que…** *It is not worth the effort…* | **Il est indispensable que…** *It is essential that…* |
| **Il est bon que…** *It is good that…* | **Il est nécessaire que…** *It is necessary that…* |
| **Il est dommage que…** *It is a shame that…* | **Il est possible que…** *It is possible that…* |
| **Il est essentiel que…** *It is essential that…* | **Il est surprenant que…** *It is surprising that…* |
| **Il est étonnant que…** *It is surprising that…* | **Il faut que…** *One must… / It is necessary that…* |
| **Il est important que…** *It is important that…* | **Il vaut mieux que** *… It is better that…* |

- When the main clause of a sentence expresses will or emotion, use the subjunctive in the subordinate clause.

### Expressions of will

| |
|---|
| **demander que…** *to ask that…* |
| **désirer que…** *to desire that…* |
| **exiger que…** *to demand that…* |
| **préférer que…** *to prefer that…* |
| **proposer que…** *to propose that…* |
| **recommander que…** *to recommend that…* |
| **souhaiter que…** *to hope that…* |
| **suggérer que…** *to suggest that…* |
| **vouloir que…** *to want that…* |

### Expressions of emotion

| |
|---|
| **aimer que…** *to like that…* |
| **avoir peur que…** *to be afraid that…* |
| **être content(e) que…** *to be happy that…* |
| **être désolé(e) que…** *to be sorry that…* |
| **être étonné(e) que…** *to be surprised that…* |
| **être fâché(e) que…** *to be mad that…* |
| **être fier/fière que…** *to be proud that…* |
| **être ravi(e) que…** *to be delighted that…* |
| **regretter que…** *to regret that…* |

Notre grand-père **désire qu'**on lui **rende** visite cet été.
*Our grandfather wants us to visit him this summer.*

Je **suis ravie que** nous **allions** chez notre oncle.
*I'm delighted that we're going to our uncle's house.*

- Although the verb **espérer** expresses emotion, it does not trigger the subjunctive.

J'**espère** que le nouveau prof n'**est** pas trop strict.
*I hope that the new professor isn't too strict.*

Nous **espérons** qu'ils **ont** des citrons à la supérette.
*We hope they have lemons at the mini-market.*

### BLOC-NOTES

If there is no change of subject in the sentence, an infinitive is used after the main verb and **que** is omitted.

### ATTENTION!

Some verbs used only in the third person singular, including some used in impersonal expressions, have irregular present subjunctive forms.

**valoir** (*to be worth it*): qu'il **vaille**

**falloir** (*to be necessary*): qu'il **faille**

**pleuvoir** (*to rain*): qu'il **pleuve**

**Je ne pense pas que ça en vaille la peine.**
*I don't think it's worth the effort.*

### ATTENTION!

The verb **demander** is often used with an indirect object + **de** + [*infinitive*].

**Papa nous demande de rentrer avant minuit.**
*Dad is asking us to come home before midnight.*

# Mise en pratique

**1**

**À lier** Reliez les éléments de chaque colonne pour former des phrases cohérentes.

_____ 1. Ils sont étonnés que vous…

_____ 2. Il est impossible qu'ils…

_____ 3. Il est bon que nous…

_____ 4. As-tu fini de…

_____ 5. Vous souhaitez que je/j'…

_____ 6. Faut-il que tu…

a. parler avec ton amie au téléphone?

b. mangions des épinards.

c. finissent à temps.

d. sois si insupportable?

e. ayez encore vos arrière-grands-parents.

f. apprenne plus de langues.

**2**

**Vacances à Djerba** Complétez l'e-mail que Géraldine écrit à son agent de voyages. Mettez au présent du subjonctif les verbes entre parenthèses.

| De: | Géraldine Lastricte <géraldine.lastricte@email.fr> |
|---|---|
| Pour: | Marion Cantou <marion.cantou@email.fr> |
| Sujet: | Recommandations |

Madame,

J'espère que vous avez bien pris en considération les souhaits (*wishes*) que j'ai formulés pour mon voyage à Djerba. Je vous les rappelle, au cas où. Il est évidemment essentiel que je (1) _____ (voyager) en première classe. Il faut que mon hôtel (2) _____ (être) situé près de la plage et que ma chambre (3) _____ (avoir) vue sur la mer. Je désire que tout le monde à l'hôtel (4) _____ (connaître) mes goûts. Je préférerais que le quartier (5) _____ (être) vivant, mais pas trop bruyant. Je veux, bien sûr, qu'une voiture (6) _____ (venir) me chercher à l'aéroport, et dites à la compagnie de limousine qu'il vaut mieux pour elle que je n' (7) _____ (attendre) pas. Je tiens à ajouter qu'il serait dommage pour votre avenir que vous ne (8) _____ (pouvoir) pas répondre à ces simples souhaits.

Cordialement,
Géraldine Lastricte

**3**

**L'homme idéal** Ahmed, qui habite à Beyrouth, au Liban, est amoureux de Sarah et veut l'inviter à passer une journée à Byblos. Il veut faire bonne impression. Regardez les images et, avec les éléments de la liste, dites à Ahmed ce qu'il doit faire pour devenir l'homme idéal.

| il est nécessaire que | il vaut mieux que | recommander que |
|---|---|---|
| il est possible que | préférer que | suggérer que |
| il faut que | proposer que | vouloir que |

Ahmed

L'homme idéal

# Communication

**4**

**Rêve et réalité**  À deux, faites des comparaisons entre ce que vous avez et ce que vous rêvez d'avoir. Aidez-vous des éléments de la liste. N'oubliez pas d'utiliser le présent du subjonctif si nécessaire.

> **Modèle**  —As-tu un appartement?
>
> —Oui, j'ai un appartement, mais j'aimerais qu'il soit plus grand.

| | |
|---|---|
| aimer que | parents |
| appartement | préférer que |
| enfance | regretter que |
| être content(e) que | relation |
| frère(s)/sœur(s) | souhaiter que |
| ordinateur | vouloir que |

**5**

**Recherche...**  À deux, regardez les deux annonces et imaginez que vous soyez d'abord la personne qui vende le chiot, puis les touristes qui cherchent un guide. Écrivez la suite des annonces à l'aide du présent du subjonctif. Ensuite, présentez-les à la classe.

> **Modèle**  Il est indispensable que la famille adoptive soit gentille.
>
> Il est important que notre guide habite à Alger.

La famille Ouagued vend un chiot (puppy) de la race des épagneuls. Voici une photo de sa mère...

Touristes français recherchent un guide pour leur séjour en Algérie...

**6**

**Dialogue parents-enfant**  Par groupes de trois, imaginez une conversation entre des parents et leur enfant adolescent(e). Ensuite, jouez la scène devant la classe. Utilisez le plus possible le présent du subjonctif.

> **Modèle**  **MÈRE**  Il faut que tu comprennes que tu passes le bac cette année.
>
> **ENFANT**  Je veux que vous me laissiez tranquille avec mes amis!
>
> **PÈRE**  On préfère que tu ne sortes pas avec eux ce soir.

**6.2**

# Relative pronouns

—*Mais j'ai téléphoné chez toi. Je suis tombée sur une fille **qui** était très gentille.*

- Relative pronouns are used to link two ideas containing a common element into a single, complex sentence, thereby eliminating the repetition of the common element. The relative pronoun to use is determined by the part of speech of the word it represents, called the *antecedent*.

- In the sentences below, the common element, or antecedent, is **l'enfant**. Because **l'enfant** is the subject of the second sentence, the relative pronoun **qui** replaces it.

| | | |
|---|---|---|
| La mère a grondé **l'enfant**. *The mother scolded the child.* | **L'enfant** était **insupportable**. *The child was unbearable.* | La mère a grondé l'enfant **qui** était **insupportable**. *The mother scolded the child who was unbearable.* |

- The relative pronoun **que** replaces a direct object.

| | | |
|---|---|---|
| **Le saumon** est excellent. *The salmon is excellent.* | J'ai trouvé **le saumon**. *I found the salmon.* | Le saumon **que** j'ai trouvé est excellent. *The salmon that I found is excellent.* |

- A past participle that follows the relative pronoun **que** agrees in gender and number with its antecedent.

  La tarte **que** tu as **faite** était délicieuse.
  *The pie that you made was delicious.*

- The relative pronoun **où** can stand for a place or a time, so it can mean *where* or *when*.

  C'est une supérette **où** on peut trouver des produits biologiques.
  *It's a mini-market where you can find organic food.*

  Téléphone-moi au moment **où** notre nièce arrive.
  *Call me the moment that (when) our niece arrives.*

**ATTENTION!**

In English, relative pronouns can sometimes be omitted. Relative pronouns cannot be omitted in French.

**Le parent que j'ai perdu récemment était mon arrière-grand-père.**

*The relative (whom) I recently lost was my great-grand-father.*

- The relative pronoun **dont** replaces an object of the preposition **de**.

On est allés à **l'hypermarché**.
*We went to the supermarket.*

> Je t'ai parlé **de l'hypermarché**.
*I talked to you about the supermarket.*

>  On est allés à l'hypermarché **dont** je t'ai parlé.
*We went to the supermarket (that) I talked to you about.*

- Since the preposition **de** can indicate possession, **dont** can mean *whose*.

  Les enfants **dont** le père est autoritaire sont souvent punis.
  *The children, whose father is strict, are often punished.*

- Use **lequel** as a relative pronoun to represent the object of a preposition. Note that the preposition is retained in the clause containing the relative pronoun.

  C'est le citron bio **avec lequel** je vais faire la sauce
  *That's the organic lemon with which I am going to prepare the sauce.*

  C'est la raison **pour laquelle** je suis venu.
  *This is why (the reason for which) I came.*

- Remember that **lequel** and its forms **laquelle**, **lesquels**, and **lesquelles** agree in gender and number with the objects they represent. Remember, too, that when **lequel** combines with **à** or **de**, contractions may be formed.

**BLOC-NOTES**

To review all the forms of **lequel**, see **Structures 1.3, pp. 26–27**.

| With *à* | With *de* |
|---|---|
| auquel | duquel |
| auxquels | desquels |
| auxquelles | desquelles |

- The relative pronoun **lequel** usually does not refer to people. If the object of the preposition is human, use the relative pronoun **qui** along with the preposition.

  C'est une relation **sur laquelle** je peux compter.
  *That's a relationship I can count on.*

  *but*

  C'est la femme **avec qui** Paul est très lié
  *This is the woman with whom Paul is very close-knit.*

- If a relative pronoun refers to an unspecified antecedent, use **ce que**, **ce qui**, or **ce dont**, which often mean *what*.

  Le problème **qui** m'inquiète, c'est le fossé des générations.
  *The problem that worries me is the generation gap.*

  Ce **qui** m'inquiète, c'est le fossé des générations.
  *What worries me is the generation gap.*

  La viande **que** je préfère, c'est la volaille.
  *The meat that I prefer is poultry.*

  Ce **que** je préfère, c'est la volaille.
  *What I prefer is poultry.*

  L'ingrédient **dont** elle a besoin, c'est un conservateur.
  *The ingredient that she needs is a preservative.*

  Ce **dont** elle a besoin, c'est un conservateur.
  *What she needs is a preservative.*

# Mise en pratique

**1**

**À choisir** Choisissez le bon mot pour compléter la phrase.

1. Je viens de voir le garçon _____ est le plus égoïste de tous les enfants que je connais.

   a. qui                  b. que                  c. dont

2. La supérette _____ je faisais mes courses a brûlé!

   a. laquelle           b. dont               c. où

3. «Jojo» est le seul surnom de Joël _____ je connaisse.

   a. que                  b. duquel         c. auquel

4. C'est la réunion de famille pendant _____ Paulette a été si rebelle.

   a. qui                  b. que                  c. laquelle

5. Nous avons dépensé l'argent _____ nous devions acheter les asperges.

   a. que                  b. avec lequel     c. lequel

6. Ce garçon _____ on nous a parlé avant-hier a un frère jumeau.

   a. dont                b. laquelle         c. qui

**2**

**Fès** Le grand-père de Mohammed lui parle de la ville de Fès. Complétez le paragraphe à l'aide des pronoms relatifs de la liste.

| auxquels | dont | où | que |
|----------|------|-----|-----|
| avec qui | duquel | pour laquelle | qui |

Fès, la quatrième ville du Maroc, est la ville (1) _____ m'est le plus chère parce que j'y ai passé toute mon enfance et donc c'est la ville (2) _____ je me souviens le mieux. C'est la raison (3) _____ j'y retourne souvent en vacances. J'aime me promener en ville avec mon frère (4) _____ je voyage souvent. Nous aimons découvrir des endroits (5) _____ nous ne connaissons pas encore. L'hôtel (6) _____ nous descendons toujours est formidable. Dans la cour, il y a des citronniers qui donnent d'excellents citrons (7) _____ on ne peut pas résister! Prendre un bon citron pressé au restaurant de cet hôtel est un vrai plaisir. En général, je m'installe dans un canapé confortable (8) _____ je regarde passer les gens dans la rue. C'est très relaxant!

**3**

**À lier** Liez (*Connect*) les deux phrases avec le bon pronom relatif.

    **Modèle**    **Le saumon est très bon. Je mange ce saumon.**
                        Le saumon que je mange est très bon.

1. L'homme est gentil, intelligent et beau. Je rêve de cet homme.

2. Mes petits-enfants déménagent à La Rochelle. Ils habitent actuellement à Paris.

3. Ma grand-tante élève deux enfants adoptés. Je ne connais pas encore ces enfants.

4. Je sors souvent avec des frères jumeaux. Ces jumeaux sont très sympas!

5. Tu parles de la petite-fille de Josie? Je ne me souviens pas de sa petite-fille.

6. La patrie est un sujet. Je dois écrire une rédaction sur ce sujet.

   Practice more at **vhlcentral.com.**

---

## Note CULTURELLE

Fès fait partie des quatre villes impériales du **Maroc** avec **Marrakech, Meknès** et **Rabat**. Elles ont toutes été capitale du Maroc au moins une fois dans leur histoire. On peut découvrir le palais royal et les tanneries à Fès, la grande place **Djema'a el-Fna** à Marrakech, les ruines d'une antique cité romaine dans la banlieue de Meknès et la grande mosquée **Hassan II** à Rabat.

# Communication

**4** **Une rencontre** Imaginez que vous rencontriez un(e) ancien(ne) camarade de classe dans la rue. Vous parlez de vos familles respectives. À deux, créez la conversation à l'aide des éléments de la liste.

| avec lequel | dont | que |
| de laquelle | où | qui |

**Modèle** —Tu te souviens de Richard? C'est mon demi-frère que tu connaissais au lycée.

—Bien sûr! C'est le garçon qui était toujours insupportable en cours de chimie.

**5** **Des parents** Sur une feuille de papier, notez les noms de quelques-uns des membres de votre famille (ou ceux d'une famille célèbre ou imaginaire). Pour chacun(e), écrivez une phrase pour le/la décrire à l'aide d'un pronom relatif. Ensuite, comparez vos phrases avec la classe.

| Valérie | Valérie est la femme avec laquelle mon demi-frère s'est marié récemment. |
| --- | --- |
| | |
| | |
| | |
| | |
| | |
| | |
| | |

**6** **Étapes de vie** Par petits groupes, décrivez ce qui constitue, à votre avis, l'enfance ou la jeunesse idéale. à l'aide de ces éléments. Vos camarades de classe vous poseront des questions qui contiennent des pronoms relatifs.

**Modèle** —Quelle est la personne dont tu te souviens le mieux?

—Ma grand-mère. C'était la personne avec qui je m'entendais le mieux.

- vos parents
- vos amis
- vos professeurs
- votre école

### 6.3 Irregular *-re* verbs

—Maman t'**a mis** des draps propres

- You can see patterns in irregular **-re** verbs, but it is best to learn each verb individually.

|  | boire | croire | dire | écrire |
|---|---|---|---|---|
| je/j' | bois | crois | dis | écris |
| tu | bois | crois | dis | écris |
| il/elle | boit | croit | dit | écrit |
| nous | buvons | croyons | disons | écrivons |
| vous | buvez | croyez | dites | écrivez |
| ils/elles | boivent | croient | disent | écrivent |
| *past participle* | bu | cru | dit | écrit |

|  | lire | prendre | craindre (*to fear*) | se plaindre |
|---|---|---|---|---|
| je | lis | prends | crains | me plains |
| tu | lis | prends | crains | te plains |
| il/elle | lit | prend | craint | se plaint |
| nous | lisons | prenons | craignons | nous plaignons |
| vous | lisez | prenez | craignez | vous plaignez |
| ils/elles | lisent | prennent | craignent | se plaignent |
| *past participle* | lu | pris | craint | plaint(e)(s) |

Mon neveu **a bu** trois verres de lait.
*My nephew drank three glasses of milk.*

Mais **dis** quelque chose!
*Well, say something!*

Mes petits-enfants ne m'**écrivent** jamais.
*My grandchildren never write me.*

Est-ce que vous **comprenez** votre oncle?
*Do you understand your uncle?*

Je **crains** qu'elle ne m'aime plus.
*I'm afraid she doesn't love me anymore.*

Nous **nous sommes plaints** du service.
*We complained about the service.*

- The verb **plaire** (*to please*) is often used in the third person and usually takes an indirect object. Its past participle is **plu**. The English verb *to like* is typically used to translate it.

Cette fromagerie **leur plaît**.
*They like this cheese shop.*

Les produits bio **vous plaisent**?
*Do you like organic food?*

Le repas **lui a plu**.
*She liked the meal.*

|  | mettre | suivre | vivre |
|---|---|---|---|
| je/j' | mets | suis | vis |
| tu | mets | suis | vis |
| il/elle | met | suit | vit |
| nous | mettons | suivons | vivons |
| vous | mettez | suivez | vivez |
| ils/elles | mettent | suivent | vivent |
| *past participle* | mis | suivi | vécu |

|  | rire | conduire | connaître |
|---|---|---|---|
| je/j' | ris | conduis | connais |
| tu | ris | conduis | connais |
| il/elle | rit | conduit | connaît |
| nous | rions | conduisons | connaissons |
| vous | riez | conduisez | connaissez |
| ils/elles | rient | conduisent | connaissent |
| *past participle* | ri | conduit | connu |

**ATTENTION!**

Remember that **permettre** and **promettre** are conjugated like **mettre**.

**Survivre** is conjugated like **vivre**.

———————

Use the expression **suivre un/des cours** to say *to take a class*.

**Je suis un cours d'histoire de l'art.**
*I'm taking a course in art history.*

———————

**Sourire** is conjugated like **rire**.

Remember that **construire, détruire, produire, réduire,** and **traduire** are conjugated like **conduire**.

**Disparaître, paraître,** and **reconnaître** are conjugated like **connaître**.

———————

**Paraître** is often used in the third person with an indirect object to say that something seems a certain way.

**Ça me paraît difficile.**
*That seems difficult to me.*

Nous **avons mis** un pull pour sortir.
*We put on sweaters to go out.*

Mes ancêtres **ont vécu** à Abidjan.
*My ancestors lived in Abidjan.*

Mes petits-enfants me **sourient** quand je chante pour eux.
*My grandchildren smile at me when I sing to them.*

Mon grand-père ne **conduit** plus.
*My grandfather no longer drives.*

Vous ne me **reconnaissez** pas?
*Do you not recognize me?*

Mon grand-oncle **a disparu** pendant la guerre.
*My great uncle disappeared during the war.*

- **Se mettre**, when followed by **à** + [*infinitive*], means *to start* (doing something).

  Elle **s'est mise à pleurer**!
  *She started crying!*

  À six heures, je **me mets à faire** la cuisine.
  *At 6 o'clock, I start cooking.*

- Note the double **i** spelling in the **nous** and **vous** forms of **rire** and **sourire** in the **imparfait**.

  Nous **riions** beaucoup à l'école.
  *We used to laugh a lot at school.*

  Vous **souriiez** quand votre tante téléphonait.
  *You used to smile when your aunt called.*

- The verb **naître**, conjugated like **connaître** in the present, is rarely used in this tense. Remember that the past participle agrees with the subject in compound tenses such as the **passé composé** and **plus-que-parfait**.

  Ma grand-mère est **née** en 1935.
  *My grandmother was born in 1935.*

  Les jumeaux étaient-ils **nés** à cette époque?
  *Had the twins been born at that time?*

# Mise en pratique

1

**Un repas authentique** Claudia passe un semestre à Tunis, dans une famille. Ils voudraient préparer un repas traditionnel. Complétez la conversation logiquement.

| apprendre | croire | plaire |
|---|---|---|
| comprendre | mettre | prendre |
| connaître | se plaindre | rire |

**MÈRE** Alors, Claudia, quels plats tunisiens (1) _____-tu?

**CLAUDIA** Une fois, dans un resto maghrébin, je/j'(2) _____ du couscous.

**PÈRE** Je/J' (3) _____ que ça ferait un bon repas authentique.

**GRAND-MÈRE** Je ne/n' (4) _____ pas — j'adore le couscous!

*Plus tard dans la cuisine…*

**CLAUDIA** Je ne/n' (5) _____ pas cette recette. Peux-tu la traduire en anglais?

**FILLE** Non, moi non plus. Nous avons bien lu la recette. Nous (6) _____ tous les ingrédients dans le bol. Maman, ce n'est pas drôle! Pourquoi est-ce que tu (7) _____?

**MÈRE** Désolée, mais apparemment vous deux, vous ne/n' (8) _____ jamais _____ à cuisiner!

2

**Autrement dit** Réécrivez chaque phrase et remplacez le(s) mot(s) souligné(s) par un verbe irrégulier en **-re**. Ajoutez d'autres mots, si nécessaire.

1. Ma demi-sœur <u>est venue au monde</u> en 1998.

   _____

2. Tu n'aimes pas ton plat? Appelle le serveur et <u>dis-lui que tu n'es pas satisfait</u>!

   _____

3. <u>Avez-vous peur des</u> gens rebelles?

   _____

4. Ma famille <u>pense</u> que je n'ai pas assez d'amour-propre.

   _____

3

**Phrases logiques**

**A.** Écrivez cinq ou six phrases à l'aide des éléments de chaque colonne. Employez les verbes à des temps différents.

| A | B | C |
|---|---|---|
| Mes parents | construire | une nouvelle maison… |
| Je | craindre | faire du mal à… |
| Le fossé des générations | disparaître | dans quelles circonstances? |
| Les gens bien élevés | écrire | des cartes de remerciement… |
| Mon arrière-grand-mère/père | naître | où et quand? |
| …? | survivre | …? |

**B.** À deux, créez un dialogue qui inclut au moins trois de vos phrases de la partie A.

 Practice more at **vhlcentral.com.**

# Communication

 **4** **Questions spécifiques** À deux, répondez aux questions par des phrases complètes.

1. Combien d'e-mails écris-tu chaque jour? Combien en lis-tu?
2. Écris-tu des cartes de vœux? Ça te plaît? Pourquoi?
3. Quel genre de littérature lis-tu le plus souvent?
4. Quel membre de ta famille se plaint le plus? Et qui rit le plus?
5. T'es-tu déjà plaint(e) de ton père ou de ta mère? Pourquoi?
6. Connais-tu quelqu'un qui vit dans une région francophone? Si oui, laquelle?
7. Quel âge avais-tu quand tu as conduit une voiture pour la première fois?
8. Tes parents te permettent-ils toujours de suivre les cours que tu veux?

 **5** **Une famille unie** Même les membres d'une famille unie ne s'entendent pas toujours parfaitement bien. À deux, posez des questions et décrivez cette scène à l'aide des verbes de la liste. Ensuite, imaginez une conversation entre les membres de la famille sur la photo.

**Modèle** —Où vivent-ils?
—Je crois qu'ils vivent aux États-Unis.

| apparaître | craindre | permettre |
| boire | croire | se plaindre |
| (se) comprendre | dire | plaire |
| contredire | écrire | prendre |

 **6** **À votre santé!** Imaginez que vous soyez une équipe de rédacteurs qui travaillent pour un magazine de santé. Par petits groupes, discutez de ce qu'il faut faire pour rester en bonne santé physique et mentale. Ensuite, écrivez un article qui inclut vos suggestions et au moins huit verbes irréguliers en **-re**.

## Prenez en charge votre santé!

Pour rester en bonne santé, riez souvent! Ce qu'il faut faire pour ne pas être malade…

# Synthèse  Reading

## Mariage toujours

Recherchons organisateur/organisatrice de mariages rapide et efficace. Nous retiendrons la personne qui ne craint pas les obstacles, qui plaît et sourit aux clients. Contactez Samira à samira.alhafta@mariage.toujours.tn

## Petits anges à garder

Un(e) baby-sitter est demandé(e) pour garder° deux enfants qui sont bien élevés et obéissants°. Il est indispensable que cette personne connaisse au moins une langue étrangère pour la leur enseigner. Appelez le 01.62.74.02.16.

**garder** *to look after*

**obéissants** *obedient*

## À TABLE!

Un restaurant trois étoiles recherche un chef cuisinier qui connaisse la gastronomie maghrébine. Il est nécessaire que le candidat sache accommoder viandes et poissons avec les saveurs orientales. Il est recommandé que la personne ne se plaigne jamais. Le candidat dont les qualités correspondent à ces critères doit téléphoner au 04.78.96.29.54.

## Appart' à partager

Jeunes filles recherchent un(e) colocataire pour partager un appartement au centre-ville. Il est essentiel que la personne qu'on choisira ne soit pas égoïste et rie souvent. Toute personne stricte et insupportable s'abstenir! Contactez-nous au 02.96.08.21.17.

---

**1**  **Besoin de travail** Vous avez besoin de travailler ce semestre. Écrivez votre propre annonce dans laquelle vous expliquez les critères que vous cherchez dans un travail.

> **Modèle**   Il faut que je puisse travailler le soir après 18 heures...

**2**  **Des annonces** Votre ami(e) n'a pas pu acheter son journal aujourd'hui et vous demande de lui donner les détails des annonces. À deux, alternez les rôles.

> **Modèle**   Deux filles ont un appartement à partager. Elles veulent que leur colocataire rie souvent!

**3**  **Mise en scène** Vous avez répondu à l'une des quatre annonces ci-dessus et maintenant les choses vont mal. À deux, imaginez la scène pour une de ces situations et jouez les rôles. Utilisez le présent du subjonctif et des pronoms relatifs.

**Situation A:** Le couple pour qui vous organisez le mariage est insupportable.

**Situation B:** Les petits anges sont en fait de petits démons.

**Situation C:** Les aide-cuisiniers qui travaillent pour vous sont incompétents.

**Situation D:** Les jeunes filles font trop la fête et vous dérangent souvent.

# Préparation

| Vocabulaire de la lecture | Vocabulaire utile |
|---|---|
| **les affaires** (*f.*) *belongings* | **une alliance** *wedding ring* |
| **affronter** *to face* | **une bague de fiançailles** *engagement ring* |
| **confier** *to confide; to entrust* | **le bouquet de la mariée** *bouquet* |
| **débuter** *to begin* | **un marié** *groom* |
| **se dérouler** *to take place* | **une robe de mariée** *wedding gown* |
| **faire une demande en mariage** *to propose* | **un témoin** *witness; best man; maid of honor* |
| **les fiançailles** (*f.*) *engagement* | |
| **une mariée** *bride* | |
| **nécessiter** *to require* | |

**1** **Le mariage** Vous allez vous marier et vous lisez un livre pour tout savoir sur les éléments-clés de la cérémonie. Trouvez le titre de chaque chapitre.

## Sommaire

**2** **Célébrations** Répondez aux questions et comparez avec un(e) camarade.

1. Dans votre famille, les traditions du mariage sont-elles similaires à celles mentionnées dans l'activité 1? En avez-vous d'autres? Décrivez-les.

2. Vos traditions incluent-elles une demande en mariage officielle? Offre-t-on une bague de fiançailles?

3. Quelles sont les étapes de la cérémonie du mariage?

4. Célébrez-vous d'une manière particulière d'autres étapes marquantes de la vie? Lesquelles? Comment les célébrez-vous?

Practice more at **vhlcentral.com.**

# Jour de mariage

**Hier, vendredi, j'étais invité au mariage** d'un charmant couple algérien, Yasmina et Salim. Pour moi, Occidental, ce fut l'occasion d'ouvrir les yeux sur des traditions et un monde différents. Un peu perdu dans cette succession de cérémonies, j'ai posé des
5  questions au jeune couple.

# CULTURE

**Audio: Reading**

**PAUL** Quels ont été les grands moments de la journée?

**SALIM** Tout a commencé en fin d'après-midi. Yasmina est arrivée chez moi, où elle est restée dans une pièce avec ses amies. La fête a vraiment débuté quand je suis arrivé pour la cérémonie avec les hommes, en marchant° au rythme de la musique. Tu as vu que les hommes et les femmes, et notre couple, sont restés séparés pendant toute la fête. Tout était fait pour rendre plus intense le moment où Yasmina et moi nous retrouverions en fin de soirée. Après le repas, les hommes, les femmes âgées et les enfants ont dansé. D'ailleurs°, je t'ai vu danser avec eux. Tu avais l'air de bien t'amuser. Puis, plus tard dans la soirée, la hennayat a tatoué mon index° avec du henné° pour me porter bonheur°. J'ai reçu de l'argent des invités, et j'ai enfin pu rejoindre Yasmina.

**PAUL** On m'a dit que «le mariage d'une nuit nécessite une année de préparation». Est-ce que cela a été le cas pour le vôtre?

**YASMINA** À peu près°. Il y a une semaine, Salim et moi sommes allés à la mosquée pour recevoir la bénédiction de l'imam, puis à la mairie pour signer les documents officiels. Deux jours avant la cérémonie du vendredi, j'ai célébré la fête de l'«Outia» qui symbolise le début de la préparation de la mariée. C'est aussi «la nuit du henné», la troisième et dernière nuit où on m'a tatoué les mains au henné. Ce produit végétal a une valeur spirituelle et protectrice. Plus le tatouage est foncé, plus il est beau et plus il a de la valeur. Il faut que le produit soit appliqué° trois fois pour qu'il imprègne la peau. Jeudi, j'ai envoyé toutes mes affaires chez Salim, et j'ai passé la journée à me reposer, afin d'affronter le rythme effréné° du lendemain.

Plus tard, on m'a expliqué que Salim avait fait une demande en mariage traditionnelle qu'on appelle la «shart». Il y a deux mois, il est venu demander la main

*walking*
*By the way*
*forefinger / henna*
*to bring happiness*
*Practically*
*applied*
*frantic*

## Le henné

Le henné est une plante qu'on trouve au **Maghreb**. Les femmes, mais aussi les hommes, se servent de cette poudre comme produit de tatouage, après l'avoir mélangée avec de l'eau. La **«hennayat»**, ou tatoueuse, l'applique parfois avec de la dentelle pour créer de jolis motifs. C'est aussi une substance qui sert à la teinture des cheveux.

de Yasmina à ses parents et leur a offert la somme habituelle, équivalente à 1.500 $. Une semaine après, ils ont fêté la «djeria», les fiançailles. La hennayat a appliqué du henné et un Louis d'or° sur la paume de la main de Yasmina, et Salim a offert à sa fiancée un tailleur° blanc pour le mariage.

Salim m'a confié que toute cette effervescence lui a rappelé la cérémonie de sa circoncision. Il avait six ans. Il a vécu là un moment capital de son existence: Il faut passer par ce rite pour devenir musulman. En général, un garçon est circoncis entre la naissance et l'âge de six ans. Quand le garçon est plus âgé, le rite prend plus d'importance, parce qu'il se rend compte de sa signification et il reçoit plein de cadeaux.

Ces fêtes maghrébines ont au moins un point commun. Toutes les femmes mariées de la famille se réunissent dans la maison où vont se dérouler les festivités. Elles procèdent toujours au même rituel: le roulage°, étape importante dans la préparation du couscous. C'est toujours le plat principal des fêtes familiales, en Afrique du Nord.

Je me souviendrai de l'ambiance et des odeurs envoûtantes° qui m'auront fait découvrir un autre univers. Pendant un moment, j'étais à l'autre bout de la Terre. Me voilà de retour. Dommage°... ■

*gold Louis coin*
*woman's suit*
*rolling*
*enchanting*
*Too bad*

# Analyse

**1 Compréhension** Répondez aux questions par des phrases complètes.

1. À quelle cérémonie l'auteur a-t-il été invité?
2. Connaît-il bien les traditions de cette culture?
3. Les hommes et les femmes font-ils la fête ensemble dans la culture algérienne?
4. Où va le couple pour officialiser son union?
5. Qu'est-ce que le henné?
6. Quel est le rôle de la hennayat dans la cérémonie?
7. Qu'est-ce que la «shart»?
8. Comment appelle-t-on les fiançailles algériennes? Quand ont-elles lieu?
9. Quelle autre cérémonie traditionnelle le marié mentionne-t-il? Que signifie cette cérémonie?
10. En Afrique du Nord, quel plat fait toujours partie des fêtes familiales?

**2 Traditions**  Dans l'article, vous avez vu qu'au Maghreb les fêtes sont basées sur un rituel qui peut durer plusieurs jours. Ces grandes cérémonies sont l'essence même de la société maghrébine. À deux, répondez à ces questions.

1. Ce genre de grande cérémonie existe-t-il dans votre famille? Sinon, aimeriez-vous qu'elle joue un plus grand rôle dans votre vie?
2. Connaissez-vous d'autres cultures qui ont cette caractéristique?

**3 «Mariage pluvieux, mariage heureux»**  Il paraît qu'il y a une erreur dans la transcription de ce proverbe et qu'il faudrait dire: «Mariage plus vieux, mariage heureux». Aujourd'hui, on se marie de plus en plus tard. Par groupes de trois, répondez aux questions.

- Comment expliquez-vous ce phénomène?
- Pensez-vous que si on se marie plus vieux, on a vraiment de meilleures chances d'avoir un mariage heureux?

**4 Les grands événements de la vie**

**A.** Quels sont les événements les plus importants de votre vie? Ajoutez quatre autres événements au tableau, puis classez-les (*rank them*) par ordre d'importance.

| | Classement |
|---|---|
| **Passer son permis de conduire** | |
| **Commencer ses études universitaires** | |
| **Habiter loin de ses parents pour la première fois** | |
| ? | |
| ? | |
| ? | |
| ? | |

 **B.** Pensez-vous que vos parents, quand ils étaient jeunes, aient donné la même importance que vous à ces événements? Par groupes de trois, discutez-en.

# Préparation

## À propos de l'auteur

**N**é à Rufisque, près de Dakar, capitale du Sénégal, **Lamine Sine Diop** (1921–) est un homme aux passions et aux talents multiples: médecin, professeur et poète. Cependant c'est dans sa poésie qu'on retrouve les thèmes qui montrent sa grande connaissance des traits les plus humains: l'amour et la nostalgie aussi bien que la souffrance et la tragédie. Dans son œuvre, il cherche à employer des images accessibles à tous les lecteurs. Le poème que vous allez lire est extrait d'un recueil (*collection*) intitulé *Ciel de bas-fond* (1988). Le professeur Diop a aussi publié deux autres recueils de poèmes et deux romans.

| Vocabulaire de la lecture | |
|---|---|
| **la bonté** | *kindness* |
| **le front** | *forehead* |
| **grandir** | *to grow up* |
| **une larme** | *tear* |
| **le sable** | *sand* |
| **le soin** | *care* |
| **tant de...** | *so many...* |

| Vocabulaire utile | |
|---|---|
| **accoucher** | *to give birth* |
| **décédé(e)** | *deceased* |
| **maternel(le)** | *maternal* |
| **nourrir** | *to feed* |
| **paternel(le)** | *paternal* |
| **pleurer** | *to cry* |
| **la tendresse** | *affection* |
| **traiter** | *to treat* |
| **vieillir** | *to grow old* |

**1**  **Vocabulaire** Complétez ces phrases logiquement.

1. Une mère _____, et elle commence immédiatement à s'occuper de son bébé.
   
   a. maternelle     b. accouche     c. traite

2. Le bébé a besoin _____ de ses parents pour survivre.
   
   a. de la larme     b. du front     c. des soins

3. Au cours des années, l'enfant devient de plus en plus grand; il _____ vite!
   
   a. grandit     b. pleure     c. nourrit

4. Les parents _____ peu à peu; ils ne sont plus aussi jeunes qu'avant!
   
   a. vieillissent     b. traitent     c. grandissent

5. Mais ils n'arrêtent jamais de ressentir _____ pour leur enfant.
   
   a. des larmes     b. du sable     c. de la tendresse

6. La mort d'un père ou d'une mère provoque _____ de douleur.
   
   a. de la bonté     b. des larmes     c. des fronts

**2**  **Discussion** À deux, posez-vous ces questions et expliquez vos réponses.

1. Quelles relations avais-tu avec tes parents quand tu avais un an? Sept ans? Treize ans?

2. Voudrais-tu avoir des enfants un jour? Pourquoi?

3. Élèveras-tu tes enfants comme tes parents t'ont élevé(e)?

4. Y a-t-il des caractéristiques qu'on retrouve chez tous les bons parents?

# père mère

**Lamine Sine Diop**

...tendres regards nos premiers miroirs

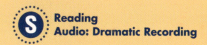

Père Mère

Premiers cris d'amour

Nous vîmes le jour

Père Mère

5    Des yeux noirs tendres regards nos premiers miroirs

*to marvel* — Les premiers à nous émerveiller° de leur bonté profonde

*sweat* — Père tu apportas la sueur° noire de ton front

*milky / breast* — Mère tu donnas la source lactée° de ton sein°

*nurturing radiance* — Nous grandîmes dans le faisceau nourricier° de vos soins

10    Tant de sacrifices immensément désirés

À la base de notre première reconnaissance

Père tu nous gratifias de ton sourire permanent

*sparkling / a gap between two teeth* — Étincelant° de diastème° d'une rare noblesse

*warmth* — Mère tu offris la tiédeur° hospitalière de tes bras

*cradle / piercing / sobs* — 15  D'un berceau° des cris perçants° des larmes des sanglots°

*petites mains / extended* — Menottes° tendues° impatiente agitation

Humbles manières de saluer votre divine patience

Père tu fis sentir l'autorité sans colère

Mère tu fis entendre ta douce voix

*gentleness* — 20  Tant de tacts respectés de douceur° aimée

Qui forcèrent à l'âge de raison notre première admiration

Père Mère

*wrinkled* — Plus de sueur noire le front s'est ridé°

*shriveled / dried up* — Le sein flétri° la source tarie°

*devotion* — 25  Les cheveux blancs sourient au dévouement° des cheveux noirs

Père Mère

*graves* — Deux tombes° de sable fin côte à côte

Nos premières blessures profondes

Nos dernières larmes ■

# Analyse

**1** **Compréhension** Répondez aux questions.

1. Quels sont les premiers yeux qu'un(e) enfant voit? Qu'expriment-ils?

2. Qu'est-ce qui sort du front d'un père et du sein d'une mère?

3. Comment est le sourire d'un père? Qu'offrent les bras d'une mère?

4. Quels mots du poème montrent que les bébés mettent à l'épreuve la patience des parents?

5. Pourquoi admire-t-on les parents quand on arrive à l'âge de raison?

6. Quels mots du poème suggèrent la vieillesse des parents?

**2** **Interprétation** À deux, répondez aux questions par des phrases complètes.

1. Quelles métaphores trouve-t-on dans ce poème? Que représentent-elles?

2. Peut-on dire que le père et la mère du poème représentent tous les parents du monde? Pourquoi?

3. À quoi sert la répétition de l'expression «Père Mère» dans le poème?

4. À quelles étapes de la vie le poème fait-il allusion?

5. À quelle étape de leur vie les parents en sont-ils au moment des «premières blessures profondes» et des «dernières larmes»? À quelle étape de leur vie les enfants en sont-ils?

6. Pourquoi ces blessures profondes ne sont-elles que les premières? Pourquoi ces larmes sont-elles les dernières?

**3** **Qu'en dites-vous?** Par groupes de trois, dites si vous êtes d'accord ou pas avec ces déclarations et expliquez pourquoi. Ensuite, présentez vos idées à la classe.

| | Oui | Non |
|---|---|---|
| 1. Le poème est un hommage à l'amour entre parents et enfants. | ☐ | ☐ |
| 2. Tous les parents ressentent pour leur enfant une affection comme celle des parents du poète. | ☐ | ☐ |
| 3. Tous les enfants ressentent pour leurs parents une affection comme celle du poète. | ☐ | ☐ |
| 4. Le poème donne une vision trop simpliste des relations entre parents et enfants. | ☐ | ☐ |

**4** **Rédaction** L'amour est un des thèmes principaux du poème. Suivez le plan de rédaction pour écrire un essai où vous expliquez comment et pourquoi le poète ne se concentre que sur les aspects positifs de l'amour entre parents et enfants. Employez le présent du subjonctif, des pronoms relatifs et des verbes irréguliers en **-re**.

## Plan

**1** **Thèse** Exposez votre thèse. Comment organiserez-vous vos arguments?

**2** **Exemples** Citez le poème pour appuyer (*to support*) votre thèse.

**3** **Conclusion** Pour terminer, résumez vos idées principales.

# En famille

Audio: Vocabulary Flashcards

## Les membres de la famille

**un(e) arrière-grand-père/mère** *great-grandfather/grandmother*

**un beau-fils/-frère/-père** *son-/brother-/father-in-law; stepson/father*

**une belle-fille/-sœur/-mère** *daughter-/sister-/mother-in-law; stepdaughter/mother*

**un(e) demi-frère/-sœur** *half brother/sister*

**un(e) enfant/fille/fils unique** *only child*

**un époux/une épouse** *spouse; husband/wife*

**un(e) grand-oncle/-tante** *great-uncle/-aunt*

**des jumeaux/jumelles** *twin brothers/sisters*

**un neveu/une nièce** *nephew/niece*

**un(e) parent(e)** *relative*

**un petit-fils/une petite-fille** *grandson/granddaughter*

## La vie familiale

**déménager** *to move*
**élever (des enfants)** *to raise (children)*
**être désolé(e)** *to be sorry*
**gâter** *to spoil*
**gronder** *to scold*
**punir** *to punish*
**regretter** *to regret*
**remercier** *to thank*
**respecter** *to respect*
**surmonter** *to overcome*

## La cuisine

**un aliment** *(type or kind of) food*
**une asperge** *asparagus*
**un citron** *lemon*
**un citron vert** *lime*
**un conservateur** *preservative*
**des épinards (m.)** *spinach*
**une fromagerie** *cheese store*
**un hypermarché** *large supermarket*
**un raisin (sec)** *grape (raisin)*
**le saumon** *salmon*
**une supérette** *mini-market*
**la volaille** *poultry/fowl*

**alimentaire** *related to food*
**bio(logique)** *organic*

## La personnalité

**le caractère** *character, personality*

**autoritaire** *bossy*
**bien/mal élevé(e)** *well-/bad-mannered*
**égoïste** *selfish*
**exigeant(e)** *demanding*
**insupportable** *unbearable*
**rebelle** *rebellious*
**soumis(e)** *submissive*
**strict(e)** *strict*
**uni(e)/lié(e)** *close-knit*

## Les étapes de la vie

**l'âge (m.) adulte** *adulthood*
**l'enfance (f.)** *childhood*
**la jeunesse** *youth*
**la maturité** *maturity*
**la mort** *death*
**la naissance** *birth*
**la vieillesse** *old age*

## Les générations

**l'amour-propre (m.)** *self-esteem*
**le fossé des générations** *generation gap*
**la patrie** *homeland*
**une racine** *root*
**un rapport/une relation** *relation/relationship*
**un surnom** *nickname*

**hériter** *to inherit*
**ressembler (à)** *to resemble, to look like*
**survivre** *to survive*

## Court métrage

**une cité** *low-income housing development*
**un complexe d'infériorité** *inferiority complex*
**un foulard** *headscarf*
**la gêne** *embarrassment*
**un(e) intellectuel(le)** *intellectual*
**la pension** *benefits*
**un(e) travailleur/travailleuse manuel(le)** *blue-collar worker*

**un voyou** *hoodlum*

**chuchoter** *to whisper*
**déranger** *to bother, to disturb*
**mépriser** *to have contempt for*
**soûler** *to bug; to talk to death*
**traîner** *to hang around; to drag*
**traiter avec condescendance** *to patronize*

**tendu(e)** *tense*

## Culture

**les affaires (f.)** *belongings*
**une alliance** *wedding ring*
**une bague de fiançailles** *engagement ring*
**le bouquet de la mariée** *bouquet*
**les fiançailles (f.)** *engagement*
**un marié** *groom*
**une mariée** *bride*
**une robe de mariée** *wedding gown*
**un témoin** *witness; best man; maid of honor*

**affronter** *to face*
**confier** *to confide; to entrust*
**débuter** *to begin*
**se dérouler** *to take place*
**faire une demande en mariage** *to propose*
**nécessiter** *to require*

## Littérature

**la bonté** *kindness*
**le front** *forehead*
**une larme** *tear*
**le sable** *sand*
**le soin** *care*
**la tendresse** *affection*

**accoucher** *to give birth*
**grandir** *to grow up*
**nourrir** *to feed*
**pleurer** *to cry*
**traiter** *to treat*
**vieillir** *to grow old*

**décédé(e)** *deceased*
**maternel(le)** *maternal*
**paternel(le)** *paternal*
**tant de...** *so many...*

# FICHES
# de
# GRAMMAIRE

## Supplementary Grammar Coverage
## for RÊVEZ

The **Fiches de grammaire** section is an invaluable tool for both instructors and students of intermediate French. It contains additional grammar concepts not covered within the core lessons of **RÊVEZ**, as well as practice activities. For each lesson in **RÊVEZ**, two additional grammar topics are offered with corresponding practice.

These concepts are correlated to the lessons in **Structures** by means of the **Bloc-notes** sidebars, which provide the exact page numbers where new concepts are taught in the **Fiches**.

This special supplement allows for great flexibility in planning and tailoring your course to suit the needs of whole classes and/or individual students. It also serves as a useful and convenient reference tool for students who wish to review previously learned material.

## 1.4 Present tense of regular *-er*, *-ir*, and *-re* verbs

- Most French verbs that end in **-er** follow the same pattern.

| parler | |
|---|---|
| je parl**e** | nous parl**ons** |
| tu parl**es** | vous parl**ez** |
| il/elle parl**e** | ils/elles parl**ent** |

Elle **parle** au téléphone.

**BLOC-NOTES**

The present tense of spelling-change **-er** verbs is explained in **Structures 1.1, pp. 18–19.**

- Hundreds of verbs follow this pattern. Here are some more regular **-er** verbs.

| | | |
|---|---|---|
| aimer *(to like, to love)* | donner *(to give)* | oublier *(to forget)* |
| arriver *(to arrive)* | écouter *(to listen to)* | penser *(to think)* |
| chercher *(to look for)* | habiter *(to live in)* | regarder *(to watch)* |
| compter *(to count)* | inviter *(to invite)* | travailler *(to work)* |

- Most verbs that end in **-ir** follow this pattern.

**BLOC-NOTES**

A handful of **-ir** verbs are irregular. To find out more about irregular **-ir** verbs, see **Structures 4.3, pp. 142–143.**

| finir | |
|---|---|
| je fin**is** | nous fin**issons** |
| tu fin**is** | vous fin**issez** |
| il/elle fin**it** | ils/elles fin**issent** |

Elle **finit** ses devoirs.

- Here are some more regular **-ir** verbs.

| | | |
|---|---|---|
| choisir *(to choose)* | maigrir *(to lose weight)* | réfléchir *(to think (about))* |
| grossir *(to gain weight)* | obéir (à) *(to obey)* | réussir (à) *(to succeed)* |

- Most verbs that end in **-re** follow this pattern.

**BLOC-NOTES**

Irregular **-re** verbs are explained in **Structures 6.3, pp. 220–221.**

| vendre | |
|---|---|
| je vend**s** | nous vend**ons** |
| tu vend**s** | vous vend**ez** |
| il/elle vend | ils/elles vend**ent** |

Il **vend** un appareil photo.

- Here are some more regular **-re** verbs.

| | | |
|---|---|---|
| attendre *(to wait (for))* | descendre *(to go down)* | perdre *(to lose)* |
| défendre *(to defend)* | entendre *(to hear)* | répondre *(to answer)* |

# Mise en pratique

**1** **À compléter** Employez la forme correcte des verbes entre parenthèses.

1. Tu _____ (jouer) au tennis samedi après-midi?

2. Mon cousin _____ (obéir) toujours à ses parents.

3. Nous _____ (habiter) à New York.

4. On _____ (grossir) quand on mange trop de pâtes.

5. Mes frères _____ (partager) un bel appartement.

6. Vous _____ (vendre) votre vélo?

7. Ces étudiants _____ (s'entendre) bien.

8. Je _____ (compter) sur ma meilleure amie.

**2** **À choisir** Choisissez les verbes qui complètent logiquement ces paragraphes. Faites tous les changements nécessaires. Chaque verbe n'est utilisé qu'une seule fois.

| agacer | écouter | finir | quitter |
|--------|---------|-------|---------|
| aimer | énerver | oublier | réussir |
| attendre | entendre | perdre | rêver |
| se disputer | étudier | poser | téléphoner |

**A.** Nicolas, avant d'aller au cinéma, tu (1) _____ tes devoirs. D'accord? Tu (2) _____ toujours la dernière minute. Tu (3) _____ ton temps et ça m' (4) _____! Je ne suis pas contente. Est-ce que tu m' (5) _____? Pourquoi est-ce que tu ne m' (6) _____ jamais? Les élèves qui n' (7) _____ pas ne (8) _____ pas au bac, tu sais!

**B.** J'en ai marre de mon petit ami. Il est charmant, mais il (9) _____ toujours nos rendez-vous. Je ne peux pas vous dire combien il m' (10) _____! Nous (11) _____ souvent parce qu'il me (12) _____ des lapins et qu'il ne me (13) _____ pas. Je l' (14) _____ toujours, mais je (15) _____ d'un petit ami plus sensible. Alors, c'est décidé. Ce week-end, je le (16) _____.

**3** **Assemblez** Assemblez les éléments des trois colonnes pour créer des phrases. Ajoutez tous les mots nécessaires.

| A | B | C |
|---|---|---|
| je | aimer | appartement |
| le prof | arriver | chocolat |
| mon/ma camarade | choisir | cours |
| de chambre | descendre | devoirs |
| ma sœur | écouter | gare |
| mon ami(e) | finir | hôtel |
| mon frère | habiter | montre |
| mes parents | perdre | musique |
| mon/ma petit(e) ami(e) | répondre | sac |
| nous | rester | question |
| tu | vendre | voiture |
| ? | ? | ? |

**1.5**

# The imperative

- Use the imperative to give a command or make a suggestion.

**Attends** le bus!
*Wait for the bus!*

**Attendons** le bus!
*Let's wait for the bus!*

**Attendez** le bus!
*Wait for the bus!*

- The imperative forms of **-ir** and **-re** verbs are the same as the present tense forms.

| finir | | répondre | |
|---|---|---|---|
| Present | Imperative | Present | Imperative |
| Tu finis. | Finis! | Tu réponds. | Réponds! |
| Nous finissons. | Finissons! | Nous répondons. | Répondons! |
| Vous finissez. | Finissez! | Vous répondez. | Répondez! |

- Form the **tu** command of **-er** verbs by dropping the **-s** from the present tense form. The **nous** and **vous** forms are the same as the present tense forms.

| danser | |
|---|---|
| Present | Imperative |
| Tu danses. | Danse! |
| Nous dansons. | Dansons! |
| Vous dansez. | Dansez! |

**ATTENTION!**

Although **aller** is irregular, like other **-er** verbs, it has no **-s** on the **tu** command form.

**Va au marché!**
*Go to the market!*

**ATTENTION!**

Do not drop the **-s** from the **tu** form of a command when it is followed by a pronoun that begins with a vowel.

**Vas-y!**
*Go (there)!*

**Manges-en!**
*Eat some!*

- The imperative forms of **être**, **avoir**, and **savoir** are irregular.

| | | | |
|---|---|---|---|
| **avoir:** | aie | ayons | ayez |
| **être:** | sois | soyons | soyez |
| **savoir:** | sache | sachons | sachez |

**Sois** sage!
*Be good!*

**Ayons** de la patience!
*Let's have patience!*

**Sachez** que nous fermons.
*Be advised that we're closing.*

- In negative commands, place **ne... pas** around the verb.

**Ne** sois **pas** nerveux!
*Don't be nervous!*

**N'**oubliez **pas** notre rendez-vous!
*Don't forget our date!*

- In affirmative commands, object pronouns and reflexive pronouns follow the verb and are joined by a hyphen. In negative commands, pronouns are placed in front of the verb with no hyphen.

Donnez-**les-moi**!
*Give them to me!*

Ne **me les** donnez pas!
*Don't give them to me!*

Lève-**toi**!
*Get up!*

Ne **te** lève pas!
*Don't get up!*

**BLOC-NOTES**

To review pronoun order, see **Structures 5.3, pp. 180–181.**

# Mise en pratique

**1**  **Que fait-on?** Employez l'impératif pour donner des ordres ou pour faire des suggestions.

> **Modèle**  **Vous parlez à votre fiancé(e): vous téléphoner**
>
> Téléphone-moi!

| Vous parlez à... | | |
|---|---|---|
| **votre fiancé(e):** | **de nouveaux étudiants:** | **un(e) ami(e) de ce que vous pouvez faire ensemble:** |
| 1. aller à la bibliothèque _____ | 6. faire attention aux profs _____ | 11. aller au cinéma _____ |
| 2. compter sur vous _____ | 7. se lever tôt _____ | 12. prendre un verre _____ |
| 3. écrire souvent _____ | 8. aller aux cours _____ | 13. écouter de la musique _____ |
| 4. me donner la main _____ | 9. avoir confiance _____ | 14. nager à la piscine _____ |
| 5. vous attendre après le cours _____ | 10. ne pas sortir le samedi _____ | 15. ne pas rester à la maison _____ |

**2**  **De bons conseils**  Que dites-vous dans ces situations? Utilisez l'impératif.

1. Votre frère cadet refuse de boire son jus d'orange.
2. Vous étudiez et vos camarades de chambre parlent très fort.
3. Vous demandez à vos parents de vous envoyer de l'argent.
4. Votre meilleur ami part en vacances.
5. Il est dix heures du soir et votre petite sœur ne veut pas se coucher.
6. Vous et votre ami(e) avez faim.

**3**  **Que disent-ils?**  Écrivez une phrase à l'impératif qui convient à chaque image.

1.

2.

3.

4.

## 2.4 Nouns and articles

- Definite and indefinite articles agree in gender and number with the nouns they modify.

| | Definite articles | | Indefinite articles | |
|---|---|---|---|---|
| | singular | plural | singular | plural |
| masculine | **le** musicien | **les** musiciens | **un** musicien | **des** musiciens |
| feminine | **la** musicienne | **les** musiciennes | **une** musicienne | **des** musiciennes |

- The gender of nouns that refer to people typically matches the gender of the person: **un garçon** / **une fille**; **un chanteur** / **une chanteuse**; **un enfant** / **une enfant**.

- Certain noun endings provide clues to their gender.

| Typical masculine endings | | |
|---|---|---|
| **-age** le voyage | **-asme** le sarcasme | **-if** le tarif |
| **-ail** le travail | **-eau** le bureau | **-in** le bassin |
| **-ain** l'écrivain | **-ent** l'argent | **-isme** le surréalisme |
| **-al** le journal | **-et** le bonnet | **-ment** le dépaysement |
| **-as** le repas | **-ier** le clavier | **-oir** le pouvoir |

| Typical feminine endings | | |
|---|---|---|
| **-ace** la place | **-ère** la boulangère | **-sion** l'expression |
| **-ade** la charade | **-esse** la tristesse | **-té** la responsabilité |
| **-aine** la laine | **-ette** l'assiette | **-tié** l'amitié |
| **-ance** la chance | **-euse** la chanteuse | **-tion** l'addition |
| **-ée** la journée | **-ie** la pâtisserie | **-trice** l'actrice |
| **-ence** la compétence | **-ière** la cuisinière | **-ture** la rupture |

- To form the plural of most French nouns, add an **-s**. If a singular noun ends in **-s**, **-x**, or **-z**, its plural form remains the same: **le gaz → les gaz; le pays → les pays; la voix → les voix.**

- If a singular noun ends in **-au**, **-eau**, **-eu**, or **-œu**, its plural form usually ends in **-x**. If a singular noun ends in **-al**, drop the **-al** and add **-aux**.

| | | |
|---|---|---|
| le chapeau | le jeu | le cheval |
| les chapeau**x** | les jeu**x** | les chev**aux** |

- A few nouns have very irregular plural forms: **l'œil → les yeux; le ciel → les cieux; le monsieur → les messieurs.**

**ATTENTION!**

There are several exceptions to these gender rules. When in doubt, use a dictionary.

| | |
|---|---|
| **l'eau** (*f.*) | **la fin** |
| **le génie** | **le lycée** |
| **la main** | **le musée** |
| **la peau** | **la plage** |

**ATTENTION!**

Here are a few exceptions.

| | |
|---|---|
| **le bijou** (*jewel*) | **les bijoux** |
| **le caillou** (*pebble*) | **les cailloux** |
| **le carnaval** | **les carnavals** |
| **le festival** | **les festivals** |
| **le récital** | **les récitals** |
| **le pneu** | **les pneus** |
| **le travail** | **les travaux** |

# Mise en pratique

**1** **Masculin ou féminin?** Ajoutez les articles indéfinis.

1. _____ acteur
2. _____ charcuterie
3. _____ appartement
4. _____ nation
5. _____ parade
6. _____ cahier
7. _____ pharmacienne
8. _____ adresse
9. _____ château
10. _____ miroir

11. _____ tarif
12. _____ changement
13. _____ animal
14. _____ lundi
15. _____ chance
16. _____ coiffeuse
17. _____ compétition
18. _____ idée
19. _____ million
20. _____ mariage

**2** **Les pluriels** Dans les phrases suivantes, mettez au pluriel les noms soulignés. Faites tous les autres changements nécessaires.

1. On a volé mon bijou!

   _____

2. Ce mois passe rapidement.

   _____

3. L'aspirine n'est pas bonne pour son mal de ventre.

   _____

4. Hélène aime son nouveau chapeau.

   _____

5. Le chat a fait beaucoup de bruit.

   _____

6. C'est papa qui a préparé le repas.

   _____

7. Tu as acheté la chemise noire?

   _____

8. La couleur de cet arbre est très belle en automne.

   _____

9. As-tu connu le fils de Monsieur Sévigny?

   _____

10. Le feu a commencé à cause d'une allumette.

    _____

**3** **Ma ville idéale** Employez des articles définis et indéfinis pour parler de votre ville idéale. Utilisez le vocabulaire de la Leçon 2 autant que possible.

   **Modèle**   Les embouteillages ne me gênent pas, mais la vie nocturne doit être animée.

# Il est and c'est

- **C'est** and **il/elle est** can both mean *it is* or *he/she is*. **Ce sont** and **ils/elles sont** mean *they are*. All of these expressions can refer to people or things.

- Use **c'est** and **ce sont** to identify people or things.

  **C'est** mon stylo.
  *It's my pen.*

  **Ce sont** mes amis.
  *They are my friends.*

**C'est** la famille Delorme.

- Use **il/elle est** and **ils/elles sont** to describe specific people or things that have been previously mentioned.

  Essayez ce pain au chocolat!
  **Il est** vraiment délicieux!
  *Try this chocolate croissant.*
  *It's really delicious!*

  Voici Madame Duval et sa fille.
  **Elles sont** bilingues.
  *Here are Mrs. Duval and her daughter.*
  *They are bilingual.*

- When stating a person's nationality, religion, political affiliation, or profession, **il/elle est** and **c'est un/une**, and their respective plural forms **ils/elles sont** and **ce sont des**, are both correct. If you include an adjective, you can only use **c'est un/une** or **ce sont des**.

  **Il est** journaliste.
  *He's a journalist.*

  **C'est un** journaliste.
  *He's a journalist.*

  **C'est un** journaliste célèbre.
  *He's a famous journalist.*

- To describe an idea or concept expressed as an infinitive rather than a noun, use the impersonal construction **il est** + [*adjective*] + **de** (d') + [*infinitive*].

  **Il est important de se brosser** les dents après les repas.
  *It is important to brush one's teeth after meals.*

  **Il est essentiel d'apprendre** une langue étrangère à l'école.
  *It is essential to learn a foreign language at school.*

- Use **c'est** + [*adjective*] + **à** + [*infinitive*] if the object of the infinitive is not stated immediately after it or not stated at all. Compare these sentences.

  **Il est facile de vendre** une maison.
  *It's easy to sell a house.*

  Une maison, **c'est facile à vendre**.
  *A house is easy to sell.*

  **C'est facile à vendre**!
  *It's easy to sell!*

- Use **c'est** + [*adjective*] to describe an idea or concept that has already been mentioned or stated earlier in a sentence.

  Se brosser les dents après les repas, **c'est** important.
  *Brushing one's teeth after meals is important.*

  J'apprends une langue étrangère à l'école.
  **C'est** vrai!
  *I'm learning a foreign language at school.*
  *It's true!*

# Mise en pratique

**1**

**À compléter** Complétez les phrases suivantes à l'aide des expressions de la liste.

| c'est | il est | ils sont |
|-------|--------|----------|
| ce sont | elle est | elles sont |

1. _____ mon ami, Jacques. _____ étudiant. _____ un très bon ami.

2. _____ les parents de Jean-Marc. _____ canadiens. Son père, _____ infirmier et sa mère, _____ avocate.

3. _____ notre chien, Rufus. _____ un berger allemand (*German shepherd*). _____ génial!

4. _____ Louise et Michèle. _____ camarades de chambre. Louise, _____ timide et tranquille. Michèle, _____ plutôt mélancolique.

5. _____ mon bureau. _____ grand et confortable. _____ facile d'y travailler.

**2**

**Descriptions** Répondez aux questions. Ensuite, présentez vos descriptions à la classe.

1. Votre meilleur(e) ami(e): Qui est-ce? Comment est-il/elle physiquement? Quel genre de personnalité a-t-il/elle?

2. Une personne célèbre: Qui est-ce? Que fait-il/elle dans la vie? Comment est-il/elle physiquement? Est-ce que vous l'aimez bien? Pourquoi?

3. Une personne que vous admirez: Qui est-ce? Que fait-il/elle dans la vie? Quel genre de personnalité a-t-il/elle? Pourquoi l'admirez-vous?

4. La voiture de vos rêves: Qu'est-ce que c'est? Comment est-elle? Pourquoi vous plaît-elle?

**3**

**Qui est-ce?** Inventez une identité pour chaque personne. Identifiez-les et décrivez-les. Écrivez au moins trois phrases par photo.

**Modèle**   C'est Francine. Elle est reporter. Elle est très professionnelle.

1.

2.

**3.4**

# Possessive adjectives

- Possessive adjectives are used to express ownership or possession.

| English meaning | masculine singular | feminine singular | plural |
|---|---|---|---|
| my | mon | ma | mes |
| your (familiar and singular) | ton | ta | tes |
| his, her, its | son | sa | ses |
| our | notre | notre | nos |
| your (formal or plural) | votre | votre | vos |
| their | leur | leur | leurs |

- Possessive adjectives are placed before the nouns they modify.

C'est **ta** radio?　　　　　　　　Non, mais c'est **ma** télévision.
*Is that your radio?*　　　　　　*No, but that's my television.*

- Unlike English, French possessive adjectives agree in gender and number with the object owned rather than the owner.

**mon** magazine　　　　　　**ma** bande dessinée　　　　　　**mes** journaux
*my magazine*　　　　　　　*my comic strip*　　　　　　　　*my newspapers*

- **Notre** and **votre** are used with singular nouns whether they are masculine or feminine.

**notre** neveu　　　**notre** nièce　　　　　**votre** oncle　　　**votre** tante
*our nephew*　　　　*our niece*　　　　　　*your uncle*　　　*your aunt*

- Regardless of gender, the plural forms of **notre** and **votre** are **nos** and **vos**.

**nos** cousins　　　**nos** cousines　　　　**vos** frères　　　**vos** sœurs
*our cousins*　　　　*our (female) cousins*　*your brothers*　*your sisters*

- The possessive adjectives **son**, **sa**, and **ses** reflect the gender and number of the noun possessed, not the owner. Context should tell you whether they mean *his* or *her*.

**son** père　　　　　　**sa** mère　　　　　　　**ses** parents
*his/her father*　　　　*his/her mother*　　　　*his/her parents*

- Use **mon**, **ton**, and **son** before a feminine singular noun or adjective that begins with a vowel sound.

**mon** amie Nathalie　　　　***but***　　　**ma** meilleure amie Nathalie
*my friend Nathalie*　　　　　　　　　　*my best friend Nathalie*

**son** ancienne publicité　　　***but***　　　**sa** publicité
*his/her/its former advertisement*　　　　*his/her/its advertisement*

---

**ATTENTION!**

Remember, you cannot use *'s* to express relationship or to show possession in French. Use **de** or **d'** along with the noun instead.

**la maison de ma mère**
*my mother's house*

---

# Mise en pratique

**1** **À choisir** Pour chaque phrase, choisissez l'adjectif possessif qui convient.

1. Le photographe a perdu (son / sa / ses) appareil photo!
2. Est-ce que c'est (ton / ta / tes) ordinateur?
3. Je vous présente (mon / ma / mes) parents.
4. Ils ont oublié (leur / leurs) parapluie?
5. Vous aimez ce magazine? Ma sœur adore (son / ses / sa) rubrique société.
6. Cette annonce est nulle! Voilà (mon / ma / mes) opinion!
7. (Votre / Vos) amis sont sympathiques.
8. La vedette n'a pas assisté à la première de (son / sa / ses) film.
9. Les critiques ont beaucoup aimé (notre / nos) documentaire.
10. Tu es sorti avec (ton / ta / tes) petite amie?

**2** **À compléter** Trouvez le bon adjectif possessif.

1. (my) _____ copain habite un grand immeuble en ville.
2. (his) _____ femme est critique de cinéma.
3. (her) _____ opinion est toujours impartiale.
4. (their) _____ cousins sont arrivés hier soir.
5. (your, fam.) _____ cours sont intéressants?
6. (our) _____ moyens de communication sont modernes.
7. (its) _____ sous-titres sont en anglais.
8. (your, formal) _____ voisin est animateur de radio?

**3** **C'est ton...?** Pour chaque groupe de mots, écrivez la question et répondez-y par oui ou par non. Employez les adjectifs possessifs qui correspondent.

> **Modèle** **tu / cahier / elle**
> —C'est ton cahier?
> —Non, c'est son cahier.

1. vous / parents / nous

   _____

   _____

2. ils / voiture / nous

   _____

   _____

3. je / devoirs / tu

   _____

   _____

4. elle / télévision / je

   _____

   _____

5. tu / vedette préférée / il

   _____

   _____

6. nous / professeur / vous

   _____

   _____

**3.5**

# The *imparfait*: formation and uses

- The **imparfait** is used to talk about what used to happen or to describe conditions in the past.

Ils **regardaient** le feuilleton tous les jours.
*They used to watch the soap opera every day.*

Ce journaliste **avait** une bonne réputation.
*This journalist had a good reputation.*

- To form the **imparfait**, drop the **-ons** from the **nous** form of the present tense, and add these endings.

|  | penser (nous pens~~ons~~) | finir (nous finiss~~ons~~) | vendre (nous vend~~ons~~) |
|---|---|---|---|
| je | pens**ais** | finiss**ais** | vend**ais** |
| tu | pens**ais** | finiss**ais** | vend**ais** |
| il/elle | pens**ait** | finiss**ait** | vend**ait** |
| nous | pens**ions** | finiss**ions** | vend**ions** |
| vous | pens**iez** | finiss**iez** | vend**iez** |
| ils/elles | pens**aient** | finiss**aient** | vend**aient** |

- Irregular verbs, too, follow this pattern: **j'allais**, **j'avais**, **je buvais**, **je faisais**, **je sortais**, etc.

- Only the verb **être** is irregular in the **imparfait**.

| The imparfait of être | |
|---|---|
| j'**étais** | nous **étions** |
| tu **étais** | vous **étiez** |
| il/elle **était** | ils/elles **étaient** |

Elle **était** fatiguée.

- The **imparfait** is used to talk about actions that took place repeatedly or habitually.

Nous **faisions** du jogging le matin.
*We went jogging every morning.*

Je **lisais** toujours mon horoscope.
*I always used to read my horoscope.*

- When narrating a story in the past, the **imparfait** is used to set the scene, such as describing the weather, what was going on, the time frame, and so on.

Il **faisait** froid.
*It was cold.*

Il n'y **avait** personne dans le parc.
*There was no one in the park.*

- The **imparfait** is used to describe states of mind that continued over an unspecified period of time in the past.

Nous **avions** peur.
*We were afraid.*

Je **voulais** partir.
*I wanted to leave.*

# Mise en pratique

**1** **À compléter** Mettez les verbes à l'imparfait pour compléter ce paragraphe.

Quand j' (1) _____ (être) petit, j' (2) _____ (avoir) beaucoup

de copains. Nous (3) _____ (faire) du vélo et nous (4) _____

(jouer) dans le parc, en face de notre école. J' (5) _____ (être) un élève

assez sérieux. L'après-midi, mon meilleur ami et moi, nous (6) _____

(étudier) ensemble. Je ne (7) _____ (regarder) pas trop la télé parce que

mes parents (8) _____ (penser) que les publicités (9) _____

(être) mauvaises pour les enfants. Mais j' (10) _____ (aimer) aller

au cinéma avec mon frère. Il (11) _____ (être) plus fort que moi. Il

me (12) _____ (protéger) contre les garçons trop agressifs et il

me (13) _____ (permettre) de sortir avec lui quelquefois. Il

n' (14) _____ (être) pas toujours gentil, mais je l' (15) _____

(adorer) quand même.

**2** **Il y a dix ans** Comparez ces deux scènes. C'était comment il y a dix ans? C'est comment aujourd'hui?

Il y a dix ans           Aujourd'hui

**3** **Quand j'avais huit ans** Utilisez les éléments donnés pour dire comment vous étiez à l'âge de huit ans.

**Modèle**    **avoir peur des monstres sous son lit**
J'avais peur des monstres.
J'appelais mes parents au milieu de la nuit!

1. avoir peur des monstres sous son lit
2. manger beaucoup de bonbons
3. jouer au football
4. offrir des cadeaux à ses parents
5. lire des bandes dessinées
6. ranger souvent sa chambre
7. aider sa mère ou son père
8. embêter son frère ou sa sœur
9. jouer à des jeux vidéo
10. faire du vélo

## 4.4 Demonstrative adjectives

- Demonstrative adjectives specify a noun to which a speaker is referring. They mean *this/these* or *that/those*. They can refer to people or things.

**Ce** cadeau est pour toi.

| Demonstrative adjectives | | |
|---|---|---|
| | **singular** | **plural** |
| **masculine** (before a consonant) | ce | |
| **masculine** (before a consonant) | cet | ces |
| **feminine** | cette | |

**Ce** drapeau est bleu, blanc et rouge.
*This (That) flag is blue, white, and red.*

**Cette** croyance est absurde, à mon avis.
*That (This) belief is absurd, in my opinion.*

**Ces** droits sont très importants.
*These (Those) rights are very important.*

**ATTENTION!**

Use **cet** before an adjective that begins with a vowel sound and precedes a masculine singular noun.

**cet ancien professeur de littérature**
*this former literature professor*

Do not use **cet** before an adjective that begins with a consonant, even if the noun is masculine singular and begins with a vowel sound.

**ce jeune homme**
*this young man*

These exceptions occur with adjectives that are placed before the nouns they modify. Most adjectives go after the noun.

- A noun must be masculine singular and begin with a vowel sound in order to use **cet**.

**Cet** homme politique était victorieux.
*This (That) politician was victorious.*

**Cet** avocat défend les minorités.
*This (That) lawyer defends minorities.*

- **Ce**, **cet**, **cette**, and **ces** can refer to a noun that is near (*this/these*) or far (*that/those*). Context will usually make the meaning clear.

- To distinguish between two different nouns of the same kind, add **-ci** (*this/these*) or **-là** (*that/those*) to the noun.

**Ce** parti politique-**ci** est libéral.
*This political party is liberal.*

**Ce** parti politique-**là** est conservateur.
*That political party is conservative.*

- The suffixes **-ci** and **-là** can also be used together to distinguish between similar items that are near and far.

Je voudrais **ce** gâteau-**ci**, s'il vous plaît, pas **ce** gâteau-**là**.
*I would like this cake (here), please, not that cake (there).*

On a lu **ces** magazines-**ci** et **ces** magazines-**là** aussi.
*We read these magazines (here) and those magazines (there) too.*

# Mise en pratique

**1**  **À remplacer** Remplacez le singulier par le pluriel et vice versa.

> **Modèle**  **Cette voiture est vieille.**
> Ces voitures sont vieilles.

1. Ces hommes politiques sont puissants.

   _____

2. Ce juge est juste.

   _____

3. Ces criminels sont analphabètes.

   _____

4. Ces voleuses veulent fuir.

   _____

5. Ce terroriste désire faire la guerre.

   _____

6. Ces activistes sont fâchés.

   _____

**2**  **Je déteste mon quartier!** Ajoutez les adjectifs démonstratifs qui conviennent.

Je déteste habiter dans (1) _____ quartier. On entend toujours du bruit
à cause de (2) _____ commissariat de police et de (3) _____
caserne de pompiers. Et regardez (4) _____ place! (5) _____
palais de justice est trop moderne, à mon avis. (6) _____ autres édifices
sont vraiment laids! (7) _____ jardin public n'est jamais propre parce
que (8) _____ poubelle est trop petite. Vous voyez (9) _____
circulation et (10) _____ embouteillages? Quelle horreur! En plus,
(11) _____ rue n'a même pas de trottoir et (12) _____ arrêt de
bus n'a pas d'abri.

**3**  **Préférences** À l'aide du vocabulaire de la liste, dites quelles sont vos préférences et
expliquez pourquoi. Employez des adjectifs démonstratifs.

> **Modèle**  J'aime le musée du Louvre. J'aime ce musée parce que...

| | |
|---|---|
| chiens | passe-temps |
| dessert | réalisateur/réalisatrice |
| film | restaurant |
| jardin public | saison |
| légumes | sports |
| magasin | station de radio |
| musée | voiture |
| parti politique | ? |

**4.5**

# The *passé simple*

- The **passé simple** is the literary equivalent of the **passé composé**. Like the **passé composé**, it denotes actions and events that have been completed in the past.

| Passé composé | Passé simple |
|---|---|
| **Elle a lu le livre.** *She read the book.* | **Elle lut le livre.** *She read the book.* |

- To form the stem of the **passé simple**, you usually drop the **-er**, **-re**, or **-ir** ending from the infinitive. Then add these endings for regular verbs.

| -er verbs: donner | | -ir verbs: choisir | | -re verbs: rendre | |
|---|---|---|---|---|---|
| je | donn**ai** | je | chois**is** | je | rend**is** |
| tu | donn**as** | tu | chois**is** | tu | rend**is** |
| il/elle | donn**a** | il/elle | chois**it** | il/elle | rend**it** |
| nous | donn**âmes** | nous | chois**îmes** | nous | rend**îmes** |
| vous | donn**âtes** | vous | chois**îtes** | vous | rend**îtes** |
| ils/elles | donn**èrent** | ils/elles | chois**irent** | ils/elles | rend**irent** |

- Here are the **passé simple** forms of some common irregular verbs.

| | être | avoir | faire | venir |
|---|---|---|---|---|
| je | fus | eus | fis | vins |
| tu | fus | eus | fis | vins |
| il/elle | fut | eut | fit | vint |
| nous | fûmes | eûmes | fîmes | vînmes |
| vous | fûtes | eûtes | fîtes | vîntes |
| ils/elles | furent | eurent | firent | vinrent |

- The **passé simple** stems of many irregular verbs are based on their past participles.

| | boire (bu) | lire (lu) | partir (parti) | rire (ri) |
|---|---|---|---|---|
| je | bu**s** | lu**s** | parti**s** | ri**s** |
| tu | bu**s** | lu**s** | parti**s** | ri**s** |
| il/elle | bu**t** | lu**t** | parti**t** | ri**t** |
| nous | b**ûmes** | l**ûmes** | part**îmes** | r**îmes** |
| vous | b**ûtes** | l**ûtes** | part**îtes** | r**îtes** |
| ils/elles | bu**rent** | lu**rent** | parti**rent** | ri**rent** |

---

**ATTENTION!**

Because the **passé simple** is a literary tense, it is not usually spoken unless a person is reading a text aloud. It is most important that readers be able to recognize and understand it.

**ATTENTION!**

Although **aller** is an irregular verb, in the **passé simple** it is like other **-er** verbs.

| | |
|---|---|
| **j'allai** | **nous allâmes** |
| **tu allas** | **vous allâtes** |
| **il/elle alla** | **ils/elles allèrent** |

**ATTENTION!**

Several verbs have very irregular forms in the **passé simple**, such as **naître: naqui-** and **mourir: mouru-**. Look verbs up in a dictionary or use the verb conjugation tables in the appendix until you learn to recognize them.

**ATTENTION!**

The **passé simple** stems of these verbs are also based on their past participles: **connaître, croire, devoir, fuir, mettre, plaire, pouvoir, savoir, sortir,** and **vivre**.

# Mise en pratique

**1** **À identifier** Identifiez l'infinitif de ces verbes puis donnez leur passé composé.

> **Modèle** **je vendis**
> vendre: j'ai vendu

1. nous fîmes
2. vous eûtes
3. je chantai
4. il alla
5. tu vins

6. Michel finit
7. je dus
8. elles connurent
9. vous rendîtes
10. elle fut

**2** **À transformer** Mettez ces phrases au passé composé.

1. Ils allèrent en Asie.

   _____

2. Je mangeai une pizza et je bus un coca.

   _____

3. Vous fîtes un voyage en Australie.

   _____

4. Nous vînmes avec Stéphanie et Paul.

   _____

5. Il eut un accident de voiture.

   _____

6. Tu vendis ta maison.

   _____

7. Lise et Luc finirent leurs devoirs.

   _____

8. Catherine fit sa valise.

   _____

**3** **Un scandale** Remplacez le passé simple par le passé composé.

> Un homme kidnappa la femme d'un député. Il téléphona au
> député au milieu de la nuit et le menaça. Il demanda la
> liberté de quelques terroristes emprisonnés. Heureusement,
> le criminel était plutôt bête parce qu'on sut tout de
> suite son numéro de téléphone et on l'arrêta le lendemain.
> Quand il se présenta devant le tribunal, le juge prononça
> une sentence assez sévère. L'homme passa 15 ans en prison.

## 5.5 Past participle agreement

- Past participle agreement occurs in French for several different reasons.

Vous êtes **allés** au théâtre.

- When the helping verb is **être**, the past participle agrees with the *subject*.

Anne est **partie** à six heures.
*Anne left at 6 o'clock.*

Nous sommes **arrivés** en avance.
*We arrived early.*

- Verbs that take **être** as the helping verb usually do not have direct objects. When they do, they take the helping verb **avoir**, in which case there is no past participle agreement.

Elle **est sortie**.
*She went out.*

Elle **a sorti** la poubelle.
*She took out the trash.*

- Reflexive verbs take the helping verb **être** in compound tenses such as the **passé composé** and **plus-que-parfait**. The past participle agrees with the reflexive pronoun if the reflexive pronoun functions as a direct object.

Nous **nous** sommes **habillées**.
*We got dressed.*

Michèle **s'**était **réveillée**.
*Michèle had woken up.*

- If a direct object *follows* the past participle of a reflexive verb, no agreement occurs.

Nadia s'est **coupée**.
*Nadia cut herself.*

***but***

Nadia s'est **coupé** le doigt.
*Nadia cut her finger.*

### BLOC-NOTES

To review the **passé composé** with **être** and with reflexive and reciprocal verbs, see **Structures 3.2, pp. 100–101**.

- If an object pronoun is indirect, rather than direct, the past participle does not agree. This also means there is no past participle agreement with several common reciprocal verbs, such as **se demander**, **s'écrire**, **se parler**, **se rendre compte**, and **se téléphoner**.

Elle nous a **téléphoné**.
*She called us.*

Nous nous sommes **téléphoné**.
*We called each other.*

- In compound tenses with **avoir**, past participles agree with preceding direct object pronouns. No agreement occurs with a direct object that is a noun rather than a pronoun.

J'ai **mis** les fleurs sur la table.
*I put the flowers on the table.*

Je **les** ai **mises** sur la table.
*I put them on the table.*

- In structures that use the relative pronoun **que**, past participles agree with their direct objects.

Voici les pommes **que** j'ai **achetées**.
*Here are the apples that I bought.*

Il parle des buts **qu'**il a **atteints**.
*He's talking about the goals he reached.*

### ATTENTION!

While the rules pertaining to past participle agreement may seem complex, just keep these two general points in mind: Past participles agree with direct objects when the object is placed in front of the verb for *any* reason. Past participles do not agree with indirect objects.

# Mise en pratique

**1** **À compléter** Faites les accords, si nécessaire. S'il n'y a pas d'accord, mettez un X.

1. Marie est né_____ en Belgique.

2. Voici les hommes que j'ai vu_____ en ville.

3. Céline a visité_____ le musée du Louvre.

4. Mon ami et moi, nous sommes resté_____ à l'hôtel.

5. Nos tantes se sont écrit_____ beaucoup de lettres.

6. Sa copine et sa colocataire sont allé_____ au Canada.

7. Je me suis lavé_____ les mains.

8. Grégoire et Inès se sont couché_____ tôt hier soir.

9. Ces poires? Je les ai acheté_____ au marché.

10. Tu as passé_____ l'examen de français?

**2** **Mini-dialogues** Reconstituez les questions et inventez les réponses. Employez le passé composé et faites les accords nécessaires.

> **Modèle** **où / vous / naître**
> —Où est-ce que vous êtes né(e)?
> —Je suis né(e) à Dakar.

1. à quelle heure / tu / se coucher / samedi

   _____

   _____

2. quand / le président Kennedy / mourir

   _____

   _____

3. pourquoi / vous / ne pas sortir

   _____

   _____

4. avec quoi / elle / se brosser / les dents

   _____

   _____

5. chez qui / ils / rester

   _____

   _____

**3** **Mon enfance** Écrivez au passé composé un paragraphe sur votre enfance. Utilisez au moins huit verbes de la liste. Faites tous les accords nécessaires.

| | | |
|---|---|---|
| aller | habiter | rester |
| arriver | finir | se trouver |
| avoir | naître | venir |
| faire | rentrer | voyager |

**6.4**

# Disjunctive pronouns

- Disjunctive pronouns correspond to subject pronouns. Compare their meanings:

| Subject pronouns | Disjunctive pronouns | Subject pronouns | Disjunctive pronouns |
|---|---|---|---|
| je *(I)* | moi *(me)* | nous *(we)* | nous *(us)* |
| tu *(you)* | toi *(you)* | vous *(you)* | vous *(you)* |
| il *(he)* | lui *(him)* | ils *(they)* | eux *(them)* |
| elle *(she)* | elle *(her)* | elles *(they)* | elles *(them)* |

- Disjunctive pronouns have several uses. For example, they are used after most prepositions.

Ma nièce dîne chez **lui**.
*My niece has dinner at his house.*

Tu veux jouer au tennis avec **eux**?
*Do you want to play tennis with them?*

- Use them with **être** when identifying people and after **que** in comparisons.

Qui sonne à la porte? C'est **toi**?
*Who is at the door? Is it you?*

Ma belle-mère est plus âgée que **vous.**
*My stepmother is older than you.*

- Use disjunctive pronouns to express contrast.

**Moi**, j'ai peur des chiens, mais **lui**,
il n'en a pas peur.
*Me, I'm afraid of dogs, but
he isn't afraid of them.*

Mamie ne vous parle pas à **vous**.
Elle nous parle à **nous**.
*Grandma is not talking to you.
She's talking to us.*

- When **-même(s)** is added to a disjunctive pronoun, it means *myself*, *yourself*, etc.

Mon neveu la répare **lui-même**.
*My nephew repairs it himself.*

Elles remercient leur tante **elles-mêmes**.
*They thank their aunt themselves.*

- Normally, indirect object pronouns take the place of **à** + [*person*]. With certain verbs, however, disjunctive pronouns are typically used instead.

| | |
|---|---|
| s'adresser à *(to address)* | s'habituer à *(to get used to)* |
| être à *(to belong to)* | s'intéresser à *(to be interested in)* |
| faire attention à *(to pay attention to)* | penser à *(to think about, to have on one's mind)* |

Cette montre est à **moi**.
*This watch belongs to me.*

Personne ne s'intéresse à **elle**.
*No one is interested in her.*

- Whereas indirect object pronouns are placed in front of the verb and replace both the preposition and the noun, disjunctive pronouns follow the preposition and replace only the noun.

| Indirect object pronoun | Disjunctive pronoun |
|---|---|
| Je vous ai téléphoné. | J'ai pensé à vous. |
| *I called you.* | *I thought about you.* |

**ATTENTION!**

In English, to emphasize the subject or object of a verb, you can pronounce the pronoun with added stress. In French, add a disjunctive pronoun.

Tu n'en sais rien, **toi**!
*You don't know anything about it.*

On ne les a pas punis, **eux**.
*We didn't punish them.*

**ATTENTION!**

**Penser de** means *to think of*, as in *to have an opinion*. It is not interchangeable with **penser à**. Use disjunctive pronouns after **penser de**.

**Qu'est-ce que tu penses d'eux?**
*What do you think of them?*

# Mise en pratique

**1** **À compléter** Trouvez les pronoms disjoints correspondants pour compléter les phrases.

1. Olivier a visité le musée avec _____ (*them*).
2. Maman est allée à la pharmacie pour _____ (*her*).
3. Ma copine connaît ce quartier mieux que _____ (*me*).
4. Je me suis assis derrière _____ (*them*, fem.).
5. Ma nièce a couru après _____ (*him*).
6. C'est _____ (*you*, fam.) qui as préparé les tartes, n'est-ce pas?
7. Voici Robert et Lise. Vous vous souvenez d'_____ (*them*)?
8. Caroline est française, mais _____ (*us*), nous sommes suisses.
9. Est-ce qu'on va aller chez _____ (*you*, formal)?
10. Ma demi-sœur n'a que trois ans, mais elle peut s'habiller _____ (*herself*).

**2** **À remplacer** Remplacez les mots soulignés par des pronoms disjoints.

1. Je suis allée à la fête avec Jean-Pierre.
2. Tu as étudié chez Denise?
3. Qui vient avec ton époux et toi?
4. Elle partage un appartement avec ses sœurs jumelles.
5. C'est Paul qui n'a plus vingt ans.
6. Il faut faire attention à tes parents.
7. Ces chiens sont à Michèle et à moi.
8. Mon beau-fils s'intéresse à Mireille.

**3** **Votre famille** Parlez de votre famille à l'aide des prépositions de la liste et des pronoms disjoints.

**Modèle** Ma mère est toujours occupée, alors je fais souvent des courses pour elle.

| | |
|---|---|
| à | entre |
| à côté de | pour |
| avec | sans |
| chez | ? |
| de | |

**6.5**

# Possessive pronouns

- Whereas possessive adjectives modify nouns, possessive pronouns replace them.

| Possessive adjective | Possessive pronoun |
|---|---|
| —C'est **mon** frère qui t'a téléphoné? | —Non, c'est **le mien** qui m'a téléphoné. |
| —*Is it my brother who called you?* | —*No, it's mine who called me.* |

Tu m'as déjà donné mon cadeau. Voici **le tien**.

- Possessive pronouns agree in gender and number with the nouns they replace. Like possessive adjectives, they also change forms according to the possessor.

**ATTENTION!**

Notice the **accent circonflexe** on **nôtre(s)** and **vôtre(s)**, which indicates that the **ô** is pronounced as a closed **o**, like **-eau** in the word **beau**. The **o** in the possessive adjectives **votre** and **notre**, however, is pronounced as an open **o**, like the **o** in the word **donne**.

|  | singular | | plural | |
|---|---|---|---|---|
|  | masculine | feminine | masculine | feminine |
| *mine* | **le mien** | **la mienne** | **les miens** | **les miennes** |
| *yours* | **le tien** | **la tienne** | **les tiens** | **les tiennes** |
| *his, hers, its* | **le sien** | **la sienne** | **les siens** | **les siennes** |
| *ours* | **le nôtre** | **la nôtre** | **les nôtres** | **les nôtres** |
| *yours* | **le vôtre** | **la vôtre** | **les vôtres** | **les vôtres** |
| *theirs* | **le leur** | **la leur** | **les leurs** | **les leurs** |

- **Le sien**, **la sienne**, **les siens**, and **les siennes** can mean *his*, *hers*, or *its*. The form is determined by the gender and number of the noun possessed, not the possessor.

- Notice that possessive pronouns include definite articles. When combined with the prepositions **à** and **de**, the usual contractions must be formed.

| Mme Michelin a parlé à mes parents et **aux tiens**. | Je me souviens de mon premier chien. Vous souvenez-vous **du vôtre**? |
|---|---|
| *Mme Michelin spoke to my parents and to yours.* | *I remember my first dog. Do you remember yours?* |

- Possessive pronouns can also replace possessive structures with **de**.

| **Les voitures des voisins** sont belles. | **Les leurs** sont belles. |
|---|---|
| *The neighbors' cars are beautiful.* | *Theirs are beautiful.* |
| **La grand-mère d'Ahmed** a 92 ans. | **La sienne** a 92 ans. |
| *Ahmed's grandmother is 92 years old.* | *His is 92 years old.* |

# Mise en pratique

**1**  **À transformer** Donnez le pronom possessif qui correspond.

> **Modèle**  **le beau-frère de Suzanne**
> le sien

1. les parents de mes cousins
2. mon enfance
3. votre caractère
4. tes ancêtres
5. nos neveux
6. l'épouse de Franck
7. mes jumelles
8. leur voiture

**2**  **À compléter** Employez des pronoms possessifs pour compléter ces phrases.

> **Modèle**  **J'habite avec mes grands-parents, mais tu n'habites pas avec _____.**

1. Tu as ton vélo et j'ai _____.
2. Elle s'occupe de ses enfants et nous nous occupons _____.
3. On peut prendre mon camion ou vous pouvez prendre _____.
4. Nous avons besoin de nos congés et eux, ils ont besoin _____.
5. Je m'entends bien avec ma famille. Tu t'entends bien avec _____?
6. Moi, j'aime bien mon professeur, mais Valérie, elle n'aime pas _____.

**3**  **À qui est...?** Écrivez des questions et répondez-y par oui ou par non à l'aide des éléments donnés. Utilisez des pronoms possessifs.

> **Modèle**  **vous / disques compacts / elle**
> —Ces disques compacts sont à vous?
> —Non, ce sont les siens.

**1.**  tu / photos / je

_____
_____

**2.**  nous / ordinateur / elles

_____
_____

**3.**  je / voiture / tu

_____
_____

**4.**  ils / valises / nous

_____
_____

# The comparative and superlative of adjectives and adverbs

- To make comparisons between people, things, or adverbs, place **plus** (*more*), **moins** (*less*), or **aussi** (*as*) before the adjective or adverb, and **que** (*than* or *as*) after it.

> Cette invention est **plus** innovante **que** la précédente.
> *This invention is more innovative than the previous one.*

> Ce moteur de recherche marche **moins** vite **que** l'autre.
> *This search engine works less quickly than the other one.*

**BLOC-NOTES**

For a review of adjectives that are placed in front of the nouns they modify, see **Structures 2.2, pp. 60–61.**

- Form the superlative by using the appropriate definite article along with the comparative form. Remember, since adverbs are invariable, the definite article used in the superlative with an adverb is always **le**.

> C'est mon frère qui conduit **le moins patiemment.**
> *My brother drives the least patiently.*

> C'est elle qui a proposé **la** théorie **la plus révolutionnaire.**
> *She proposed the most revolutionary theory.*

**BLOC-NOTES**

To review adverbs, see **Structures 2.3, pp. 64–65.**

- The adjectives **bon** and **mauvais** have irregular comparative and superlative forms.

| Adjective | Comparative | Superlative |
|---|---|---|
| **bon(ne)(s)** *good* | **meilleur(e)(s)** *better* | **le/la/les meilleur(e)(s)** *the best* |
| **mauvais(e)(s)** *bad* | **pire(s)** *or* **plus mauvais(e)(s)** *worse* | **le/la/les pire(s)** *or* **le/la/les plus mauvais(e)(s)** *the worst* |

> Djamel a acheté un télescope de **meilleure** qualité.
> *Djamel bought a better quality telescope.*

> Charlotte a écrit **le plus mauvais** discours de la classe.
> *Charlotte wrote the worst speech in the class.*

- The adverbs **bien** and **mal** have irregular comparative and superlative forms.

| Adverb | Comparative | Superlative |
|---|---|---|
| **bien** *well* | **mieux** *better* | **le mieux** *the best* |
| **mal** *badly* | **plus mal** *or* **pis** (seldom used) *worse* | **le plus mal** *or* **le pis** (seldom used) *the worst* |

> Cet outil-ci marche **mieux que** celui-là.
> *This tool works better than that one.*

> C'est cet outil-là qui marche **le plus mal.**
> *That tool works the worst.*

**ATTENTION!**

Be careful not to confuse the adjectives **bon** (*good*) and **mauvais** (*bad*) with the adverbs **bien** (*well*) and **mal** (*badly*).

**La chanson est bonne/mauvaise.**
*The song is good/bad.*

**Elle chante bien/mal.**
*She sings well/badly.*

# Mise en pratique

**1** **Le meilleur** Patricia et Fabrice parlent des moyens de transport et ils ne sont pas d'accord. Complétez leur dialogue à l'aide des éléments de la liste.

| aussi | le pire | mieux que | plus |
|---|---|---|---|
| la plus | le plus | moins | que |

**PATRICIA** Je refuse de prendre l'avion. J'ai trop peur.

**FABRICE** Mais l'avion est le transport (1) _____ sûr du monde!

**PATRICIA** Peut-être, mais c'est (2) _____ agréable de prendre le train, parce que tu peux regarder le paysage. Et puis, le train est (3) _____ cher.

**FABRICE** Mais voler, c'est la façon de voyager (4) _____ avantageuse! Tu peux regarder des films et on te sert à manger.

**PATRICIA** Et l'attente à l'aéroport? C'est (5) _____ moment du voyage.

**FABRICE** Eh bien, je trouve qu'attendre à l'aéroport est toujours (6) _____ passer des jours à voyager pour arriver à la même destination.

**PATRICIA** Je t'assure que je ne suis toujours pas convaincue que l'avion soit (7) _____ pratique (8) _____ le train. Alors, je propose que tu prennes l'avion et moi le train, et on se retrouve à l'hôtel.

**2** **À former**

**A.** Utilisez le superlatif pour faire des phrases complètes avec les éléments proposés.

> **Modèle** L'avion est le mode de transport le plus sûr du monde.

| l'avion | le mode de transport | sûr | du monde |
|---|---|---|---|
| Einstein | scientifique | connu | du 20ᵉ siècle |
| Genève | ville | cosmopolite | de Suisse |
| Jacques Brel | chanteur | célèbre | de Belgique |
| *Harry Potter* | livre | populaire | du moment |

**B.** Maintenant, faites des phrases avec le comparatif.

> **Modèle** L'avion est plus sûr que la voiture.

**3** **Rendez-vous** Hier soir, vous aviez rendez-vous avec un(e) inconnu(e) (*blind date*). À deux, employez des comparatifs et des superlatifs pour parler du rendez-vous. Aidez-vous des mots de la liste.

> **Modèle** C'était le pire rendez-vous de ma vie!

| blagues | film | vêtements |
|---|---|---|
| cheveux | restaurant | viande |
| conversation | salade | voiture |

**Note**
**CULTURELLE**

La compagnie aérienne nationale belge, la **Sabena**, est créée en 1923 et disparaît en 2001. **Swissair** était la compagnie aérienne nationale suisse. Elle est créée en 1931 et fusionne avec Crossair en 2002, sous le nom de **Swiss**. En 1934, Swissair est la première à engager (*hire*) des hôtesses de l'air.

# The *futur simple*

- To talk about something that will happen in the future, use the **futur simple**.

- Form the simple future of regular **-er** and **-ir** verbs by adding these endings to the infinitive. For regular **-re** verbs, take the **-e** off the infinitive before adding the endings.

|  | **parler** | **réussir** | **attendre** |
|---|---|---|---|
| je/j' | parler**ai** | réussir**ai** | attendr**ai** |
| tu | parler**as** | réussir**as** | attendr**as** |
| il/elle | parler**a** | réussir**a** | attendr**a** |
| nous | parler**ons** | réussir**ons** | attendr**ons** |
| vous | parler**ez** | réussir**ez** | attendr**ez** |
| ils/elles | parler**ont** | réussir**ont** | attendr**ont** |

- Spelling-change **-er** verbs, except verbs with an **é** before the infinitive ending, such as **espérer**, **préférer**, and **répéter,** undergo the same change in the future tense as they do in the present.

je me prom**è**ne > je me prom**è**nerai je sugg**è**re > je sugg**é**rerai
je proje**tt**e > je proje**tt**erai je rép**è**te > je rép**é**terai

- Many common verbs have an irregular future stem. Add the future endings to these stems.

| infinitive | stem | future | infinitive | stem | future |
|---|---|---|---|---|---|
| aller | ir- | j'ir**ai** | pleuvoir | pleuvr- | il pleuvr**a** |
| avoir | aur- | j'aur**ai** | pouvoir | pourr- | je pourr**ai** |
| courir | courr- | je courr**ai** | recevoir | recevr- | je recevr**ai** |
| devoir | devr- | je devr**ai** | savoir | saur- | je saur**ai** |
| envoyer | enverr- | j'enverr**ai** | tenir | tiendr- | je tiendr**ai** |
| être | ser- | je ser**ai** | venir | viendr- | je viendr**ai** |
| faire | fer- | je fer**ai** | voir | verr- | je verr**ai** |
| falloir | faudr- | il faudr**a** | vouloir | voudr- | je voudr**ai** |

- After **dès que**, **quand**, **aussitôt que**, **lorsque,** and **tant que**, put the verb in the future tense if the action takes place in the future. The verb in the main clause should be in the future or the imperative. Note that in English, the verb following **aussitôt que**, **lorsque**, or **tant que** is most often in the present tense.

|  | FUTURE | MAIN CLAUSE: FUTURE OR IMPERATIVE |
|---|---|---|
| **Quand** | tu seras dans l'ovni, | pose des questions aux extraterrestres! |

- To talk about events that might occur in the future, use a **si...** (*if...*) construction. Use the present tense in the **si** clause and the **futur proche**, **futur simple**, or imperative in the main clause. Remember that **si** and **il** contract to become **s'il**.

> **Si** Aïcha **achète** un appareil numérique, elle me **donnera** son appareil traditionnel.
> *If Aïcha buys a digital camera, she'll give me her traditional camera.*

---

**BLOC-NOTES**

To review the **futur proche**, see **Structures 1.2, pp. 22–23**.

**ATTENTION!**

**Apercevoir** has a future stem like that of **recevoir**. Similarly, **devenir** and **revenir** are like **venir**, and **maintenir** and **retenir** are like **tenir**.

**J'apercevrai.**

**Vous reviendrez.**

**Ils maintiendront.**

**BLOC-NOTES**

To learn how to use **si** clauses to express contrary-to-fact situations, see **Fiches de grammaire, p. 282**.

# Mise en pratique

**1** **Horoscope chinois** Lisez les prédictions de l'horoscope chinois pour le signe du dragon. Mettez les verbes au futur simple.

**TRAVAIL** Cette semaine, vous (1) _____ (devoir) travailler dur. Vous ne (2) _____ (pouvoir) pas vous reposer, parce que votre patron (3) _____ (être) très exigeant. Mais ça (4) _____ → *vaudra* (valoir) la peine. On vous (5) _____ (donner) une augmentation et vos collègues (6) _____ (être) jaloux.

**ARGENT** Dès que vous (7) _____ (comprendre) qu'il ne faut pas trop dépenser, votre situation financière (8) _____ (aller) mieux. Pour devenir millionnaire, il vous (9) _____ (falloir) beaucoup de volonté et de patience. Mais vous (10) _____ (tenir) bon. Peut-être que vous (11) _____ (recevoir) l'héritage d'une tante éloignée.

**SANTÉ** Vous (12) _____ (avoir) des problèmes respiratoires. Mais vous (13) _____ (savoir) y faire face. Des membres de votre famille vous (14) _____ (suggérer) sûrement des moyens de combattre ce trouble.

**AMOUR** Quelqu'un (15) _____ (vouloir) faire votre connaissance et (16) _____ (réussir) à vous rendre heureux/heureuse.

**2** **Un autre horoscope** À deux, écrivez l'horoscope de votre camarade de classe. Utilisez les éléments de la liste. Ensuite, comparez vos horoscopes à ceux du reste de la classe.

| aller | devoir | finir | quand | si |
|---|---|---|---|---|
| créer | être | maintenir | réussir | tant que |
| dès que | faire | prouver | savoir | venir |

Dragon:
1940-1952-
1964-1976-1988

Serpent:
1941-1953-
1965-1977-1989

Cheval:
1942-1954-
1966-1978-1990

Chèvre:
1943-1955-
1967-1979-1991

Singe:
1944-1956-
1968-1980-1992

Coq:
1945-1957-
1969-1981-1993

Chien:
1946-1958-
1970-1982-1994

Cochon:
1947-1959-
1971-1983-1995

Rat:
1948-1960-
1972-1984-1996

Buffle:
1949-1961-
1973-1985-1997

Tigre:
1950-1962-
1974-1986-1998

Chat:
1951-1963-
1975-1987-1999

**3** **Vos projets** Comment passerez-vous l'été? Répondez à ces questions avec des verbes au futur simple. Expliquez vos réponses à un(e) camarade de classe.

1. Est-ce que vous travaillerez? Où?
2. Que ferez-vous le soir et le week-end?
3. Suivrez-vous des cours? Lesquels?
4. Partirez-vous en vacances? Où?

# The subjunctive with expressions of doubt and conjunctions; the past subjunctive

## The subjunctive with expressions of doubt and conjunctions

- Use the subjunctive in subordinate clauses after expressions of doubt or uncertainty. These expressions of doubt or uncertainty are typically followed by the subjunctive.

| | |
|---|---|
| **Il est douteux que...** *It's doubtful that...* | **Il n'est pas vrai que...** *It's not true that...* |
| **Il est impossible que...** *It's impossible that...* | **Il semble que...** *It seems that...* |

- Some expressions call for the subjunctive in the negative, but take the indicative in the affirmative. This is because only the negative statements express uncertainty or doubt.

| Indicative | Subjunctive |
|---|---|
| Je suis sûr qu'elle **vient** aujourd'hui. *I'm sure she's coming today.* | Je ne suis pas sûr qu'elle **vienne** demain. *I'm not sure she's coming tomorrow.* |

- The verbs **croire**, **espérer**, and **penser** in negative statements or in questions also require the subjunctive in the subordinate clause. In affirmative statements, the verb in the subordinate clause is in the indicative.

| Indicative | Subjunctive | Subjunctive |
|---|---|---|
| Je crois qu'elle **part**. *I believe she's leaving.* | Je ne crois pas qu'elle **parte**. *I don't believe she's leaving.* | Croyez-vous qu'elle **parte**? *Do you believe she's leaving?* |

- The subjunctive is also required after these conjunctions.

| | |
|---|---|
| **à moins que** *unless* | **jusqu'à ce que** *until* |
| **avant que** *before* | **pour que** *so that* |
| **bien que** *although* | **pourvu que** *provided that* |
| **de peur que** *for fear that* | **sans que** *without* |

Bien que ses intentions **soient** bonnes, elle se trompe souvent.
*Although her intentions are good, she is often mistaken.*

## The past subjunctive

- If the verb in a subordinate clause following a subjunctive trigger took place in the past, use the past subjunctive.

- The past subjunctive is formed by combining a helping verb (**avoir** or **être**) with a past participle. In the past subjunctive, the helping verb is in the present subjunctive.

Il se peut qu'ils **aient oublié** la réunion de neuf heures.
*It's possible that they forgot the 9 o'clock meeting.*

Nous ne sommes pas certains qu'elle **soit arrivée** avant nous.
*We are not certain that she arrived before us.*

---

**BLOC-NOTES**

To review other expressions that are used with the subjunctive, see **Structures 6.1, pp. 212–213.**

**ATTENTION!**

If the subject of the main clause is the same as the subject of the subordinate clause, these conjunctions are followed by the infinitive instead of the subjunctive: **à condition de, à moins de, afin de, avant de, de peur de, en attendant de, pour**, and **sans**.

**Il est entré sans parler.**
*He came in without speaking.*

**ATTENTION!**

The expressions **à moins que, de peur que, de crainte que, sans que**, and **avant que** are often accompanied by the **ne explétif**. The word **ne** is placed before the subjunctive form of the verb; it is not a negation and adds no meaning to the statement.

**Les étudiants arrivent avant que le professeur ne commence son cours.**
*The students arrive before the professor starts his class.*

---

# Mise en pratique

**1** **À choisir** Choisissez la forme correcte du verbe pour compléter les phrases.

1. Il est évident qu'il _____ (n'est pas venu / ne soit pas venu) nous voir.

2. Il faut y croire jusqu'à ce qu'on _____ (réussit / réussisse).

3. Nous sommes sûrs que tu _____ (vas mettre au point / ailles mettre au point) ton invention.

4. Vous avez visité toute la ville sans qu'elles _____ (se soient reposées / se sont reposées) une seule fois?

5. Il est impossible que vous _____ (avez vu / ayez vu) ce film; il n'est pas encore sorti.

6. Va dire à ta mère que Lucie _____ (dort / dorme) toujours.

7. Bien que nous ne leur _____ (ayons pas rendu / avons pas rendu) visite, nous avons beaucoup pensé à eux.

8. Ils vont m'aider pour que je _____ (finis / finisse) plus tôt.

**2** **Le Thalys** Complétez cet e-mail avec les formes correctes des verbes entre parenthèses.

| De: | Caroline <caroline.romain@email.fr> |
|---|---|
| Pour: | Stéphane <stéphane.Bertaud@email.fr> |
| Sujet: | Qu'en penses-tu? |

Je prévois d'aller à Bruxelles la semaine prochaine. Avant de confirmer ma réservation sur le Thalys, je veux m'assurer que c'est une bonne idée. J'ai écrit un e-mail à un ami qui habite là-bas, mais il est peu probable qu'il l' (1) _____ (lire). Je sais qu'il (2) _____ (être) très occupé et je crois qu'il n' (3) _____ (avoir) jamais le temps de répondre à ses e-mails. Alors il se peut que j' (4) _____ (arriver) sans que sa famille et lui le (5) _____ (savoir). Alors, de peur que je ne (6) _____ (visiter) cette ville toute seule, pourrais-tu m'y accompagner pour que je ne me (7) _____ (sentir) pas isolée?
Réponds-moi vite!
Caroline

**3** **Logique ou illogique?** Par groupes de trois, dites si les phrases sont logiques ou illogiques et employez le subjonctif, si nécessaire, pour justifier votre opinion.

> **Modèle** **Il n'est pas certain que la technologie rende la vie plus facile.**
> C'est illogique! Il est sûr que la technologie rend la vie plus facile.

|  | Logique | Illogique |
|---|---|---|
| 1. Il est évident que les voyages sur la Lune sont inutiles. | ☐ | ☐ |
| 2. Il est douteux qu'on puisse améliorer les ordinateurs. | ☐ | ☐ |
| 3. Il est vrai que les humains ont marché sur la planète Vénus. | ☐ | ☐ |
| 4. Il est possible que les scientifiques aient commencé à cloner des humains. | ☐ | ☐ |
| 5. Il est peu probable que nous connaissions les conséquences de la recherche génétique. | ☐ | ☐ |

## Note CULTURELLE

**Thalys** est le nom du train qui relie (*links*) **Paris** à **Bruxelles**. Le voyage dure (*lasts*) en général une heure et 20 minutes, pour une distance d'environ 300 km. Il est le prolongement du système ferroviaire (*railway*) français qui utilise le **TGV**. Bien que Bruxelles soit la principale gare du Thalys, cette ville n'est pas sa seule destination depuis Paris. Le train va jusqu'à **Amsterdam**, aux Pays-Bas, et jusqu'à **Cologne**, en Allemagne.

# The *conditionnel*

- The **conditionnel** is used to soften a request, to indicate that a statement might be contrary to reality, or to show that an action was going to happen at some point in the past. It is often translated into English as *would…* or *could…*

- The **conditionnel** is formed with the same stems as the **futur simple**. The endings for the **conditionnel** are the same as those for the **imparfait**.

**BLOC-NOTES**

To review formation of the **futur simple**, see **Fiches de grammaire, p. 264.**

| The **conditionnel** of regular verbs | | | |
|---|---|---|---|
| | **parler** | **réussir** | **attendre** |
| je/j' | parler**ais** | réussir**ais** | attendr**ais** |
| tu | parler**ais** | réussir**ais** | attendr**ais** |
| il/elle | parler**ait** | réussir**ait** | attendr**ait** |
| nous | parler**ions** | réussir**ions** | attendr**ions** |
| vous | parler**iez** | réussir**iez** | attendr**iez** |
| ils/elles | parler**aient** | réussir**aient** | attendr**aient** |

**ATTENTION!**

Remember that the English *would* can be translated with the **imparfait** or the **conditionnel**. To express ongoing or habitual actions in the past in French, use the **imparfait**.

**Pépé parlait souvent de son enfance**.
*Gramps would (used to) talk often about his childhood.*

but

**Pépé parlerait de son enfance s'il était là**.
*Gramps would talk about his childhood if he were here.*

- Use the **conditionnel** to describe hypothetical events.

  Vous **pourriez** venir à cinq heures.
  *You could come at 5 o'clock.*

  Un jour, j'**aimerais** visiter les Seychelles.
  *One day, I'd like to visit the Seychelles.*

- The hypothetical aspect of the **conditionnel** makes it useful in polite requests and propositions. The verbs most often used in phrases of this type are **aimer**, **pouvoir**, and **vouloir**.

  Nous **aimerions** vous poser des questions.
  *We would like to ask you some questions.*

  Je **voudrais** porter un toast.
  *I would like to make a toast.*

- Conditional forms of **devoir** followed by an infinitive tell what *should* or *ought to* happen. Conditional forms of **pouvoir** followed by an infinitive tell what *could* happen.

  Tu **devrais sortir** plus souvent avec nous.
  *You should go out more often with us.*

  On **pourrait passer** la matinée au parc.
  *We could spend the morning at the park.*

**ATTENTION!**

To indicate that an event was going to happen in the past, you can also use the verb **aller** in the **imparfait** plus an infinitive.

**M. LeFloch a dit qu'il allait bavarder avec un ami.**
*Mr. LeFloch said he was going to chat with a friend.*

- In some cases, the **conditionnel** is used to express uncertainty about a fact.

  Selon le journal, il y **aurait** plus de 100 parcs d'attractions au Texas.
  *According to the newspaper, there are more than 100 amusement parks in Texas.*

- The **conditionnel** is used sometimes in the context of the past to indicate what was to happen in the future. This usage is called the *future in the past*.

  Pépé a dit qu'il **fêterait** son 95ᵉ anniversaire dans un parc d'attractions.
  *Gramps said he would celebrate his 95th birthday at an amusement park.*

- Form contrary-to-fact statements about what *would happen* if something else *were to occur* by using the **imparfait** and the **conditionnel**.

  **Si** j'**étais** toi, je **mettrais** des baskets pour aller me promener.
  *If I were you, I would put on sneakers to take a walk.*

**BLOC-NOTES**

To review **si** clauses, see **Fiches de grammaire, p. 282.**

# Mise en pratique

**1** **À compléter** Complétez la conversation qu'Aurélie a avec ses copains. Employez le conditionnel du verbe le plus logique. Vous pouvez utiliser certains verbes plus d'une fois.

| | | | | | |
|---|---|---|---|---|---|
| aller | avoir | dire | être | hurler | pouvoir |
| appeler | devoir | se divertir | faire | mettre | vouloir |

**GAVIN** Qu'est-ce que tu (1) _____ faire pour fêter ton anniversaire?

**AURÉLIE** Je ne sais pas… Que (2) _____-vous à ma place?

**LEENA** Moi, je/j' (3) _____ jouer au bowling avec des copains.

**AURÉLIE** Je suis nulle au bowling. Je ne me (4) _____ pas.

**GAVIN** Nous (5) _____ passer une journée au parc d'attractions!

**AURÉLIE** Non, mes parents m'ont dit que je/j' (6) _____ si peur des montagnes russes (*roller coasters*) que je/j' (7) _____ sans arrêt. Mes amis ne (8) _____ rien faire pour me calmer.

**GAVIN** Je vois. Je/J' (9) _____ que tu n'en as pas de bons souvenirs.

**LEENA** Faisons un pique-nique — ce (10) _____ plus simple.

**AURÉLIE** Quelle bonne idée! Au cas où il (11) _____ frais, on (12) _____ apporter un gilet.

**2** **Si vous étiez là…** Quelle activité pratiqueriez-vous si vous étiez à ces endroits?

**Modèle** **jouer**

Si j'étais dans un gymnase, je jouerais au basket.

1. **regarder**

2. **prendre**

3. **acheter**

4. **patiner**

5. **faire**

6. **aller voir**

**3** **Le loto** Imaginez que vous gagniez à la loterie. Que feriez-vous avec cet argent? Expliquez votre réponse en huit ou dix phrases. Utilisez le conditionnel dans chaque phrase.

# The subjunctive after indefinite antecedents and in superlative statements

## The subjunctive after indefinite antecedents

- Use the subjunctive in a subordinate clause when the antecedent in the main clause is unknown or nonexistent. If the antecedent is known and specific, use the indicative.

**Subjunctive: non-specific**

**Je cherche un ordinateur qui puisse ouvrir mes documents plus vite.**
*I'm looking for a computer that can open my documents faster.*

**L'équipe a besoin de joueurs qui aient déjà été professionnels.**
*The team needs players who have already been professionals.*

*but*

**Indicative: specific**

**Voici l'ordinateur qui peut ouvrir mes documents plus vite.**
*Here's the computer that can open my documents faster.*

**L'équipe vient de trouver cinq joueurs qui ont déjà été professionnels.**
*The team just found five players who have already been professionals.*

*but*

- The subjunctive is used in indefinite structures that correspond to several English words ending in *-ever*.

| | |
|---|---|
| **quoi que...** | *whatever...* |
| **où que...** | *wherever...* |
| **qui que...** | *who(m)ever...* |

**Quoi que tu fasses,** n'oublie pas d'obtenir des billets.
*Whatever you do, don't forget to get tickets.*

**Qui que ce soit** au téléphone, ne répondez pas encore.
*Whoever it is on the phone, don't answer it yet.*

## The subjunctive in superlative statements

- In subordinate clauses following superlative statements, use the subjunctive when expressing an opinion. When stating a fact, use the indicative.

L'île de la Réunion a les plages **les plus agréables que nous ayons visitées**.
*Reunion Island has the most pleasant beaches that we visited.*

*but*

La tour Eiffel est **le plus grand** monument **qu'on a construit** à Paris.
*The Eiffel Tower is the tallest monument ever built in Paris.*

- Some absolute statements are considered superlatives. Use the subjunctive in the subordinate clause after a main clause containing one of these expressions: **le/la/les seul(e)(s)** (*the only*), **ne... personne** (*nobody*), **ne... rien** (*nothing*), and **ne... que** (*only*).

Il **n'**y a **personne qui puisse** m'étonner.
*There's nobody who can surprise me.*

Houda est **la seule qui fasse** du ski.
*Houda is the only one who skis.*

# Mise en pratique

**1** **À compléter** Complétez les phrases à l'aide des expressions de la liste.

> où que (qu')    qui que (qu')    quoi que (qu')

1. _____ ce soit qui sonne à la porte, n'ouvrez pas!
2. _____ nous cherchions, nous ne trouvons pas nos clés.
3. _____ il fasse, son chien ne vient pas quand il l'appelle.
4. _____ tu dises, il ne faut pas porter de bermuda au restaurant.
5. _____ vous alliez au Louvre, vous verrez toujours de grandes œuvres d'art.

**2** **Subjonctif ou indicatif?** Choisissez la forme du verbe qui convient le mieux.

1. «Papa» est le seul mot que ma fille (a / ait) dit jusqu'à maintenant.
2. Nous aimons bien le nouvel hypermarché qui (vend / vende) une plus grande variété de légumes.
3. La Suisse est le pays le plus propre qu'il y (a / ait) en Europe.
4. Elles cherchent un restaurant qui (sert / serve) de la cuisine japonaise.
5. Mon frère Henri est la seule personne qui me (comprend / comprenne).
6. Tu vas lire le roman d'Alexandre Jardin qui (est / soit) sorti cette semaine?
7. Vous voudriez élire un maire qui (sait / sache) prendre de bonnes décisions pour votre ville.
8. Il n'y a personne qui (connaît / connaisse) la bonne réponse.

**3** **Mon opinion** Donnez votre opinion pour compléter chaque phrase.

> **Modèle**    _____ **est le meilleur plat (que / qu' / qui)** _____.
> Le poisson est le meilleur plat qu'on serve au restaurant.

1. _____ est le plus mauvais film (que / qu' / qui) _____.
2. _____ est la seule personne (que / qu' / qui) _____.
3. _____ est le cours le moins intéressant (que / qu' / qui) _____.
4. _____ est la plus jolie actrice (que / qu' / qui) _____.
5. _____ sont les vêtements les plus confortables (que / qu' / qui) _____.
6. _____ est le plus beau pays (que / qu' / qui) _____.
7. _____ est le meilleur professeur (que / qu' / qui) _____.
8. _____ sont les voitures les plus rapides (que / qu' / qui) _____.
9. _____ est le styliste le plus chic (que / qu' / qui) _____.
10. _____ est la plus forte équipe de basket (que / qu' / qui) _____.

# Demonstrative pronouns

● Use the demonstrative pronoun **celui** and its forms for pointing something out.

Quel poste préférez-vous? Le **poste** à Paris ou le **poste** à Lyon?
*Which position do you prefer? The position in Paris or the position in Lyon?*

Quel **poste** préférez-vous? **Celui** à Paris ou **celui** à Lyon?
*Which position do you prefer? The one in Paris or the one in Lyon?*

● Demonstrative pronouns agree in number and gender with the noun to which they refer.

<table>
<tr><th colspan="3">Demonstrative pronouns</th></tr>
<tr><th></th><th>singular</th><th>plural</th></tr>
<tr><td>masculine</td><td>**celui** *this one; that one; the one*</td><td>**ceux** *these; those; the ones*</td></tr>
<tr><td>feminine</td><td>**celle** *this one; that one; the one*</td><td>**celles** *these; those; the ones*</td></tr>
</table>

Ces deux **vendeuses** sont nulles! Et **celles** du grand magasin?
*These two saleswomen are lame! And the ones at the department store?*

● As with demonstrative adjectives, **-ci** and **-là** can be added after a form of **celui** to distinguish between people or objects that are closer (**celle-ci**) or farther (**celui-là**).

● A form of **celui** can also be followed by a relative clause to mean *the one(s) that* or *the one(s) whose*.

On va à cette réunion-ci ou à **celle qui** commence plus tôt?
*Are we going to this meeting here or the one that starts earlier?*

● A prepositional phrase can also follow a demonstrative pronoun.

Mes économies et **celles de** Nathalie sont sur un compte d'épargne.
*My savings and those of Nathalie are in a savings account.*

● Adjectives that modify forms of **celui** must agree with them in number and gender. Past participles should agree with forms of **celui** when appropriate.

**Ceux** qui sont **fainéants** ne vont pas être promus.
*Those that are lazy are not going to be promoted.*

Leurs employées sont **celles** que nous avons **vues** ici hier?
*Are their employees the ones we saw here yesterday?*

● **Ceci** and **cela** are also demonstrative pronouns. Unlike other pronouns, they do not refer to any noun in particular, but rather to an idea. **Ceci** draws attention to something that is about to be said; **cela** refers to something that has already been said.

Je vous dis **ceci**: il ne faut pas démissionner.
*I say this to you: you must not quit.*

● Both **ceci** and **cela** have a literary tone to them. In everyday French, use **ce** or **ça**. Use **ce** before forms of **être**; use **ça** before other verbs.

**Ce sont** mes cadres, Abdel et Fatih.
*Those are my executives, Abdel and Fatih.*

**Ça m'énerve!**
*That annoys me!*

# Mise en pratique

**1**

**À choisir** Choisissez le bon pronom démonstratif pour compléter ces phrases.

1. Je parle de la comptable de mon voisin, tu sais, _____ qui vient de se marier.

   a. ceux          b. celles-là          c. celle

2. Nous vous avions parlé de _____, mais vous ne nous aviez pas écouté.

   a. ça          b. celui          c. ceux

3. Ils ont l'habitude de retirer de l'argent à ce distributeur automatique, _____ on voit depuis (*from*) l'autoroute.

   a. celui qu'          b. celle dont          c. celui qui

4. De quelle personne veux-tu te plaindre au patron? De _____?

   a. celle pour          b. celle-là          c. cela

5. J'ai posé ma candidature à plusieurs postes. Voici _____ je me souviens: consultant, employé de banque et vendeur en matériel informatique.

   a. ceux-ci          b. celui dont          c. ceux dont

**2**

**À compléter** Complétez le paragraphe à l'aide des pronoms démonstratifs de la liste.

| c'est | cela | celle qui | celui qui |
|---|---|---|---|
| ceci | celle dont | celles que | ceux dont |

Une de nos compagnies, (1) _____ s'occupe d'import-export, nous a demandé d'aller voir un client à Kinshasa. (2) _____ là où je suis né, donc je connais bien cette ville. Ah, mais tu sais déjà (3) _____. Alors, une des autres employées, (4) _____ tu as fait la connaissance à ma soirée, et moi, nous sommes donc partis travailler à Kinshasa une semaine. Mes amis là-bas, (5) _____ je t'ai parlé de nombreuses fois, nous ont très bien accueillis. Un soir, après le travail, nous avons tous fait un tour en bateau sur le fleuve Congo tu sais, (6) _____ traverse plusieurs pays d'Afrique. Ensuite, mes amies Aminata et Kora, (7) _____ j'ai vues le plus souvent pendant mon séjour, nous ont invités dans un restaurant local. Eh bien, je vais te dire (8) _____: je ne me souvenais pas que les spécialités congolaises étaient si délicieuses!

**3**

**Lequel?** Choisissez le bon pronom démonstratif pour répondre aux questions.

> **Modèle**  **Les parents de quelle amie travaillent ensemble?**
> **(Salima // ceux de / ceux que)**
> Ceux de Salima travaillent ensemble.

1. Quelle capitale Marc veut-il visiter? (Algérie // celle dont / celle de)

2. À quels postes pensez-vous? (notre jeunesse // ceux que / ceux de)

3. Quel compte d'épargne avez-vous choisi? (j'ai vu dans cette brochure // celui que / celui pour)

4. Qui sont ces employés? (Béatrice // ceux de / ceux qui)

5. Quelle voiture regardent-ils? ( Ø // celle-ci / celle dont)

# The present participle

- To form the present participle, drop the **-ons** ending from the **nous** form of the present tense of a verb and replace it with **-ant**.

| Present participles of some common verbs | | |
|---|---|---|
| **Infinitive** | *Nous* form | **Present participle** |
| aller | allons | allant |
| choisir | choisissons | choisissant |
| écrire | écrivons | écrivant |
| faire | faisons | faisant |
| parler | parlons | parlant |
| prendre | prenons | prenant |

- There are only three irregular present participles in French. They are considered irregular because they are *not* based upon the **nous** forms of the present tense.

| **Infinitive** | **Present participle** |
|---|---|
| être | étant |
| avoir | ayant |
| savoir | sachant |

- When used as verbs, present participles are usually the equivalent of English verbs ending in *-ing*. They are typically preceded by the preposition **en**, meaning *while* or *by*.

  Il lui a indiqué le chemin **en regardant** le plan du quartier.
  *He gave her directions while looking at the map of the neighborhood.*

- Use the present participle to say what caused something or how something occurred.

  Gérard s'est cassé le bras **en tombant** du toit.
  *Gérard broke his arm by falling off of the roof.*

- Use the expression **tout en** to emphasize that two actions occur simultaneously, sometimes when they are not usually done at the same time.

  Il conduit **tout en mangeant** un sandwich.
  *He's driving while eating a sandwich.*

- When a present participle is used as an adjective, it agrees in gender and number with the noun it modifies.

  Nous n'avons pas d'eau **courante**!          Ces filles sont **charmantes**.
  *We don't have any running water!*          *These girls are charming.*

- Present participles can sometimes be used as nouns. These nouns are often professions or other words that refer to a person who engages in a particular activity.

  **consulter** (*to consult*)          **un(e) consultant(e)** (*consultant*)
  **gérer** (*to manage*)          **un(e) gérant(e)** (*manager*)

# Mise en pratique

**1** **À choisir** Mettez au participe présent les verbes entre parenthèses.

1. Charlotte a mangé son repas tout en _____ (lire) son livre.

2. Mon père a fêté sa retraite en _____ (danser) toute la nuit.

3. _____ (Avoir) eu le temps d'arriver à la gare, Mamadou attend le prochain train pour Yaoundé.

4. En _____ (écouter) ce qu'il a à dire, nous trouverons de meilleurs arguments.

5. Antoine gagne sa vie en _____ (investir).

6. En _____ (demander) une augmentation de salaire, j'aimerais améliorer ma situation financière.

7. Il vient d'être licencié. _____ (Être) maintenant au chômage, il a le temps de jouer sur son ordinateur toute la journée.

8. Nous finirons le projet tout en _____ (savoir) que nous ne serons pas toujours d'accord!

**2** **À trouver** Complétez les phrases. Servez-vous du participe présent des verbes de la liste comme adjectifs ou comme noms. Faites tous les changements nécessaires.

| amuser | émigrer | gagner | tomber |
|--------|---------|--------|--------|
| charmer | exiger | imposer | toucher |

1. En France on peut voir de grands monuments _____.

2. La classe a lu des histoires _____ sur des enfants malades.

3. Cette ville est remplie de beaux princes _____.

4. On n'a pas encore annoncé les _____ du concours (*contest*).

5. La formation que vous faites est très _____, mais elle est indispensable.

6. Nous avons passé deux journées _____ au parc d'attractions.

7. Les _____ ont quitté leur pays pour commencer une nouvelle vie.

8. Nous sommes rentrés à la maison, à la nuit _____.

**3** **Autrement dit** Liez (*Connect*) ces phrases à l'aide d'un participe présent.

> **Modèle** **Magali prend sa douche. Elle chante *La vie en rose*.**
> Magali prend sa douche tout en chantant *La vie en rose*.

1. La secrétaire parle au téléphone. Elle écrit rapidement.

2. Ces hommes d'affaires préparent le budget de l'année prochaine. Ils discutent des investissements.

3. Ces femmes achètent ce qui leur plaît. Elles dépensent sans compter.

4. Je travaille beaucoup. Je profite des vacances que l'entreprise offre.

5. Ma collègue me raconte son week-end. Elle sait que je ne l'écoute pas.

6. Le nouveau retraité pleure. Il finit son discours d'adieu (*farewell*).

# *Faire causatif*

- The verb **faire** is often used as a helping verb along with an infinitive to mean *to have something done*.

> J'ai **fait réparer** ma voiture.
> *I had my car repaired.*

- **Faire causatif** can also mean *to cause something to happen* or *to make someone do something*.

> Ce film me **fait pleurer**.
> *This movie makes me cry.*

> Nous vous **faisons perdre** votre temps?
> *Are we making you lose your time?*

- When the infinitive that follows the verb **faire** takes only one object, it is always a direct object. Note, however, that pronouns are placed before the form of **faire**, rather than the infinitive.

> Le propriétaire **fait travailler son fils**.
> *The owner makes his son work.*

> Le propriétaire **le fait travailler**.
> *The owner makes him work.*

> Tu **fais manger la soupe à tes enfants**.
> *You make your children eat the soup.*

> Tu **la leur fais manger**.
> *You make them eat it.*

- The reflexive verb **se faire** means *to have something done for* or *to oneself*.

> Tu **t'es fait couper** les cheveux!
> *You had your hair cut!*

- **Faire causatif** often has idiomatic meanings that do not translate literally as *to do* or *to make*.

| | | | |
|---|---|---|---|
| **faire bouillir** | *to boil* | **faire savoir** | *to inform* |
| **faire circuler** | *to circulate* | **faire sortir** | *to show someone out* |
| **faire cuire** | *to cook* | **faire suivre** | *to forward* |
| **faire entrer** | *to show someone in* | **faire tomber** | *to drop* |
| **faire fondre** | *to melt* | **faire venir** | *to summon* |
| **faire remarquer** | *to point out* | **faire voir** | *to show, to reveal* |

- While **faire** is used with verbs to mean *to make someone do something*, it is not used with adjectives. Use **rendre** with adjectives.

> Cette crise économique me **rend** triste.
> *This economic crisis makes me sad.*

> Les dettes **rendent** la vie difficile.
> *Debts make life difficult.*

# Mise en pratique

**1** **Les phrases** Assemblez les éléments pour faire des phrases.

> **Modèle** **Nous étudions. / le professeur**
> Le professeur nous fait étudier.

1. Leurs employés travaillent. / les gérants
2. Je pleure. / Élodie
3. L'entreprise signe des contrats. / la consultante
4. Mes sœurs font la cuisine. / mes parents
5. Nous avons vu ses photos. / Séverine
6. Tu as remarqué le problème. / Daniel
7. Je suis entré dans le salon. / tu
8. Il tape des lettres. / le cadre
9. Je suis venu. / la présidente de l'université
10. Tu fais la vaisselle. / ta mère

**2** **À compléter** Décidez s'il faut employer **faire** ou **rendre**.

1. Les films romantiques me _____ heureuse.
2. Les histoires tristes me _____ pleurer.
3. Leur patron les _____ furieux.
4. Cet article me _____ réfléchir.
5. Cette bande dessinée me _____ rire.
6. Toi, tu me _____ fou!

**3** **Questions** Répondez à ces questions.

1. Qui vous fait étudier?
2. Qu'est-ce qui vous fait rire?
3. Qu'est-ce qui vous rend triste?
4. Qu'est-ce qui vous fait éternuer?
5. Qu'est-ce qui vous rend malade?
6. Qu'est-ce qui vous fait perdre patience?
7. Qu'est-ce qui vous rend heureux/heureuse?
8. Vous coupez-vous les cheveux vous-même ou les faites-vous couper?
9. Réparez-vous votre voiture vous-même ou la faites-vous réparer?
10. Si vous en aviez la possibilité, que feriez-vous faire à votre professeur de français?

**BLOC-NOTES**

To review formation and use of the **conditionnel**, see **Fiches de grammaire, p. 268**.

# The past conditional

- Use the past conditional (**le conditionnel passé**) to express an action that *would have occurred* in the past.

> Sans les nuages de pollution, nos ancêtres **auraient** mieux **respiré**.
> *Without smog, our ancestors would have breathed better.*

- The past conditional is formed with a **conditionnel** form of **avoir** or **être** and the past participle of the main verb.

|  | faire | partir | se lever |
|---|---|---|---|
| je/j' | aurais fait | serais parti(e) | me serais levé(e) |
| tu | aurais fait | serais parti(e) | te serais levé(e) |
| il/elle | aurait fait | serait parti(e) | se serait levé(e) |
| nous | aurions fait | serions parti(e)s | nous serions levé(e)s |
| vous | auriez fait | seriez parti(e)(s) | vous seriez levé(e)(s) |
| ils/elles | auraient fait | seraient parti(e)s | se seraient levé(e)s |

**BLOC-NOTES**

To review...
- negation, see **Structures 4.2, pp. 138–139**.
- pronoun order, see **Structures 5.3, pp. 180–181**.
- past participle agreement, see **Fiche de grammaire 5.5, p. 256**.

- Verbs in the past conditional follow the same patterns as they do in other compound tenses for negation, adverb and pronoun placement, and past participle agreement.

- Use the past conditional with certain verbs to express regret or reproach. In the past conditional, **aimer** + [*infinitive*] means *would have liked to*; **devoir** + [*infinitive*] means *should have*; **pouvoir** + [*infinitive*] means *could have*; and **vouloir** + [*infinitive*] means *would have liked to*.

> Vous **auriez dû étudier** un peu plus longtemps.
> *You should have studied a little longer.*

> Nous **aurions aimé regarder** un film différent.
> *We would have liked to watch a different film.*

- You have learned that the **conditionnel** can express a future action when talking about the past. The past conditional can act as a *future perfect in the past*, describing events that were to have taken place at a later point.

> Maman nous avait dit qu'elle **serait rentrée** avant minuit, mais elle n'a pas pu.
> *Mom had told us that she would come home before midnight, but she couldn't.*

- Just as the **conditionnel** can express uncertainty about events in the present, the past conditional can express uncertainty about events in the past.

> Selon le journal, il y **aurait eu** une centaine de manifestants samedi.
> *According to the newspaper, there might have been a hundred or so protesters on Saturday.*

# Mise en pratique

**1** **À compléter** Employez le conditionnel passé des verbes entre parenthèses.

1. Selon mon oncle, l'ouragan _____ (détruire) une centaine de bâtiments.

2. Les journaux ont annoncé qu'à cause d'une demande inhabituelle, nous _____ (épuiser) nos réserves de combustibles.

3. Je _____ (s'acheter) la plus grande voiture, mais j'avais peur qu'elle nuise à l'environnement.

4. Je/J' _____ (vouloir voir) moins de pollution, mais j'ai dû rester longtemps dans la capitale.

5. Tu as dit aux représentants de la société de recyclage que tu _____ (ne pas gaspiller) les produits non-renouvelables.

**2** **Y est-il vraiment allé?** Michel a passé des vacances à Tahiti, et ses amis lui demandent comment ça s'est passé. Mais il leur répond évasivement. Employez le conditionnel passé pour répondre comme Michel. Soyez créatifs/créatives.

> **Modèle** **Tu as visité les quartiers intéressants de Papeete?**
> Je les aurais visités, mais je n'avais pas le plan de la ville.

1. Alors, tu es allé à la plage?
2. On t'a servi de délicieux fruits tropicaux?
3. Est-ce que les habitants t'ont parlé français?
4. T'es-tu fait de nouveaux amis?
5. Alors, tu as découvert d'autres îles de l'archipel de la Société?
6. L'île évoque au moins les tableaux de Gauguin?

**3** **Qu'aurait-elle fait?** Malika a passé ses vacances en famille, mais elle aurait aimé les passer avec ses amis. Dites ce qu'elle aurait préféré faire en leur compagnie.

> **Modèle** **Malika et sa famille sont allés dans un musée de peintures. (au centre commercial)**
> Malika, elle, serait allée au centre commercial.

1. Ils ont dormi à l'hôtel. (chez sa copine Manon)
2. Ils ont emporté des jeux de société. (son ordinateur portable)
3. Ils ont souvent mangé dans une crêperie. (dans une pizzeria)
4. Ils ont joué à la pétanque. (au tennis)
5. Ils sont sortis un soir sur trois. (tous les soirs)
6. Ils ont bronzé dans leur jardin. (à la plage)
7. Le premier jour, ils sont partis à 6 heures du matin. (à midi)
8. Ils sont rentrés un dimanche. (un vendredi)

# The future perfect

- Use the future perfect (**le futur antérieur**) tense to describe an action that *will have occurred* before another action in the future.

- Verbs in the future perfect are formed with a **futur simple** form of **avoir** or **être** and the past participle of the main verb.

|  | faire | partir | se lever |
|---|---|---|---|
| je/j' | aurai fait | serai parti(e) | me serai levé(e) |
| tu | auras fait | seras parti(e) | te seras levé(e) |
| il/elle | aura fait | sera parti(e) | se sera levé(e) |
| nous | aurons fait | serons parti(e)s | nous serons levé(e)s |
| vous | aurez fait | serez parti(e)(s) | vous serez levé(e)(s) |
| ils/elles | auront fait | seront parti(e)s | se seront levé(e)s |

- You may contrast two clauses — one with a verb in the future perfect and one with a verb in the **futur simple** — in order to establish that one event will happen before another.

| First event | Second event |
|---|---|
| Quand tu auras fait tes courses,<br>*When you've run your errands,* | je viendrai te chercher en voiture.<br>*I'll come pick you up in the car.* |

- The conjunctions **aussitôt que, dès que, lorsque, quand,** and **tant que** can be followed by a verb in the future perfect, which is the tense almost always used after **après que** (*after*) and **une fois que** (*once*).

Il partira **après qu'**on **aura mangé**.
*He'll leave after we've eaten.*

Tu m'appelleras **dès que** tu **seras rentré**?
*Will you call me as soon as you've returned?*

- When connecting two clauses, note the subtle distinction in meaning between a sentence that uses the **futur simple** after one of these conjunctions and one that uses the future perfect. In neither case are the English equivalents of these conjunctions followed by *will*.

Quand j'aurai des nouvelles,
je vous écrirai.
*When I get some news,*
*I'll write you.*

*but*

Quand j'aurai eu des nouvelles,
je vous écrirai.
*When I've gotten some news,*
*I'll write you.*

- Use **après que** with a conjugated verb when the subject of a subordinate clause is different from that of the main clause. Use **après** with the past infinitive when the subjects of both clauses are the same.

| Different subjects | Same subjects |
|---|---|
| Mémé viendra nous rendre visite<br>après qu'on aura fait le ménage.<br>*Grandma will come visit us after*<br>*we've done the housework.* | Nous sortirons, mais seulement<br>après avoir fait le ménage.<br>*We'll go out, but only after having*<br>*done the housework.* |

**BLOC-NOTES**

To review the forms of the **futur simple**, see **Fiches de grammaire, p. 264.**

**BLOC-NOTES**

To review...

- negation, see **Structures 4.2, pp. 138–139.**
- pronoun order, see **Structures 5.3, pp. 180–181.**
- past participle agreement, see **Fiche de grammaire 5.5, p. 256.**

**ATTENTION!**

In the main clause, an imperative can appear in the place of a verb in the **futur simple**.

**Quand tu auras fait les courses, téléphone-moi.**
*When you've run your errands, call me.*

**BLOC-NOTES**

To review the use of the **futur simple** with certain conjunctions, see **Fiches de grammaire, p. 264.**

# Mise en pratique

**1** **À compléter...** Mettez les verbes entre parenthèses au futur antérieur.

1. Quand le soleil _____ (réapparaître) après l'inondation, le niveau des eaux commencera à baisser.

2. Mesdames et messieurs, vous pourrez admirer la chaîne montagneuse lorsque vous _____ (arriver) au bout du sentier.

3. Le réchauffement de la planète, s'il continue, _____ (tuer) beaucoup de récifs de corail.

4. Après que nous _____ (finir) de sauver les forêts tropicales, les températures de la planète se stabiliseront.

5. Dès que le nuage de pollution _____ (se lever), je ferai du jogging.

6. On consommera moins de combustibles quand les habitants des grandes villes _____ (apprendre) à se servir des transports en commun.

7. Grâce aux nouveaux styles de construction, les tremblements de terre _____ (détruire) moins de bâtiments au cours de ce siècle.

8. Je dépenserai beaucoup d'argent pour l'électricité tant que je _____ (ne pas jeter) mon vieux chauffe-eau (*water heater*), qui gaspille trop d'énergie.

**2** **Avant le départ** Monsieur Arnal et sa famille vont partir demain pour Nouméa. Mettez les verbes entre parenthèses au futur antérieur ou à l'infinitif passé.

Demain, ma famille et moi devons partir tôt pour l'aéroport, et nous n'aurons pas de temps à perdre. Après que ma femme (1) _____ (se lever), j'irai réveiller les enfants. Ils devront s'habiller rapidement après (2) _____ (prendre) leur petit-déjeuner. Moi, après (3) _____ (se brosser) les dents, je ferai la vaisselle. Ma femme prendra sa douche aussitôt que je (4) _____ (sortir) de la salle de bains. Après (5) _____ (s'habiller), nous téléphonerons à mes parents pour leur dire au revoir. Enfin, après (6) _____ (chercher) les passeports, ma femme donnera la clé de la maison aux voisins, qui vont la surveiller pendant notre absence.

**3** **Dialogue** Pascal énerve souvent Kamil, son camarade de chambre, parce qu'il fait beaucoup de promesses, mais ne fait jamais rien. À deux, terminez le dialogue.

**KAMIL** Mais quand est-ce que tu vas ranger tes livres?

**PASCAL** Aussitôt que je/j' (1) _____, je rangerai mes livres.

**KAMIL** Tes amis ont mangé dans la cuisine et sont partis sans la nettoyer.

**PASCAL** D'accord! Ils la nettoieront dès qu'ils (2) _____.

**KAMIL** Et mes CD? Pourquoi est-ce que vous les avez pris?

**PASCAL** Nous te les rendrons une fois que nous (3) _____.

**KAMIL** Ah, et il n'y a plus rien à manger dans le frigo.

**PASCAL** Je passerai au supermarché demain quand tu (4) _____.

**KAMIL** Et j'en ai marre de tes vêtements sales par terre.

**PASCAL** Je ferai ma lessive aussitôt que je/j' (5) _____.

**KAMIL** Des promesses, toujours des promesses!

## Note CULTURELLE

**Nouméa**, capitale de la **Nouvelle-Calédonie**, collectivité française d'outre-mer (*overseas*), est une des villes les plus industrialisées du Pacifique Sud. La ville prend pourtant des mesures pour préserver les richesses naturelles, et est aujourd'hui un exemple de l'harmonie entre nature et urbanisation.

# Si clauses

- **Si** (*If*) clauses express a condition or event upon which another event depends. The **si** clause is the subordinate clause, and the result clause is the main clause.

- If the result clause is the timeless, automatic effect of a general cause or condition introduced by **si**, use the present tense in both clauses.

| Si clause: present tense | Main clause: present tense |
|---|---|
| **Si** je **suis** malade, | je **reste** chez moi. |
| *If I am ill,* | *I stay at home.* |

- To talk about possible future events, use the present tense in the **si** clause to say that if something occurs, something else will result. Use the **futur proche**, **futur simple**, or imperative in the main clause.

| Si clause: present tense | | Main clause |
|---|---|---|
| **Si** l'ouragan **arrive** ce soir, | *FUTUR PROCHE* | **on va rester** chez nous demain. |
| *If the hurricane arrives tonight,* | | *we're going to stay home tomorrow.* |
| **S'il continue** à pleuvoir, | *FUTUR SIMPLE* | il y **aura des** inondations. |
| *If it keeps raining,* | | *there will be floods.* |
| **S'il y a** des déchets par terre, | *IMPERATIVE* | **jetez-les** dans la poubelle. |
| *If there is trash on the ground,* | | *throw it in the garbage.* |

- A **si** clause can speculate on what *would happen* if a condition or event *were to occur*. For such contrary-to-fact statements, use a verb in the **imparfait** in the **si** clause and a verb in the **conditionnel** in the main clause.

| Si clause: imparfait | Main clause: conditionnel |
|---|---|
| **Si** on **donnait** à manger aux animaux du zoo, | on **mettrait** leur vie en danger. |
| *If we fed the zoo animals,* | *we would put their lives in danger.* |

- **Si** clauses with the **imparfait** are often used without a main clause to make a suggestion or to express a wish or regret. The main clause may also be omitted in English in these types of expressions.

| | |
|---|---|
| Si on **allait** au zoo demain? | Ah! **Si** j'**étais** plus grand, plus beau, plus riche! |
| *What if we went to the zoo tomorrow?* | *If only I were taller, more handsome, richer!* |

- To make a statement about something that occurred in the past and could have happened differently, use the **plus-que-parfait** in the **si** clause and the **conditionnel passé** in the main clause.

| Si clause: plus-que-parfait | Main clause: conditionnel passé |
|---|---|
| **Si** nous **avions fait** du camping, | nous **aurions économisé** de l'argent. |
| *If we had gone camping,* | *we would have saved money.* |

---

**ATTENTION!**

The order of the subordinate and main clauses can vary in any **si** construction.

**Si on allait au zoo, on pourrait voir les tigres.**
*If we went to the zoo, we could see the tigers.*

**Restez à la maison si l'ouragan passe demain.**
*Stay at home if the hurricane comes tomorrow.*

---

**BLOC-NOTES**

To review…

- the **futur proche**, see Structures 1.2, pp. 22–23.
- the **imperative**, see **Fiche de grammaire 1.5, p. 240.**
- the **imparfait**, see Fiche de grammaire 3.5, p. 248.
- the **conditionnel**, see Fiches de grammaire, p. 268.
- the **plus-que-parfait**, see Structures 4.1, pp. 134–135.

# Mise en pratique

**1** **Situations** Complétez les phrases.

**A. Situations possibles dans le futur**

1. Si Thérèse n'_____ (arriver) pas bientôt, nous devrons faire la queue.

2. Si vous _____ (continuer) à chasser les ours, cette espèce va finir par être en voie d'extinction.

**B. Situations hypothétiques dans le présent**

3. Le trou dans la couche d'ozone _____ (être) encore plus grand si on utilisait encore certains produits nuisibles.

4. Si les gens _____ (recycler) plus souvent, il n'y aurait pas autant de déchets par terre (*on the ground*).

**C. Situations hypothétiques dans le passé**

5. S'il _____ (ne pas pleuvoir), nous n'aurions pas vu cet arc-en-ciel.

6. Le prix des combustibles _____ (baisser) si nous avions choisi d'utiliser d'autres sources d'énergie.

**2** **Il faut être optimiste** Carole et Laëtitia travaillent pour Sauveterre, une organisation environnementale. Employez les temps qui conviennent pour compléter le dialogue.

**CAROLE** Si nous (1) _____ (travailler) jusqu'à dix heures ce soir, nous pourrons finir les nouvelles brochures sur le réchauffement de l'atmosphère.

**LAËTITIA** Penses-tu que les gens vont les jeter à la poubelle? S'ils s'inquiétaient vraiment pour l'environnement, les fleuves (2) _____ (être) moins pollués et nous ne (3) _____ (gaspiller) pas autant d'énergie.

**CAROLE** C'est vrai. Mais si le public ne (4) _____ (s'intéresser) pas du tout à l'environnement et ne (5) _____ (faire) pas d'efforts pour le protéger, nous respirerions un air encore plus impur et les forêts (6) _____ (disparaître) plus vite.

**LAËTITIA** Tu as raison. Je ne me pose plus de questions. Alors si nous (7) _____ (voir) quelqu'un jeter sa brochure à la poubelle, recyclons-la et (8) _____ (être) optimistes!

**3** **Si j'étais** À deux, imaginez votre vie si vous étiez une de ces célébrités. Ensuite, à tour de rôle, présentez vos idées à la classe.

**Modèle** **Scarlett Johansson**
Si j'étais Scarlett Johansson, je travaillerais avec un réalisateur français.

- Justin Timberlake
- Madonna
- Will Smith
- Lindsay Lohan
- Zac Efron
- Miley Cyrus
- ?

# The passive voice

- The passive voice consists of a form of **être** followed by a past participle which agrees in gender and number with the subject.

| Active voice | Passive voice |
|---|---|
| Les ours **mangent** les poissons. | Les poissons **sont mangés** par les ours. |
| *Bears eat fish.* | *Fish are eaten by bears.* |

- In the active voice, word order is normally [*subject*] + [*verb*] + [*object*].

| SUBJECT | VERB | OBJECT |
|---|---|---|
| **L'incendie** | **a détruit** | **les forêts.** |
| *The fire* | *destroyed* | *the forests.* |

- The passive voice places the focus on what happened rather than on the agent (the person or thing that performs an action). Word order changes to [*subject*] + [*verb*] + [*agent*], and the direct object of an active sentence becomes the subject in the passive voice.

| SUBJECT | VERB | AGENT |
|---|---|---|
| **Les forêts** | **ont été détruites** | **par l'incendie.** |
| *The forests* | *were destroyed* | *by the fire.* |

- The verb **être** can be used in different tenses with the passive voice. Note that the past participle always agrees with the subject of **être**.

L'eau **est contaminée** par l'usine.
*The water is contaminated by the factory.*

L'eau **a été contaminée** par l'usine.
*The water was contaminated by the factory.*

L'eau **sera contaminée** par l'usine.
*The water will be contaminated by the factory.*

- In a passive sentence, the agent is not necessarily mentioned at all.

La forêt **a été détruite**.
*The forest was destroyed.*

Les poissons **seront mangés**.
*The fish will be eaten.*

- If you want to mention the agent, you usually use **par** (*by*).

La couche d'ozone est menacée **par** la pollution.
*The ozone layer is threatened by pollution.*

- With certain verbs that convey a state resulting from an event or that express a feeling or a figurative sense, use **de** instead of **par**. Such verbs include **admirer**, **aimer**, **couvrir**, **craindre**, **détester**, and **entourer**.

Le toit était couvert **de** neige.
*The roof was covered with snow.*

Les peintures sont admirées **des** visiteurs.
*The paintings are admired by the visitors.*

**ATTENTION!**

The passive voice is not appropriate in some types of formal writing. Nevertheless, it has some useful applications, such as when you want to place emphasis on the event rather than on the agent or when the agent is unknown. Journalists and scientists often use the passive voice.

**ATTENTION!**

You can avoid mentioning an agent without using the passive voice by using the pronoun **on**.

**On protège l'environnement.**
*The environment is protected (by someone).*

# Mise en pratique

**1** **Voix active ou passive?** Ces phrases sont-elles à la voix active ou passive?

1. Le village a été détruit par un tremblement de terre.

2. Les policières ont prévenu le public.

3. Les pluies acides sont causées par la pollution.

4. Les hommes ont chassé les lions.

5. La forêt est protégée par les écologistes.

6. Jamel et Philippe ont vu le film.

7. Le château est entouré d'un mur.

8. On chasse les ours.

**2** **À transformer** Transformez ces phrases en les mettant à la voix passive.

1. Tom Selleck interprète Dwight Eisenhower dans un film.

2. Léonard de Vinci a peint ces magnifiques tableaux.

3. On a détruit le mur de Berlin en 1989.

4. Alexander Fleming a découvert la pénicilline.

5. On a célébré le bicentaire des États-Unis en 1976.

6. Jonas Salk a mis au point un vaccin contre la polio.

**3** **Et les femmes?** Transformez ces phrases en les mettant à la voix active.

1. La Résistance a été soutenue par l'action de Joséphine Baker.

2. Certains avions ont été pilotés par Amelia Earhart.

3. La série Harry Potter est écrite par J. K. Rowling.

4. Helen Keller a été aidée par Anne Sullivan.

5. Beaucoup de matchs ont été gagnés par Billie Jean King.

6. Des thèmes vietnamiens sont choisis par Nguyen Dieu Thuy pour ses peintures.

# Dialogues des courts métrages

## LEÇON 1

### Court métrage: *Le Télégramme*

Réalisatrice: Coralie Fargeat
Pays: France

**PIERRETTE** Encore un peu de thé?

**BLANCHE** S'il vous plaît, oui… Alors, vous avez eu des nouvelles?

**PIERRETTE** Non, depuis sa dernière permission, toujours pas. Et vous?

**BLANCHE** Oh, moi, mon fils, il n'a jamais aimé écrire… De toute manière, ça ne veut rien dire, le courrier met tellement de temps pour venir jusqu'ici… C'est tellement désorganisé.

**PIERRETTE** Sauf pour les télégrammes. Voilà MacLaurie.

**BLANCHE** Dieu sait chez qui il va aujourd'hui.

**PIERRETTE** Ne vous inquiétez pas, Blanche, ça ne peut pas être pour vous. Félix est parti il y a si peu.

**BLANCHE** Vous dites ça à chaque fois, vous ne pouvez pas savoir. Personne ne peut savoir. Oh, bien sûr, pour vous, c'est différent. Votre fils est officier.

**PIERRETTE** Ah oui, et pourquoi ça serait différent?

**BLANCHE** Tout le monde sait que… c'est plus facile pour eux… Ils mangent mieux, ils ont des meilleurs vêtements aussi. Enfin, une vie plus facile quoi…

**PIERRETTE** Ça ne les dispense pas du champ de bataille, ni de mourir comme les autres.

**BLANCHE** Oui, peut-être… Votre fils a quand même fait des études.

**PIERRETTE** Soit… Encore un peu de thé?

**BLANCHE** Ce n'est pas pour Marthe. J'avais pourtant espéré qu'…

**PIERRETTE** Enfin, Blanche!

**BLANCHE** Oh, je vous en prie, hein! Pas tant de manières! Je suis sûre que, vous aussi, vous espériez qu'il s'arrête chez elle. C'est humain après tout. Vous savez, je suis sûre qu'il va chez Renée… ou chez Juliette.

**PIERRETTE** Vraiment?

**BLANCHE** Leur fils, il fait partie des bataillons spéci[aux]. Alors, forcément, il y a plus de risques… Il est fier de ce qu'il fait. Il est fier de savoir avant tout le monde.

**PIERRETTE** C'est vrai que ça lui donne un certain pouvoir.

**BLANCHE** D'ailleurs, moi, je ne l'ai jamais beaucoup aimé… même avant la guerre. Ce MacLaurie, ça se voit qu'il n'est pas d'ici… Toujours à se tenir à l'écart, à garder ses distances… On dit que sa femme a encore eu une crise d'hystérie.

**PIERRETTE** Encore un petit gâteau, peut-être?

**BLANCHE** C'est incroyable que ce soit cet estropié qui apporte les télégrammes militaires. Mais regardez-moi ça, il avance si lentement qu'on dirait que c'est pour faire durer le supplice! Mon Dieu, faites qu'il s'arrête chez Juliette!

**PIERRETTE** Blanche, ça ne sert à rien…

**BLANCHE** Mais vous ne voyez pas que c'est notre dernière chance! Oh, c'est atroce, cette attente. Je ne veux même plus regarder. Il veut nous faire mourir à petit feu ce… ce… ce sadique. Il faut que ce soit pour Juliette! Mais enfin, dites quelque chose!

**PIERRETTE** Il arrive à sa maison.

**BLANCHE** Frappe… frappe… Alors, c'est sûrement pour moi… J'ai fait ce rêve… Félix… mon Félix. Il était en train de s'enfoncer dans la boue. Il criait. J'étais juste à côté de lui et puis, et puis, il s'enfonçait… il continuait à s'enfoncer… Non… ce n'est pas possible… Ce n'est pas possible… Dieu ne peut pas me prendre mon fils comme ça… Et pourquoi ça ne serait pas pour vous, d'abord? Je n'ai rien fait de mal, moi. J'ai toujours été une bonne mère… une bonne chrétienne… Oh, mon Dieu, sauvez mon fils, mon Dieu, sauvez mon fils…

**PIERRETTE** Il a passé votre maison.

**BLANCHE** Pierrette!

**PIERRETTE** Taisez-vous. Il n'y a plus rien à dire.

**BLANCHE** Bonté du ciel!

BUREAU DES AFFAIRES MILITAIRES – À L'ATTENTION DE MONSIEUR MACLAURIE – VOTRE FILS – MORT AU COMBAT – SINCÈRES CONDOLÉANCES

## LEÇON 2

### Court métrage: *J'attendrai le suivant…*

Réalisateur: Philippe Orreindy
Pays: France

**ANTOINE** Mesdames, Mesdemoiselles… Messieurs, bonsoir. Excusez-moi de vous déranger… Je sais bien que vous êtes énormément sollicités à l'heure actuelle. Tout d'abord, je m'en excuse… et puis, je me présente. Je m'appelle Antoine et j'ai 29 ans. Rassurez-vous, je ne vais pas vous demander d'argent. Ce qui m'amène à vous ce soir, eh bien, c'est que j'ai lu récemment, dans un magazine qu'il y avait en France près de 5 millions de femmes célibataires. Où sont-elles? Ça fait bientôt trois ans et demi que je suis tout seul. Je n'ai pas honte de le dire… Mais j'en ai marre! Pour passer ses soirées devant son micro-onde, pour regarder ses programmes débiles à la télé, ce n'est pas une vie. Minitel, Internet… pour se faire poser des lapins… Ça ne m'intéresse pas! Je suis informaticien… je gagne bien ma vie… 2.600 euros par mois… je suis assez sportif… je fais bien la cuisine… Vous pouvez rire, vous pouvez rire… Moi, je crois au bonheur. Je cherche simplement une femme, ou bien une jeune femme… de 18 à 55 ans, voilà, qui aurait, elle aussi, du mal à rencontrer quelqu'un… par les voies normales… et qui voudrait, pourquoi pas… partager quelque chose de sincère avec quelqu'un. Voilà… Si l'une d'entre vous se sent intéressée… eh bien, elle peut descendre discrètement à la station suivante… Je la rejoindrai sur le quai.

**HOMME** Mais arrêtez vos salades, là! Restez célibataire! Moi, ça fait cinq ans que je suis marié avec une emmerdeuse! Si vous voulez, je vous donne son numéro de téléphone au boulot… Elle est coiffeuse. Vous l'appelez, vous voyez avec elle… Mais il ne faudra pas venir vous plaindre après, hein!…
**ANTOINE** C'est très aimable à vous, Monsieur, mais je ne cherche pas la femme d'un autre. Ou alors, il faudrait peut-être lui demander son avis, non?
**HOMME** Mais non! Elle est d'accord, j'en suis sûr! Il n'y a que l'argent qui l'intéresse! Et je crois que vous en avez, vous, non?
**ANTOINE** Je cherche l'amour, moi, Monsieur, je ne cherche pas un marché!
**HOMME** Oh là là, eh, vous êtes mal barré dans la vie, vous, hein! Il va falloir que vous en fassiez des rames de métro!
**ANTOINE** Excusez ce monsieur, qui, je pense, ne connaîtra jamais l'amour.
**HOMME** Abruti!
**ANTOINE** C'est ça… C'est ça… Mesdemoiselles, je réitère ma proposition. S'il y en a une parmi vous qui est sensible à ma vision de l'amour, eh bien, qu'elle descende… Mademoiselle, c'était un sketch.

**ANTOINE** Si le spectacle vous a plu…
**HOMME** …une petite pièce sera la bienvenue.

## LEÇON 3

### Court métrage: *Émilie Muller*

Réalisateur: Yvon Marciano
Pays: France

**ASSISTANT** Bonjour… Émilie.
**RÉALISATEUR** Merci.
**ÉMILIE** Bonjour.
**RÉALISATEUR** Bonjour, asseyez-vous. Vous vous appelez comment?
**ÉMILIE** Émilie Muller.
**RÉALISATEUR** C'est votre vrai nom?
**ÉMILIE** Oui.
**RÉALISATEUR** Vous êtes comédienne?
**ÉMILIE** J'ai joué un petit rôle une fois au théâtre, il y a très longtemps, mais on ne peut pas appeler ça comédienne.
**RÉALISATEUR** C'est tout?
**ÉMILIE** Oui.
**RÉALISATEUR** Pas de films?
**ÉMILIE** Non, jamais.
**RÉALISATEUR** Des auditions?
**ÉMILIE** Non, c'est la première fois.
**RÉALISATEUR** Pas d'école? Pas de cours d'art dramatique?
**ÉMILIE** Heu… non, je suis désolée.
**RÉALISATEUR** Comment vous avez appris qu'on cherchait une comédienne?
**ÉMILIE** C'est une amie, elle voulait que je l'accompagne. Elle a beaucoup insisté. Puis, finalement, c'est elle qui n'est pas venue.
**RÉALISATEUR** Vous êtes venue quand même.
**ÉMILIE** Oui, à cause de l'histoire, enfin le scénario. Cet homme coincé dans une pièce et cette femme qui court le monde à sa place, ça m'a… ça m'a beaucoup touchée.

**RÉALISATEUR** Est-ce que vous pourriez me montrer ce qu'il y a dans votre sac, dans votre sac à main?
**ÉMILIE** Dans mon sac?
**RÉALISATEUR** Oui.
**ÉMILIE** Mais je…
**RÉALISATEUR** Vous ne voulez pas? Allez-y, allez-y!
**ÉMILIE** Ah si, d'accord.
**RÉALISATEUR** Vous trouvez peut-être ça indiscret?
**ÉMILIE** Non. Non, pas du tout. En fait, vous voulez que je vide mon sac.
**RÉALISATEUR** Mmm…
**ÉMILIE** Je fais comment?
**RÉALISATEUR** Vous tirez un objet au hasard, et puis vous me racontez ce que ça fait dans votre sac, ce que ça vous évoque. D'accord, on va tourner. Tout le monde est prêt? Moteur!

*(Des assistants: Ça tourne! Annonce! Émilie Muller, première!)*

**ÉMILIE** Bon, j'y vais, là? Vous savez, il n'y a rien d'extraordinaire. Un porte-monnaie. Un poudrier. Ce matin, en venant ici, j'ai traversé un marché. Il y avait des fruits de toutes les couleurs et des pommes… des pommes rouges et vertes. Comme je m'étais arrêtée pour les regarder, le marchand en a pris une et me l'a donnée, voilà.
**RÉALISATEUR** C'est quoi?
**ÉMILIE** Ça? Des petites annonces.
**RÉALISATEUR** Vous cherchez quelque chose?
**ÉMILIE** En ce moment, rien. Mais ça m'arrive de chercher du travail, oui.
**RÉALISATEUR** Quel genre de travail?

**ÉMILIE**  En fait, j'en change tout le temps. Femme de chambre, baby-sitter, serveuse dans un bar, documentaliste… En ce moment, je suis correctrice dans une maison d'édition. Ça me plaît beaucoup. Le défaut, c'est que dans un texte, je ne vois plus que les défauts, justement. C'est fou, quand on est un peu curieux, ce qu'on peut trouver dans les petites annonces. Et puis, je trouve que c'est tellement formidable de… de savoir que quelques mots dans un journal peuvent changer une vie. J'aime bien lire les annonces de maisons aussi, parce que je rêve d'avoir une maison à moi. Oh, pas grand-chose, une petite maison, tout au fond d'une forêt, ça me suffirait. Mais, une maison où je pourrais aller quand j'en ai envie, où je pourrais amener des amis, où l'on pourrait boire, écouter de la musique jusque très tard dans la nuit. Quand je lis l'annonce d'une maison, j'imagine aussitôt la vie que je pourrais y mener parce que, bon, une maison, c'est forcément le début d'une nouvelle vie; je veux dire des odeurs différentes, des couleurs nouveaux… nouvelles? Ou alors la solitude. Totale. Rien, personne à qui parler. Je rêve de ça quelquefois.

**RÉALISATEUR**  Ça ne vous fait pas peur?

**ÉMILIE**  Oh non, pas du tout. Très tôt, mes parents m'ont appris à rester seule. Ils me laissaient des après-midi entières, avec un livre, oui. Mais je n'ai pas le souvenir d'avoir eu peur, non jamais. Ah, une bague. C'est un très vieil ami qui me l'a donnée. C'était… c'était à sa mère qui est morte. Je n'ai jamais pu la mettre.

**RÉALISATEUR**  Pourquoi?

**ÉMILIE**  C'est trop lourd à porter. Un billet d'avion.

**RÉALISATEUR**  Un vieux billet?

**ÉMILIE**  Non, un billet neuf qu'un ami m'a envoyé. Paris-Nice aller-retour. Je ne sais pas si j'irai.

**RÉALISATEUR**  Et pourquoi ça?

**ÉMILIE**  Il m'a dit qu'il avait là-bas un appartement tout blanc qui donne sur la mer. Comme dans un tableau de… Non, en fait, ce serait pour aller voir une tombe.

**RÉALISATEUR**  Une…?

**ÉMILIE**  Une tombe. Vous savez, une tombe. Parce que tout au bout de la ville, il y a un cimetière paraît-il, tout blanc. Matisse, le peintre Matisse, est enterré là. Sa tombe est nue, avec un bouquet de fleurs rouges, toujours les mêmes. Quelqu'un, on ne sait pas qui, une femme peut-être, vient les changer tous les jours. Quand il m'en a parlé, je lui ai dit que j'avais très envie de voir cette tombe, alors voilà, hier, j'ai reçu ce billet. Mais bon, si je pars, j'ai peur de ne pas revenir. Un petit carnet, pour noter.

**RÉALISATEUR**  Pour noter quoi?

**ÉMILIE**  Une histoire, un bout de rêve, une phrase que j'ai lue dans un livre. Je passe mon temps à noter, c'est une manie absurde.

**RÉALISATEUR**  Pourquoi absurde?

**ÉMILIE**  Parce que ça ne sert à rien. Ce qui compte vraiment, c'est inutile de le noter, on s'en souvient.

**RÉALISATEUR**  Et c'est votre journal aussi?

**ÉMILIE**  Ça, oui. J'écris tous les jours, je m'oblige à écrire tous les jours. C'est comme un travail. J'écris ce que je vois, ce que je fais, les gens que je rencontre, tout.

**RÉALISATEUR**  Et vous n'avez pas peur qu'on le lise?

**ÉMILIE**  Oh si! L'autre jour, j'ai perdu un de mes carnets. heu, carnet…

**RÉALISATEUR**  Car-net.

**ÉMILIE**  Oui, carnet. Depuis ça, je n'arrête pas de faire des cauchemars. Je rêve qu'on le retrouve, qu'on vient me demander des comptes sans arrêt. Il y a des choses terribles, des choses que je n'ai jamais dites à personne.

**RÉALISATEUR**  Vous pourriez me lire quelque chose comme ça, enfin, au hasard?

**ÉMILIE**  Lundi 7 juillet : «J'ai connu le bonheur, mais ce n'est pas ce qui m'a rendue la plus heureuse.» C'est joli, non?

**RÉALISATEUR**  C'est de vous?

**ÉMILIE**  Non, de Jules Renard. J'ai lu ça dans son journal. Attendez, il y a une phrase très drôle que j'ai notée l'autre jour, il faudrait que je la retrouve.

**RÉALISATEUR**  Est-ce que vous voulez un petit peu de café?

**ÉMILIE**  Non, non merci.

**RÉALISATEUR**  Dites-moi, est-ce que vous aimez séduire?

**ÉMILIE**  Franchement, je ne crois pas.

**RÉALISATEUR**  Mais on aime tous séduire, non?

**ÉMILIE**  Moi… moi, c'est plutôt le désir de l'autre qui me séduit.

**RÉALISATEUR**  C'est-à-dire?

**ÉMILIE** Oui, dès qu'on me montre un peu d'intérêt, un peu d'attention, je ne résiste pas. Je voudrais faire autrement, mais je ne peux pas, c'est plus fort que moi.

**RÉALISATEUR** Mais les hommes doivent en profiter, non?

**ÉMILIE** Alors, je les laisse tomber. C'est très inattendu parfois.

**RÉALISATEUR** Par exemple?

**ÉMILIE** Je ne sais pas, il peut suffire d'un mot, d'un geste. Pour eux c'est sans importance, mais pour moi, c'est suffisant. Ça suffit pour que je me rende compte que… qu'il n'y a rien de commun entre nous.

**RÉALISATEUR** Et après, vous ne les revoyez plus?

**ÉMILIE** Ah non, ça je ne peux pas. Les gens que j'ai aimés, je cherche toujours à les revoir. J'ai toujours besoin de savoir ce qu'ils font, ce qu'ils sont devenus, même si je ne les vois pas pendant des mois. Le fait simplement de savoir qu'ils sont là, quelque part, que là où ils sont, ils sont bien, et qu'il suffit d'un signe pour qu'on se retrouve, vous ne pouvez pas imaginer, c'est important. En cherchant à effacer quelqu'un de sa vie, c'est finalement un peu de sa vie qu'on efface. Et puis la vie fait déjà tout pour séparer les gens, alors… Un… un stylo… pour… C'est un cadeau de mon ami, pour son anniversaire.

**RÉALISATEUR** Pour son anniversaire?

**ÉMILIE** Oui, il a toujours préféré faire des cadeaux plutôt qu'en recevoir. Une carte postale d'une amie. Ça fait très, très longtemps que je n'avais pas eu de ses nouvelles. Elle vit au Brésil, à São Paulo. Depuis cinq ans, elle est bonne sœur. Là, elle m'écrit pour me dire qu'elle a tout abandonné, et qu'elle vient de se marier avec un prêtre. Si je pouvais, je prendrais le premier avion.

**RÉALISATEUR** Il reste des choses?

**ÉMILIE** Qu'est-ce qu'il y a encore… Oui… Une carte de bibliothèque. Une carte de donneur d'organes.

**RÉALISATEUR** De…?

**ÉMILIE** Oui, de donneur d'organes. Si je meurs, je fais don de mes organes. Ça, je n'en prends presque jamais, mais je l'ai toujours sur moi, à cause de… à cause des insomnies. Le plus terrible, c'est entre quatre et cinq heures du matin, quand on n'a rien prévu, qu'on n'a même pas un bon livre ou quelques biscuits à grignoter. Un paquet de cigarettes.

**RÉALISATEUR** Vous fumez beaucoup?

**ÉMILIE** Moi? Moi, je ne fume pas. C'est pour les amis.

**RÉALISATEUR** Et vous avez beaucoup d'amis?

**ÉMILIE** Non. J'ai un ami justement qui a une théorie là-dessus. Il dit que… que l'être humain a une capacité limitée d'avoir des amis. Que si vous en ajoutez un nouveau, il en chasse un que vous aviez déjà. Je suis d'accord, je crois que dans une vie, on ne peut avoir que deux ou trois amis… et encore!

**RÉALISATEUR** Mais quelles sont les qualités qui vous touchent le plus chez un homme?

**ÉMILIE** Qui me touchent le plus? Qu'il puisse être touché, justement. Qu'il puisse admirer aussi. C'est important d'admirer. Mais bon, ce n'est pas valable seulement pour les hommes. Je crois que j'aime encore plus quelqu'un s'il est capable d'être ému, c'est vrai.

**RÉALISATEUR** Et votre ami? Il a cette qualité?

**ÉMILIE** Mais je crois, oui.

**RÉALISATEUR** Et quels sont ses défauts?

*(Un assistant: Émilie Muller, deuxième!)*

**RÉALISATEUR** On est obligé de reprendre parce qu'on n'avait plus de pellicule. Donc, on parlait de votre ami et je vous demandais quels étaient ses défauts.

**ÉMILIE** Ah oui, ses défauts… Je ne lui en connais qu'un, un seul, mais il est terrible.

**RÉALISATEUR** Lequel?

**ÉMILIE** Tout le monde l'aime et… et lui, il n'aime personne.

**RÉALISATEUR** Continuez.

**ÉMILIE** Un canif. Tiens, un harmonica. On dit «un» ou «une» harmonica?

**RÉALISATEUR** Un, je crois.

**ÉMILIE** Une épingle à nourrice. Un vieil agenda.

**RÉALISATEUR** Vous avez un livre sur vous?

**ÉMILIE** Un livre? Oui, toujours.

**RÉALISATEUR** Vous pouvez me le montrer? C'est quoi?

**ÉMILIE**  C'est un… c'est un livre de souvenirs. Je ne lis plus que ça. Et des biographies, des journaux intimes, aussi. Il faut que je sois sûre que ce que je lis a été vécu par quelqu'un, sans ça, le livre me tombe des mains. Là, ça, c'est un livre d'un écrivain américain. À un moment donné, il explique que sa mère est morte sans avoir jamais rien lu de lui. Vous savez pourquoi? Parce qu'à chacun de ses livres, il se disait que le prochain serait meilleur, donc plus digne d'elle. C'est magnifique, non? En fait, je lis très peu de livres en entier, je saute toujours de l'un à l'autre, d'une page à l'autre, tout le temps.

**RÉALISATEUR**  Mais pourquoi?

**ÉMILIE**  Est-ce que vous avez déjà rencontré la femme de votre vie?

**RÉALISATEUR**  Pardon?

**ÉMILIE**  Oui, la femme, celle qui, au premier regard, remplace toutes les autres. Bon, imaginons que vous la cherchiez, que vous ne la connaissiez pas. Vous êtes sûr seulement d'une seule chose: quand cette femme sera là devant vous, pour la première fois, eh bien, il n'y aura aucun doute, ce sera elle que vous avez cherchée. Eh bien, la lecture, c'est pareil. En lisant, on cherche tous quelque chose d'unique. Mais cette chose, bien sûr, reste toujours introuvable.

**RÉALISATEUR**  Et si vous la trouviez, cette chose?

**ÉMILIE**  Eh bien, alors là, ça me bouleverserait la vie, tout simplement.

*(Un assistant: Émilie Muller, troisième!)*

**RÉALISATEUR**  Allez-y.

**ÉMILIE**  Je crois que c'est fini, là. Ah non, il y a encore une petite poche. Là, c'est mon ami, il dort. C'est le seul moment où il accepte d'être photographié. Là, c'est ma mère. Quand elle était jeune. J'ai trouvé cette photo il y a quelques jours dans une malle et je ne l'avais jamais vue. J'aime bien le regard de ma mère, son sourire surtout. C'est la première fois que je la vois dans les bras d'un autre homme que mon père. Ils ont l'air très amoureux. Je suis contente qu'avant nous, avant mon père, elle a pu être heureuse.

**RÉALISATEUR**  Ils comptent beaucoup vos parents?

**ÉMILIE**  Oui, ils sont tout pour moi. L'idée qu'un jour ils… Voyez, j'en tremble.

**RÉALISATEUR**  Et vous pouvez me parler de vous, petite fille?

**ÉMILIE**  Pendant longtemps, je suis restée petite.

**RÉALISATEUR**  Pourquoi?

**ÉMILIE**  Je ne voulais pas grandir. J'étais tellement bien! Je ne sais plus quel est l'écrivain qui dit que, quand il était jeune, enfin petit, il ne se souvient pas d'avoir touché terre, tellement il passait de bras en bras. Moi, c'est pareil. J'avais des parents très rassurants qui m'ont beaucoup protégée.

**RÉALISATEUR**  Vous êtes de quelle origine?

**ÉMILIE**  Je suis… hongroise.

**RÉALISATEUR**  Vous pourriez me dire quelque chose, comme ça, en hongrois? Un poème, par exemple.

**ÉMILIE**  Vous n'allez pas comprendre grand-chose.

**RÉALISATEUR**  Pas grave.

*(Elle dit un court poème en hongrois.)*

**RÉALISATEUR**  D'accord.

**ÉMILIE**  Voilà.

**RÉALISATEUR**  Et quand vous étiez petite, est-ce que vous saviez ce que vous vouliez faire plus tard?

**ÉMILIE**  Heu, oui… Avec mon frère, on voulait être astronautres… astronautes, oui. On passait notre temps à observer le ciel. On nous aurait proposé de partir pour Vénus ou Mars ou Jupiter, on aurait été fous de joie, on serait partis tout de suite.

**RÉALISATEUR**  Et ça ne s'est pas fait?

**ÉMILIE**  Non, allez savoir pourquoi.

**RÉALISATEUR**  Bon, on peut couper, c'est fini. Voilà, les quinze minutes sont passées.

**ÉMILIE**  Déjà?

**RÉALISATEUR**  Eh bien, merci beaucoup.

**ÉMILIE**  Au revoir.

**RÉALISATEUR**  Au revoir. Vous n'oublierez pas de… de vérifier les coordonnées dehors auprès du jeune homme qui est dans le couloir, comme ça, on vous rappellera dans une semaine.

**ÉMILIE**  D'accord, d'accord.

**RÉALISATEUR**  Est-ce que je pourrais avoir un petit peu d'eau, s'il vous plaît, parce que là…

**ASSISTANT**  Il nous en reste quatre. Tu veux la suivante maintenant?

**RÉALISATEUR**  J'aimerais bien faire une petite pause, là. Tu leur dis que ce ne sera pas long, dix minutes, un quart d'heure.

**ASSISTANT**  Ouais, OK, je vais les faire patienter.

**RÉALISATEUR**  Merci.

**ASSISTANT**  Bon, je vais en face.

**RÉALISATEUR**  Hé! Olivier! Elle a oublié son sac, Émilie! Tu la rattrapes tout de suite!

**ASSISTANT**  Oh mais ce sac-là? Mais, ce n'est pas le sien!

**RÉALISATEUR**  Oui, oui, attends Olivier, on vient de tourner avec!

**ASSISTANT**  Ce n'est pas le sien, je t'assure! Elle n'avait pas de sac!

**RÉALISATEUR**  Mais c'est le sac de qui, alors?

**ASSISTANT**  Alice! Alice!

**ALICE**  Oui?

**ASSISTANT**  Alice, dis-moi, c'est à qui, ce sac?

**ALICE**  C'est le mien! C'est le mien, pourquoi?

**RÉALISATEUR**  Non!?

**ALICE**  Mais si, c'est le mien!

## LEÇON 4

### Court métrage: *Bon anniversaire!*

Réalisateurs: Hichem Yacoubi et Daniel Kupferstein
Pays: France

**LEÏLA**  S'il te plaît! Je t'en supplie! J'en peux plus d'être loin de la maison. Tu me manques. Vous me manquez tous.

**WALID**  *(au téléphone)* Allô?
**LEÏLA**  Walid? C'est Leïla. Ça fait des jours et des jours que j'ai envie de te parler.
**WALID**  Attends, là! Mais pourquoi tu m'appelles là? Pourquoi tu m'appelles?
**LEÏLA**  Non, mais, écoute-moi. S'il te plaît, je t'en supplie. J'en peux plus d'être loin de la maison. Tu me manques.
**WALID**  Ah ouais? Et c'est au bout de six mois que tu te rappelles que tu as une famille, c'est ça? Hein?
**LEÏLA**  Mais toi aussi, pourquoi t'as rien dit, hein? Pourquoi, Walid?
**WALID**  Bon, écoute, j'ai du travail, là, okay? J'ai pas le temps de te parler. Allez, salut.

**WALID**  *(à l'interphone)* Allô?
**MARIE**  Bonjour. C'est bien Monsieur Walid?
**WALID**  *(à l'interphone)* Pardon?
**MARIE**  Bonjour. C'est bien Monsieur Walid?
**WALID**  *(à l'interphone)* N'importe quoi, Marie.

**MARIE**  *Salam Aleikum, Habibi!*
**WALID**  *Salam.*
**MARIE**  Ben, je voulais te faire une surprise.
**WALID**  Ben, c'en est une.
**MARIE**  J'avais rendez-vous avec un client juste à côté, alors je me suis dit que je pourrais passer.
**WALID**  T'as bien fait.
**MARIE**  Qu'est-ce que tu fais?
**WALID**  J'étais en train de regarder les photos d'hier. T'as vu? Sympa, hein?
**MARIE**  Ça va, mon cœur?
**WALID**  Ouais, ouais, ça va... Je vais faire une petite pause. Je vais faire un petit café, tiens.
**MARIE**  Un petit quoi?
**WALID**  Un petit café.
**MARIE**  Un petit café... Mais t'as pété un câble, Walid, ou quoi? Tu vas pas me faire un petit café alors que c'est ramadan.
**WALID**  Et alors? Je peux te faire un petit café même si je fais le ramadan. Où est le problème?
**MARIE**  Ça va?
**WALID**  Excuse-moi. Je suis un peu crevé. Hier j'ai bossé super tard et je suis fatigué, je suis désolé.
**MARIE**  Bon. Assieds-toi là.
**WALID**  Qu'est-ce que tu vas me sortir?
**MARIE**  Ferme les yeux.
**WALID**  Okay.
**MARIE**  Ouvre les yeux.
**WALID**  Qu'est-ce que c'est?
**MARIE**  Bon anniversaire, Walid!
**WALID**  Tracy Chapman. Ouah, c'est génial!
**MARIE**  T'es content?
**WALID**  Ah ouais, c'est super! ... Hein hein hein hein!
**MARIE**  Qu'est-ce qu'il y a? Ah oui, c'est vrai, c'est ramadan.

*(Le téléphone sonne.)*

**MARIE**  Mais tu décroches pas?

**WALID**  Non, non, non, c'est rien, on s'en fout, c'est rien.

**MARIE**  Comment ça, on s'en fout?

**LEÏLA**  *(voix sur le répondeur)* Allez, Walid, réponds!

**MARIE**  C'est qui?

**WALID**  Écoute, c'est... c'est... c'est... écoute, c'est... c'est vraiment pas ce que tu crois, d'accord?

**MARIE**  Mais, je crois rien, moi, Walid. J'observe, c'est tout. Bon, de toutes façons, j'ai mon rendez-vous.

**WALID**  Écoute, je peux pas t'expliquer tout de suite, Marie, mais c'est... Vraiment... C'est... C'est... Je t'appelle ce soir, d'accord?

**MARIE**  D'accord, c'est ça.

**WALID**  C'est vraiment pas ce que tu crois, d'accord.

**MARIE**  Salut.

**WALID**  Marie, écoute-moi, s'il te plaît! S'il te plaît! Marie!

**MARIE**  Puis, vas-y, rappelle-la, parce que je crois qu'elle en peut plus!

**WALID**  Écoute, s'il te plaît!

**LEÏLA**  *(voix sur le répondeur)* Walid, Walid!

**WALID**  Et merde!

**LEÏLA**  *(voix sur le répondeur)* Walid, on doit se réconcilier. On doit pardonner, c'est un devoir chez nous, Walid...

**WALID**  *(il décroche le téléphone)* Quoi? Tu oses dire «chez nous»? T'as pas honte? Mais tu l'as quitté, ton chez toi!

**LEÏLA**  *(au téléphone)* C'est *haram* d'aimer? Walid, c'est un péché d'aimer?

**WALID**  Tu me fais chier, Leïla, tu me fais chier!

**LEÏLA**  Je voulais juste te souhaiter un bon anniversaire, Walid. C'est tout. Je t'aime, Walid.


**WALID**  Non! Comment ça va, vieille branche?

**FRED**  Bien. Heureux de te voir, Walid.

**WALID**  Heureux de te voir! Attends, t'es grave, toi. Je te croyais mort. Ça fait au moins six mois que je t'ai pas vu! T'es passé où?

**FRED**  Je t'en avais parlé! Je suis parti en Inde.

**WALID**  T'es parti en Inde? Faire quoi en Inde?

**FRED**  Ben, profiter un peu des fêtes religieuses.

**WALID**  Ah ouais, t'as été voir les Krishnas, là, ou je sais pas quoi.

**FRED**  Ouais, les Krishnas... D'ailleurs, il m'est arrivé que des galères, des galères et encore des galères.

**WALID**  Non! Toi, il t'arrive des galères? C'est pas possible, toi! Il peut pas t'arriver des galères!

**FRED**  Et si, il peut m'en arriver.

**WALID**  Ça me fait plaisir de te voir.

**FRED**  Dis-moi, t'as l'air d'avoir la forme, toi?

**WALID**  Comme d'hab. Tranquille, quoi! À fond dedans quoi...

**FRED**  Et la famille, ça va, la famille?

**WALID**  Ouais, ouais, ça va... Bon, allez, habille-toi, le cours va commencer. On se retrouve, allez!


**FRED**  Walid, t'as des problèmes, hein?

**WALID**  Non, pourquoi tu dis ça?

**FRED**  Ah, qu'est-ce que tu me fais, là?

**WALID**  Non, y a rien, ça va.

**FRED**  Allez, mon poteau, qu'est-ce que tu fais, là, crache!

**WALID**  Ben, y'a que Leïla, elle s'est tirée avec un mec.

**FRED**  Non...

**WALID**  Si... Et le pire, c'est que c'est un Gaoli, le mec. T'imagines la tête de mes parents?

**FRED**  Ouais, j'imagine. Mais toi, t'as essayé de lui parler à ta sœur? Pour arranger les choses?

**WALID**  Arranger quoi? J'étais même pas au courant de son histoire. Elle m'en a même pas parlé. Je comprends pas. Ben, tu me connais... je l'ai toujours traitée comme une princesse. Alors, là, franchement, je sais pas. J'en sais rien. Je comprends pas.

**FRED** Je comprends ta rage, Walid, mais ta sœur, elle est grande! Fallait bien qu'un jour ou l'autre, elle fasse sa vie, tu crois pas?

**WALID** Mais attends, mec, je peux pas lui pardonner ça. Je peux pas. Encore moins mes parents. C'est pas un musulman. Ils peuvent pas comprendre ça.

**MONITEUR** On va reprendre l'exercice d'hier. Parallèle. Un, deux, trois, quatre. Un, deux... quatre.

**FRED** Moi, j'ai peut-être une solution. C'est que son Gaulois, il se convertisse à l'islam.

**WALID** Quoi? Qu'est-ce que tu me racontes, là? Je vais te dire une bonne chose: j'ai plus de respect pour un chrétien convaincu qu'un musulman hypocrite. T'imprimes?

**MONITEUR** Ça va? Je vous dérange pas? La moindre des choses c'est de regarder quand il y a une explication. Allez-y, deux par deux.

**FRED** Qu'est-ce qu'elle a comme choix, ta sœur?

**WALID** Ben, j'en sais rien. Tu ferais quoi, toi, à ma place, hein? ... Pardon. Excuse-moi, excuse-moi.

**FRED** Walid, parce que chez vous, le poids de la religion et de la famille, c'est énorme, non? Avoue!

**WALID** Ah ouais? Y a eu combien de morts, là, pendant la canicule? Quinze mille? C'est ça? Je te l'accorde, le poids de la religion, chez nous, c'est énorme.

**FRED** Walid, arrête de noyer le poisson. C'est un problème uniquement parce que c'est une fille. Tiens, toi et Marie, a priori, ça dérange personne.

**WALID** Attends, qu'est-ce que tu racontes? Qu'est-ce que t'en sais si ça dérange personne? T'es dans ma tête, toi? Tu sais à quel point c'est compliqué? Putain... Et puis, merde, d'abord, je vais te dire une bonne chose. Chaque culture a ses travers, OK? Je sais pas, moi, par exemple, vous, vous vous torchez le cul? Ben, nous, ben on se le lave. Désolé, tu l'as cherché!

**FRED** Tu t'en sors bien sur ce coup-là!

**WALID** On fait ce qu'on peut...

**WALID** Fred, non mais sérieux, t'imagines mon père appeler ses petits-enfants Marie-Pierre, Christophe, Jean-Pierre. Non, mais c'est vrai, franchement, tu rigoles! Imagine-toi. Pire encore, il ouvre le frigo, et tu sais quoi? C'est plein de *ralouf!* Non, mais toi, tu rigoles là. Mais attends. Mais ça existe. C'est pas de la science-fiction, mon pote.

**FRED** Arrête, t'abuses! Walid... Y a toujours moyen de s'arranger. Regarde, moi, je suis à moitié breton par ma mère et à moitié portugais par mon père. Moralité: je baragouine un peu le portos, et j'adore le chouchen et le chou-fleur. Tu vois l'avantage?

**WALID** Ouais, moi ce que je vois, c'est que t'es un bâtard, quoi! Bon écoute, c'est pas le tout, mais là il faut que j'y aille. J'ai rendez-vous avec Marie, okay? Mademoiselle, s'il vous plaît.

**FRED** Non, non, laisse, c'est pour moi. C'est pour moi. C'est son anniversaire.

**SERVEUSE** Ah, ben, bon anniversaire!

**WALID** Merci beaucoup.

## LEÇON 5

### Court métrage: *Samb et le commissaire*

Réalisateur: Olivier Sillig
Pays: Suisse

Depuis 1994, suite à une décision du peuple suisse, le 1er août, jour de la fête nationale, est férié. Évidemment certains services assurent une permanence.

**VOIX** C'est normal, les gens, ils en ont marre. Il faut toujours que ce soit eux.

**COMMISSAIRE** Mais je sais! Ils sont de plus en plus nombreux. Mais enfin! appeler les flics pour un gamin! Non! À cette station-service, ils... ils exagèrent! Vraiment! Tiens! Envoyez-le-moi! Entrez!

**VOIX** Voilà le client, Commissaire.

**COMMISSAIRE** Oui, merci. Alors, c'est vrai ce qu'on dit? Vous êtes tous des voleurs? Incroyable! Incroyable! À ton âge, tu es déjà un voleur! Eh ben! vous êtes jolis! Assieds-toi! Assieds-toi, nom de Bleu! Bon! Alors? Tu t'appelles comment? Ton nom? Non! non! non! non! Te, te, te, te! Te! Juste ton nom. Je vous connais, vous êtes des bavards terribles, vous! Alors, ton nom? Comment t'appelles-tu? Tu t'appelles comment? Tu ne veux pas parler? Quel âge as-tu? Il ne sait pas son âge! Écoute! Tu vois, moi, je m'appelle Knöbel, Commissaire Knöbel. Et toi? tu ne sais pas dire ton nom. C'est dingue! Vingt francs. Vingt francs! Porter plainte pour vingt balles! Il faut vraiment que les gens en aient marre de vous, hein! Et tes parents? Ils sont où aujourd'hui, tes parents? Ah! eux aussi, ils sont allés apprendre l'hymne national! Alors quoi?

**VOIX** Ça ne répond nulle part. C'est férié aujourd'hui.

**COMMISSAIRE** Férié! Férié! Mais ce que les gens sont patriotes aujourd'hui! Alors, c'est comment, ton nom? Hein? Ben, attends! Je ne veux pas te manger! Je veux juste voir s'il y a ton nom sur le collier! Je roque. Knöbel! Oui, oui! petit roque. Nimzo-Indienne? Je... Oui, oui, je crois, oui! Salut! Knöbel. Des carottes. Oui. Trois citrons. De la «Saint-Marc». Du pain. Oui. Ah! Ben oui, maman, oui, c'est jour férié, tout est fermé. Mais non, ce n'est pas grave. Oui, à tout à l'heure, maman. Mais, dis donc! tu dois avoir faim, toi! Apportez à manger au gamin!

**VOIX** Tout est fermé.

**COMMISSAIRE** Tout est fermé, tout est fermé! Et alors, en face?

**COMMISSAIRE** Mange! Mais mange! Il y a sans doute du porc là-dedans! Les musulmans ne mangent pas de porc! Vous devriez savoir ça! Il faut s'adapter, nom de Bleu! Les Africains sont musulmans! L'islam! Ah! C'est tout ce que j'ai trouvé! Mais enfin au moins, tu connais!

**SAMB** Monsieur! Je m'appelle Samb. Samb. Et toi? Non! non! Juste votre nom!

**COMMISSAIRE** Knöbel. Commissaire Knöbel.

**SAMB** Non! non! votre nom! votre vrai nom!

**COMMISSAIRE** Aah! Hugo. Avec un H.

**SAMB** Et votre papa?

**COMMISSAIRE** François, Louis.

**SAMB** En un seul mot ou en deux mots?

**COMMISSAIRE** François, virgule, Louis. Ouais, c'est... c'est presque ça.

**SAMB** Et le nom de votre maman?

**COMMISSAIRE** Louise, Irène, Augustine, née Roulet.

**SAMB** Roulet?

**COMMISSAIRE** Oui, c'est son nom de jeune fille. Ça veut dire qu'avant, elle s'appelait Roulet. Et maintenant, elle s'appelle Knöbel. Comme mon père, comme mon papa. Comme moi.

**SAMB** Parce qu'elle est encore en vie, votre maman?

**COMMISSAIRE** Ben ouais, bien sûr!

**SAMB** Et votre papa aussi?

**COMMISSAIRE** Ben oui! aussi.

**SAMB** Vous avez de la chance.

**COMMISSAIRE** De la chance?

**SAMB** Oui, mes parents à moi, ils sont morts! Kakachnikov! Et puis... mon oncle, ma tante, Bassala, Anny, Isamfam. Ils se sont mis à tirer sur moi. Mais j'ai réussi à me cacher. Quand je suis revenu, ils avaient foutu le feu à tout! Tout brûlait. Même mon ballon! Il n'y avait plus rien!

**COMMISSAIRE** Les parents! Quels parents? Bon! j'arrive. Ah! c'est vous les parents? Messieurs dames! Bon, ce n'est pas grave. Ce n'est pas grave du tout! Ce n'est qu'un gamin, nom de Bleu! C'est, c'est un môme, hein?... Bon! Pour ce qui est de la plainte, là, on laisse tomber, on écrase!

**SAMB** Eh! mon ballon!

**COMMISSAIRE** *Ton* ballon!

## LEÇON 6

### Court métrage: *De l'autre côté*

Réalisateur: Nassim Amaouche
Pays: Algérie/France

**PÈRE** Le bouchon! Tu as compris? Je vais t'expliquer. Soulève le bouchon et baisse le bouchon! Regarde! Toc, toc, toc, toute la nuit, elles restent, les gouttes! Toc, toc, toc, il y en a marre! Tu as compris? Il y en a marre! Regarde! Monte et descend toute la nuit!

**MALIK** Ah, c'est ça qui fait toc, toc, toc! Tu vois, je le savais. Je l'ai entendu, tout ça! hop! hop! toc! toc! Mais bientôt, je vais le faire bien! hop! hop! hop!

**MÈRE** Malik!

**MALIK** Ouais, ouais! Qu'est-ce qu'il y a? Qu'est-ce qu'il y a encore?

**MÈRE** Ton frère, il va arriver pour la fête.

**MALIK** Il n'est pas encore mort, celui-là?

**MÈRE** Il t'a pris la chambre, aussi.

**MALIK** Et je vais dormir où, moi?

**MÈRE** Avec le petit!

**MALIK** Non, s'il te plaît! Ne me fais pas ça! Il va me soûler encore avec ses lapins! Je veux un jaune, je veux un rouge, un lapin vert, un lapin…! En plus, il pue, ton môme! J'en ai marre!

**PÈRE** Tu as compris?

*(Malik: Vas-y, toi, avec tes toc, toc, toc chelous, là!)*

**MÈRE** Samir!

**SAMIR** Tu es toute seule?

**MÈRE** Ton père, il est sorti. Il va acheter le pain, il va arriver, hein… Ça va?

**SAMIR** Mmm… Ça va, ça n'a pas trop changé.

**MÈRE** Ah oui. On a fait un peu la peinture et tout ça.

**SAMIR** Et Malik, il est où?

**MÈRE** Oh, Malik il traîne toujours au café, avec les voyous! Il ne change pas! Je suis contente, mon fils…

**SAMIR** Et le petit, ça va?

**MÈRE** Oui, il dort. Il est fatigué un petit peu. Tu as maigri.

**SAMIR** Bah, je mange plus comme avec toi!

**MÈRE** Mais j'ai téléphoné chez toi. Je suis tombée sur une fille qui était très gentille.

**SAMIR** Ouais, elle m'a dit que tu avais appelé.

**MÈRE** Comment elle s'appelle?

**SAMIR** Julie.

**MÈRE** Julie! Oh! Amène-la, s'il te plaît, amène-la!

**SAMIR** Ouais, je la ramènerai, un jour.

**MÈRE** Amène-la!

**SAMIR** Tiens, c'est pour la fête. Vous faites ça où?

**MÈRE** Chez Farida. On fait une petite fête entre les amis, la famille, un petit orchestre. C'est bien.

**SAMIR** Je la ramènerai. Mais…

**MÈRE** Attends, attends! Ça, le jour où elle vient, Julie, on fait ça. Moi, j'achète une belle robe et pour ton père, un beau costume, cravate. Mais Malik, il sort!

**SAMIR** Qu'est-ce que tu me racontes là? Je ne te demande pas de te déguiser ni de cacher Malik!

**MÈRE** J'ai dit qu'il faut aller au centre!

**PÈRE** Je sais, je sais, le centre, il est fermé! Il y a rien que ça, il n'y a pas le choix!

**SAMIR** Non, mais, ça va. Il est très bien, celui-là!

**PÈRE** Ça va, toi?

**SAMIR** Ça va bien, papa?

**PÈRE** Oui, ça va, oui.

**SAMIR** C'est la forme?

**PÈRE** Ouais, ça va… ça va…

**SAMIR** Ça va mieux, ta jambe?

**PÈRE**  Ça va, ça va… L'hiver, quand il fait froid, ça me fait mal… Mais l'été, ça va…

**MÈRE**  Ils vont lui couper la pension parce qu'il traîne, il traîne, il traîne avec les papiers! Tu ne peux pas l'aider, ton père?

**SAMIR**  Mais si, bien sûr.

**PÈRE**  Arrête un peu, toi, avec les papiers! Toujours pension! Papiers! Pension! Oh! Arrête. Je vais les faire, ces papiers, ça va!

**SAMIR**  Non, mais, je peux t'aider si tu veux, ça ne me dérange pas.

**PÈRE**  Non, non. Ça va, merci. Alors, tu as mis la robe pour aider les voyous, maintenant?

**SAMIR**  Ben ouais, hein. Je commence… Je suis stagiaire et… je suis commis d'office…

**PÈRE**  Ouais, ouais, d'office.

**SAMIR**  Tu sais, quand les gens, ils n'ont pas d'argent pour…

**PÈRE**  Je sais, je sais, je sais qu'est-ce que c'est «d'office». Je sais.

**SAMIR**  Bon. Je vais aller voir le petit.

**ABDEL**  Non! Le retour! Samir! Bien?

**SAMIR**  Tu as changé ton carrosse?

**ABDEL**  Ben, ouais, dis donc. Ils me l'ont explosé, les petits, à monter dessus tout le temps!

**SAMIR**  Comment ça va, Abdel?

**ABDEL**  Ça va? Bien? Et toi, tranquille?

**SAMIR**  Tranquille, ouais.

**ABDEL**  Ça me fait plaisir! Tu es frais, là! Je parie que tu as pris un appart' et tout?

**SAMIR**  Oui, un petit truc. Il faudrait que vous passiez.

**ABDEL**  On va passer, dès qu'on aura le temps. Tu sais, en ce moment… Tu as appris pour Stéphane?

**SAMIR**  Je sais. Sa mère, elle m'a donné son numéro d'écrou. Je vais m'occuper de son dossier.

**ABDEL**  Ne t'occupe de rien! Franchement, les mecs, ils font n'importe quoi! Ils croient que…

**MANU**  Alors, Samir, tu vas bien? La forme?

**SAMIR**  Alors, Manu?

**MANU**  Ça va, la petite… Alors, Abdel, ça va? La forme?

**SAMIR**  Comment tu vas, toi? Tu as grandi, toi. Oh! Elle a poussé, hein!

**MANU**  Tu as vu, elle grandit tous les jours, trois centimètres, je sais pas! Alors, tu es là pour la fête!

**ABDEL**  Manu, explique-moi un truc… Ta fille, à chaque fois qu'elle me voit, elle a le syndrome fauteuil! J'ai mal au pied!

**MANU**  Abdel, tu la connais.

**ABDEL**  Tu as mal au pied?

**MANU**  Elle a une entorse! Allez, c'est bon.

**ABDEL**  Allez, arrête le cinéma et monte! Bon, Manu je te l'embarque!

**MANU**  Tu essaies de ne pas être trop long, Abdel!

**ABDEL**  Tranquille. Comme d'hab'!

**MANU**  Mais non, pas comme d'hab', pas comme d'hab'! Là, ce coup-ci, il y a sa mère qui l'attend! Je compte sur toi!

**ABDEL**  Pas de problème. Samir, je te vois après, le jeune homme, à la soirée. [Ne] t'inquiète [pas]! Bon, Manu! [Ne] t'inquiète [pas]! Ça va, les gars? Bien?

**JEUNE**  Eh! Abdel! Fais attention au virage du 37!

**ABDEL**  Rentre chez toi avec tes blagues à deux francs!

**JEUNE**  C'est pour ton bien!

**PETITE FILLE**  Toboggan!

**MALIK**  Oh! Le grand frère! Ça va? Tu vas bien?

**SAMIR**  Comment tu vas?

**MALIK**  Maman, elle t'a mis des draps propres…

**SAMIR**  J'aurais pu dormir avec le petit.

**MALIK**  Non, mais attends, tu rigoles! C'est encore ta chambre! Je prends juste une chemise et je m'en vais! En plus, si tu pues toujours autant des pieds, tu vas le tuer, le môme! Allez, à tout à l'heure!

**SAMIR**  Bonne nuit, Malik.

**SAMIR** Salut crapule!

**GARÇON** Samir!

**SAMIR** Comment ça va?

**GARÇON** Ils m'ont coupé la zézette!

**SAMIR** Non! En entier?

**GARÇON** Non, il m'en reste un peu, quand même! Pourquoi ils m'ont fait ça?

**SAMIR** Ben, je ne sais pas. Maintenant, tu deviens un homme!

**GARÇON** Et à l'école, ils ne sont pas des hommes alors?

**SAMIR** Si, mais un peu moins que toi… Mais ne t'inquiète pas. Le plus dur, il est passé. Maintenant, samedi, il va y avoir une grande fête avec des gens que tu ne connais pas qui vont te donner plein d'argent! Tu pourras t'acheter plein de cadeaux.

**GARÇON** Je sais. Malik, il m'a dit. Avec cet argent, je vais pouvoir m'acheter une ferme, des lapins, des coqs, et puis surtout des lapins! Mais je vais quand même prendre un lion parce que Malik, il a dit que son chien, il allait bouffer mes lapins!

**SAMIR** N'écoute pas Malik! Mais le lion, c'est une très bonne idée pour te défendre! Allez, au lit! Va te coucher! À demain!


**MÈRE** Laisse, laisse, laisse, laisse, laisse-moi faire! Donne! Donne!

**PÈRE** Qu'est-ce qui te fait rire, toi? Pourquoi tu rigoles? Allez, dis-moi, pourquoi tu rigoles?

**MALIK** Ce n'est pas moi qui rigole!

**PÈRE** Si, tu rigoles!

**MALIK** Arrête de rigoler, toi!

**PÈRE** Allez, dis-moi pourquoi tu rigoles.

**SAMIR** Non, mais, tu peux laisser. Ça ne me dérange pas.

**PÈRE** Non, de toute façon, ça sert à rien de le voir. C'est idiot, ça.

**SAMIR** Si, j'aime bien. Je regarde de temps en temps, ce n'est pas mal.

**PÈRE** Ah, oui? Tu t'intéresses à ça?

**SAMIR** Ben, de temps en temps, je regarde à la maison, quand j'ai le temps.

**PÈRE** De toute façon, moi, ça ne m'intéresse pas.

**SAMIR** Il s'est passé quoi depuis la dernière fois, là, depuis la semaine dernière?

**PÈRE** Ben, la blonde a laissé tomber son mari… elle est partie avec un autre.

**MALIK** Mais qu'est-ce que tu racontes! Elle est toujours avec le grand du premier épisode!

**PÈRE** Quel grand?

**MALIK** Le grand du premier épisode!

**PÈRE** Ah, oui?

**MALIK** Il ne regarde pas! Tu as vu comme il nous fait son cinéma, celui-là! Tu fais ton cinéma parce qu'il est là!

**PÈRE** Qu'est-ce tu parles [racontes], toi?

**MALIK** Tu es un malin, toi!

**PÈRE** Qu'est-ce tu parles [racontes]?

**MALIK** En vérité, sur la tête de ma mère, il kiffe sur elle! Il kiffe! Il kiffe! Tu aimes bien les bonnes…

**PÈRE** Allez! Va, va! Hier soir, tu as encore oublié le bouchon! Va, va! Il ne faut pas l'écouter, lui! Il est malade!


**PÈRE** Allô?

**FONCTIONNAIRE** Oui, j'écoute.

**PÈRE** Bonjour, monsieur. Voilà, je m'appelle Boujira. Je vous téléphone au sujet d'un dossier. Voilà, j'ai retrouvé la feuille… Elle est là!

**FONCTIONNAIRE** Oui. Attendez, attendez… Vous avez dû avoir mon collègue… C'est pour une pension d'invalidité?

**PÈRE** Voilà, c'est ça, oui.

**FONCTIONNAIRE** Rappelez-moi votre nom?

**PÈRE** Boujira.

**FONCTIONNAIRE** Une minute, s'il vous plaît… Ah! Ben oui. Effectivement, il manque la B110.

**PÈRE** Oui, parce que je me suis trompé. Au lieu de vous envoyer la bleue, je vous ai envoyé la rouge.

**FONCTIONNAIRE** Mais non, mais, la rouge, vous la conservez! Dites-moi, votre dossier, vous l'avez rempli vous-même?

**PÈRE**  Oui, oui, moi-même, oui.

**FONCTIONNAIRE**  Eh ben, vous avez de la chance d'être tombé sur mon collègue! Les dossiers comme celui-ci, moi, je les renvoie à l'expéditeur! Non, mais, vous vous rendez compte qu'on passe parfois une heure à déchiffrer l'écriture? On reçoit vingt dossiers par jour! Faites le calcul! Bon, que vous ne sachiez pas très bien écrire, je comprends tout à fait. Mais quand même, faites un effort! Appliquez-vous un minimum ou faites-vous aider!

**PÈRE**  Oui, parce que voilà, j'ai fait les cases avec un stylo blanc à la fin.

**FONCTIONNAIRE**  Allez, ce n'est pas grave. Renvoyez-moi l'attestation… et la feuille bleue cette fois, hein?

**PÈRE**  Oui, monsieur, oui. Merci.

**FONCTIONNAIRE**  Au revoir.

**PÈRE**  Au revoir, monsieur, bonne journée.

**SAMIR**  C'était la sécu?

**PÈRE**  Oui.

**SAMIR**  Et ils te reçoivent toujours comme ça?

**PÈRE**  Ah! Ils sont braves avec moi.

**SAMIR**  Ah, tu trouves? Ils te parlent comme à un gamin et ça ne te pose pas de problèmes?

**PÈRE**  Non, mais ils sont sympas. De toute façon, c'est moi qui ai rempli tout ça avec le blanc…

**SAMIR**  Et alors? Ce n'est pas ton professeur, et tu n'as pas 10 ans pour qu'il te parle comme ça, celui-là!

**PÈRE**  Ce n'est pas grave…

**SAMIR**  Bientôt, il va te donner des devoirs à faire, c'est ça?

**PÈRE**  Mais non, ce n'est pas grave!

**SAMIR**  Bien sûr que c'est grave! Mais si, c'est grave! Tu te fais humilier et en plus, tu le remercies! Pourquoi tu rampes toujours comme ça! D'où elle vient, ta honte? Explique-moi, papa! D'où elle vient? Tu sais pourquoi il te parle comme ça, ce mec-là? Parce qu'il l'a sentie, ta honte! Tu commences à me respecter comme tu respectes cet abruti au téléphone! Mais je n'en veux pas de ce respect-là, papa! C'est quoi votre truc, là? Vous croyiez que j'allais vous mépriser, c'est ça?

**JEUNE**  Ça va, Samir?

**SAMIR**  Ça va?

**MALIK**  Il est là, le petit?

**SAMIR**  Non, il est à la salle avec les parents.

**MALIK**  Dépêche-toi! Dépêche-toi! Dépêche-toi!

**SAMIR**  Qu'est-ce que c'est que ça?

**MALIK**  C'est [Ce sont] des lapins pour le petit. Comme ça, il me casse plus les…! Ah! Voilà! Je veux des lapins! Je veux des lapins! Comme ça, il me casse plus les pieds! Je suis content! Hein, ma caille? Quoi, qu'est-ce qu'il y a?

**SAMIR**  Ben, rien.

**MALIK**  Comme tu m'as parlé! Tu es comme ça. Tu ne te reconnais pas? Non, mais, il croit qu'on les a tapés! On ne les a pas tapés! Hein?

**SAMIR**  J'ai dit ça, moi?

**MALIK**  Tu me regardais comme ça! Attends! On a frappé, on a frappé [chez le] mec! Tu crois qu'on les a tapés?

**AMIS**  Mais bien sûr qu'on les a volés!

**MALIK**  Ah ouais, on les a volés… Vous êtes graves, vous! Eh! Samir! Viens voir, je te dis!

**ABDEL**  Moi, je suis d'accord avec toi là-dessus. Franchement, il n'y a pas de problème. Mais lui, il…

**MALIK**  Allez, il faut y aller, maintenant.

**ABDEL**  Ouais. On se voit tout à l'heure, de toute façon.

**MALIK**  Eh! Mets une chemise, mets un costume, un truc bien!

**ABDEL**  Ça va! On n'est pas des sauvages, quand même! On sait s'habiller!

**MALIK**  N'oublie pas les tunes pour le petit!

**ABDEL**  C'est à lui qu'il faut le dire pour la tune!

**MALIK**  Il faut des tunes, ce soir! Et mets une chemise, et enlève-moi ton blouson.

**SAMIR**  Sinon, tu es toujours avec Stéphanie?

---

**MALIK** Ouais. Mais elle me soûle en ce moment, grave. Mais bon, je crois que c'est ce que je kiffe. Et toi?

**SAMIR** Bof.

**MALIK** Quoi, bof? Arrête de mentir. Maman m'a dit qu'elle avait eu une meuf au téléphone.

**SAMIR** Tu connais maman… elle s'emballe vite.

**MALIK** Arrête! Un avocat, ça peut bander! Je n'aurais jamais cru!

**SAMIR** Espèce de bouffon! Et le boulot, alors, comment ça se passe?

**MALIK** Ça va. Toujours dans les inventaires. En plus, là, c'est la période, il y a beaucoup de boulot. Mais bon, ça va. Pas très intéressant, mais au moins, je ne m'encroute pas dans la même boîte… ça, c'est bien.

**SAMIR** Il doit y avoir un truc pour toi au cabinet, je crois… coursier. Bon, ça va, c'est tranquille et en plus, ce n'est pas très, très compliqué.

**MALIK** Parce que si c'était compliqué, tu ne me l'aurais jamais proposé… con comme je suis!

**SAMIR** Qu'est-ce que tu me racontes là!

**MALIK** Rien. Ne te retourne pas, Samir! Fonce! Tu ne dois rien à personne. Moi, ça va. La dernière fois chez le boucher, papa a fait tomber ta photo par terre, tu sais, celle où tu es sapé comme une gonzesse, avec ta robe. Maman m'a dit que ce n'est pas la première fois, en plus, qu'il fait tomber son portefeuille devant les gens. Regardez mon fils comme il est beau! Il a mis 30 ans à construire sa vengeance. Et je crois qu'elle ressemble beaucoup à ta gueule. Comment ça doit être dur de passer de l'autre côté… Lourd à porter… Avec tous ces cravatés qui te regardent sûrement comme un objet exotique quand tu es avec eux. Tu crois que je ne vois pas? Et les parents… Quand tu reviens, qu'ils ne savent même plus comment te prendre… Eh ouais. Mais, dis-toi que c'est un luxe de te prendre la tête dessus! Tu sais, ça? Maintenant, tu y es, de l'autre côté. Que tu le veuilles ou pas, tu y es et tu n'as pas mille questions à te poser! Il n'a pas gueulé de la journée. J'ai été voir maman, elle m'a tout raconté…

**PÈRE** Il faut vous dépêcher! Il y a la mère qui attend!

**MALIK** Ouais, c'est bon! Vas-y! Dépêche-toi, toi! Il n'est pas beau, ton fils?

**PÈRE** Ton père, il est beau. Moi, je suis l'original. Toi, tu n'es rien que la photocopie!

**MALIK** Ah bon. Je ne suis pas beau, moi?

**PÈRE** Ah! Tu es beau.

**MALIK** C'est toi le plus beau!

**PÈRE** Où il est, ton frère?

**MALIK** Dans la salle de bain, là-bas. Vas-y! Dépêchez-vous, on y va!

**PÈRE** Samir, il faut se dépêcher. Il y a ta mère qui nous attend.

**SAMIR** Je sais… mais il n'y a que ça comme rasoir?

**PÈRE** Laisse, laisse! Tu vas te couper! Tu sais, ton frère, il ne se rase pas. Il a la peau de bébé.

**MALIK** On y va quand vous voulez!

# Tables de conjugaison

## Guide to the Verb List and Tables

The list of verbs below includes the irregular, reflexive, and spelling-change verbs introduced as active vocabulary in **RÊVEZ**. Each verb is followed by a model verb that has the same conjugation pattern. The number in parentheses indicates where in the verb tables (pages 305–316) you can find the model verb. Regular **-er**, **-ir**, and **-re** verbs are conjugated like **parler** (1), **finir** (2) and **vendre** (3), respectively. The phrase *p.c. with être* after a verb means that it is conjugated with **être** in the **passé composé** and other compound tenses. (See page 306.) Reminder: All reflexive (pronominal) verbs use **être** as their auxiliary verb, and they are alphabetized under the non-reflexive infinitive.

accueillir like ouvrir (34)
s'acharner like se laver (4)
acheter (7)
s'adapter like se laver (4)
s'adresser like se laver (4)
agacer like commencer (9)
aller (13); p.c. with être
s'améliorer like se laver (4)
amener like acheter (7)
s'amuser like se laver (4)
apercevoir like recevoir (40)
s'apercevoir like recevoir (40)
    except p.c. with être
appartenir like tenir (48)
appeler (8)
apprendre like prendre (39)
s'appuyer like employer (10)
    except p.c. with être
s'arrêter like se laver (4)
arriver like parler (1) except p.c. with être
s'asseoir (14); p.c. with être
s'assimiler like se laver (4)
s'associer like se laver (4)
atteindre like éteindre (26)
s'attendre like vendre (3) except p.c. with être
avancer like commencer (9)
avoir (5)
se balancer like commencer (9) except p.c. with être
balayer like employer (10) except

y to i change optional
se battre (15); p.c. with être
se blesser like se laver (4)
boire (16)
se brosser like se laver (4)
se casser like se laver (4)
célébrer like préférer (12)
se coiffer like se laver (4)
combattre like se battre (15) except p.c. with avoir
commencer (9)
se comporter like se laver (4)
comprendre like prendre (39)
conduire (17)
connaître (18)
se connecter like se laver (4)
se consacrer like se laver (4)
considérer like préférer (12)
construire like conduire (17)
convaincre like vaincre (49)
se coucher like se laver (4)
se couper like se laver (4)
courir (19)
couvrir like ouvrir (34)
craindre like éteindre (26)
croire (20)
se croiser like se laver (4)
déblayer like essayer (10)
se débrouiller like se laver (4)
se décourager like manger (11) except p.c. with être
découvrir like ouvrir (34)

décrire like écrire (23)
se demander like se laver (4)
déménager like manger (11)
se dépasser like se laver (4)
se dépêcher like se laver (4)
se déplacer like commencer (9)
déranger like manger (11)
se dérouler like se laver (4)
descendre like vendre (3) except p.c. with être; p.c. w/avoir if takes a direct object
se déshabiller like se laver (4)
se détendre like vendre (3) except p.c. with être
détruire like conduire (17)
devenir like venir (51); p.c. with être
devoir (21)
dire (22)
diriger like manger (11)
disparaître like connaître (18)
se disputer like se laver (4)
se divertir like finir (2) except p.c. with être
divorcer like commencer (9)
dormir like partir (35) except p.c. with avoir
se douter like se laver (4)
écrire (23)
effacer like commencer (9)
élever like acheter (7)
élire like lire (30)

s'embrasser like se laver (4)
emménager like manger (11)
emmener like acheter (7)
émouvoir (24)
employer (10)
s'endormir like partir (35); p.c. with être
enlever like acheter (7)
s'énerver like se laver (4)
s'enfoncer like commencer (9) except p.c. with être
s'engager like manger (11) except p.c. with être
ennuyer like employer (10)
s'ennuyer like employer (10) except p.c. with être
s'enrichir like finir (2) except p.c. with être
s'entendre like vendre (3) except p.c. with être
s'étonner like se laver (4)
s'entourer like se laver (4)
entreprendre like prendre (39)
entrer like parler (1) except p.c. with être
entretenir like tenir (48)
s'entretenir like tenir (48) except p.c. with être
envoyer (25)
épeler like appeler (8)
espérer like préférer (12)
essayer like employer (10) except y to i change optional

**essuyer** like employer (10)

**s'établir** like finir (2) *except* **p.c.** with **être**

**éteindre** (26)

**s'étendre** like vendre (3) *except* p.c. with **être**

**être** (6)

**s'excuser** like se laver (4)

**exiger** like manger (11)

**se fâcher** like se laver (4)

**faire** (27)

**falloir** (28)

**se fiancer** like commencer (9) *except* **p.c.** with **être**

**finir** (2)

**forcer** like commencer (9)

**se fouler** like se laver (4)

**fuir** (29)

**s'habiller** like se laver (4)

**s'habituer** like se laver (4)

**harceler** like acheter (7)

**s'informer** like se laver (4)

**s'inquiéter** like préférer (12) *except* **p.c.** with **être**

**s'inscrire** like écrire (23) *except* p.c. with **être**

**s'installer** like se laver (4)

**interdire** like dire (22) *except* **vous interdisez** (present) and **interdisez** (imperative)

**s'intégrer** like préférer (12) *except* **p.c.** with **être**

**s'intéresser** like se laver (4)

**s'investir** like finir (2) *except* **p.c.** with **être**

**jeter** like appeler (8)

**lancer** like commencer (9)

**se lancer** like commencer (9) *except* **p.c.** with **être**

**se laver** (4)

**lever** like acheter (7)

**se lever** like acheter (7) *except* **p.c.** with **être**

**se libérer** like se laver (4)

**lire** (30)

**loger** like manger (11)

**maintenir** like tenir (48)

**manger** (11)

**se maquiller** like se laver (4)

**se marier** like se laver (4)

**se méfier** like se laver (4)

**menacer** like commencer (9)

**mener** like acheter (7)

**mentir** like partir (35) *except* **p.c.** with **avoir**

**mettre** (31)

**se mettre** like mettre (31) *except* **p.c.** with **être**

**monter** like parler (1) *except* **p.c.** with **être**; p.c. w/**avoir** if takes a direct object

**se moquer** like se laver (4)

**mourir** (32); **p.c.** with **être**

**nager** like manger (11)

**naître** (33); **p.c.** with **être**

**nettoyer** like employer (10)

**nuire** like conduire (17)

**obtenir** like tenir (48)

**s'occuper** like se laver (4)

**offrir** like ouvrir (34)

**s'orienter** like se laver (4)

**ouvrir** (34)

**paraître** like connaître (18)

**parcourir** like courir (19)

**parler** (1)

**partager** like manger (11)

**partir** (35); **p.c.** with **être**

**parvenir** like venir (51)

**passer** like parler (1) *except* **p.c.** with **être**

**payer** like employer (10) *except* **y** to **i** change optional

**se peigner** like se laver (4)

**percevoir** like recevoir (40)

**permettre** like mettre (31)

**peser** like acheter (7)

**placer** like commencer (9)

**se plaindre** like éteindre (26) *except* **p.c.** with **être**

**plaire** (36)

**pleuvoir** (37)

**plonger** like manger (11)

**posséder** like préférer (12)

**pouvoir** (38)

**prédire** like dire (22) *except* **vous prédisez** (present) and **prédisez** (imperative)

**préférer** (12)

**prendre** (39)

**prévenir** like venir (51) *except* p.c. with **avoir**

**prévoir** like voir (53)

**produire** like conduire (17)

**projeter** like appeler (8)

**se promener** like acheter (7) *except* **p.c.** with **être**

**promettre** like mettre (31)

**protéger** like préférer (12) *except* takes **e** between **g** and vowels **a** and **o**

**provenir** like venir (51)

**ranger** like manger (11)

**rappeler** like appeler (8)

**se rappeler** like appeler (8) *except* **p.c.** with **être**

**se raser** like se laver (4)

**se rassurer** like se laver (4)

**se rebeller** like se laver (4)

**recevoir** (40)

**se réconcilier** like se laver (4)

**reconnaître** like connaître (18)

**réduire** like conduire (17)

**régner** like préférer (12)

**rejeter** like appeler (8)

**rejoindre** (41)

**se relever** like acheter (7) *except* **p.c.** with **être**

**remplacer** like commencer (9)

**renouveler** like appeler (8)

**rentrer** like parler (1) *except* **p.c.** with **être**

**renvoyer** like envoyer (25)

**répéter** like préférer (12)

**se reposer** like se laver (4)

**reprendre** like prendre (39)

**résoudre** (42)

**ressentir** like partir (35) *except* **p.c.** with **avoir**

**rester** like parler (1) *except* **p.c.** with **être**

**retenir** like tenir (48)

**retourner** like parler (1) *except* **p.c.** with **être**

**se retourner** like se laver (4)

**retransmettre** like mettre (31)

**se réunir** like finir (2) *except* **p.c.** with **être**

**se réveiller** like se laver (4)

**revenir** like venir (51); **p.c.** with **être**

**revoir** like voir (53)

**se révolter** like se laver (4)

**rire** (43)

**rompre** (44)

**savoir** (45)

**se sécher** like préférer (12) *except* **p.c.** with **être**

**séduire** like conduire (17)

**sentir** like partir (35) *except* **p.c.** with **avoir**

**servir** like partir (35) *except* **p.c.** with **avoir**

**se servir** like partir (35); **p.c.** with **être**

**sortir** like partir (35); **p.c.** with **être**

**se soucier** like se laver (4)

**souffrir** like ouvrir (34)

**soulager** like manger (11)

**soulever** like acheter (7)

**sourire** like rire (43)

**soutenir** like tenir (48)

**se souvenir** like venir (51); **p.c.** with **être**

**subvenir** like venir (51) *except* **p.c.** with **avoir**

**suffire** like lire (30)

**suggérer** like préférer (12)

**suivre** (46)

**surprendre** like prendre (39)

**survivre** like vivre (52)

**se taire** (47)

**télécharger** like manger (11)

**tenir** (48)

**tomber** like parler (1) *except* **p.c.** with **être**

**traduire** like conduire (17)

**se tromper** like se laver (4)

**se trouver** like se laver (4)

**vaincre** (49)

**valoir** (50)

**vendre** (3)

**venir** (51); **p.c.** with **être**

**vivre** (52)

**voir** (53)

**vouloir** (54)

**voyager** like manger (11)

# Tables de conjugaison

## Regular verbs

| Infinitive / Present participle / Past participle / Past infinitive | Subject Pronouns | INDICATIVE | | | | CONDITIONAL | SUBJUNCTIVE | IMPERATIVE |
|---|---|---|---|---|---|---|---|---|
| | | Present | Passé simple | Imperfect | Future | Present | Present | |
| **1** parler *(to speak)* parlant parlé avoir parlé | je | parle | parlai | parlais | parlerai | parlerais | parle | |
| | tu | parles | parlas | parlais | parleras | parlerais | parles | parle |
| | il/elle/on | parle | parla | parlait | parlera | parlerait | parle | |
| | nous | parlons | parlâmes | parlions | parlerons | parlerions | parlions | parlons |
| | vous | parlez | parlâtes | parliez | parlerez | parleriez | parliez | parlez |
| | ils/elles | parlent | parlèrent | parlaient | parleront | parleraient | parlent | |
| **2** finir *(to finish)* finissant fini avoir fini | je | finis | finis | finissais | finirai | finirais | finisse | |
| | tu | finis | finis | finissais | finiras | finirais | finisses | finis |
| | il/elle/on | finit | finit | finissait | finira | finirait | finisse | |
| | nous | finissons | finîmes | finissions | finirons | finirions | finissions | finissons |
| | vous | finissez | finîtes | finissiez | finirez | finiriez | finissiez | finissez |
| | ils/elles | finissent | finirent | finissaient | finiront | finiraient | finissent | |
| **3** vendre *(to sell)* vendant vendu avoir vendu | je | vends | vendis | vendais | vendrai | vendrais | vende | |
| | tu | vends | vendis | vendais | vendras | vendrais | vendes | vends |
| | il/elle/on | vend | vendit | vendait | vendra | vendrait | vende | |
| | nous | vendons | vendîmes | vendions | vendrons | vendrions | vendions | vendons |
| | vous | vendez | vendîtes | vendiez | vendrez | vendriez | vendiez | vendez |
| | ils/elles | vendent | vendirent | vendaient | vendront | vendraient | vendent | |

## Reflexive (Pronominal)

| Infinitive / Present participle / Past participle / Past infinitive | Subject Pronouns | INDICATIVE | | | | CONDITIONAL | SUBJUNCTIVE | IMPERATIVE |
|---|---|---|---|---|---|---|---|---|
| | | Present | Passé simple | Imperfect | Future | Present | Present | |
| **4** se laver *(to wash oneself)* se lavant lavé s'être lavé(e)(s) | je | me lave | me lavai | me lavais | me laverai | me laverais | me lave | |
| | tu | te laves | te lavas | te lavais | te laveras | te laverais | te laves | lave-toi |
| | il/elle/on | se lave | se lava | se lavait | se lavera | se laverait | se lave | |
| | nous | nous lavons | nous lavâmes | nous lavions | nous laverons | nous laverions | nous lavions | lavons-nous |
| | vous | vous lavez | vous lavâtes | vous laviez | vous laverez | vous laveriez | vous laviez | lavez-vous |
| | ils/elles | se lavent | se lavèrent | se lavaient | se laveront | se laveraient | se lavent | |

## Auxiliary verbs: *avoir* and *être*

**5**

| Infinitive (Present participle / Past participle / Past infinitive) | Subject Pronouns | INDICATIVE Present | INDICATIVE Passé simple | INDICATIVE Imperfect | INDICATIVE Future | CONDITIONAL Present | SUBJUNCTIVE Present | IMPERATIVE |
|---|---|---|---|---|---|---|---|---|
| **avoir** *(to have)* | j' | ai | eus | avais | aurai | aurais | aie | |
| ayant | tu | as | eus | avais | auras | aurais | aies | aie |
| eu | il/elle/on | a | eut | avait | aura | aurait | ait | |
| avoir eu | nous | avons | eûmes | avions | aurons | aurions | ayons | ayons |
| | vous | avez | eûtes | aviez | aurez | auriez | ayez | ayez |
| | ils/elles | ont | eurent | avaient | auront | auraient | aient | |

**6**

| Infinitive (Present participle / Past participle / Past infinitive) | Subject Pronouns | INDICATIVE Present | INDICATIVE Passé simple | INDICATIVE Imperfect | INDICATIVE Future | CONDITIONAL Present | SUBJUNCTIVE Present | IMPERATIVE |
|---|---|---|---|---|---|---|---|---|
| **être** *(to be)* | je (j') | suis | fus | étais | serai | serais | sois | |
| étant | tu | es | fus | étais | seras | serais | sois | sois |
| été | il/elle/on | est | fut | était | sera | serait | soit | |
| avoir été | nous | sommes | fûmes | étions | serons | serions | soyons | soyons |
| | vous | êtes | fûtes | étiez | serez | seriez | soyez | soyez |
| | ils/elles | sont | furent | étaient | seront | seraient | soient | |

## Compound tenses

| Subject pronouns | INDICATIVE Passé composé | INDICATIVE Pluperfect | INDICATIVE Passé simple | INDICATIVE Future perfect | CONDITIONAL Past | SUBJUNCTIVE Past |
|---|---|---|---|---|---|---|
| j' | ai | avais | eus | aurai | aurais | aie |
| tu | as | avais | eus | auras | aurais | aies |
| il/elle/on | a | avait | eut | aura | aurait | ait |
| nous | avons | avions | eûmes | aurons | aurions | ayons |
| vous | avez | aviez | eûtes | aurez | auriez | ayez |
| ils/elles | ont | avaient | eurent | auront | auraient | aient |

(past participles: parlé / fini / vendu)

| Subject pronouns | INDICATIVE Passé composé | INDICATIVE Pluperfect | INDICATIVE Passé simple | INDICATIVE Future perfect | CONDITIONAL Past | SUBJUNCTIVE Past |
|---|---|---|---|---|---|---|
| je (j') | suis | étais | fus | serai | serais | sois |
| tu | es | étais | fus | seras | serais | sois |
| il/elle/on | est | était | fut | sera | serait | soit |
| nous | sommes | étions | fûmes | serons | serions | soyons |
| vous | êtes | étiez | fûtes | serez | seriez | soyez |
| ils/elles | sont | étaient | furent | seront | seraient | soient |

(past participle: allé(e)(s))

# Verbs with spelling changes

## 7 acheter (to buy)
Present participle: achetant — Past participle: acheté — Past infinitive: avoir acheté

| Subject Pronouns | INDICATIVE Present | Passé simple | Imperfect | Future | CONDITIONAL Present | SUBJUNCTIVE Present | IMPERATIVE |
|---|---|---|---|---|---|---|---|
| j' | achète | achetai | achetais | achèterai | achèterais | achète | |
| tu | achètes | achetas | achetais | achèteras | achèterais | achètes | achète |
| il/elle/on | achète | acheta | achetait | achètera | achèterait | achète | |
| nous | achetons | achetâmes | achetions | achèterons | achèterions | achetions | achetons |
| vous | achetez | achetâtes | achetiez | achèterez | achèteriez | achetiez | achetez |
| ils/elles | achètent | achetèrent | achetaient | achèteront | achèteraient | achètent | |

## 8 appeler (to call)
Present participle: appelant — Past participle: appelé — Past infinitive: avoir appelé

| Subject Pronouns | INDICATIVE Present | Passé simple | Imperfect | Future | CONDITIONAL Present | SUBJUNCTIVE Present | IMPERATIVE |
|---|---|---|---|---|---|---|---|
| j' | appelle | appelai | appelais | appellerai | appellerais | appelle | |
| tu | appelles | appelas | appelais | appelleras | appellerais | appelles | appelle |
| il/elle/on | appelle | appela | appelait | appellera | appellerait | appelle | |
| nous | appelons | appelâmes | appelions | appellerons | appellerions | appelions | appelons |
| vous | appelez | appelâtes | appeliez | appellerez | appelleriez | appeliez | appelez |
| ils/elles | appellent | appelèrent | appelaient | appelleront | appelleraient | appellent | |

## 9 commencer (to begin)
Present participle: commençant — Past participle: commencé — Past infinitive: avoir commencé

| Subject Pronouns | INDICATIVE Present | Passé simple | Imperfect | Future | CONDITIONAL Present | SUBJUNCTIVE Present | IMPERATIVE |
|---|---|---|---|---|---|---|---|
| je | commence | commençai | commençais | commencerai | commencerais | commence | |
| tu | commences | commenças | commençais | commenceras | commencerais | commences | commence |
| il/elle/on | commence | commença | commençait | commencera | commencerait | commence | |
| nous | commençons | commençâmes | commencions | commencerons | commencerions | commencions | commençons |
| vous | commencez | commençâtes | commenciez | commencerez | commenceriez | commenciez | commencez |
| ils/elles | commencent | commencèrent | commençaient | commenceront | commenceraient | commencent | |

## 10 employer (to use; to employ)
Present participle: employant — Past participle: employé — Past infinitive: avoir employé

| Subject Pronouns | INDICATIVE Present | Passé simple | Imperfect | Future | CONDITIONAL Present | SUBJUNCTIVE Present | IMPERATIVE |
|---|---|---|---|---|---|---|---|
| j' | emploie | employai | employais | emploierai | emploierais | emploie | |
| tu | emploies | employas | employais | emploieras | emploierais | emploies | emploie |
| il/elle/on | emploie | employa | employait | emploiera | emploierait | emploie | |
| nous | employons | employâmes | employions | emploierons | emploierions | employions | employons |
| vous | employez | employâtes | employiez | emploierez | emploieriez | employiez | employez |
| ils/elles | emploient | employèrent | employaient | emploieront | emploieraient | emploient | |

## 11 manger (to eat)
Present participle: mangeant — Past participle: mangé — Past infinitive: avoir mangé

| Subject Pronouns | INDICATIVE Present | Passé simple | Imperfect | Future | CONDITIONAL Present | SUBJUNCTIVE Present | IMPERATIVE |
|---|---|---|---|---|---|---|---|
| je | mange | mangeai | mangeais | mangerai | mangerais | mange | |
| tu | manges | mangeas | mangeais | mangeras | mangerais | manges | mange |
| il/elle/on | mange | mangea | mangeait | mangera | mangerait | mange | |
| nous | mangeons | mangeâmes | mangions | mangerons | mangerions | mangions | mangeons |
| vous | mangez | mangeâtes | mangiez | mangerez | mangeriez | mangiez | mangez |
| ils/elles | mangent | mangèrent | mangeaient | mangeront | mangeraient | mangent | |

**12**

| Infinitive / Present participle / Past participle / Past infinitive | Subject Pronouns | INDICATIVE Present | INDICATIVE Passé simple | INDICATIVE Imperfect | INDICATIVE Future | CONDITIONAL Present | SUBJUNCTIVE Present | IMPERATIVE |
|---|---|---|---|---|---|---|---|---|
| **préférer** (to prefer) | je | préfère | préférai | préférais | préférerai | préférerais | préfère | |
| préférant | tu | préfères | préféras | préférais | préféreras | préférerais | préfères | préfère |
| préféré | il/elle/on | préfère | préféra | préférait | préférera | préférerait | préfère | |
| avoir préféré | nous | préférons | préférâmes | préférions | préférerons | préférerions | préférions | préférons |
| | vous | préférez | préférâtes | préfériez | préférerez | préféreriez | préfériez | préférez |
| | ils/elles | préfèrent | préférèrent | préféraient | préféreront | préféreraient | préfèrent | |

## Irregular verbs

**13**

| Infinitive / Present participle / Past participle / Past infinitive | Subject Pronouns | INDICATIVE Present | INDICATIVE Passé simple | INDICATIVE Imperfect | INDICATIVE Future | CONDITIONAL Present | SUBJUNCTIVE Present | IMPERATIVE |
|---|---|---|---|---|---|---|---|---|
| **aller** (to go) | je (j') | vais | allai | allais | irai | irais | aille | |
| allant | tu | vas | allas | allais | iras | irais | ailles | va |
| allé | il/elle/on | va | alla | allait | ira | irait | aille | |
| être allé(e)(s) | nous | allons | allâmes | allions | irons | irions | allions | allons |
| | vous | allez | allâtes | alliez | irez | iriez | alliez | allez |
| | ils/elles | vont | allèrent | allaient | iront | iraient | aillent | |

**14**

| Infinitive / Present participle / Past participle / Past infinitive | Subject Pronouns | INDICATIVE Present | INDICATIVE Passé simple | INDICATIVE Imperfect | INDICATIVE Future | CONDITIONAL Present | SUBJUNCTIVE Present | IMPERATIVE |
|---|---|---|---|---|---|---|---|---|
| **s'asseoir** (to sit down, to be seated) | je | m'assieds | m'assis | m'asseyais | m'assiérai | m'assiérais | m'asseye | |
| s'asseyant | tu | t'assieds | t'assis | t'asseyais | t'assiéras | t'assiérais | t'asseyes | assieds-toi |
| assis | il/elle/on | s'assied | s'assit | s'asseyait | s'assiéra | s'assiérait | s'asseye | |
| s'être assis(e)(s) | nous | nous asseyons | nous assîmes | nous asseyions | nous assiérons | nous assiérions | nous asseyions | asseyons-nous |
| | vous | vous asseyez | vous assîtes | vous asseyiez | vous assiérez | vous assiériez | vous asseyiez | asseyez-vous |
| | ils/elles | s'asseyent | s'assirent | s'asseyaient | s'assiéront | s'assiéraient | s'asseyent | |

**15**

| Infinitive / Present participle / Past participle / Past infinitive | Subject Pronouns | INDICATIVE Present | INDICATIVE Passé simple | INDICATIVE Imperfect | INDICATIVE Future | CONDITIONAL Present | SUBJUNCTIVE Present | IMPERATIVE |
|---|---|---|---|---|---|---|---|---|
| **se battre** (to fight) | je | me bats | me battis | me battais | me battrai | me battrais | me batte | |
| se battant | tu | te bats | te battis | te battais | te battras | te battrais | te battes | bats-toi |
| battu | il/elle/on | se bat | se battit | se battait | se battra | se battrait | se batte | |
| s'être battu(e)(s) | nous | nous battons | nous battîmes | nous battions | nous battrons | nous battrions | nous battions | battons-nous |
| | vous | vous battez | vous battîtes | vous battiez | vous battrez | vous battriez | vous battiez | battez-vous |
| | ils/elles | se battent | se battirent | se battaient | se battront | se battraient | se battent | |

| Infinitive / Present participle / Past participle / Past infinitive | Subject Pronouns | INDICATIVE Present | INDICATIVE Passé simple | INDICATIVE Imperfect | INDICATIVE Future | CONDITIONAL Present | SUBJUNCTIVE Present | IMPERATIVE Present |
|---|---|---|---|---|---|---|---|---|
| **16** boire *(to drink)* | je | bois | bus | buvais | boirai | boirais | boive | |
| buvant | tu | bois | bus | buvais | boiras | boirais | boives | bois |
| bu | il/elle/on | boit | but | buvait | boira | boirait | boive | |
| avoir bu | nous | buvons | bûmes | buvions | boirons | boirions | buvions | buvons |
| | vous | buvez | bûtes | buviez | boirez | boiriez | buviez | buvez |
| | ils/elles | boivent | burent | buvaient | boiront | boiraient | boivent | |
| **17** conduire *(to drive; to lead)* | je | conduis | conduisis | conduisais | conduirai | conduirais | conduise | |
| conduisant | tu | conduis | conduisis | conduisais | conduiras | conduirais | conduises | conduis |
| conduit | il/elle/on | conduit | conduisit | conduisait | conduira | conduirait | conduise | |
| avoir conduit | nous | conduisons | conduisîmes | conduisions | conduirons | conduirions | conduisions | conduisons |
| | vous | conduisez | conduisîtes | conduisiez | conduirez | conduiriez | conduisiez | conduisez |
| | ils/elles | conduisent | conduisirent | conduisaient | conduiront | conduiraient | conduisent | |
| **18** connaître *(to know, to be acquainted with)* | je | connais | connus | connaissais | connaîtrai | connaîtrais | connaisse | |
| connaissant | tu | connais | connus | connaissais | connaîtras | connaîtrais | connaisses | connais |
| connu | il/elle/on | connaît | connut | connaissait | connaîtra | connaîtrait | connaisse | |
| avoir connu | nous | connaissons | connûmes | connaissions | connaîtrons | connaîtrions | connaissions | connaissons |
| | vous | connaissez | connûtes | connaissiez | connaîtrez | connaîtriez | connaissiez | connaissez |
| | ils/elles | connaissent | connurent | connaissaient | connaîtront | connaîtraient | connaissent | |
| **19** courir *(to run)* | je | cours | courus | courais | courrai | courrais | coure | |
| courant | tu | cours | courus | courais | courras | courrais | coures | cours |
| couru | il/elle/on | court | courut | courait | courra | courrait | coure | |
| avoir couru | nous | courons | courûmes | courions | courrons | courrions | courions | courons |
| | vous | courez | courûtes | couriez | courrez | courriez | couriez | courez |
| | ils/elles | courent | coururent | couraient | courront | courraient | courent | |
| **20** croire *(to believe)* | je | crois | crus | croyais | croirai | croirais | croie | |
| croyant | tu | crois | crus | croyais | croiras | croirais | croies | crois |
| cru | il/elle/on | croit | crut | croyait | croira | croirait | croie | |
| avoir cru | nous | croyons | crûmes | croyions | croirons | croirions | croyions | croyons |
| | vous | croyez | crûtes | croyiez | croirez | croiriez | croyiez | croyez |
| | ils/elles | croient | crurent | croyaient | croiront | croiraient | croient | |

| Infinitive / Present participle / Past participle / Past infinitive | Subject Pronouns | INDICATIVE Present | INDICATIVE Passé simple | INDICATIVE Imperfect | INDICATIVE Future | CONDITIONAL Present | SUBJUNCTIVE Present | IMPERATIVE |
|---|---|---|---|---|---|---|---|---|
| **21** devoir *(to have to; to owe)* / devant / dû / avoir dû | je | dois | dus | devais | devrai | devrais | doive | |
| | tu | dois | dus | devais | devras | devrais | doives | dois |
| | il/elle/on | doit | dut | devait | devra | devrait | doive | |
| | nous | devons | dûmes | devions | devrons | devrions | devions | devons |
| | vous | devez | dûtes | deviez | devrez | devriez | deviez | devez |
| | ils/elles | doivent | durent | devaient | devront | devraient | doivent | |
| **22** dire *(to say, to tell)* / disant / dit / avoir dit | je | dis | dis | disais | dirai | dirais | dise | |
| | tu | dis | dis | disais | diras | dirais | dises | dis |
| | il/elle/on | dit | dit | disait | dira | dirait | dise | |
| | nous | disons | dîmes | disions | dirons | dirions | disions | disons |
| | vous | dites | dîtes | disiez | direz | diriez | disiez | dites |
| | ils/elles | disent | dirent | disaient | diront | diraient | disent | |
| **23** écrire *(to write)* / écrivant / écrit / avoir écrit | j' | écris | écrivis | écrivais | écrirai | écrirais | écrive | |
| | tu | écris | écrivis | écrivais | écriras | écrirais | écrives | écris |
| | il/elle/on | écrit | écrivit | écrivait | écrira | écrirait | écrive | |
| | nous | écrivons | écrivîmes | écrivions | écrirons | écririons | écrivions | écrivons |
| | vous | écrivez | écrivîtes | écriviez | écrirez | écririez | écriviez | écrivez |
| | ils/elles | écrivent | écrivirent | écrivaient | écriront | écriraient | écrivent | |
| **24** émouvoir *(to move)* / émouvant / ému / avoir ému | j' | émeus | émus | émouvais | émouvrai | émouvrais | émeuve | |
| | tu | émeus | émus | émouvais | émouvras | émouvrais | émeuves | émeus |
| | il/elle/on | émeut | émut | émouvait | émouvra | émouvrait | émeuve | |
| | nous | émouvons | émûmes | émouvions | émouvrons | émouvrions | émouvions | émouvons |
| | vous | émouvez | émûtes | émouviez | émouvrez | émouvriez | émouviez | émouvez |
| | ils/elles | émeuvent | émurent | émouvaient | émouvront | émouvraient | émeuvent | |
| **25** envoyer *(to send)* / envoyant / envoyé / avoir envoyé | j' | envoie | envoyai | envoyais | enverrai | enverrais | envoie | |
| | tu | envoies | envoyas | envoyais | enverras | enverrais | envoies | envoie |
| | il/elle/on | envoie | envoya | envoyait | enverra | enverrait | envoie | |
| | nous | envoyons | envoyâmes | envoyions | enverrons | enverrions | envoyions | envoyons |
| | vous | envoyez | envoyâtes | envoyiez | enverrez | enverriez | envoyiez | envoyez |
| | ils/elles | envoient | envoyèrent | envoyaient | enverront | enverraient | envoient | |

| Infinitive / Present participle / Past participle / Past infinitive | Subject Pronouns | INDICATIVE Present | INDICATIVE Passé simple | INDICATIVE Imperfect | INDICATIVE Future | CONDITIONAL Present | SUBJUNCTIVE Present | IMPERATIVE Present |
|---|---|---|---|---|---|---|---|---|
| **26** éteindre *(to turn off)* / éteignant / éteint / avoir éteint | j' | éteins | éteignis | éteignais | éteindrai | éteindrais | éteigne | |
| | tu | éteins | éteignis | éteignais | éteindras | éteindrais | éteignes | éteins |
| | il/elle/on | éteint | éteignit | éteignait | éteindra | éteindrait | éteigne | |
| | nous | éteignons | éteignîmes | éteignions | éteindrons | éteindrions | éteignions | éteignons |
| | vous | éteignez | éteignîtes | éteigniez | éteindrez | éteindriez | éteigniez | éteignez |
| | ils/elles | éteignent | éteignirent | éteignaient | éteindront | éteindraient | éteignent | |
| **27** faire *(to do; to make)* / faisant / fait / avoir fait | je | fais | fis | faisais | ferai | ferais | fasse | |
| | tu | fais | fis | faisais | feras | ferais | fasses | fais |
| | il/elle/on | fait | fit | faisait | fera | ferait | fasse | |
| | nous | faisons | fîmes | faisions | ferons | ferions | fassions | faisons |
| | vous | faites | fîtes | faisiez | ferez | feriez | fassiez | faites |
| | ils/elles | font | firent | faisaient | feront | feraient | fassent | |
| **28** falloir *(to be necessary)* / fallu / avoir fallu | il | faut | fallut | fallait | faudra | faudrait | faille | |
| **29** fuir *(to flee)* / fuyant / fui / avoir fui | je | fuis | fuis | fuyais | fuirai | fuirais | fuie | |
| | tu | fuis | fuis | fuyais | fuiras | fuirais | fuies | fuis |
| | il/elle/on | fuit | fuit | fuyait | fuira | fuirait | fuie | |
| | nous | fuyons | fuîmes | fuyions | fuirons | fuirions | fuyions | fuyons |
| | vous | fuyez | fuîtes | fuyiez | fuirez | fuiriez | fuyiez | fuyez |
| | ils/elles | fuient | fuirent | fuyaient | fuiront | fuiraient | fuient | |
| **30** lire *(to read)* / lisant / lu / avoir lu | je | lis | lus | lisais | lirai | lirais | lise | |
| | tu | lis | lus | lisais | liras | lirais | lises | lis |
| | il/elle/on | lit | lut | lisait | lira | lirait | lise | |
| | nous | lisons | lûmes | lisions | lirons | lirions | lisions | lisons |
| | vous | lisez | lûtes | lisiez | lirez | liriez | lisiez | lisez |
| | ils/elles | lisent | lurent | lisaient | liront | liraient | lisent | |

| Infinitive / Present participle / Past participle / Past infinitive | Subject Pronouns | INDICATIVE Present | INDICATIVE Passé simple | INDICATIVE Imperfect | INDICATIVE Future | CONDITIONAL Present | SUBJUNCTIVE Present | IMPERATIVE |
|---|---|---|---|---|---|---|---|---|
| **31** mettre *(to put)* mettant / mis / avoir mis | je | mets | mis | mettais | mettrai | mettrais | mette | |
| | tu | mets | mis | mettais | mettras | mettrais | mettes | mets |
| | il/elle/on | met | mit | mettait | mettra | mettrait | mette | |
| | nous | mettons | mîmes | mettions | mettrons | mettrions | mettions | mettons |
| | vous | mettez | mîtes | mettiez | mettrez | mettriez | mettiez | mettez |
| | ils/elles | mettent | mirent | mettaient | mettront | mettraient | mettent | |
| **32** mourir *(to die)* mourant / mort / être mort(e)(s) | je | meurs | mourus | mourais | mourrai | mourrais | meure | |
| | tu | meurs | mourus | mourais | mourras | mourrais | meures | meurs |
| | il/elle/on | meurt | mourut | mourait | mourra | mourrait | meure | |
| | nous | mourons | mourûmes | mourions | mourrons | mourrions | mourions | mourons |
| | vous | mourez | mourûtes | mouriez | mourrez | mourriez | mouriez | mourez |
| | ils/elles | meurent | moururent | mouraient | mourront | mourraient | meurent | |
| **33** naître *(to be born)* naissant / né / être né(e)(s) | je | nais | naquis | naissais | naîtrai | naîtrais | naisse | |
| | tu | nais | naquis | naissais | naîtras | naîtrais | naisses | nais |
| | il/elle/on | naît | naquit | naissait | naîtra | naîtrait | naisse | |
| | nous | naissons | naquîmes | naissions | naîtrons | naîtrions | naissions | naissons |
| | vous | naissez | naquîtes | naissiez | naîtrez | naîtriez | naissiez | naissez |
| | ils/elles | naissent | naquirent | naissaient | naîtront | naîtraient | naissent | |
| **34** ouvrir *(to open)* ouvrant / ouvert / avoir ouvert | j' | ouvre | ouvris | ouvrais | ouvrirai | ouvrirais | ouvre | |
| | tu | ouvres | ouvris | ouvrais | ouvriras | ouvrirais | ouvres | ouvre |
| | il/elle/on | ouvre | ouvrit | ouvrait | ouvrira | ouvrirait | ouvre | |
| | nous | ouvrons | ouvrîmes | ouvrions | ouvrirons | ouvririons | ouvrions | ouvrons |
| | vous | ouvrez | ouvrîtes | ouvriez | ouvrirez | ouvririez | ouvriez | ouvrez |
| | ils/elles | ouvrent | ouvrirent | ouvraient | ouvriront | ouvriraient | ouvrent | |
| **35** partir *(to leave)* partant / parti / être parti(e)(s) | je | pars | partis | partais | partirai | partirais | parte | |
| | tu | pars | partis | partais | partiras | partirais | partes | pars |
| | il/elle/on | part | partit | partait | partira | partirait | parte | |
| | nous | partons | partîmes | partions | partirons | partirions | partions | partons |
| | vous | partez | partîtes | partiez | partirez | partiriez | partiez | partez |
| | ils/elles | partent | partirent | partaient | partiront | partiraient | partent | |

| | Infinitive / Present participle / Past participle / Past infinitive | Subject Pronouns | INDICATIVE Present | INDICATIVE Passé simple | INDICATIVE Imperfect | INDICATIVE Future | CONDITIONAL Present | SUBJUNCTIVE Present | IMPERATIVE |
|---|---|---|---|---|---|---|---|---|---|
| **36** | plaire (to please) | je | plais | plus | plaisais | plairai | plairais | plaise | |
| | | tu | plais | plus | plaisais | plairas | plairais | plaises | plais |
| | | il/elle/on | plaît | plut | plaisait | plaira | plairait | plaise | |
| | plaisant | nous | plaisons | plûmes | plaisions | plairons | plairions | plaisions | plaisons |
| | plu | vous | plaisez | plûtes | plaisiez | plairez | plairiez | plaisiez | plaisez |
| | avoir plu | ils/elles | plaisent | plurent | plaisaient | plairont | plairaient | plaisent | |
| **37** | pleuvoir (to rain) | il | pleut | plut | pleuvait | pleuvra | pleuvrait | pleuve | |
| | pleuvant | | | | | | | | |
| | plu | | | | | | | | |
| | avoir plu | | | | | | | | |
| **38** | pouvoir (to be able) | je | peux | pus | pouvais | pourrai | pourrais | puisse | |
| | | tu | peux | pus | pouvais | pourras | pourrais | puisses | |
| | | il/elle/on | peut | put | pouvait | pourra | pourrait | puisse | |
| | pouvant | nous | pouvons | pûmes | pouvions | pourrons | pourrions | puissions | |
| | pu | vous | pouvez | pûtes | pouviez | pourrez | pourriez | puissiez | |
| | avoir pu | ils/elles | peuvent | purent | pouvaient | pourront | pourraient | puissent | |
| **39** | prendre (to take) | je | prends | pris | prenais | prendrai | prendrais | prenne | |
| | | tu | prends | pris | prenais | prendras | prendrais | prennes | prends |
| | | il/elle/on | prend | prit | prenait | prendra | prendrait | prenne | |
| | prenant | nous | prenons | prîmes | prenions | prendrons | prendrions | prenions | prenons |
| | pris | vous | prenez | prîtes | preniez | prendrez | prendriez | preniez | prenez |
| | avoir pris | ils/elles | prennent | prirent | prenaient | prendront | prendraient | prennent | |
| **40** | recevoir (to receive) | je | reçois | reçus | recevais | recevrai | recevrais | reçoive | |
| | | tu | reçois | reçus | recevais | recevras | recevrais | reçoives | reçois |
| | | il/elle/on | reçoit | reçut | recevait | recevra | recevrait | reçoive | |
| | recevant | nous | recevons | reçûmes | recevions | recevrons | recevrions | recevions | recevons |
| | reçu | vous | recevez | reçûtes | receviez | recevrez | recevriez | receviez | recevez |
| | avoir reçu | ils/elles | reçoivent | reçurent | recevaient | recevront | recevraient | reçoivent | |
| **41** | rejoindre (to join) | je | rejoins | rejoignis | rejoignais | rejoindrai | rejoindrais | rejoigne | |
| | | tu | rejoins | rejoignis | rejoignais | rejoindras | rejoindrais | rejoignes | rejoins |
| | | il/elle/on | rejoint | rejoignit | rejoignait | rejoindra | rejoindrait | rejoigne | |
| | rejoignant | nous | rejoignons | rejoignîmes | rejoignions | rejoindrons | rejoindrions | rejoignions | rejoignons |
| | rejoint | vous | rejoignez | rejoignîtes | rejoigniez | rejoindrez | rejoindriez | rejoigniez | rejoignez |
| | avoir rejoint | ils/elles | rejoignent | rejoignirent | rejoignaient | rejoindront | rejoindraient | rejoignent | |

| Infinitive / Present participle / Past participle / Past infinitive | Subject Pronouns | INDICATIVE Present | Passé simple | Imperfect | Future | CONDITIONAL Present | SUBJUNCTIVE Present | IMPERATIVE |
|---|---|---|---|---|---|---|---|---|
| **42** résoudre *(to solve)* / résolvant / résolu / avoir résolu | je | résous | résolus | résolvais | résoudrai | résoudrais | résolve | |
| | tu | résous | résolus | résolvais | résoudras | résoudrais | résolves | résous |
| | il/elle/on | résout | résolut | résolvait | résoudra | résoudrait | résolve | |
| | nous | résolvons | résolûmes | résolvions | résoudrons | résoudrions | résolvions | résolvons |
| | vous | résolvez | résolûtes | résolviez | résoudrez | résoudriez | résolviez | résolvez |
| | ils/elles | résolvent | résolurent | résolvaient | résoudront | résoudraient | résolvent | |
| **43** rire *(to laugh)* / riant / ri / avoir ri | je | ris | ris | riais | rirai | rirais | rie | |
| | tu | ris | ris | riais | riras | rirais | ries | ris |
| | il/elle/on | rit | rit | riait | rira | rirait | rie | |
| | nous | rions | rîmes | riions | rirons | ririons | riions | rions |
| | vous | riez | rîtes | riiez | rirez | ririez | riiez | riez |
| | ils/elles | rient | rirent | riaient | riront | riraient | rient | |
| **44** rompre *(to break)* / rompant / rompu / avoir rompu | je | romps | rompis | rompais | romprai | romprais | rompe | |
| | tu | romps | rompis | rompais | rompras | romprais | rompes | romps |
| | il/elle/on | rompt | rompit | rompait | rompra | romprait | rompe | |
| | nous | rompons | rompîmes | rompions | romprons | romprions | rompions | rompons |
| | vous | rompez | rompîtes | rompiez | romprez | rompriez | rompiez | rompez |
| | ils/elles | rompent | rompirent | rompaient | rompront | rompraient | rompent | |
| **45** savoir *(to know)* / sachant / su / avoir su | je | sais | sus | savais | saurai | saurais | sache | |
| | tu | sais | sus | savais | sauras | saurais | saches | sache |
| | il/elle/on | sait | sut | savait | saura | saurait | sache | |
| | nous | savons | sûmes | savions | saurons | saurions | sachions | sachons |
| | vous | savez | sûtes | saviez | saurez | sauriez | sachiez | sachez |
| | ils/elles | savent | surent | savaient | sauront | sauraient | sachent | |
| **46** suivre *(to follow)* / suivant / suivi / avoir suivi | je | suis | suivis | suivais | suivrai | suivrais | suive | |
| | tu | suis | suivis | suivais | suivras | suivrais | suives | suis |
| | il/elle/on | suit | suivit | suivait | suivra | suivrait | suive | |
| | nous | suivons | suivîmes | suivions | suivrons | suivrions | suivions | suivons |
| | vous | suivez | suivîtes | suiviez | suivrez | suivriez | suiviez | suivez |
| | ils/elles | suivent | suivirent | suivaient | suivront | suivraient | suivent | |
| **47** se taire *(to be quiet)* / se taisant / tu / s'être tu(e)(s) | je | me tais | me tus | me taisais | me tairai | me tairais | me taise | |
| | tu | te tais | te tus | te taisais | te tairas | te tairais | te taises | tais-toi |
| | il/elle/on | se tait | se tut | se taisait | se taira | se tairait | se taise | |
| | nous | nous taisons | nous tûmes | nous taisions | nous tairons | nous tairions | nous taisions | taisons-nous |
| | vous | vous taisez | vous tûtes | vous taisiez | vous tairez | vous tairiez | vous taisiez | taisez-vous |
| | ils/elles | se taisent | se turent | se taisaient | se tairont | se tairaient | se taisent | |

| Infinitive / Present participle / Past participle / Past infinitive | Subject Pronouns | INDICATIVE | | | | CONDITIONAL | SUBJUNCTIVE | IMPERATIVE |
|---|---|---|---|---|---|---|---|---|
| | | Present | Passé simple | Imperfect | Future | Present | Present | |
| **48** tenir *(to hold)* tenant tenu avoir tenu | je | tiens | tins | tenais | tiendrai | tiendrais | tienne | |
| | tu | tiens | tins | tenais | tiendras | tiendrais | tiennes | tiens |
| | il/elle/on | tient | tint | tenait | tiendra | tiendrait | tienne | |
| | nous | tenons | tînmes | tenions | tiendrons | tiendrions | tenions | tenons |
| | vous | tenez | tîntes | teniez | tiendrez | tiendriez | teniez | tenez |
| | ils/elles | tiennent | tinrent | tenaient | tiendront | tiendraient | tiennent | |
| **49** vaincre *(to defeat)* vainquant vaincu avoir vaincu | je | vaincs | vainquis | vainquais | vaincrai | vaincrais | vainque | |
| | tu | vaincs | vainquis | vainquais | vaincras | vaincrais | vainques | vaincs |
| | il/elle/on | vainc | vainquit | vainquait | vaincra | vaincrait | vainque | |
| | nous | vainquons | vainquîmes | vainquions | vaincrons | vaincrions | vainquions | vainquons |
| | vous | vainquez | vainquîtes | vainquiez | vaincrez | vaincriez | vainquiez | vainquez |
| | ils/elles | vainquent | vainquirent | vainquaient | vaincront | vaincraient | vainquent | |
| **50** valoir *(to be worth)* valant valu avoir valu | je | vaux | valus | valais | vaudrai | vaudrais | vaille | |
| | tu | vaux | valus | valais | vaudras | vaudrais | vailles | vaux |
| | il/elle/on | vaut | valut | valait | vaudra | vaudrait | vaille | |
| | nous | valons | valûmes | valions | vaudrons | vaudrions | valions | valons |
| | vous | valez | valûtes | valiez | vaudrez | vaudriez | valiez | valez |
| | ils/elles | valent | valurent | valaient | vaudront | vaudraient | vaillent | |
| **51** venir *(to come)* venant venu être venu(e)(s) | je | viens | vins | venais | viendrai | viendrais | vienne | |
| | tu | viens | vins | venais | viendras | viendrais | viennes | viens |
| | il/elle/on | vient | vint | venait | viendra | viendrait | vienne | |
| | nous | venons | vînmes | venions | viendrons | viendrions | venions | venons |
| | vous | venez | vîntes | veniez | viendrez | viendriez | veniez | venez |
| | ils/elles | viennent | vinrent | venaient | viendront | viendraient | viennent | |
| **52** vivre *(to live)* vivant vécu avoir vécu | je | vis | vécus | vivais | vivrai | vivrais | vive | |
| | tu | vis | vécus | vivais | vivras | vivrais | vives | vis |
| | il/elle/on | vit | vécut | vivait | vivra | vivrait | vive | |
| | nous | vivons | vécûmes | vivions | vivrons | vivrions | vivions | vivons |
| | vous | vivez | vécûtes | viviez | vivrez | vivriez | viviez | vivez |
| | ils/elles | vivent | vécurent | vivaient | vivront | vivraient | vivent | |
| **53** voir *(to see)* voyant vu avoir vu | je | vois | vis | voyais | verrai | verrais | voie | |
| | tu | vois | vis | voyais | verras | verrais | voies | vois |
| | il/elle/on | voit | vit | voyait | verra | verrait | voie | |
| | nous | voyons | vîmes | voyions | verrons | verrions | voyions | voyons |
| | vous | voyez | vîtes | voyiez | verrez | verriez | voyiez | voyez |
| | ils/elles | voient | virent | voyaient | verront | verraient | voient | |

| Infinitive | | INDICATIVE | | | | | CONDITIONAL | SUBJUNCTIVE | IMPERATIVE |
|---|---|---|---|---|---|---|---|---|---|
| **Present participle**<br>**Past participle**<br>**Past infinitive** | **Subject Pronouns** | **Present** | **Passé simple** | **Imperfect** | **Future** | | **Present** | **Present** | |
| vouloir | je | veux | voulus | voulais | voudrai | | voudrais | veuille | |
| *(to want, to wish)* | tu | veux | voulus | voulais | voudras | | voudrais | veuilles | veuille |
| | il/elle/on | veut | voulut | voulait | voudra | | voudrait | veuille | |
| voulant | nous | voulons | voulûmes | voulions | voudrons | | voudrions | voulions | veuillons |
| voulu | vous | voulez | voulûtes | vouliez | voudrez | | voudriez | vouliez | veuillez |
| avoir voulu | ils/elles | veulent | voulurent | voulaient | voudront | | voudraient | veuillent | |

**54**

# Vocabulaire

## Guide to Vocabulary

### Active vocabulary

This glossary contains the words and expressions presented as active vocabulary in **RÊVEZ**. A numeral following the entry indicates the lesson of **RÊVEZ** where the word or expression was introduced. Reflexive verbs are listed under the non-reflexive infinitive.

### Abbreviations used in this glossary

| | | | | | |
|---|---|---|---|---|---|
| *adj.* | adjective | *indef.* | indefinite | *prep.* | preposition |
| *adv.* | adverb | *m.* | masculine | *pron.* | pronoun |
| *conj.* | conjunction | *part.* | partitive | *rel.* | relative |
| *f.* | feminine | *p.p.* | past participle | *v.* | verb |

## Français–Anglais

### A

**à** *prep.* at **5**; in **5**; to
  **à ce moment-là** *adv.* at that moment **3**
  **à condition de** *prep.* provided (that)
  **à condition que** *conj.* on the condition that
  **à moins de** *prep.* unless
  **à moins que** *conj.* unless
  **à partir de** *prep.* from **1**
  **à succès** *adv.* bestselling **5**
  **au chômage** *adj.* unemployed
**a priori** *m.* preconceived idea
**abîmé(e)** *adj.* damaged
**abonné(e)** *m., f.* subscriber
**abonnement** *m.* subscription
**abriter** *v.* to provide a habitat for
**absolument** *adv.* absolutely **2**
**abus de pouvoir** *m.* abuse of power **4**
**abuser** *v.* to abuse **4**
**accablé(e)** *adj.* overwhelmed **1**
**acceptation** *f.* acceptance **4**
**accoucher** *v.* to give birth **6**
**accro: être accro (à)** *v.* to be addicted (to)
**acharnement** *m.* determination
**acharner: s'acharner sur** *v.* to persist relentlessly **5**
**acheter** *v.* to buy **1**
**actif/active** *adj.* active **2**
**activiste** *m., f.* militant activist **4**
**actualisé(e)** *adj.* updated **3**
**actualité** *f.* current events **3**
**adapter: s'adapter** *v.* to adapt **5**
**adhérent(e)** *m., f.* member
**admirer** *v.* to admire
**ADN** *m.* DNA
**adresse e-mail** *f.* e-mail address
**adresser: s'adresser la parole** *v.* to speak to one another

**affaires** *f.* belongings **6**
**affectueux/affectueuse** *adj.* affectionate **1**
**affronter** *v.* to face **6**
**afin que** *conj.* in order that
**agacer** *v.* to annoy **1**
**âge adulte** *m.* adulthood **6**
**agent de police** *m.* police officer **2**
**agir** *v.* to take action
**agiter** *v.* to shake
**aimer** *v.* to love **1**; to like **1**
**ainsi** *adv.* thus **2**
**air** *m.* air
  **en plein air** *adj.* outdoors
**aliment** *m.* (type or kind of) food **6**
**alimentaire** *adj.* related to food **6**
**aller** *v.* to go **1**
  **s'en aller** *v.* to go/fade away **1**
  **aller de l'avant** *v.* to forge ahead **5**
**alliance** *f.* wedding ring **6**
**alors** *adv.* so **2**; then **2**
**alpinisme** *m.* mountain climbing
**amants** *m.* lovers **1**
**amas** *m.* pile, heap
**ambiance** *f.* atmosphere **2**
**âme** *f.* soul
**âme sœur** *f.* soul mate **1**
**améliorer** *v.* to improve **2**
  **s'améliorer** *v.* to better oneself **5**
**amener** *v.* to bring someone **1**
**amitié** *f.* friendship **1**
**amoureux/amoureuse** *adj.* in love **1**
  **tomber amoureux/amoureuse (de)** to fall in love (with) **1**
**amour-propre** *m.* self-esteem **6**
**amuser** *v.* to amuse **2**; **s'amuser** *v.* to have fun **2**
**analphabète** *adj.* illiterate **4**
**ancien(ne)** *adj.* ancient **2**; former **2**
**ancêtre** *m., f.* ancestor **1**
**anecdotique** *adj.* trivial **5**
**animateur/animatrice de radio** *m., f.* radio presenter **3**
**animé(e)** *adj.* lively **2**

**antimatière** *m.* antimatter
**anxieux/anxieuse** *adj.* anxious **1**
**apercevoir** *v.* to catch sight of **2**; to perceive; **s'apercevoir** *v.* to realize **2**; to notice
**apparaître** *v.* to appear **3**
**appareil (photo) numérique** *m.* digital camera
**appartenir (à)** *v.* to belong (to) **5**
**appeler** *v.* to call **1**
**applaudir** *v.* to applaud
**approuver une loi** *v.* to pass a law **4**
**après** *prep.* after; **après que** *conj.* after
**araignée** *f.* spider
**arbitre** *m.* referee
**arc-en-ciel** *m.* rainbow
**archipel** *m.* archipelago
**argent** *m.* silver **2**
**argument de vente** *m.* selling point
**arme** *f.* weapon **4**
**armée** *f.* army **4**
**arrêt d'autobus** *m.* bus stop **2**
**arrêter: s'arrêter** *v.* to stop (oneself) **2**
**arrière-grand-mère** *f.* great-grandmother **6**
**arrière-grand-père** *m.* great-grandfather **6**
**arriver** *v.* to arrive **3**
**artifice: feu d'artifice** *m.* fireworks display **2**
**asperge** *f.* asparagus **6**
**asseoir: s'asseoir** *v.* to sit
**asservissement** *m.* enslavement **4**
**assez** *adv.* quite **2**
  **assez de** enough **5**
**assimilation** *f.* assimilation **5**
**assimiler: s'assimiler à** *v.* to blend in **1**
**astrologue** *m., f.* astrologer
**astronaute** *m., f.* astronaut
**astronome** *m., f.* astronomer

**attendre** *v.* to wait for **2**; **s'attendre à quelque chose** *v.* to expect something **2, 3**

**attention: attirer l'attention (sur)** *v.* to draw attention to **3**

**atterrir** *v.* to land

**attirer** *v.* to attract **5**

    **attirer l'attention (sur)** *v.* to draw attention to **3**

**au cas où** *conj.* in case

**auditeur/auditrice** *m., f.* (radio) listener **3**

**augmentation (de salaire)** *f.* raise (in salary)

**augmenter** *v.* to grow **5**

**aujourd'hui** *adv.* today **2**

**aussi… que** *adv.* as … as

**aussitôt que** *conj.* as soon as

**autant** *adv.* so much/many **2**

**autobus** *m.* bus **2**

    **arrêt d'autobus** *m.* bus stop **2**

**autoritaire** *adj.* bossy **6**

**autre** *adj.* another **2**; different **2**; other **4**

**avancé(e)** *adj.* advanced

**avancer** *v.* to advance **1**, to move forward **1**

**avant de** *prep.* before

    **avant que** *conj.* before

**avocat(e)** *m., f.* lawyer **4**

**avoir** *v.* to have **1**

    **avoir des relations** to have connections

    **avoir honte (de)** to be ashamed (of) **1**; to be embarrassed (of) **1**

    **avoir confiance en soi** to be confident **1**

    **avoir de l'influence (sur)** to have influence (over) **4**

    **avoir des conséquences néfastes (sur)** to have harmful consequences (on)

    **avoir des dettes** to be in debt

    **avoir des préjugés** to be prejudiced **5**

    **avoir le mal du pays** to be homesick **5**

    **avoir le trac** to have stage fright **3**

    **avoir peur** to be afraid **2**

## B

**bague** *f.* ring **3**

    **bague de fiançailles** *f.* engagement ring **6**

**baisser** *v.* to decrease **5**

**balancer: se balancer** *v.* to swing

**balayer** *v.* to sweep **1**

**ballon** *m.* ball

**bande** *f.* gang **5**

    **bande originale** *f.* sound track **3**

**banlieue** *f.* suburb **2**; outskirts **2**

**banqueroute** *f.* bankruptcy

**baragouiner** *v.* to jabber **4**

**barrière de corail** *f.* barrier reef

**bas(se)** *adj.* low **2**

**baskets** *f.* sneakers, tennis shoes

**bateau** *m.* boat **4**

**batterie** *f.* drums **2**

**battre: se battre** *v.* to fight

**bavard(e)** *m., f.* chatterbox **5**

**bavarder** *v.* to chat

**beau/belle** *adj.* beautiful **2**; handsome **2**

**beaucoup** *adv.* a lot **2**

**beau-fils** *m.* son-in-law **6**; stepson **6**

**beau-frère** *m.* brother-in-law **6**

**beau-père** *m.* father-in-law **6**; stepfather **6**

**belle-fille** *f.* daughter-in-law **6**; stepdaughter **6**

**belle-mère** *f.* mother-in-law **6**; stepmother **6**

**belle-sœur** *f.* sister-in-law **6**

**bénéfice** *m.* profit

**berger/bergère** *m., f.* shepherd(ess)

**bermuda** *m.* (a pair of) bermuda shorts

**béton** *m.* concrete **2**

**bien** *adv.* well **2**

    **bien des** *adj.* many **5**

    **bien que** *conj.* although

    **bien s'exporter** *v.* to be popular abroad **5**

**bien-être** *m.* well-being

**bienfait** *m.* beneficial effect

**bientôt** *adv.* soon **2**

**bilingue** *adj.* bilingual **1**

**billet** *m.* ticket

**billard** *m.* pool

**biochimique** *adj.* biochemical

**bio(logique)** *adj.* organic **6**

**biologiste** *m., f.* biologist

**blanc/blanche** *adj.* white **2**

**blessé(e)** *m., f.* injured person **2**; **3**

**blesser: (se) blesser** *v.* to injure (oneself); to get hurt

**boire** *v.* to drink **3**

**boîte** *f.* can **5**; box **5**

**boiter** *v.* to limp **1**

**bon(ne)** *adj.* good **2**

**bonté** *f.* kindness **6**

**boue** *f.* mud **1**

**boules** *f.* petanque

**boulot** *m.* job

**bouquet de la mariée** *m.* bouquet **6**

**bouteille** *f.* bottle **5**

**boutique de souvenirs** *f.* gift shop

**bref/brève** *adj.* brief **2**

**brevet d'invention** *m.* patent

**brièvement** *adv.* briefly **2**

**brosser: se brosser** *v.* to brush **2**

**brûler** *v.* to burn **1**

**bruyamment** *adv.* noisily **2**

**bruyant(e)** *adj.* noisy **2**

**bûcheron** *m.* lumberjack

**budget** *m.* budget

**but** *m.* goal **5**

## C

**ça** *pron.* that; this; it

    **ça suffit** that's enough **4**

**cadre** *m.* executive

**caillou (cailloux)** *m.* pebble(s)

**caleçon** *m.* boxer shorts

**calepin** *m.* notebook **2**

**camionnette** *f.* small truck or van

**canadien(ne)** *adj.* Canadian **2**

**capitaine** *m.* captain

**capter** *v.* to get a signal

**car** *conj.* for; because **4**

**caractère** *m.* character, personality **6**

**carie** *f.* cavity

**carte** *f.* card

    **carte de crédit** *f.* credit card

    **carte de retrait** *f.* ATM card

    **cartes (à jouer)** *f.* (playing) cards

**cas: au cas où** *conj.* in case

**caserne de pompiers** *f.* fire station **2**

**casse-cou** *m.* daredevil

**catastrophe naturelle** *f.* natural disaster **2**

**cauchemar** *m.* nightmare **1**

**cause** *f.* cause **5**

**causer** *v.* to chat

**CD-ROM** *m.* CD-ROM

**célébrer** *v.* to celebrate

**célébrité** *f.* celebrity **3**

**célibataire** *adj.* single **1**

**cellule** *f.* cell

**censure** *f.* censorship **3**

**centre de formation** *m.* sports training school

**centre-ville** *m.* city/town center **2**; downtown **2**

**certain(e)** *adj.* certain **4**

**certainement** *adv.* certainly **3**

**c'est-à-dire** that is to say; i.e.

**chaîne** *f.* network **3**

    **chaîne montagneuse** *f.* mountain range

**chantage** *m.* blackmail **2**

    **faire du chantage** to blackmail **4**

**chaos** *m.* chaos **5**

**chaque** *adj.* each **4**, every single **4**

**charbon (de bois)** *m.* char(coal)

**charmant(e)** *adj.* charming **1**

**chasser** *v.* to hunt

**châtain** *adj.* brown *(hair)* **2**

**châtiment** *m.* punishment **5**

**chef d'entreprise** *m.* head of a company

**chêne** *m.* oak tree

**cher/chère** *adj.* dear **2**; expensive **2**

**chercheur/chercheuse** *m., f.* researcher

**chez** *prep.* at the place or home of **5**

**chiffre** *m.* figure; number

**chimiste** *m., f.* chemist
**choc culturel** *m.* culture shock **1**
**choisir** *v.* to choose **3**
**chômage** *m.* unemployment
  **au chômage** *adj.* unemployed
**chômeur/chômeuse** *m., f.*
  unemployed person
**chouette** *adj.* great; cool
**chrétien(ne)** *m., f.* Christian **4**
**christianisme** *m.* Christianity **4**
**chronique** *f.* column **3**
**chuchoter** *v.* to whisper **6**
**cinéma** *m.* cinema **2**, movie theater **2**
**circulation** *f.* traffic **2**
**cirque** *m.* circus **3**
**citadin(e)** *m., f.* city/town dweller **2**
**cité** *f.* low-income housing
  development **6**
**citoyen(ne)** *m., f.* citizen **2**
**citron** *m.* lemon **6**; *adj.* lemon **2**
  **citron vert** *m.* lime **6**
**clip vidéo** *m.* music video **3**
**cloîtré(e)** *adj.* shut away
**cloner** *v.* to clone
**clous** *m.* crosswalk **2**
**club** *m.* team
  **club sportif** *m.* sports club
**cochon** *m.* pig
**colère** *f.* anger **1**, **4**
  **se mettre en colère contre** to get
  angry with **1**
**colocataire** *m, f.* roommate **2**;
  co-tenant **2**
**colon** *m.* colonist **4**
**combattant(e)** *m., f.* fighter
**combattre** *v.* to fight **4**
**combustible** *m.* fuel
**comédie** *f.* comedy
**comédien(ne)** *m., f.* actor **3**
**commencer** *v.* to begin **1**
**commérages** *m.* gossip **1**
**commissaire (de police)** *m.* (police)
  commissioner **5**
**commissariat de police** *m.* police
  station **2**
**communication** *f.* communication **3**
  **moyens de communication** *m.*
  media **3**
**compétent(e)** *adj.* competent
**complet/complète** *adj.* complete **2**;
  sold out
**complexe d'infériorité** *m.* inferiority
  complex **6**
**comportement** *m.* behavior **3**
**comporter: se comporter** *v.* to
  behave **3**, to act **3**
**compréhension** *f.* understanding **5**
**comptable** *m., f.* accountant
**compte de chèques** *m.* checking
  account
**compte d'épargne** *m.* savings
  account
**compter** *v.* to expect to

**compter sur** *v.* to rely on **1**
**concurrence** *f.* competition
**condition** *f.* condition
  **à condition de** *prep.* provided
  (that)
  **à condition que** *conj.* on the
  condition that
**conducteur/conductrice** *m., f.* driver
  **2**
**conduire** *v.* to drive **3**
**conduite** *f.* behavior **2**
**confiance** *f.* confidence **1**
  **avoir confiance en soi** to be
  confident **1**
  **faire confiance (à quelqu'un)** to
  trust (someone) **1**
**confier** *v.* to confide **6**; to entrust **6**
**conformiste** *adj.* conformist **5**
**confusément** *adv.* confusedly **2**
**connaître** *v.* to know **3**
**consacrer: se consacrer à** *v.* to
  dedicate oneself to **4**
**conseiller/conseillère** *m., f.*
  advisor
**conservateur/conservatrice**
  *adj.* conservative **2**, **4**; *m.*
  preservative **6**
**considérer** *v.* to consider **1**
**consommation d'énergie** *f.* energy
  consumption
**constamment** *adv.* constantly **2**
**construire** *v.* to build **2**
**consultant(e)** *m., f.* consultant
**consulter** *v.* to consult
**contaminé(e)** *adj.* contaminated
  **être contaminé(e)** to be
  contaminated
**conte** *m.* tale **5**
**content(e)** *adj.* happy **6**
**contraire à l'éthique** *adj.* unethical
**contrarier** *v.* to thwart
**contrarié(e)** *adj.* upset **1**
**contribuer (à)** *v.* to contribute
**convaincre** *v.* to convince **3**; persuade **3**
**correcteur orthographique** *m.* spell
  check
**couche d'ozone** *f.* ozone layer
**couche sociale** *f.* social level **5**
**coucher: se coucher** *v.* to go to
  bed **2**
**couler** *v.* to flow **1**; to run (water) **1**
**coup franc** *m.* free kick
**coupable** *adj.* guilty **4**
**couper de** *v.* to cut off from; **se**
  **couper** *v.* to cut oneself **2**
**couple mixte** *m.* mixed couple **4**
**courage** *m.* courage **5**
**courir** *v.* to run **3**
**cours** *m.* course **3**
  **cours d'art dramatique** *m.* drama
  course **3**
**course** *f.* race
**court(e)** *adj.* short **2**

**à court terme** *adj.* short-term
**coûter cher** *v.* to cost a lot **2**
**couverture** *f.* cover **3**
**couvrir** *v.* to cover **4**
**craindre** *v.* to fear **6**
**crainte: de crainte que** *conj.* for
  fear that
**créer** *v.* to create
**crème** *f.* cream **2**; *adj.* cream **2**
**crier** *v.* to yell **1**
**crime** *m.* crime **4**
**criminel(le)** *m., f.* criminal **4**
**crise** *f.* crisis
  **crise d'hystérie** *f.* nervous
  breakdown **1**
  **crise économique** *f.* economic
  crisis
**croire** *v.* to believe **3**
**croisement** *m.* intersection **2**
**croyance** *f.* belief **4**
**cruauté** *f.* cruelty **4**
**cruel(le)** *adj.* cruel **2**
**culotte** *f.* underpants (for females)
**cyberespace** *m.* cyberspace
**cyclone** *m.* hurricane **2**

## D

**d'abord** *adv.* first **2**
**danger** *m.* danger
**dangereux/dangereuse** *adj.*
  dangerous **2**
**dans** *prep.* in **5**; inside **5**
**dauphin** *m.* dolphin
**de** *prep.* from; of
  **de crainte que** *conj.* for fear that
  **de nouveau** *adv.* again
  **de peur de** *prep.* for fear of
  **de peur que** *conj.* for fear that
  **de pointe** *adj.* cutting edge
  **de temps en temps** *adv.* from time
  to time **2**
**débile** *adj.* moronic **2**
**déblayer** *v.* to clear away
**débrouiller: se débrouiller** *v.* to
  figure it out; to manage
**débuter** *v.* to begin **6**
**décédé(e)** *adj.* deceased **6**
**décès** *m.* death **3**
**déchets** *m.* trash
**déchirer** *v.* to tear
**décolonisation** *f.* decolonization **5**
**décourager: se décourager** *v.* to
  lose heart **5**
**découverte (capitale)** *f.*
  (breakthrough) discovery
**découvrir** *v.* to discover **4**
**décrire** *v.* to describe **6**
**dedans** *adv.* inside **2**
**défaite** *f.* defeat **4**
**défaut** *m.* flaw **3**
**défavorisé(e)** *adj.* underprivileged **5**
**défendre** *v.* to defend **4**

**défi** *m.* challenge **5**
**défilé** *m.* parade **2**
**déforestation** *f.* deforestation
**défunt(e)** *m., f.* deceased **3**
**dégâts** *m.* damages **3**
**dehors** *adv.* outside **2**
**déjà** *adv.* already **2**
**délaisser** *v.* to neglect
**demain** *adv.* tomorrow **2**
**demande** *f.* proposal **6**
  **faire une demande en mariage** to propose **6**
**demander** *v.* to ask for **2; se demander** *v.* to wonder **2**
  **demander un prêt** to apply for a loan
**déménager** *v.* to move **1, 6**
**demi-frère** *f.* half brother **6**
**demi-sœur** *f.* half sister **6**
**démissionner** *v.* to quit
**démocratie** *f.* democracy **4**
**dénouement** *m.* outcome; ending
**dépaysement** *m.* change of scenery **1**; disorientation **1**
**dépasser: se dépasser** *v.* to go beyond one's limits
**dépêcher: se dépêcher** *v.* to hurry **2**
**dépendance** *f.* addiction
**dépenses** *f.* expenses
**déposer** *v.* to deposit
**déprimé(e)** *adj.* depressed **1**
**député(e)** *m., f.* deputy (politician) **4**; representative **4**
**déranger** *v.* to bother **1, 6**; to disturb **6**
**dernier/dernière** *adj.* last **2**; final **2**
  **lundi (mardi, etc.) dernier** last Monday (Tuesday, etc.) **3**
**dérouler: se dérouler** *v.* to take place **6**
**derrière** *prep.* behind **5**
**dès que** *conj.* as soon as
**désabusé(e)** *adj.* disillusioned **1**
**descendre** *v.* to go down **2**; to get off **2**
**désespéré(e)** *adj.* desperate **1**
**désespoir** *m.* despair
**déshabiller: se déshabiller** *v.* to undress **2**
**désirer** *v.* to desire **6**; to want to
**désolé(e)** *adj.* sorry **6**
**détendre: se détendre** *v.* to relax **2**
**détester** *v.* to hate
**détruire** *v.* to destroy
**dette** *f.* debt
  **avoir des dettes** to be in debt
**devant** *prep.* in front of **5**
**développement** *m.* development **5**
**devenir** *v.* to become **3**
**deviner** *v.* to guess **5**
**devoir** *v.* to have to **3**; must **3**; to owe; *m.* duty **4**
**dialogue** *m.* dialog **5**

**dictature** *f.* dictatorship **4**
**dire** *v.* to say **3**
  **dire au revoir** to say goodbye **5**
**direct: en direct** *adj., adv.* live **3**
**diriger** *v.* to manage; to run
**disparu(e)** *m., f.* missing person **2**
**disposé(e) (à)** *adj.* willing (to)
**distance** *f.* distance **5**
**distributeur automatique** *m.* ATM
**diversité** *f.* diversity **5**
**divertir** *v.* to entertain **3**
  **se divertir** *v.* to have a good time
**divertissant(e)** *adj.* entertaining **3**
**divertissement** *m.* entertainment **3**
**divorcer** *v.* to divorce **1**
**documentaire** *m.* documentary **3**
**donc** *adv.* so **2**, therefore **2**
**donner** *v.* to give **2**
  **donner des indications** to give directions **2**
**dont** *rel. pron.* of which; of whom; whose
**dormir** *v.* to sleep **4**
  **dormir à la belle étoile** *v.* to sleep outdoors **2**
**doucement** *adv.* gently **2**
**douter** *v.* to doubt **2; se douter (de)** *v.* to suspect **2**
**douteux: Il est douteux…** It is doubtful…
**doux/douce** *adj.* sweet **2**; soft **2**
**draguer** *v.* to flirt **1**; to try to "pick up" **1**
**drapeau** *m.* flag **4**
**droit** *m.* right **4**
  **droits de l'homme** *m.* human rights **4**
**dû/due à** *adj.* due to **5**
**duel** *m.* one-on-one
**duper** *v.* to trick **2**

## E

**échelle** *f.* ladder
**économe** *adj.* thrifty **1**
**économies** *f.* savings
**économiser** *v.* to save
**écouter** *v.* to listen to
**écran** *m.* screen **3**
**écrasé(e)** *adj.* run over **3**
**écrire** *v.* to write **3**
**édifice** *m.* building **2**
**éditeur/éditrice** *m., f.* publisher **3**
**effacer** *v.* to erase **1**
**effets spéciaux** *m.* special effects **3**
**effort** *m.* effort **5**
**égal(e)** *adj.* equal **4**
**égalité** *f.* equality **4**
**égocentrique** *adj.* egocentric **3**
**égoïste** *adj.* selfish **6**
**élection** *f.* election **4**
  **gagner les élections** to win elections **4**

  **perdre les élections** to lose elections **4**
**élevé(e)** *p.p.* raised
  **bien élevé(e)** *adj.* well-mannered **6**
  **mal élevé(e)** *adj.* bad-mannered **6**
**élever (des enfants)** *v.* to raise (children) **6**
**élire** *v.* to elect **4**
**embaucher** *v.* to hire
**embouteillage** *m.* traffic jam **2**
**émeute** *f.* riot **3**
**émigré(e)** *m., f.* emigrant **5**
**émigrer** *v.* to emigrate **1**
**emmener** *v.* to take someone **1**
**émotif/émotive** *adj.* emotional **1**
**émouvant(e)** *adj.* moving
**émouvoir** *v.* to move **3**
**empêcher (de)** *v.* to stop **2**; to keep from (doing something) **2**
**empirer** *v.* to get worse
**emploi** *m.* job
  **solliciter un emploi** to apply for a job
**employé(e)** *m., f.* employee
**emprisonner** *v.* to imprison **4**
**emprunt** *m.* loan
  **faire un emprunt** to take out a loan
**en** *prep.* in **5**; at **5**
  **en attendant de** *prep.* waiting to
  **en attendant que** *conj.* waiting for
  **en direct** *adj., adv.* live **3**
  **en faillite** *adj.* bankrupt
  **en général** *adv.* in general **2**
  **en plein air** *adj.* outdoors
  **en pointe** *adv.* forward, up front
  **en sécurité** *adj.* sure **2**
  **en voie d'extinction** *adj.* endangered
**encadrement** *m.* supervisory staff
**encore** *adv.* again **2**; still **2**
**énergie** *f.* energy
**énerver** *v.* to annoy **1**
**enfance** *f.* childhood **6**
**enfant unique** *m., f.* only child **6**
**enfin** *adv.* at last **2**
**enfoncer: s'enfoncer** *v.* to drown **1**
**engager: s'engager (envers quelqu'un)** *v.* to commit (to someone) **1**; to get involved **3**
**engloutir** *v.* to swallow **2**
**enlever** *v.* to kidnap **4**
**ennuyer** *v.* to bore **1**; to bother **2**; **s'ennuyer** *v.* to get bored **2**
**énormément** *adv.* enormously **2**
**enquêter (sur)** *v.* to research **3**; to investigate **3**
**enregistrer** *v.* to record **3**
**enrichir: s'enrichir** *v.* to become rich **5**
**ensuite** *adv.* then **2**, next **2**
**entendre** *v.* to hear **2; s'entendre bien** *v.* to get along well **1**

**enthousiaste** *adj.* enthusiastic 1; excited 1
**entourer: s'entourer de** *v.* to surround oneself with
**entraide** *f.* mutual aid
**entraîneur** *m.* coach
**entrepôt** *m.* warehouse
**entreprendre** *v.* to undertake
**entrepreneur/entrepreneuse** *m., f.* entrepreneur
**entreprise (multinationale)** *f.* (multinational) company
   **monter une entreprise** to create a company
**entrer** *v.* to enter 3
**entretenir: s'entretenir (avec)** *v.* to talk 2, to converse 2
**entretien** *m.* interview 3
   **entretien d'embauche** *m.* job interview
**environnement** *m.* environment
**envisager** *v.* to envision
**envoyé(e) spécial(e)** *m., f.* correspondent 3
**envoyer** *v.* to send 1
**éolienne** *f.* wind turbine
**épais(se)** *adj.* thick
**épanouissement** *m.* development
**épeler** *v.* to spell 1
**épinards** *m.* spinach 6
**époux/épouse** *m., f.* spouse 6; husband/wife 6
**épuisé(e)** *adj.* exhausted
**épuiser** *v.* to use up
**érosion** *f.* erosion
**escalader** *v.* to climb , to scale
**esclavage** *m.* slavery 4
**esclave** *m., f.* slave
**espace** *m.* space
**espérer** *v.* to hope 1
**espionner** *v.* to spy 4
**esprit** *m.* spirit 1
**essayer** *v.* to try 1
**essentiel(le)** *adj.* essential 6
**estropié(e)** *m., f.* cripple 1
**établir: s'établir** *v.* to settle 5
**étendre: s'étendre** *v.* to spread 2
**éthique** *adj.* ethical
**étoile (filante)** *f.* (shooting) star
**étonnant(e)** *adj.* surprising 6
**étonné(e)** *adj.* surprised 6
**étonner: s'étonner** *v.* to be amazed
**étranger/étrangère** *m., f.* foreigner 2; stranger 2
**être** *v.* to be 1
**être à la une** to be on the front page 3
**être accro (à)** to be addicted (to)
   **être contaminé(e)** to be contaminated
   **être désolé(e)** to be sorry 6
   **être perdu(e)** to be lost 2
   **être promu(e)** to be promoted

**être sous pression** to be under pressure
**évadé(e)** *adj.* escaped 4
**événement** *m.* event 3
**évidemment** *adv.* obviously 2
**évident(e)** *adj.* obvious
**évoquer** *v.* to make think of
**exclu(e)** *adj.* excluded 5
**exigeant(e)** *adj.* demanding 6
**exiger** *v.* to demand 6
**exigu/exiguë** *adj.* small 2
**exhorter** *v.* to urge
**expérience** *f.* experiment
**explorer** *v.* to explore
**exporter: bien s'exporter** *v.* to be popular abroad 5
**exposition** *f.* exhibition; art show
**exprès** *adv.* on purpose 4
   **faire exprès** to do it on purpose 4
**exprimer** *v.* to express 3
**extinction: en voie d'extinction** *adj.* endangered
**extrait** *m.* excerpt 3
**extraterrestre** *m., f.* alien

**faiblir** *v.* to weaken
**fâché(e)** *adj.* angry 1; mad 1
**fâcher: se fâcher (contre)** *v.* to get angry (with) 2
**faillite: en faillite** *adj.* bankrupt
**fainéant(e)** *m., f.* lazybones
**faire** *v.* to do 1; to make 1
   **faire confiance (à quelqu'un)** to trust (someone) 1
   **faire du chantage** to blackmail 4
   **faire la queue** to wait in line
   **faire match nul** to tie (a game)
   **faire passer** to spread (the word)
   **faire sans** to do without 5
   **faire un effort** to make an effort 5
   **faire un emprunt** to take out a loan
   **faire une demande en mariage** to propose 6
   **faire une expérience** to conduct an experiment
**faits divers** *m.* news items 3
**falloir** *v.* to be necessary 6; to have to
   **Il faut que…** One must… 6; It is necessary that… 6
**fan (de)** *m., f.* fan (of)
**fanfare** *f.* marching band 2
**fascinant(e)** *adj.* fascinating
**faute** *f.* foul
**faux/fausse** *adj.* false 2; wrong 2
**favori(te)** *adj.* favorite 2
**femme d'affaires** *f.* businesswoman
**femme politique** *f.* politician 4
**férié** *m.* public holiday 5
**ferme** *f.* farm
**fête foraine** *f.* carnival 2

**fêter** *v.* to celebrate
**feu (tricolore)** *m.* traffic light 2
**feu d'artifice** *m.* fireworks display 2
**feuillage** *m.* foliage
**feuilleton** *m.* soap opera 3; series 3
**fiançailles** *f.* engagement 6
**fiancer: se fiancer** *v.* to get engaged 1
**fidèle** *adj.* faithful 1
**fier/fière** *adj.* proud 2
**filet (de pêche)** *m.* (fishing) net
**fille unique** *f.* only child 6
**film** *m.* movie 3
   **sortir un film** to release a movie 3
**fils unique** *m.* only child 6
**finalement** *adv.* finally 3
**financier/financière** *adj.* financial
**fléchettes** *f.* darts
**fleurir** *v.* to flourish 5
**fleuve** *m.* river
**flic** *m.* cop 5
**foire** *f.* fair 2
**fois** *f.* time
   **deux fois** *adv.* twice 3
   **une fois** *adv.* once 3
   **une fois que** *conj.* once 3
**forcer** *v.* to force 1
**forces de l'ordre** *f.* police 3
**forêt (tropicale)** *f.* (rain) forest
**formateur/formatrice** *m., f.* trainer
**formation** *f.* training
**fossé des générations** *m.* generation gap 4
**fou/folle** *adj.* crazy 2
**foulard** *m.* headscarf 6
**foule** *f.* crowd 4; mob 4
**frais/fraîche** *adj.* fresh 2; cool 2
**franc/franche** *adj.* frank 1, 2
**franchement** *adv.* frankly 2
**frappant(e)** *adj.* striking 3
**frapper** *v.* to knock 1; to hit 1
**frisson** *m.* thrill
**fromagerie** *f.* cheese store 6
**front** *m.* forehead 6
**frontière** *f.* border 5
**fuir** *v.* to flee 1
**fumé(e)** *adj.* smoked 6

**gagner** *v.* to win 4
   **gagner les élections** to win elections 4
   **gagner sa vie** to earn a living
**galère** *f.* nightmare 4
**gamin(e)** *m., f.* kid 5
**gamme de produits** *f.* line of products
**garde-robe** *f.* wardrobe
**gaspillage** *m.* waste
**gaspiller** *v.* to waste
**gâter** *v.* to spoil 6
**gène** *m.* gene

**gêne** *f.* embarrassment **6**
**gêné(e)** *adj.* embarrassed **2**
**gêner** *v.* to bother **1**; to embarrass **1**
**génétique** *f.* genetics
**génial(e)** *adj.* great **1**; terrific **1**
**gentil(le)** *adj.* nice **2**
**gentiment** *adv.* nicely **2**; kindly **2**
**gérant(e)** *m., f.* manager
**gérer** *v.* to manage; to run
**gilet** *m.* sweater; sweatshirt (with front opening)
**gland** *m.* acorn
**glisser** *v.* to glide
**gouvernement** *m.* government **4**
**gouverner** *v.* to govern **4**
**grâce à** *prep.* thanks to **1**
**grand(e)** *adj.* big **2**; tall **2**; great **2**
**grandir** *v.* to grow up **6**
**grand magasin** *m.* department store
**grand-oncle** *m.* great-uncle **6**
**grand-tante** *f.* great-aunt **6**
**gras/grasse** *adj.* fat, plump **4**
**gratte-ciel** *m.* skyscraper **2**
**graver (un CD)** *v.* to burn (a CD)
**gravité** *f.* gravity
**grec/grecque** *adj.* Greek **2**
**grésillement lointain** *m.* distant crackling **3**
**grillé(e)** *adj.* grilled **6**, broiled **6**
**grimper à** *v.* to climb
**gronder** *v.* to scold **6**
**gros/grosse** *adj.* fat **2**
**groupe** *m.* musical group; band
**guérir** *v.* to cure, to heal
**guerre** *f.* war **1**
    **guerre (civile)** *f.* (civil) war **4**
    **guerre de Sécession** *f.* American Civil War **4**

### H

**habiller: s'habiller** *v.* to get dressed **2**
**habitation** *f.* housing **2**
**habituer: s'habituer à** *v.* to get used to **2**
**haine** *f.* hatred **4**
**harceler** *v.* to harass
**haut(e)** *adj.* high **2**
**hebdomadaire** *m.* weekly magazine **3**
**hériter** *v.* to inherit **6**
**heureusement** *adv.* happily **2**
**heureux/heureuse** *adj.* happy **2**
**heurter** *v.* to hit
**hier** *adv.* yesterday **2**
    **hier (matin, soir, etc.)** *adv.* yesterday (morning, evening, etc.) **3**
**histoire** *f.* story **1**
**homme d'affaires** *m.* businessman
**homme politique** *m.* politician **4**
**honnête** *adj.* honest **1**
**honte** *f.* shame **1**
    **avoir honte (de)** to be ashamed (of) **1**; to be embarrassed (of) **1**

**horaire** *m.* schedule
**hôtel de ville** *m.* city/town hall **2**
**huître** *f.* oyster
**humain(e)** *adj.* human **1**
**humanité** *f.* humankind **5**
**hurler** *v.* to shout
**hypermarché** *m.* large supermarket **6**

### I

**ici** *adv.* here **2**
**idéaliste** *adj.* idealistic **1**
**immédiatement** *adv.* immediately **3**
**immigration** *f.* immigration **5**
**immigrer** *v.* to immigrate **1**
**immigré(e)** *n.* immigrant **5**
**impartial(e)** *adj.* impartial **3**; unbiased **3**
**important(e)** *adj.* important **6**
**impossible** *adj.* impossible
**inattendu(e)** *adj.* unexpected **2**
**incendie** *m.* fire
**incertitude** *f.* uncertainty **5**
**incompétent(e)** *adj.* incompetent
**indice** *m.* clue, indication **4**
**indications** *f.* directions **2**
    **donner des indications** to give directions **2**
**indispensable** *adj.* essential **6**
**individualité** *f.* individuality **5**
**inégal(e)** *adj.* unequal **4**
**inégalité** *f.* inequality **4**
**inférieur(e)** *adj.* inferior **2**
**infidèle** *adj.* unfaithful **1**
**influence** *f.* influence **4**
    **avoir de l'influence (sur)** to have influence (over) **4**
**influent(e)** *adj.* influential **3**
**informatique** *f.* computer science
**informer: s'informer (par les médias)** *v.* to keep oneself informed (through the media) **3**
**ingénieur** *m., f.* engineer
**ingrat(e)** *adj.* thankless
**inhabituel(le)** *adj.* unusual
**injuste** *adj.* unfair **4**
**injustice** *f.* injustice **4**
**innovant(e)** *adj.* innovative
**innovation** *f.* innovation
**inondation** *f.* flood
**inoubliable** *adj.* unforgettable **1**
**inquiet/inquiète** *adj.* worried **1, 2**
**inquiéter: s'inquiéter** *v.* to worry **2**
**inscrire: s'inscrire** *v.* to enroll **6**
**insensible** *adj.* insensitive **2**
**insolite** *adj.* unusual **3**
**instabilité** *f.* instability **5**
**installer: s'installer** *v.* to settle **5**
**insuffisant(e)** *adj.* insufficient
**insupportable** *adj.* unbearable **6**
**intégration** *f.* integration **5**
**intégrer: s'intégrer (à un groupe)** *v.* to belong (to a group) **1**

**intellectuel(le)** *m., f.* intellectual **6**; *adj.* intellectual **2**
**intéresser: s'intéresser (à)** *v.* to be interested (in) **2**
**interview** *f.* interview **3**
**inventer** *v.* to invent
**invention** *f.* invention
**investir** *v.* to invest; **s'investir** *v.* to put oneself into
**ironique** *adj.* ironic
**islam** *m.* Islam **4**

### J

**jadis** *adv.* formerly , in the past
**jaloux/jalouse** *adj.* jealous **1**
**jamais** *adv.* never **2**
**jardin public** *m.* public garden **2**
**jetable** *adj.* disposable
**jeter** *v.* to throw **1**; to throw away
    **jeter par la fenêtre** to throw out the window
**jeu** *m.* game
    **jeu vidéo/de société** *m.* video/board game
**jeune** *adj.* young **2**
**jeunesse** *f.* youth **6**
**joie** *f.* joy **1**
**joli(e)** *adj.* pretty **2**
**jouer** *v.* to play
    **jouer au bowling** to go bowling
**jour férié** *m.* public holiday **5**
**journal** *m.* newspaper **3**
    **journal télévisé** *m.* news broadcast **3**
**journaliste** *m., f.* journalist **3**
**juge** *m., f.* judge **4**
**juger** *v.* to judge **4**
**jumeaux/jumelles** *m., f.* twin brothers/sisters **6**
**jupe (plissée)** *f.* (pleated) skirt
**juré(e)** *m., f.* juror **4**
**jusqu'à ce que** *conj.* until
**juste** *adj.* fair **4**
**justice** *f.* justice **4**

### K

**kidnapper** *v.* to kidnap **4**
**kilo** *m.* kilogram **5**

### L

**là(-bas)** *adv.* (over) there **2**
**lâcher** *v.* to let go
**lagon** *m.* lagoon
**laisser** *v.* to allow to
**lancer** *v.* to throw **1**; **se lancer** *v.* to launch into **5**
**langue** *f.* language **5**
    **langue maternelle** *f.* native language **5**

**langue officielle** *f.* official language **5**

**lapin** *m.* rabbit **1**

  **poser un lapin (à quelqu'un)** to stand (someone) up **1**

**lapsus** *m.* slip of the tongue **3**

**larme** *f.* tear **6**

**las/lasse** *adj.* weary **1**

**laver: se laver** *v.* to wash oneself **2**

**lecteur de DVD** *m.* DVD player

**lentement** *adv.* slowly **2**

**lettres** *f.* literature **5**

**lever** *v.* to lift **1**; **se lever** *v.* to get up **2**

**lézarder au soleil** *v.* to bask in the sun

**liaison** *f.* affair **1**; relationship **1**

**libéral(e)** *adj.* liberal **4**

**libérer: se libérer** *v.* to free oneself **5**

**liberté** *f.* freedom **3, 4**

  **liberté de la presse** *f.* freedom of the press **3**

**licencier** *v.* to lay off; to fire

**lié(e)** *adj.* close-knit **6**

**lien** *m.* connection **2**

**lion** *m.* lion

**lire** *v.* to read **3**

**litre** *m.* liter **5**

**logement** *m.* housing **2**

**loi** *f.* law **4**

  **approuver une loi** to pass a law **4**

**loisirs** *m.* leisure; recreation

**long/longue** *adj.* long **2**

  **à long terme** *adj.* long-term

**longtemps** *adv.* for a long time **3**

**lorsque** *conj.* when

**loyer** *m.* rent

**Lune** *f.* Moon

**lutter** *v.* to fight **5**; to struggle **5**

**luxe** *m.* luxury **5**

### M

**machine à écrire** *f.* typewriter

**magasin de sport** *m.* sporting goods store

**maigre** *adj.* thin, scrawny **4**

**maillot** *m.* jersey

**maintenant** *adv.* now **2**

**maintenir** *v.* to maintain **4**

**maire** *m.* mayor **2**

**mal** *adv.* badly **2**

  **le plus mal** *adv.* the worst

  **plus mal** *adv.* worse

**malheureusement** *adv.* unhappily **2**

**malhonnête** *adj.* dishonest **1**

**maltraitance** *f.* abuse **5**

**manger** *v.* to eat **1**

**manifestation** *f.* demonstration **2**

**manquer à** *v.* to miss **5**

**manque de communication** *m.* lack of communication **4**

**maquiller: se maquiller** *v.* to put on makeup **2**

**marché** *m.* deal **2**

  **marché (boursier)** *m.* (stock) market

**marcher sur les pas de quelqu'un** *v.* to follow in someone's footsteps **5**

**mariage** *m.* marriage **1**; wedding **1**

  **faire une demande en mariage** to propose **6**

**marié** *m.* groom **6**

**mariée** *f.* bride **6**

  **robe de mariée** *f.* wedding gown **6**

**marier: se marier avec** *v.* to marry **1**

**marquant(e)** *adj.* striking **3**

**marquer (un but/un point)** *v.* to score (a goal/a point)

**marre: en avoir marre (de)** to be fed up (with) **1**

**marrer: se marrer** *v.* to have fun, to laugh **3**

**marron** *m.* chestnut **2**; *adj.* chestnut **2**

**maternel(le)** *adj.* maternal **6**

**mathématicien(ne)** *m., f.* mathematician

**maturité** *f.* maturity **6**

**mauvais(e)** *adj.* bad **2**

  **plus mauvais(e)** *adj.* worse

  **le/la plus mauvais(e)** *adj.* the worst

**mec** *m.* guy **4**

**médias** *m.* media **3**

**méfier: se méfier de** *v.* to be distrustful/wary of **2**, to distrust **2**

**meilleur(e)** *adj.* better **2**

  **le/la meilleur(e)** *adj.* the best

**mélancolique** *adj.* melancholic **1**

**mélange** *m.* mix **1**

**mêler** *v.* to mix

**membre** *m.* member

**même** *adj.* same **2**; very **2**

**menace** *f.* threat **4**

**menacer** *v.* to threaten **1**

**mener** *v.* to lead **1, 5**

**mensuel** *m.* monthly magazine **3**

**mentir** *v.* to lie **1**

**mépriser** *v.* to have contempt for **6**

**mer** *f.* sea

**mériter** *v.* to deserve **1**; to be worth **1**

**message publicitaire** *m.* advertisement **3**

**métaphore** *f.* metaphor **4**

**métro** *m.* subway **2**

  **rame de métro** *f.* subway train **2**

  **station de métro** *f.* subway station **2**

**mettre** *v.* to put **2**

  **se mettre à** *v.* to begin **2**

  **se mettre en colère contre** to get angry with **1**

**meurtre** *m.* murder **3**

**mieux** *adv.* better **2**

  **le mieux** *adv.* the best

  **Il vaut mieux que** It is better that… **6**

**mignon(ne)** *adj.* cute **2**

**milliardaire** *m.* billionaire **3**

**mise en marche** *f.* start-up

**mobiliser: se mobiliser** *v.* to rally **3**

**modéré(e)** *adj.* moderate **4**

**modernité** *f.* modernity

**moins** *adv.* less

  **à moins de** *prep.* unless

  **à moins que** *conj.* unless

**moitié** *f.* half **5**

**môme** *m., f.* kid **5**

**monarchie absolue** *f.* absolute monarchy **4**

**mondialisation** *f.* globalization **5**

**montée d'adrénaline** *f.* adrenaline rush

**monter** *v.* to go up **3**, to ascend **3**

  **monter (dans une voiture, dans un train)** *v.* to get (in a car, on a train) **2**

  **monter une entreprise** to create a company

**moquer: se moquer de** *v.* to make fun of **2**

**morale** *f.* moral **4**

**mort** *f.* death **6**

**morts** *m.* dead people **3**

**mot de passe** *m.* password

**moteur de recherche** *m.* search engine

**mouchoir** *m.* handkerchief

**mourir** *v.* to die **3**

**mouton** *m.* sheep

**moyens de communication** *m.* media **3**

**mûr(e)** *adj.* mature **1**

**musée** *m.* museum **2**

**musicien(ne)** *m., f.* musician

**muet(te)** *adj.* mute **2**

**multinationale** *f.* multinational company **3**

**musulman(e)** *m., f.* Muslim **4**

### N

**naïf/naïve** *adj.* naïve **2**

**naissance** *f.* birth **6**

**naître** *v.* to be born **3**

**natalité** *f.* birthrate **5**

**naturellement** *adv.* naturally **2**

**naviguer sur Internet/le web** to search the Web **3**

**nécessaire** *adj.* necessary **6**

**nécessiter** *v.* to require **6**

**néfaste : avoir des conséquences néfastes sur** *v.* to have harmful consequences on

**net(te)** *adj.* clean **2**
**nettoyer** *v.* to clean **1**
**neveu** *m.* nephew **6**
**nièce** *f.* niece **6**
**niveau de vie** *m.* standard of living **5**
**noblesse** *f.* nobility **4**
**nœud papillon** *m.* bow tie
**nombreux/nombreuse** *adj.*
    numerous **5**
**non-conformiste** *adj.*
    nonconformist **5**
**nostalgie** *f.* nostalgia
**notoriété** *f.* fame **3**
**noueux/noueuse** *adj.* gnarled
**nourrir** *v.* to feed **6**
**nouveau/nouvelle** *adj.* new **2**
    **de nouveau** *adv.* again
**nouvelle vague** *f.* new wave **1**
**nouvelles** *f.* news **3**
**nouvelles locales/internationales** *f.*
    local/international news **3**
**nuage de pollution** *m.* smog
**nucléaire** *adj.* nuclear
**nuire à** *v.* to harm
**nuisible** *adj.* harmful
**nulle part** *adv.* nowhere **2**
**numérique** *adj.* digital

## O

**obsédé(e)** *adj.* obsessed
**obtenir (des billets)** *v.* to get
    (tickets)
    **obtenir un prêt** to secure a loan
**offrir** *v.* to offer **4**
**opprimé(e)** *adj.* oppressed **4**
**or** *m.* gold **2**
**orange** *f.* orange **2**; *adj.* orange **2**
**ordinateur** *m.* portable laptop
**ordre public** *m.* public order **4**
**orgueilleux/orgueilleuse** *adj.* proud **1**
**oser** *v.* to dare to
**où** *rel. pron.* where; when
**ouragan** *m.* hurricane
**ours** *m.* bear
**outil** *m.* tool
**outre** *prep.* besides
**ouvrir** *v.* to open **3**
**ovni** *m.* U.F.O.

## P

**pacifique** *adj.* peaceful **4**
**page sportive** *f.* sports page **3**
**paix** *f.* peace **4**
**palais de justice** *m.* courthouse **2**
**paniquer** *v.* to panic **1**
**panneau** *m.* road sign **2**
    **panneau d'affichage** *m.*
    billboard **2**
**paquet** *m.* package **5**
**par** *prep.* by; through; on

**parabole** *f.* satellite dish
**parapente** *m.* paragliding
**parc d'attractions** *m.* amusement
    park
**parcourir** *v.* to go across
**pareil(le)** *adj.* similar **5**; alike **5**
**parent(e)** *m., f.* relative **6**
**parfois** *adv.* sometimes **2**
**pari** *m.* bet
**parler bas/fort** *v.* to speak loudly/
    softly **2**
**partager** *v.* to share **1**
**parti politique** *m.* political party **4**
**partial(e)** *adj.* partial **3**; biased **3**
**particule** *f.* particle
**partie** *f.* game; match
**partir** *v.* to leave **3**
    **à partir de** *prep.* from **1**
**partout** *adv.* everywhere **2**
**parvenir à** *v.* to attain **5**; to achieve **5**
**paysage** *m.* landscape; scenery
**passager/passagère** *m., f.* passenger
    **2**; *adj.* fleeting **1**
**passer** *v.* to pass by **3**
    **passer (devant)** *v.* to go past **2**
**passer de: se passer de** *v.* to do
    without
**paternel(le)** *adj.* paternal **6**
**patiemment** *adv.* patiently **2**
**patinoire** *f.* skating rink
**patrie** *f.* homeland **6**
**patrimoine culturel** *m.* cultural
    heritage **5**
**patron(ne)** *m., f.* boss
**patte** *f.* paw **4**
**pauvre** *adj.* poor **2**; unfortunate **2**
**pauvreté** *f.* poverty
**payer** *v.* to pay **1**
**péché** *m.* sin **4**
**pêcher** *v.* to fish
**peigner: se peigner** *v.* to comb **2**
**peine** *f.* sorrow **1**
    **Ce n'est pas la peine que…** It is
    not worth the effort… **6**
**pendant une heure (un mois, etc.)**
    *adv.* for an hour (a month, etc.) **3**
**penser** *v.* to intend to
**pension** *f.* benefits **6**
**pépinière** *f.* nursery
**percevoir** *v.* to perceive
**perdre** *v.* to lose **4**
    **perdre les élections** to lose
    elections **4**
**perdu(e): être perdu(e)** to be lost **2**
**perle** *f.* pearl
**persévérance** *f.* perserverance **5**
**personnage** *m.* character (in a story
    or play)
**personnifier** *v.* to personify **4**
**perte** *f.* loss
**peser** *v.* to weigh **1**
**pétanque** *f.* petanque

**petit(e)** *adj.* small **2**; short **2**
**petite-fille** *f.* granddaughter **6**
**petit-fils** *m.* grandson **6**
**peu** *adv.* little **2**
    **peu (de)** *m.* few **5**; a little (of) **5**
**peu mûr(e)** *adj.* immature **1**
**peuplé(e)** *adj.* populated **2**
    **(peu/très) peuplé(e)** *adj.* (sparsely/
    densely) populated **2**
**peupler** *v.* to populate **2**
**peur** *f.* fear **4**
    **avoir peur** to be afraid **2**
    **de peur de** *prep.* for fear of
    **de peur que** *conj.* for fear that
    **vaincre ses peurs** to confront
    one's fears
**peut-être** *adv.* maybe **2**; perhaps **2**
**photographe** *m., f.* photographer **3**
**pièce (de théâtre)** *f.* (theatre) play
**piégé(e)** *adj.* trapped **2**
**piéton(ne)** *m., f.* pedestrian **2**
**pire** *adj.* worse
    **le/la pire** *adj.* the worst
**pis** *adv.* worse
    **le pis** *adv.* the worst
**place** *f.* square **2**; plaza **2**
**placer** *v.* to place **1**
**plaindre: se plaindre** *v.* to
    complain **2**
**plainte: porter plainte** *v.* to file a
    complaint
**plaire** *v.* to please **6**
**plein(e)** *adj.* full **2**
**pleurer** *v.* to cry **6**
**pleuvoir** *v.* to rain **3**
**plongée (sous-marine/avec tuba)** *f.*
    diving/snorkeling
**plonger** *v.* to dive **1**
**pluie acide** *f.* acid rain
**plupart** *f., pron.* most (of them) **4**
**plus** *adv.* more
**plus vifs** *m., f.* those who reacted the
    fastest **2**
**plusieurs** *adj.* several **4**; *pron.* several
    (of them) **4**
**poids** *m.* weight **4**
**pointe: en pointe** *adv.* forward , up
    front
**poisson** *m.* fish
**polémique** *f.* controversy **5**
**police** *f.* police (force) **2**
    **agent de police** *m.* police officer **2**
    **commissaire (de police)** *m.* police
    commissioner **5**
    **commissariat de police** *m.* police
    station **2**
    **préfecture de police** *f.* police
    headquarters **2**
**poliment** *adv.* politely **2**
**politique** *f.* politics **4**
**polluer** *v.* to pollute
**pollution** *f.* pollution
**polyglotte** *adj.* multilingual **5**
**pont** *m.* bridge **2**

**portable** *m.* cell phone
**porter** *v.* to carry
  **porter plainte** to file a complaint
  **porter un toast (à quelqu'un)** to propose a toast (to someone)
**poser** *v.* to pose
  **poser sa candidature à** to apply for
  **poser un lapin (à quelqu'un)** to stand (someone) up **1**
**posséder** *v.* to possess **1**
**possible** *adj.* possible **6**
**poste** *m.* position , job
**potable** *adj.* drinkable
**pour** *prep.* for; in order to
  **pour que** *conj.* so that
**pourtant** *adv.* though **1**; however **1**
**pourvu que** *conj.* provided that
**pousser** *v.* to grow
**pouvoir** *m.* power **1**; *v.* to be able **3**; *v.* can **3**
  **Il se peut que…** It's possible that…
**précarité** *f.* insecurity of income
**précisément** *adv.* precisely **2**
**prédire** *v.* to predict **5**
**préfecture de police** *f.* police headquarters **2**
**préférer** *v.* to prefer **1**
**préjugé** *m.* prejudice **5**
  **avoir des préjugés** to be prejudiced **5**
**premier/première** *adj.* first **2**
**première** *f.* premiere **3**
**prendre** *v.* to take **3**; to have **3**
  **prendre un verre** to have a drink
**préserver** *v.* to preserve **1**
**président(e)** *m., f.* president **4**
**presque** *adv.* almost **3**
**presse** *f.* press **3**
  **liberté de la presse** *f.* freedom of the press **3**
  **presse à sensation** *f.* tabloid(s) **3**
**pression** *f.* pressure
  **être sous pression** to be under pressure
**prêt** *m.* loan
  **demander un prêt** to apply for a loan
  **obtenir un prêt** to secure a loan
**prétendre** *v.* to claim to
**prévenir** *v.* to prevent
**prévu(e)** *adj.* foreseen **5**
**prière** *f.* prayer **4**
**prime** *f.* bonus
**principes** *m.* principles **5**
**privé(e)** *adj.* private **2**
**probable: peu probable** *adj.* unlikely
**probablement** *adv.* probably **2**
**prochain(e)** *adj.* next **2**; following **2**
**profit** *m.* benefit
  **retirer un profit de** to get benefit out of

**profiter de** *v.* to take advantage of; to benefit from
**profondément** *adv.* profoundly **2**
**projeter** *v.* to plan **1, 5**
**promener: se promener** *v.* to take a stroll/walk
**promu(e): être promu(e)** to be promoted
**proposer** *v.* to propose **6**
**propre** *adj.* own **2**; clean **2**
**propriétaire** *m., f.* owner
**prospère** *adj.* successful; flourishing
**protecteur/protectrice** *adj.* protective **2**
**protégé(e)** *adj.* protected
**protéger** *v.* to protect
**prouver** *v.* to prove
**prudent(e)** *adj.* prudent **1**
**public/publique** *adj.* public **2**
**publicité (pub)** *f.* advertisement **3**; advertising **3**
**publier** *v.* to publish **3**
**puce (électronique)** *f.* (electronic) chip
**puiser** *v.* to draw from
**puissant(e)** *adj.* powerful **4**
**punir** *v.* to punish **6**
**punition** *f.* punishment **4**
**pur(e)** *adj.* pure; clean

## Q

**quand** *conj.* when
**quartier** *m.* neighborhood **2**
**que** *rel. pron.* that; which
**quelque** *adj.* some **4**
**quelque chose** *pron.* something **4**
**quelquefois** *adv.* sometimes **2**
**quelque part** *adv.* somewhere **2**
**quelques-un(e)s** *pron.* some **4**, a few (of them) **4**
**quelqu'un** *pron.* someone **4**
**qui** *rel. pron.* who; whom; that
**quitter** *v.* to leave **1,**; to leave behind **5**
  **quitter quelqu'un** to leave someone **1**
**quoique** *conj.* although
**quotidien(ne)** *adj.* daily **2**

## R

**rabat-joie** *m.* killjoy, party pooper
**racine** *f.* root **6**
**raconter (une histoire)** *v.* to tell (a story) **1**
**radio** *f.* radio **3**
  **animateur/animatrice de radio** *m., f.* radio presenter **3**
  **station de radio** *f.* radio station **3**
**raffermi(e)** *adj.* strengthened
**raffoler de** *v.* to be crazy about **5**
**raisin** *m.* grape **6**
  **raisin sec** *m.* raisin **6**

**rame de métro** *f.* subway train **2**
**ranger** *v.* to tidy up **1**
**rappeler** *v.* to recall **1**; to call back **1**
**rapport** *m.* relation **6**
**rarement** *adv.* rarely **2**
**raser: se raser** *v.* to shave **2**
**rassembler** *v.* to gather **2**
**rassurer: se rassurer** *v.* to reassure oneself **2**
**ravi(e)** *adj.* delighted **6**
**réagir** *v.* to react **1**
**réalisateur/réalisatrice** *m., f.* director **3**
**réaliser (un rêve)** *v.* to fulfill (a dream) **5**
**rebelle** *adj.* rebellious **6**
**récemment** *adv.* recently **3**
**recettes et dépenses** *f.* receipts and expenses
**recevoir** *v.* to receive **3**
**réchauffement climatique** *m.* global warming
**recherche** *f.* research
  **recherche appliquée** *f.* applied research
  **recherche fondamentale** *f.* basic research
**récif de corail** *m.* coral reef
**récolte** *f.* harvest
**récolter** *v.* to harvest
**recommander** *v.* to recommend **6**
**récompense** *f.* award **5**
**reconnaître** *v.* to recognize **6**
**recouvert(e)** *adj.* covered **3**
**rédacteur/rédactrice** *m., f.* editor **3**
**redoutable** *adj.* formidable **3**
**réfractaire (à)** *adj.* resistant (to)
**regarder** *v.* to watch **3**
**régime totalitaire** *m.* totalitarian regime **4**
**règle** *f.* rule **3, 5**
**régler** *v.* to adjust
**regretter** *v.* to regret **6**
**réitérer** *v.* to reiterate **2**
**rejeter** *v.* to reject **1, 5**
**rejoindre** *v.* to join **1**
**relation** *f.* relationship **6**
  **avoir des relations** to have connections
**rembourser** *v.* to reimburse
**remercier** *v.* to thank **6**
**remplacer** *v.* to replace **1**
**remuer** *v.* to move
**rémunérer** *v.* to pay
**rendez-vous** *m.* date **1**
**rendre: se rendre compte de** *v.* to realize **2**
**renier (quelqu'un)** *v.* to disown (someone) **4**
**renouvelable** *adj.* renewable
**renouveler** *v.* to renew **1**
**rentrer** *v.* to go back (home) **3**
**renverser** *v.* to overthrow **4**
**répéter** *v.* to repeat **1**; to rehearse **1**

**reportage** *m.* news report **3**

**reporter** *m.* reporter (male or female) **3**

**reposer: se reposer** *v.* to rest **2**

**repousser les limites** *v.* to push the boundaries

**reprendre** *v.* to pick up again; to resume

**requin** *m.* shark

**rescapé(e)** *m., f.* survivor **2**

**réseau** *m.* network **3**

**résoudre** *v.* to solve

**respect des autres** *m.* respect for others **4**

**respecter** *v.* to respect **6**

**respirer** *v.* to breathe

**responsabilité** *f.* responsibility **1**

**ressembler (à)** *v.* to resemble **6**, to look like **6**

**ressentir** *v.* to feel **1**

**ressource** *f.* resource

**rester** *v.* to stay **3**

**retirer (un profit, un revenu) de** to get (benefit, income) out of

**retourner** *v.* to return **3**; **se retourner** *v.* to turn over

**retransmettre** *v.* to broadcast **3**

**retransmission** *f.* broadcast

**réunion** *f.* meeting

**réunir: se réunir** *v.* to get together **2**

**réussir** *v.* to succeed

**réussite** *f.* success

**revanche** *f.* revenge

**rêve** *m.* dream **5**

**réveiller: se réveiller** *v.* to wake up **2**

**revendication** *f.* demand

**revenir** *v.* to come back **3**

**revenu** *m.* income

**retirer un revenu de** to get income out of

**rêver de** *v.* to dream about **1**

**rêveur/rêveuse** *adj.* full of dreams **2**

**revoir** *v.* to see again

**révolter: se révolter** *v.* to rebel **4**

**révolutionnaire** *adj.* revolutionary

**richesses** *f.* wealth **5**

**rire** *v.* to laugh **3**

**rivière** *f.* river

**robe** *f.* dress

**robe de mariée** *f.* wedding gown **6**

**robe de soirée** *f.* evening gown

**roche** *f.* rock

**rôle** *m.* part **3**, role **3**

**rompre** *v.* to break up **1**

**rond-point** *m.* rotary **2**; roundabout **2**

**rouler (en voiture)** *v.* to drive **2**

**route** *f.* road **1**

**roux/rousse** *adj.* red-haired **2**

**rubrique société** *f.* lifestyle section **3**

**ruche** *f.* beehive

**rue** *f.* street **2**

**ruisseau** *m.* stream

**rupture** *f.* breakup **1**

**sable** *m.* sand **6**

**salaire** *m.* salary

**salaire minimum** *m.* minimum wage

**saltimbanque** *m.* street performer **3**; entertainer **3**

**sans** *prep.* without

**sans doute** *adv.* no doubt **2**

**sans que** *conj.* without

**sans-abri** *m., f.* homeless person **2**

**sauf** *adv.* except

**saumon** *m.* salmon **6**

**saut à l'élastique** *m.* bungee jumping

**sauter** *v.* to jump

**sauvegarder** *v.* to save

**sauver** *v.* to save **4**

**savoir** *v.* to know (facts) **3**; to know how to **3**

**scandale** *m.* scandal **4**

**scientifique** *m., f.* scientist

**scolarisation** *f.* schooling **5**

**sec/sèche** *adj.* dry

**sécheresse** *f.* drought

**secours** *m.* rescue workers **2**

**secousses** *f.* tremors **2**

**sécurité** *f.* security **4**, safety **4**

**en sécurité** *adj.* sure **2**

**séduire** *v.* to seduce **3**; to captivate **3**

**séduisant(e)** *adj.* attractive **1**

**sembler** *v.* to appear to

**Il semble que…** It seems that…

**sens figuré/littéral** *m.* figurative/literal sense

**sensibiliser (le public à un problème)** *v.* to increase (public) awareness (of an issue) **3**

**sensible** *adj.* sensitive **1**

**sentir bon/mauvais** *v.* to smell good/bad **2**

**servir** *v.* to serve **2**; **se servir de** *v.* to use **2**

**seul(e)** *adj.* only **2**; alone **2, 5**

**si** *conj.* if

**siffler** *v.* to whistle (at)

**sifflet** *m.* whistle

**singe** *m.* monkey

**site Internet** *m.* Internet site **3**

**site web** *m.* Web site **3**

**sketch** *m.* skit **2**

**ski** *m.* skiing

**ski alpin/de fond** *m.* downhill/cross-country skiing

**slip** *m.* underpants (for males)

**soigner** *v.* to treat; to look after (someone)

**soin** *m.* care **6**

**soldat** *m.* soldier **1**

**soleil** *m.* sun

**solliciter** *v.* to solicit **2**

**solliciter un emploi** to apply for a job

**sonner** *v.* to strike **1**; to sound **1**

**sortir avec** *v.* to go out with **1**

**sortir un film** to release a movie **3**

**sou** *m.* penny

**soucier: se soucier (de quelque chose)** *v.* to care (about something)

**soudain** *adv.* suddenly **2**

**souffler** *v.* to blow

**souffrir** *v.* to suffer **4**

**souhaiter** *v.* to hope **6**; to wish to

**soulager** *v.* to relieve **1**

**soûler** *v.* to bug **6**; to talk to death **6**

**souliers** *m.* shoes

**soumis(e)** *adj.* submissive **6**

**source** *f.* (aquatic) stream

**source d'énergie** *f.* energy source

**sourd(e)** *adj.* deaf **5**

**sournoisement** *adv.* slyly

**sous-titres** *m.* subtitles **3**

**soutenir** *v.* to support **5**

**soutien** *m.* support **2**

**souvenir: se souvenir de** *v.* to remember **2**

**souvent** *adv.* often **2**

**spécialisé(e)** *adj.* specialized

**spectacle** *m.* show; performance

**spectateur/spectatrice** *m., f.* spectator

**spot publicitaire** *m.* advertisement **3**

**stage (rémunéré)** *m.* (paid) training course

**stagiaire** *m., f.* trainee

**station** *f.* station **2**

**station de métro** *f.* subway station **2**

**station de radio** *f.* radio station **3**

**stimulant(e)** *adj.* challenging

**stratégie commerciale** *f.* marketing strategy

**strict(e)** *adj.* strict **6**

**succès: à succès** *adv.* bestselling **5**

**suggérer** *v.* to suggest **6**

**suivre** *v.* to follow **3**

**supérette** *f.* mini-market **6**

**superficie** *f.* surface area; territory

**supplice** *m.* torture **1**

**supporter (de)** *m.* fan; supporter

**supposer** *v.* to assume **5**

**supposition** *f.* assumption **5**

**sur** *prep.* on **5**

**sûr(e)** *adj.* safe **2**; sure

**sûrement** *adv.* surely **3**

**sûreté publique** *f.* public safety **4**

**surfer sur Internet/le web** to search the Web **3**

**surmonter** *v.* to overcome **6**

**surnom** *m.* nickname **6**

**surpeuplé(e)** *adj.* overpopulated **5**

**surpopulation** *f.* overpopulation **5**

**surprenant(e)** *adj.* surprising **6**

**surtout** *adv.* above all **2**

**surveiller** *v.* to keep an eye on

**survie** *f.* survival
**survivre** *v.* to survive **6**
**syndicat** *m.* labor union
**système féodal** *m.* feudal system **4**

## T

**tableau** *m.* painting
**taire: se taire** *v.* to be quiet **2**
**talons (aiguilles)** *m.* (stiletto) heels
**tant de…** *adv.* so many . . . **6**
   **tant que** *conj.* as long as
**tard** *adv.* late **2**
**tas de** *m.* a lot of **5**
**tasse** *f.* cup **5**
**taxe** *f.* tax
**tel(le)** *adj.* such a(n) **4, 5**
**télécharger** *v.* to download
**téléphone portable** *m.* cell phone
**télescope** *m.* telescope
**téléspectateur/téléspectatrice** *m., f.*
   television viewer **3**
**téléspectateurs** *m.* TV audience **3**
**témoigner de** *v.* to be witness to **5**
**témoin** *m.* witness **5**; witness **6**; best
   man **6**; maid of honor **6**
**temps** *m.* time **2**
   **de temps en temps** *adv.* from time
     to time **2**
   **temps de travail** *m.* work schedule
**tenace** *adj.* tenacious
**tendresse** *f.* affection **6**
**tendu(e)** *adj.* tense **6**
**tenir** *v.* to hold **4**
**tennis** *f.* sneakers , tennis shoes
**tenter** *v.* to attempt; to tempt
**terrain (de foot)** *m.* (soccer) field
**terre** *f.* land
**terrorisme** *m.* terrorism **4**
**terroriste** *m., f.* terrorist **4**
**théâtre** *m.* theater
**théorie** *f.* theory
**ticket** *m.* ticket
**tigre** *m.* tiger
**timide** *adj.* shy **1**
**tirer: se tirer** *v.* to leave, take off **4**
**titre** *m.* headline **3**
**tolérance** *f.* tolerance **4**
**tolérer** *v.* to tolerate
**tomber** *v.* to fall **1**
   **tomber amoureux/amoureuse**
     **(de)** to fall in love (with) **1**
**ton** *m.* tone
**tortue** *f.* turtle
**tôt** *adv.* early **2**
**toucher** *v.* to get/receive (a salary)
**toujours** *adv.* always **2**
**tourner** *v.* to shoot (a film) **3**
**tous/toutes** *pron.* all (of them) **4**
**tout(e)/tous/toutes (les)** *adj.* every
   **4**, all **4**
**tout** *pron.* everything **4**; *adv.* very
   **tout à coup** *adv.* all of a sudden **3**
   **tout de suite** *adv.* right away **3**
**toxique** *adj.* toxic

**trac** *m.* stage fright **3**
   **avoir le trac** to have stage fright **3**
**trahison** *f.* betrayal **4**
**train** *m.* train **2**
   **monter dans un train** to get on a
     train **2**
**traîner** *v.* to hang around **6**; to drag **6**
**traite des Noirs** *f.* slave trade **4**
**traiter** *v.* to treat **6**
   **traiter avec condescendance** to
     patronize **6**
**tranquille** *adj.* calm **1**; quiet **1**
**transports en commun** *m.* public
   transportation **2**
**travail manuel** *m.* manual labor **5**
**travailler dur** *v.* to work hard **2**
**travailleur/travailleuse** *adj.* hard-
   working **2**
**travailleur/travailleuse manuel(le)**
   *m., f.* blue-collar worker **6**
**travaux** *m.* construction **2**
**travers: à travers** *prep.* throughout **3**
**tremblement de terre** *m.* earthquake **2**
**trembler** *v.* to shake **2**
**très** *adv.* very **2**
**tressaillement du sol** *m.* earth tremor **2**
**tribunal** *m.* court **4**
**tristesse** *f.* sadness **1**
**tromper** *v.* to deceive **2**; **se tromper** *v.*
   to be wrong **1**; to be mistaken **1**
**trop** *adv.* too many/much **2**
   **trop de** too much of **5**
**trottoir** *m.* sidewalk **2**
**trou noir** *m.* black hole
**troupeau** *m.* flock
**trouver: se trouver** *v.* to be located **2**
**tuer** *v.* to kill **4**

## U

**uni(e)** *adj.* close-knit **6**
**union** *f.* union **1**
   **vivre en union libre** to live
     together (as a couple) **1**
**unir** *v.* to unite **2**
**urbaniser** *v.* to urbanize
**urbanisme** *m.* city/town planning **2**

## V

**vacancier/vacancière** *m., f.*
   vacationer
**vaincre** *v.* to defeat **4**
   **vaincre ses peurs** to confront
     one's fears
**valeur** *f.* value **5**
**valoir** *v.* to be worth **6**
   **valoir la peine** to be worth it
**vedette (de cinéma)** *f.* (movie) star
   (male or female) **3**
**veille** *f.* day before
**vendeur/vendeuse** *m., f.* salesman/
   woman
**vengeance** *f.* revenge **5**
**venir** *v.* to come **3**

**vente** *f.* sale **5**
**vernissage** *m.* art exhibit opening
**verre** *m.* glass **5**
   **prendre un verre** to have a drink
**vestiaires** *m.* locker room
**veuf/veuve** *m., f.* widower/widow **1**;
   *adj.* widowed **1**
**victime** *f.* victim **4**
**victoire** *f.* victory **4**
**victorieux/victorieuse** *adj.*
   victorious **4**
**vide** *adj.* empty **2**
**vidéoclip** *m.* music video **3**
**vie** *f.* life
   **gagner sa vie** to earn a living
   **niveau de vie** *m.* standard of
     living **5**
   **vie nocturne** *f.* nightlife **2**
**vieillesse** *f.* old age **6**
**vieillir** *v.* to grow old **6**
**vieux/vieille** *adj.* old **2**
**violence** *f.* violence **4**
**violon** *m.* violin **2**
**virer** *v.* to fire
**vite** *adv.* quickly **2**
**vivre** *v.* to live **1**
   **vivre de sa plume** to earn one's
     living as a writer **5**
   **vivre en union libre** to live
     together (as a couple) **1**
   **vivre quelque chose par**
     **l'intermédiaire de quelqu'un**
     to live something vicariously
     through someone
**vivre (quelque chose) par**
   **procuration** to live (something)
     vicariously
**vœu** *m.* wish **5**
**voie** *f.* lane **2**; road **2**; track **2**; means
   **2**; channel **2**
**voir** *v.* to see **3**
**voiture** *f.* car **2**
   **monter dans une voiture** to get in
     a car **2**
**volaille** *f.* poultry **6**
**voler** *v.* to steal **5**; to fly
**voleur/voleuse** *m., f.* thief **4**
**voter** *v.* to vote **4**
**vouloir** *v.* to want **3**
   **en vouloir (à)** to have a grudge **5**
   **s'en vouloir** *v.* to be angry with
     oneself **5**
**voyager** *v.* to travel **1**
**voyou** *m.* hoodlum **6**
**vrai(e)** *adj.* real **2**; true **2**
**vraiment** *adv.* really **2**; truly **2**
**VTT (vélo tout terrain)** *m.* mountain
   bike

## W

**wagon** *m.* subway car **2**
**web** *m.* Web **3**

## Anglais–Français

### A

**above: above all** surtout *adv.* 2
**absolute monarchy** monarchie absolue *f.* 4
**absolutely** absolument *adv.* 2
**abuse** abus *m.* 4; maltraitance *f.* 5; abuser *v.* 4
  **abuse of power** abus de pouvoir *m.* 4
**acceptance** acceptation *f.* 4
**accountant** comptable *m., f.*
**achieve** parvenir à *v.* 5
**acid rain** pluie acide *f.*
**acorn** gland *m.*
**act** se comporter *v.* 3
**active** actif/active *adj.* 2
**activist: militant activist** activiste *m., f.* 4
**actor** comédien(ne) *m., f.* 3
**adapt** s'adapter *v.* 5
**addicted: to be addicted (to)** être accro (à) *v.*
**addiction** dépendance *f.*
**address** adresse *f.*
**adjust** régler *v.*
**admire** admirer *v.*
**adrenaline rush** montée d'adrénaline *f.*
**adulthood** âge adulte *m.* 6
**advance** avancer *v.* 1
**advanced** avancé(e) *adj.*
**advertisement** message publicitaire *m.* 3, spot publicitaire *m.* 3, publicité *f.* 3, pub *f.* 3
**advertising** publicité *f.* 3, pub *f.* 3
**advisor** conseiller/conseillère *m., f.*
**affair** liaison *f.* 1
**affection** tendresse *f.* 6
**affectionate** affectueux/affectueuse *adj.* 1
**afraid: to be afraid** avoir peur 2
**after** après que *conj.*
**again** encore *adv.* 2, de nouveau *adv.*
**alien** extraterrestre *m., f.*
**alike** pareil(le) *adj.* 5
**all** tous/toutes *pron.* 4; tout(e)/tous/toutes *adj.* 4
  **all of a sudden** tout à coup *adv.* 3
**allow to** laisser *v.*
**almost** presque *adv.* 3
**alone** seul(e) *adj.* 2, 5
**already** déjà *adv.* 2
**although** bien que *conj.* quoique *conj.*
**always** toujours *adv.* 2
**amazed: to be amazed** s'étonner *v.*
**amuse** amuser *v.* 2
**amusement park** parc d'attractions *m.*
**ancestor** ancêtre *m., f.* 1

**ancient** ancien(ne) *adj.* 2
**anger** colère *f.* 4; fâcher *v.* 2
**angry** fâché(e) *adj.* 1
  **to be angry with oneself** s'en vouloir *v.* 5
  **to get angry with** se mettre en colère contre 1, se fâcher contre *v.* 2
**annoy** agacer *v.* 1, énerver *v.* 1
**another** un(e) autre *adj.* 2
**antimatter** antimatière *m.*
**anxious** anxieux/anxieuse *adj.* 1
**appear** apparaître *v.* 3; **to appear to** sembler *v.*
**applaud** applaudir *v.*
**applied research** recherche appliquée *f.*
**apply for** poser sa candidature pour
  **to apply for a job** solliciter un emploi
  **to apply for a loan** demander un prêt
**archipelago** archipel *m.*
**army** armée *f.* 4
**arrive** arriver *v.* 3
**art exhibit opening** vernissage *m.*
**art show** exposition *f.*
**as … as** aussi … que *adv.*
  **as long as** tant que *conj.*
  **as soon as** dès que *conj.*, aussitôt que *conj.*
**ascend** monter *v.* 3
**ashamed: to be ashamed (of)** avoir honte (de) 1
**ask** demander *v.* 2
**asparagus** asperge *f.* 6
**assimilation** assimilation *f.* 5
**assume** supposer *v.* 5
**assumption** supposition *f.* 5
**astrologer** astrologue *m., f.*
**astronaut** astronaute *m., f.*
**astronomer** astronome *m., f.*
**at** à *prep.* 5; en 5
  **at last** enfin *adv.* 2
  **at that moment** à ce moment-là 3
  **at the place or home of** chez *prep.* 5
**ATM** distributeur automatique *m.*
**ATM card** carte de retrait *f.*
**atmosphere** ambiance *f.* 2
**attain** parvenir à *v.* 5
**attempt** tenter *v.*
**attention** attention *f.* 3
**attract** attirer *v.* 5
**attractive** séduisant(e) *adj.* 1
**award** récompense *f.* 5

### B

**bad** mauvais(e) *adj.* 2
**badly** mal *adv.* 2
**bad-mannered** mal élevé(e) *adj.* 6
**ball** ballon *m.*

**band** groupe *m.*
**bankrupt** en faillite *adj.*
**bankruptcy** banqueroute *f.*
**barrier reef** barrière de corail *f.*
**basic research** recherche fondamentale *f.*
**bask in the sun** lézarder au soleil *v.*
**be** être *v.* 1
  **to be able** pouvoir *v.* 3
  **to be afraid** avoir peur 2
  **to be addicted (to)** être accro (à) *v.*
  **to be amazed** s'étonner *v.*
  **to be angry with oneself** s'en vouloir *v.* 5
  **to be confident** avoir confiance en soi 1
  **to be contaminated** être contaminé(e)
  **to be crazy about** raffoler *v.* 5
  **to be distrustful of** se méfier de *v.* 2
  **to be embarrassed** avoir honte (de) 1
  **to be homesick** avoir le mal du pays 5
  **to be in debt** avoir des dettes
  **to be interested (in)** s'intéresser (à) 2
  **to be located** se trouver *v.* 2
  **to be lost** être perdu(e) 2
  **to be mistaken** se tromper *v.* 1, 2
  **to be on the front page** être à la une 3
  **to be popular abroad** bien s'exporter *v.* 5
  **to be prejudiced** avoir des préjugés 5
  **to be promoted** être promu(e)
  **to be quiet** se taire *v.* 2
  **to be sorry** être désolé(e) 6
  **to be under pressure** être sous pression
  **to be wary of** se méfier de *v.* 2
  **to be witness to** témoigner de *v.* 5
  **to be worth it** valoir la peine *v.*
  **to be wrong** se tromper *v.* 1
**bear** ours *m.*
**beautiful** beau/belle *adj.* 2
**because** car *conj.* 4
**become** devenir *v.* 3
  **to become rich** s'enrichir *v.* 5
**bed** lit *m.*
  **to go to bed** se coucher *v.* 2
**beehive** ruche *f.*
**before** avant de *prep.*; avant que *conj.*
**begin** commencer *v.* 1; se mettre à *v.* 2; débuter *v.* 6
**behave** se comporter *v.* 3
**behavior** comportement *m.* 3; conduite *f.* 2
**behind** derrière *prep.* 5

belief croyance *f.* 4
belong (to) appartenir (à) *v.* 5; to
    belong (to a group) s'intégrer (à
    un groupe) *v.* 1
belongings affaires *f.* 6
beneficial effect bienfait *m.*
benefit from profiter de *v.*
    to get benefit out of retirer un
      profit de
benefits pension *f.* 6
bermuda shorts (a pair of) bermuda *m.*
best: the best le/la meilleur(e) *adj.*;
    le mieux *adv.*
best man témoin *m.* 6
bestselling à succès *adv.* 5
bet pari *m.*
betrayal trahison *f.* 4
better meilleur(e) *adj.* 2; mieux
    *adv.* 2
    It is better that… Il vaut mieux
      que… 6
    to better oneself s'améliorer *v.* 5
biased partial(e) *adj.* 3
big grand(e) *adj.* 2
bilingual bilingue *adj.* 1
billboard panneau d'affichage *m.* 2
billionaire milliardaire *m.* 3
biochemical biochimique *adj.*
biologist biologiste *m., f.*
birth naissance *f.* 6
    to give birth accoucher *v.* 6
birthrate natalité *f.* 5
black hole trou noir *m.*
blackmail faire du chantage *v.* 4
blend in s'assimilier à *v.* 1
blow souffler *v.*
blue-collar worker travailleur/
    travailleuse manuel(le) *m., f.* 6
board game jeu de société *m.*
bonus prime *f.*
border frontière *f.* 5
bore ennuyer *v.* 1
bored: to get bored s'ennuyer *v.* 2
born: to be born naître *v.* 3
boss patron(ne) *m., f.*
bossy autoritaire *adj.* 6
bother gêner *v.* 1, ennuyer *v.* 2,
    déranger *v.* 1, 6
bottle bouteille *f.* 5
bouquet bouquet de la mariée *m.* 6
bowling bowling *m.*
    to go bowling jouer au bowling
bow tie nœud papillon *m.*
box boîte *m.* 5
boxer shorts caleçon *m.*
breakup rupture *f.* 1
break up rompre *v.* 1
breathe respirer *v.*
bride mariée *f.* 6
bridge pont *m.* 2

briefly brièvement *adv.* 2
bring someone amener *v.* 1
broadcast retransmission *f.*;
    retransmettre *v.* 3
broiled grillé(e) *adj.* 6
brother-in-law beau-frère *m.* 6
brown (hair) châtain *adj.* 2
brush se brosser *v.* 2
budget budget *m.*
bug soûler *v.* 6
build construire *v.* 2
building édifice *m.* 2
bungee jumping saut à l'élastique *m.*
burn brûler *v.* 5; graver (un CD) *v.*
bus stop arrêt d'autobus *m.* 2
businessman homme d'affaires *m.*
businesswoman femme d'affaires *f.*
buy acheter *v.* 1

## C

call appeler *v.* 1
    to call back rappeler *v.* 1
calm tranquille *adj.* 1
can boîte *m.* 5; pouvoir *v.* 3
Canadian canadien(ne) *adj.* 2
captain capitaine *m.*
captivate séduire *v.* 3
car voiture *f.* 2
    to get in a car monter dans une
      voiture 2
cards cartes *f.*
    playing cards cartes à jouer *f.*
care soin *m.* 6
    to care (about something) se
      soucier (de quelque chose) *v.*
careful prudent(e) *adj.* 1
carnival fête foraine *f.* 2
carry porter *v.*
case: in case au cas où *conj.*
catch: to catch sight of apercevoir
    *v.* 2
cause cause *f.* 5
cavity carie *f.*
CD-ROM CD-ROM *m.*
celebrate célébrer *v.*, fêter *v.*
celebrity célébrité *f.* 3
cell cellule *f.*
cell phone (téléphone) portable *m.*
censorship censure *f.* 3
certain certain(e) *adj.* 4
certainly certainement *adv.* 3
challenge défi *m.* 5
challenging stimulant(e) *adj.*
change changement *m.*
    change of scenery dépaysement
      *m.* 1
channel voie *f.* 2
chaos chaos *m.* 5
character caractère *m.* 6; (in a story
    or play) personnage *m.*
charcoal charbon de bois *m.*
charming charmant(e) *adj.* 1

chat bavarder *v.*; causer *v.*
chatterbox bavard(e) *m., f.* 5
checking account compte de
    chèques *m.*
cheese store fromagerie *f.* 6
chemist chimiste *m., f.*
chestnut marron *m.* 2; marron *adj.* 2
child enfant *m., f.* 6
    only child enfant unique *m., f.* 6;
      fille/fils unique *m., f.* 6
childhood enfance *f.* 6
chip puce *f.*
choose choisir *v.* 3
Christian chrétien(ne) *m., f.* 4
Christianity christianisme *m.* 4
cinema cinéma *m.* 2
circus cirque *m.* 3
citizen citoyen(ne) *m., f.* 2
city center centre-ville *m.* 2
city dweller citadine(e) *m., f.* 2
city hall hôtel de ville *m.* 2
city planning urbanisme *m.* 2
civil war guerre civile *f.* 4
    American Civil War guerre de
      Sécession *f.* 4
claim to prétendre *v.*
clear away déblayer *v.*
clean nettoyer *v.* 1; net(te) *adj.* 2,
    propre *adj.* 2; pur(e) *adj.*
climb escalader *v.*; grimper à *v.*
clone cloner *v.*
close-knit uni(e) *adj.* 6; lié(e) *adj.* 6
clue indice *m.* 4
coach entraîneur *m.*
coal charbon *m.*
colonist colon *m.* 4
column chronique *f.* 3
comb se peigner *v.* 2
come venir *v.* 3
    to come back revenir *v.* 3
comedy comédie *f.*
commissioner commissaire *m.* 5
commit (to someone) s'engager
    (envers quelqu'un) *v.* 1
company entreprise *f.*
competent compétent(e) *adj.*
competition concurrence *f.*
complain se plaindre *v.* 2
complete complet/complète *adj.* 2
computer science informatique *f.*
concrete béton *m.* 2
condition condition *f.*
    on the condition that à condition
      que *conj.*
conduct an experiment faire une
    expérience *v.*
confide confier *v.* 6
confident: to be confident avoir
    confiance en soi *v.*
conformist conformiste *adj.* 5
confront one's fears vaincre ses
    peurs
confusedly confusément *adv.* 2

**connection** lien *m.* 2
**conservative** conservateur/
    conservatrice *adj.* 2, 4
**consider** considérer *v.* 1
**constantly** constamment *adv.* 2
**construction** travaux *m. pl.* 2
**consult** consulter *v.*
**consultant** consultant(e) *m., f.*
**contaminated: to be contaminated**
    être contaminé(e)
**contempt: to have contempt for**
    mépriser *v.* 6
**contribute** contribuer (à) *v.*
**controversy** polémique *f.* 5
**converse** s'entretenir (avec) *v.* 2
**convince** convaincre *v.* 3
**cool** frais/fraîche *adj.* 2, chouette *adj.*
**cop** flic *m.* 5
**coral reef** récif de corail *m.*
**correspondent** envoyé(e) spécial(e)
    *m., f.* 3
**cost a lot** coûter cher *v.* 2
**co-tenant** colocataire *m., f.* 2
**courage** courage *m.* 5
**court** tribunal *m.* 4
**cover** couverture *f.* 3; couvrir *v.* 4
**covered** recouvert(e) *adj.* 3
**courthouse** palais de justice *m.* 2
**crackling** grésillement *m.* 3
**crazy** fou/folle *adj.* 2
    **to be crazy about** raffoler *v.* 5
**cream** crème *f.* 2; crème *adj.* 2
**create** créer *v.*
    **to create a company** monter une
        entreprise
**credit card** carte de crédit *f.*
**crime** crime *m.* 4
**criminal** criminel(le) *m., f.* 4
**cripple** estropié(e) *m., f.* 1
**cross-country skiing** ski de fond *m.*
**crosswalk** clous *m. pl.* 2
**crowd** foule *f.* 4
**cruel** cruel(le) *adj.* 2
**cruelty** cruauté *f.* 4
**cry** pleurer *v.* 6
**cultural heritage** patrimoine culturel
    *m.* 5
**culture shock** choc culturel *m.* 1
**cup** tasse *f.* 5
**cure** guérir *v.*
**current events** actualité *f.* 3
**cut oneself** se couper *v.* 2
    **to cut off from** couper de *v.*
**cute** mignon(ne) *adj.* 2
**cutting edge** de pointe *adj.*
**cyberspace** cyberespace *m.*

**daily** quotidien(ne) *adj.* 2
**damaged** abîmé(e) *adj.*

**damages** dégâts *m.* 3
**danger** danger *m.*
**dangerous** dangereux/dangereuse
    *adj.* 2
**dare to** oser *v.*
**daredevil** casse-cou *m.*
**darts** fléchettes *f.*
**date** rendez-vous *m.* 1
**daughter-in-law** belle-fille *f.* 6
**day** jour *m.*
    **day before** veille *f.*
**dead people** morts *m.* 3
**deaf** sourd(e) *adj.* 5
**deal** marché *m.* 2
**dear** cher/chère *adj.* 2
**death** décès *m.* 3; mort *f.* 6
**debt** dette *f.*
    **to be in debt** avoir des dettes
**deceased** décédé(e) *adj.* 6; défunt(e)
    *m., f.* 3
**deceive** tromper *v.* 2
**decolonization** décolonisation *f.* 5
**decrease** baisser *v.* 5
**dedicate oneself to** se consacrer à
    *v.* 4
**defeat** défaite *f.* 4; vaincre *v.* 4
**defend** défendre *v.* 4
**deforestation** déforestation *f.*
**delighted** ravi(e) *adj.* 6
**demand** revendication *f.*; exiger *v.* 6
**demanding** exigeant(e) *adj.* 6
**democracy** démocratie *f.* 4
**demonstration** manifestation *f.* 2
**department store** grand magasin *m.*
**deposit** déposer *v.*
**depressed** déprimé(e) *adj.* 1
**deputy** député(e) *m., f.* 4
**descend** descendre *v.* 3
**describe** décrire *v.* 6
**deserve** mériter *v.* 1
**desire** désirer *v.* 6
**despair** désespoir *m.*
**desperate** désespéré(e) *adj.* 1
**destroy** détruire *v.*
**determination** acharnement *m.*
**development** développement *m.* 5;
    épanouissement *m.*
**dialog** dialogue *m.* 5
**dictatorship** dictature *f.* 4
**die** mourir *v.* 3
**different** autre *adj.* 2
**digital** numérique *adj.*
**digital camera** appareil (photo)
    numérique *m.*
**directions** indications *f.* 2
    **to give directions** donner des
        indications 2
**director** réalisateur/réalisatrice *m.,*
    *f.* 3
**discover** découvrir *v.* 4
**discovery** découverte *f.*
    **(breakthrough) discovery**
        découverte (capitale) *f.*

**dishonest** malhonnête *adj.* 1
**disillusioned** désabusé(e) *adj.* 1
**disorientation** dépaysement *m.* 1
**disown (someone)** renier (quelqu'un)
    *v.* 4
**disposable** jetable *adj.*
**distant** lointain(e) *adj.* 3
**distrust** se méfier de *v.* 2
**distrustful: to be distrustful of** se
    méfier de *v.* 2
**disturb** déranger *v.* 6
**dive** plonger *v.* 1
**diversity** diversité *f.* 5
**diving** plongée sous-marine *f.*
**divorce** divorce *m.*
    **to get a divorce** divorcer *v.* 1
**DNA** ADN *m.*
**do** faire *v.* 1
    **to do without** faire sans 5; se
        passer de
**documentary** documentaire *m.* 3
**dolphin** dauphin *m.*
**doubt** douter *v.* 2
    **no doubt** sans doute *adv.* 2
**doubtful: It is doubtful…** Il est
    douteux…
**downhill skiing** ski alpin *m.*
**download** télécharger *v.*
**downtown** centre-ville *m.* 2
**drag** traîner *v.* 6
**drama course** cours d'art dramatique
    *m.* 3
**draw** tirer *v.*
    **to draw attention to** attirer
        l'attention (sur) 3
    **to draw from** puiser *v.*
**dream about** rêver de *v.* 1
**dreams, full of** rêveur/rêveuse *adj.* 2
**drink** boire *v.* 3
    **to have a drink** prendre un verre
**drinkable** potable *adj.*
**drive** rouler (en voiture) *v.* 2;
    conduire *v.* 3
**driver** conducteur/conductrice *m., f.* 2
**drought** sécheresse *f.*
**drown** s'enfoncer *v.* 1
**drums** batterie *f.* 2
**dry** sec/sèche *adj.*
**due to** dû/due *adj.* 5
**duty** devoir *m.* 4
**DVD player** lecteur de DVD *m.*

**each** chaque *adj.* 4
**early** tôt *adv.* 2
**earn a living** gagner sa vie
**earn one's living as a writer** vivre
    de sa plume *v.* 5
**earth tremor** tressaillement du sol
    *m.* 2
**earthquake** tremblement de terre *m.*
**eat** manger *v.* 1

**economic crisis** crise économique *f.*
**editor** rédacteur/rédactrice *m., f.* 3
**effort** effort *m.* 5
　**to make an effort** faire un effort 5
**egocentric** égocentrique *adj.* 3
**elect** élire *v.* 4
**election** élection *f.* 4
　**to lose elections** perdre les élections 4
　**to win elections** gagner les élections 4
**electronic chip** puce électronique *f.*
**e-mail address** adresse e-mail *f.*
**embarrass** gêner *v.* 1
**embarrassed** gêné(e) *adj.* 2
　**to be embarrassed** avoir honte (de) 1
**embarrassment** gêne *f.* 6
**emigrant** émigré(e) *m., f.* 5
**emigrate** émigrer *v.* 1
**emotional** émotif/émotive *adj.* 1
**employee** employé(e) *m., f.*
**empty** vide *adj.* 2
**endangered** en voie d'extinction *adj.*
**ending** dénouement *m.*
**energy** énergie *f.*
**energy consumption** consommation d'énergie *f.*
**energy source** source d'énergie *f.*
**engaged: to get engaged** se fiancer *v.* 1
**engagement** fiançailles *f.* 6
**engagement ring** bague de fiançailles *f.* 6
**engineer** ingénieur *m., f.*
**enormously** énormément *adv.* 2
**enough** assez de *adj.* 5
　**that's enough** ça suffit 4
**enroll** s'inscrire *v.* 6
**enslavement** asservissement *m.* 4
**enter** entrer *v.* 3
**entertain** divertir *v.* 3
**entertainer** saltimbanque *m.* 3
**entertaining** divertissant(e) *adj.* 3
**entertainment** divertissement *m.* 3
**enthusiastic** enthousiaste *adj.* 1
**entrepreneur** entrepreneur/entrepreneuse *m., f.*
**entrust** confier *v.* 6
**environment** environnement *m.*
**envision** envisager *v.*
**equal** égal(e) *adj.* 4
**equality** égalité *f.* 4
**erase** effacer *v.* 1
**erosion** érosion *f.*
**escaped** évadé(e) *adj.* 4
**essential** essentiel(le) *adj.* 6, indispensable *adj.* 6
**ethical** éthique *adj.*
**evening gown** robe de soirée *f.*
**event** événement *m.* 2
**every** chaque *adj.* 4, tout(e)/tous/toutes (les) *adj.* 4
**everything** tout *pron.* 4

**everywhere** partout *adv.* 2
**except** sauf *prep.*
**excerpt** extrait *m.* 3
**excited** enthousiaste *adj.* 1
**excluded** exclu(e) *adj.* 5
**executive** cadre *m.*
**exhausted** épuisé(e) *adj.*
**exhibition** exposition *f.*
**expect** s'attendre à *v.* 2; **to expect to** compter *v.*; **to expect something** s'attendre à quelque chose *v.* 3
**expenses** dépenses *f.*
**expensive** cher/chère *adj.* 2
**experiment** expérience *f.*
**explore** explorer *v.*
**express** exprimer *v.* 3

**F**

**face** affronter *v.* 6
**fade (away)** s'en aller *v.* 1
**fair** foire *f.* 2; juste *adj.* 4
**faithful** fidèle *adj.* 1
**fall** tomber *v.* 1
　**to fall in love (with)** tomber amoureux/amoureuse (de) 1
**false** faux/fausse *adj.* 2
**fame** notoriété *f.* 3
**fan (of)** fan (de) *m., f.*; supporter (de) *m.*
**farm** ferme *f.*
**fascinating** fascinant(e) *adj.*
**fat** gros(se) *adj.* 2; gras(se) *adj.* 4
**father-in-law** beau-père *m.* 6
**favorite** favori/favorite *adj.* 2
**fear** peur *f.* 4; craindre *v.* 6
　**for fear of** de peur de *prep.*
　**for fear that** de peur que *conj.* de crainte que *conj.*
　**to confront one's fears** vaincre ses peurs
**fed: to be fed up (with)** en avoir marre (de) 1
**feed** nourrir *v.* 6
**feel** ressentir *v.* 1
**feudal system** système féodal *m.* 4
**few (of them)** quelques-un(e)s *pron.* 4; (un) peu de 5
**field: (soccer) field** terrain (de foot) *m.*
**fight** combattre *v.* 4; lutter *v.* 5; se battre *v.*
**fighter** combattant(e) *m., f.*
**figure** chiffre *m.*
　**to figure it out** se débrouiller *v.*
**file a complaint** porter plainte *v.*
**film critic** critique de cinéma *m., f.* 3
**final** dernier/dernière *adj.* 2
**finally** enfin *adv.* 2; finalement *adv.* 3
**financial** financier/financière *adj.*
**fire** incendie *m.*; licencier *v.*, virer *v.*
**fire station** caserne de pompiers *f.* 2
**fireworks display** feu d'artifice *m.* 2
**first** premier/première *adj.* 2; d'abord *adv.* 2
**fish** poisson *m.* pêcher *v.*

**fishing net** filet (de pêche) *m.*
**flag** drapeau *m.* 4
**flaw** défaut *m.* 3
**flee** fuir *v.* 1
**fleeting** passager/passagère *adj.* 1
**flirt** draguer *v.* 1
**flock** troupeau *m.*
**flood** inondation *f.*
**flourish** fleurir *v.* 5
**flourishing** prospère *adj.*
**flow** couler *v.* 1
**fly** voler *v.*
**foliage** feuillage *m.*
**follow** suivre *v.* 3
**following** prochain(e) *adj.* 2
**follow in someone's footsteps** marcher sur les pas de quelqu'un *v.* 5
**food** *(type or kind of)* aliment *m.* 6; *(before a noun)* alimentaire 6
**for** car *conj.* 4; pour *prep.*
　**for an hour (a month, etc.)** pendant une heure (un mois, etc.) *adv.* 3
　**for fear of** de peur de *prep.*
　**for fear that** de peur que *conj.* de crainte que *conj.*
**force** forcer *v.* 1
**forehead** front *m.* 6
**foreigner** étranger/étrangère *m., f.* 2
**forest** forêt *f.*
**forge: to forge ahead** aller de l'avant 5
**former** ancien(ne) *adj.* 2
**formerly** jadis *adv.*
**formidable** redoutable *adj.* 3
**forseen** prévu(e) *adj.* 5
**forward** en pointe *adv.*
**foul** faute *f.*
**frank** franc(he) *adj.* 1
**frankly** franchement *adv.* 2
**freedom** liberté *f.* 3
　**freedom of the press** liberté de la presse *f.* 3
**free kick** coup franc *m.*
**free oneself** se libérer *v.* 5
**fresh** frais/fraîche *adj.* 2
**friendship** amitié *f.* 1
**from** à partir de *prep.* 1
　**from time to time** de temps en temps *adv.* 2
**front: in front of** devant *prep.* 5
**fuel** combustible *m.*
**fulfill (a dream)** réaliser (un rêve) *v.* 5
**full** plein(e) *adj.* 2
**fun: to have fun** s'amuser *v.* 2, se marrer *v.* 3
　**to make fun of** se moquer de *v.* 2

**G**

**game** partie *f.*
**gang** bande *f.* 5
**gather** rassembler *v.* 2
**gene** gène *m.*

**generation gap** fossé des générations *m.* 6
**genetics** génétique *f.*
**gently** doucement *adv.* 2
**get (a salary)** toucher *v.*
  **to get a divorce** divorcer *v.* 1
  **to get a signal** capter *v.*
  **to get along well** s'entendre bien 1
  **to get along with** s'entendre bien avec 2
  **to get angry with** se mettre en colère contre 1, se fâcher contre *v.* 2
  **to get benefit out of** retirer un profit de
  **to get bored** s'ennuyer *v.* 2
  **to get dressed** s'habiller *v.* 2
  **to get engaged** se fiancer *v.* 1
  **to get hurt** (se) blesser *v.*
  **to get (in a car, on a train)** monter (dans une voiture, dans un train) *v.* 2
  **to get income out of** retirer un revenu de
  **to get off** descendre *v.* 2
  **to get (tickets)** obtenir (des billets)
  **to get together** se réunir *v.* 2
  **to get up** se lever *v.* 2
  **to get used to** s'habituer à *v.* 2
  **to get worse** empirer *v.*
**gift shop** boutique de souvenirs *f.*
**give** donner *v.* 2
  **to give birth** accoucher *v.* 6
  **to give directions** donner des indications 2
**glass** verre *m.* 5
**glide** glisser *v.*
**globalization** mondialisation *f.* 5
**global warming** réchauffement climatique *m.*
**gnarled** noueux/noueuse *adj.*
**go** aller *v.* 1
  **to go (away)** s'en aller *v.* 1, 2
  **to go across** parcourir *v.*
  **to go back (home)** rentrer *v.* 3
  **to go beyond one's limits** se dépasser *v.*
  **to go bowling** jouer au bowling
  **to go down** descendre *v.* 2
  **to go out with** sortir avec *v.* 1
  **to go past** passer (devant) *v.* 2
  **to go to bed** se coucher *v.* 2
  **to go up** monter *v.* 3
**goal** but *m.* 5
**gold** or *m.* 2
**good** bon(ne) *adj.* 2
**goodbye** au revoir 5
  **to say goodbye** dire au revoir 5
**gossip** commérages *m.* 1
**govern** gouverner *v.* 4
**government** gouvernement *m.* 4
**granddaughter** petite-fille *f.* 6

**grandson** petit-fils *m.* 6
**grape** raisin *m.* 6
**gravity** gravité *f.*
**great** génial(e) *adj.* 1; grand(e) *adj.* 2; chouette *adj.*
**great-aunt** grand-tante *f.* 6
**great-grandfather** arrière-grand-père *m.* 6
**great-grandmother** arrière-grand-mère *f.* 6
**great-uncle** grand-oncle *m.* 6
**Greek** grec/grecque *adj.* 2
**grilled** grillé(e) *adj.* 6
**groom** marié *m.* 6
**grow** augmenter *v.* 5; pousser *v.*
  **to grow old** vieillir *v.* 6
  **to grow up** grandir *v.* 6
**grudge: to have a grudge** en vouloir (à) *v.* 5
**guess** deviner *v.* 5
**guilty** coupable *adj.* 4
**guy** mec *m.* 4

## H

**habitat: provide a habitat for** abriter *v.*
**half** moitié *f.* 5
**half brother** demi-frère *m.* 6
**half sister** demi-sœur *f.* 6
**handkerchief** mouchoir *m.*
**handsome** beau *adj.* 2
**hang around** traîner *v.* 6
**happily** heureusement *adv.* 2
**happy** heureux/heureuse *adj.* 2, content(e) *adj.* 6
**harass** harceler *v.*
**hard-working** travailleur/travailleuse *adj.* 2
**harm** nuire à *v.*
**harmful** nuisible *adj.*
**harmful: have harmful consequences on** avoir des conséquences néfastes sur *v.*
**harvest** récolte *f.* récolter *v.*
**hate** détester *v.*
**hatred** haine *f.* 4
**have** avoir *v.* 1; prendre *v.* 3
  **to have a drink** prendre un verre
  **to have a good time** se divertir *v.*
  **to have a grudge** en vouloir (à) *v.* 5
  **to have connections** avoir des relations
  **to have contempt for** mépriser *v.* 6
  **to have fun** s'amuser *v.* 2; se marrer *v.* 3
  **to have harmful consequences on** avoir des conséquences néfastes sur *v.*
  **to have influence (over)** avoir de l'influence (sur) 4
  **to have stage fright** avoir le trac 3
  **to have to** devoir *v.* 3; falloir *v.* 3

**head of a company** chef d'entreprise *m.*
**headline** gros titre *m.* 3
**headscarf** foulard *m.* 6
**heal** guérir *v.*
**heap** amas *m.*
**hear** entendre *v.* 2
**heels** talons *m.*
**here** ici *adv.* 2
**heritage** patrimoine *m.* 5
  **cultural heritage** patrimoine culturel *m.* 5
**high** haut(e) *adj.* 2
**hire** embaucher *v.*
**hit** frapper *v.* 1; heurter *v.*
**hold** tenir *v.* 4
**homeland** patrie *f.* 6
**homeless person** sans-abri *m., f.* 2
**homesick: to be homesick** avoir le mal du pays 5
**honest** honnête *adj.* 1
**hoodlum** voyou *m.* 6
**hope** espérer *v.* 1, souhaiter *v.* 6
**housing** logement *m.* 2, habitation *f.* 2
**however** pourtant *adv.* 1
**human** humain(e) *adj.* 1
**humankind** humanité *f.* 5
**human rights** droits de l'homme *m.* 4
**hunt** chasser *v.*
**hurricane** cyclone *m.* 2; ouragan *m.*
**hurry** se dépêcher *v.* 2
**husband** époux *m.* 6

## I

**idealistic** idéaliste *adj.* 1
**i.e.** c'est-à-dire
**if** si *conj.*
**illiterate** analphabète *adj.* 4
**immature** peu mûr(e) *adj.* 1
**immediately** immédiatement *adv.* 3
**immigrant** immigré(e) *n.* 5
**immigrate** immigrer *v.* 1
**immigration** immigration *f.* 5
**impartial** impartial(e) *adj.* 3
**important** important(e) *adj.* 6
**impossible** impossible *adj.*
**imprison** emprisonner *v.* 4
**improve** améliorer *v.* 2
**in** dans *prep.* 5; en *prep.* 5; à *prep.* 5
  **in case** au cas où *conj.*
  **in front of** devant *prep.* 5
  **in general** en général *adv.* 2
  **in order that** afin que *conj.*
  **in order to** pour *prep.*
**income** revenu *m.*
  **to get income out of** retirer un revenu de
**incompetent** incompétent(e) *adj.*
**increase (public) awareness (of an issue)** sensibiliser (le public à un problème) *v.* 3
**indication** indice *m.* 4

**individuality** individualité *f.* **5**
**inequality** inégalité *f.* **4**
**inferior** inférieur(e) *adj.* **2**
**inferiority complex** complexe d'infériorité *m.* **6**
**influence** influence *f.*
   **to have influence (over)** avoir de l'influence (sur) **4**
**influential** influent(e) *adj.* **3**
**inherit** hériter *v.* **6**
**injure (oneself)** (se) blesser *v.*
**injured person** blessé(e) *m., f.* **2, 3**
**injustice** injustice *f.* **4**
**innovation** innovation *f.*
**innovative** innovant(e) *adj.*
**insecurity of income** précarité *f.*
**insensitive** insensible *adj.* **2**
**inside** dans *prep.* **5**; dedans *adv.* **2**,
**instability** instabilité *f.* **5**
**insufficient** insuffisant(e) *adj.*
**integration** intégration *f.* **5**
**intellectual** intellectuel(le) *m., f.* **6**; intellectuel(le) *adj.* **2**
**intend to** penser *v.*
**Internet site** site Internet *m.* **3**
**intersection** croisement *m.* **2**
**interview** entretien *m.* **3**, interview *f.* **3**
   **job interview** entretien d'embauche *m.*
**invent** inventer *v.*
**invention** invention *f.*
**invest** investir *v.*
**investigate** enquêter (sur) *v.* **3**
**ironic** ironique *adj.*
**Islam** islam *m.* **4**

**jabber** baragouiner *v.* **4**
**jealous** jaloux/jalouse *adj.* **1**
**jersey** maillot *m.*
**job** poste *m.*, emploi *m.*, boulot *m.*
**job interview** entretien d'embauche *m.*
**join** rejoindre *v.* **1**
**journalist** journaliste *m., f.* **3**
**joy** joie *f.* **1**
**judge** juge *m., f.* **4**; juger *v.* **4**
**jump** sauter *v.*
**juror** juré(e) *m., f.* **4**
**justice** justice *f.* **4**

**keep** garder *v.*
   **to keep an eye on** surveiller *v.*
   **to keep from (doing something)** empêcher (de) *v.* **2**
   **to keep oneself informed (through the media)** s'informer (par les médias) *v.* **3**
**kid** gamin(e) *m., f.* **5**, môme *m., f.* **5**
**kidnap** enlever *v.* **4**, kidnapper *v.* **4**
**kill** tuer *v.* **4**

**killjoy** rabat-joie *m.*
**kilogram** kilo *m.* **5**
**kindly** gentiment *adv.* **2**
**kindness** bonté *f.* **6**
**knock** frapper *v.* **1**
**know** connaître *v.* **3**; savoir *v.* **3**

**labor union** syndicat *m.*
**lack of communication** manque de communication *m.* **4**
**ladder** échelle *f.*
**lagoon** lagon *m.*
**land** terre *f.*; atterrir *v.*
**landscape** paysage *m.*
**lane** voie *f.* **2**
**language** langue *f.* **5**
   **native language** langue maternelle *f.* **5**
   **official language** langue officielle *f.* **5**
**laptop** ordinateur portable *m.*
**last** dernier/dernière *adj.* **2**
   **at last** enfin *adv.* **2**
   **last Monday (Tuesday, etc.)** lundi (mardi, etc.) dernier *adv.* **3**
**late** tard *adv.* **2**
**launch: to launch into** se lancer *v.* **5**
**laugh** rire *v.* **3**
**law** loi *f.* **4**
   **to pass a law** approuver une loi **4**
**lawyer** avocat(e) *m., f.* **4**
**lay off** licencier *v.*
**lazybones** fainéant(e) *m., f.*
**lead** mener *v.* **1, 5**
**leave** partir *v.* **3**; quitter *v.*; se tirer *v.* **4**
   **to leave behind** quitter *v.* **5**
   **to leave someone** quitter quelqu'un *v.* **1**
**leisure** loisir(s) *m.*
**lemon** citron *m.* **6**; citron *adj.* **2**
**less** moins *adv.*
**let go** lâcher *v.*
**liberal** libéral(e) *adj.* **4**
**lie** mentir *v.* **1**
**lifestyle section** rubrique société *f.* **3**
**lift** lever *v.* **1**
**like** aimer *v.* **1**
**little of** (un) peu de **5**
**lime** citron vert *m.* **6**
**limp** boiter *v.* **1**
**line** queue *f.*
   **line of products** gamme de produits *f.*
   **to wait in line** faire la queue
**lion** lion *m.*
**listen** écouter *v.*
**listener** auditeur/auditrice *m., f.* **3**
**liter** litre *m.* **5**
**literature** lettres *f.* **5**
**little** peu *adv.* **2**
**live** vivre *v.* **1**

**to live (something) vicariously** vivre (quelque chose) par procuration
**to live something vicariously through someone** vivre quelque chose par l'intermédiaire **de quelqu'un**
   **to live together (as a couple)** vivre en union libre **1**
**live** en direct *adj., adv.* **3**
**lively** animé(e) *adj.* **2**
**loan** prêt *m.*; emprunt *m.*
   **to apply for a loan** demander un prêt
   **to secure a loan** obtenir un prêt
   **to take out a loan** faire un emprunt
**located: to be located** se trouver *v.* **2**
**locker room** vestiaires *m.*
**look** regarder *v.*
   **to look after (someone)** soigner *v.*
   **to look like** ressembler (à) *v.* **6**
**long** long/longue *adj.* **2**
   **as long as** tant que *conj.*
**long-term** à long terme *adj.*
**lose** perdre *v.* **4**
   **to lose heart** se décourager *v.* **5**
   **to lose elections** perdre les élections **4**
**loss** perte *f.*
**lost** perdu(e) *adj.* **2**
   **to be lost** être perdu(e) **2**
**lot: a lot** beaucoup *adv.* **2**
   **a lot of** beaucoup de **5**, un tas de **5**
**love** aimer *v.* **1**
**lovers** amants *m.* **1**
**low** bas(se) *adj.* **2**
**lumberjack** bûcheron *m.*
**luxury** luxe *m.* **5**

**mad** fâché(e) *adj.* **1**
**maid of honor** témoin *m.* **6**
**maintain** maintenir *v.* **4**
**make** faire *v.* **1**
   **to make an effort** faire un effort **5**
   **to make fun of** se moquer de *v.* **2**
   **to make think of** évoquer *v.*
**makeup: to put on makeup** se maquiller *v.* **2**
**manage** gérer *v.*, diriger *v.*; se débrouiller *v.*
**manager** gérant(e) *m., f.*
**manual labor** travail manuel *m.* **5**
**many** bien des *adj.* **5**
**marching band** fanfare *f.* **2**
**market** marché *m.*
**marketing strategy** stratégie commerciale *f.*
**marriage** mariage *m.* **1**
**marry** se marier avec *v.* **1**
**match** partie *f.*
**maternal** maternel(le) *adj.* **6**

**mathematician** mathématicien(ne) *m.*, *f.*

**mature** mûr(e) *adj.* 1

**maturity** maturité *f.* 6

**maybe** peut-être *adv.* 2

**mayor** maire *m.* 2

**means** voie *f.* 2

**media** moyens de communication *m.* 3; médias *m.* 3

**meeting** réunion *f.*

**melancholic** mélancolique *adj.* 1

**member** membre *m.*, adhérent(e) *m.*, *f.*

**metaphor** métaphore *f.* 4

**militant activist** activiste *m.*, *f.* 4

**mini-market** supérette *f.* 6

**minimum wage** salaire minimum *m.*

**miss** manquer à *v.* 5

**missing person** disparu(e) *m.*, *f.* 2

**mistaken: to be mistaken** se tromper *v.* 1, 2

**mix** mélange *m.* 1; mêler *v.*

**mixed couple** couple mixte *m.* 4

**mob** foule *f.* 4

**moderate** modéré(e) *adj.* 4

**modernity** modernité *f.*

**moment** moment *m.* 3

   **at that moment** à ce moment-là 3

**monarchy** monarchie *f.* 4

   **absolute monarchy** monarchie absolue *f.* 4

**monkey** singe *m.*

**monthly magazine** mensuel *m.* 3

**Moon** Lune *f.*

**moral** morale *f.* 4

**more** plus *adv.*

**moronic** débile *adj.* 2

**most** plupart *f. pron.* 4

**mother-in-law** belle-mère *f.* 6

**mountain bike** VTT (vélo tout terrain) *m.*

**mountain climbing** alpinisme *m.*

**mountain range** chaîne montagneuse *f.*

**move** émouvoir *v.* 3; déménager *v.* 1, 6; remuer *v.*

   **to move forward** avancer *v.* 1

**movie star** vedette de cinéma *f.* 3

**movie theater** cinéma *m.* 2

**moving** émouvant(e) *adj.*

**much: too much of** trop de 5

**mud** boue *f.* 1

**multilingual** polyglotte *adj.* 5

**multinational company** (entreprise) multinationale *f.* 3

**murder** meurtre *m.* 3

**museum** musée *m.* 2

**musical group** groupe *m.*

**musician** musicien(ne) *m.*, *f.*

**music video** clip vidéo *m.* 3, vidéoclip *m.* 3

**Muslim** musulman(e) *m.*, *f.* 4

**must** devoir *v.* 3

   **One must…** Il faut que… 6

**mute** muet(te) *adj.* 2

**mutual aid** entraide *f.*

## N

**naïve** naïf/naïve *adj.* 2

**native language** langue maternelle *f.* 5

**natural disaster** catastrophe naturelle *f.* 2

**naturally** naturellement *adv.* 2

**necessary** nécessaire *adj.* 6

   **It is necessary that…** Il faut que… 6

**neglect** délaisser *v.*

**neighborhood** quartier *m.* 2

**nephew** neveu *m.* 6

**nervous breakdown** crise d'hystérie *f.* 1

**net** filet *m.*

**network** chaîne *f.* 3; réseau *m.* 3

**never** jamais *adv.* 2

**new** nouveau/nouvelle *adj.* 2

**news** nouvelles *f.* 3

   **international news** nouvelles internationales *f.* 3

   **local news** nouvelles locales *f.* 3

**news broadcast** journal télévisé *m.* 3

**news items** faits divers *m.* 3

**newspaper** journal *m.* 3

**news report** reportage *m.* 3

**new wave** nouvelle vague *f.* 1

**next** prochain(e) *adj.* 2; ensuite *adv.* 2

   **next day** lendemain *m.*

**nice** gentil/gentille *adj.* 2

**nicely** gentiment *adv.* 2

**nickname** surnom *m.* 6

**niece** nièce *f.* 6

**nightlife** vie nocturne *f.* 2

**nightmare** cauchemar *m.* 1; galère *f.* 4

**nobility** noblesse *f.* 4

**noisily** bruyamment *adv.* 2

**noisy** bruyant(e) *adj.* 2

**nonconformist** non-conformiste *adj.* 5

**nostalgia** nostalgie *f.*

**notebook** calepin *m.* 2

**notice** s'apercevoir *v.*

**now** maintenant *adv.* 2

**nowhere** nulle part *adv.* 2

**nuclear** nucléaire *adj.*

**number** chiffre *m.*

**numerous** nombreux/nombreuse *adj.* 5

**nursery** pépinière *f.*

## O

**oak tree** chêne *m.*

**obsessed** obsédé(e) *adj.*

**obvious** évident *adj.*

**obviously** évidemment *adv.* 2

**offer** offrir *v.* 4

**official language** langue officielle *f.* 5

**often** souvent *adv.* 2

**old** ancien(ne) *adj.* 2; vieux/vieille *adj.* 2

**old age** vieillesse *f.* 6

**on** sur *prep.* 5

   **on the condition that** à condition que *conj.*

**once** une fois *adv.* 3; une fois que *conj.*

**one-on-one** duel *m.*

**only** seul(e) *adj.* 2

**open** ouvrir *v.* 3

**oppressed** opprimé(e) *adj.* 4

**orange** orange *f.* 2; orange *adj.* 2

**organic** bio(logique) *adj.* 6

**outcome** dénouement *m.*

**outdoors** en plein air *adj.*

**outside** dehors *adv.* 2

**outskirts** banlieue *f.* 2

**overcome** surmonter *v.* 6

**overpopulated** surpeuplé(e) *adj.* 5

**overpopulation** surpopulation *f.* 5

**overthrow** renverser *v.* 4

**overwhelmed** accablé(e) *adj.* 1

**owe** devoir *v.*

**own** propre *adj.* 2

**owner** propriétaire *m.*, *f.*

**oyster** huître *f.*

**ozone layer** couche d'ozone *f.*

## P

**package** paquet *m.* 5

**page** page *f.* 3

   **sports page** page sportive *f.* 3

   **to be on the front page** être à la une 3

**paid training course** stage rémunéré *m.*

**painting** tableau *m.*

**panic** paniquer *v.* 1

**parade** défilé *m.* 2

**paragliding** parapente *f.*

**part** rôle *m.* 3

**partial** partial(e) *adj.* 3

**particle** particule *f.*

**party pooper** rabat-joie *m.*

**pass** passer *v.* 3

   **to pass a law** approuver une loi 4

**passenger** passager/passagère *m.*, *f.* 2

**password** mot de passe *m.*

**past** jadis *adv.*

**paternal** paternel(le) *adj.* 6

**patiently** patiemment *adv.* 2

**patronize** traiter avec condescendance 6

**paw** patte *f.* 4

**pay** payer *v.* 1; rémunérer *v.*

**peace** paix *f.* 4

**peaceful** pacifique *adj.* 4

**pearl** perle *f.*

**pebble(s)** caillou (cailloux) *m.*

**pedestrian** piéton(ne) *m.*, *f.* 2

**penny** sou *m.*
**perceive** apercevoir *v.*; percevoir *v.*
**performance** spectacle *m.*
**perhaps** peut-être *adv.* 2
**perseverance** persévérance *f.* 5
**persist relentlessly** s'acharner sur *v.* 5
**personality** caractère *m.* 6
**personify** personnifier *v.* 4
**persuade** convaincre *v.* 3
**pétanque** boules *f.*, pétanque *f.*
**phone** téléphone *m.*
**photographer** photographe *m., f.* 3
**pick up again** reprendre *v.*
**pig** cochon *m.*
**pile** amas *m.*
**place** placer *v.* 1
  **to take place** se dérouler *v.* 6
**plan** projeter *v.* 1, 5
**play** pièce (de théâtre) *f.*
**playing cards** cartes à jouer *f.*
**plaza** place *f.* 2
**please** plaire *v.* 6
**pleated** plissé(e) *adj.*
**plump** gras(se) *adj.* 4
**police** police *(force) f.* 2; forces de l'ordre *f.* 3
**police commissioner** commissaire (de police) *m.* 5
**police headquarters** préfecture de police *f.* 2
**police officer** agent de police *m.* 2
**police station** commissariat de police *m.* 2
**political party** parti politique *m.* 4
**politician** homme/femme politique *m., f.* 4
**politics** politique *f.* 4
**politely** poliment *adv.* 2
**pollute** polluer *v.*
**pollution** pollution *f.*
**pool** billard *m.*
**poor** pauvre *adj.* 2
**popular: be popular abroad** bien s'exporter *v.* 5
**populate** peupler *v.* 2
**populated** peuplé(e) *adj.* 2
  **densely populated** très peuplé(e) *adj.* 2
  **sparsely populated** peu peuplé(e) *adj.* 2
**position** poste *m.*
**possess** posséder *v.* 1
**possible** possible *adj.* 6
  **It's possible that...** Il se peut que...
**poultry** volaille *f.* 6
**poverty** pauvreté *f.*
**power** pouvoir *m.* 1
  **abuse of power** abus de pouvoir *m.* 4
**powerful** puissant(e) *adj.* 4
**prayer** prière *f.* 4
**precisely** précisément *adv.* 2

**preconceived idea** a priori *m.*
**predict** prédire *v.* 5
**prefer** préférer *v.* 1
**prejudiced: to be prejudiced** avoir des préjugés 5
**premiere** première *f.* 3
**preserve** préserver *v.*
**preservative** conservateur *m.* 6
**president** président(e) *m., f.* 4
**press** presse *f.* 3
  **freedom of the press** liberté de la presse *f.* 3
**pressure** pression *f.*
**pretty** joli(e) *adj.* 2
**prevent** prévenir *v.*
**principles** principes *m.* 5
**private** privé(e) *adj.* 2
**probably** probablement *adv.* 2
**profit** bénéfice *m.*
**profoundly** profondément *adv.* 2
**promoted** promu(e) *adj.*
**propose** proposer *v.* 6; faire une demande en mariage 6
  **to propose a toast** porter un toast (à quelqu'un)
**protect** protéger *v.*
**protected** protégé(e) *adj.*
**protective** protecteur/protectrice *adj.* 2
**proud** orgueilleux/orgueilleuse *adj.* 1; fier/fière *adj.* 2
**prove** prouver *v.*
**provide a habitat for** abriter *v.*
  **provided (that)** à condition de *prep.*
  **provided that** pourvu que *conj.*
**public** public/publique *adj.* 2
**public garden** jardin public *m.* 2
**public holiday** (jour) férié *m.* 5
**public order** ordre public *m.* 4
**public safety** sûreté publique *f.* 4
**public transportation** transports en commun *m.* 2
**publish** publier *v.* 3
**publisher** éditeur/éditrice *m., f.* 3
**punish** punir *v.* 6
**punishment** punition *f.* 4, châtiment *m.* 5
**pure** pur(e) *adj.*
**push the boundaries** repousser les limites *v.*
**put** mettre *v.* 2
  **to put oneself into** s'investir *v.*
  **to put on makeup** se maquiller *v.* 2
  **to put up with** supporter *v.*

## Q

**quickly** vite *adv.* 2
**quiet** tranquille *adj.* 1
  **to be quiet** se taire *v.* 2
**quit** démissionner *v.*
**quite** assez *adv.* 2

## R

**race** course *f.*
**radio listener** auditeur/auditrice *m., f.* 3
**radio presenter** animateur/animatrice de radio *m., f.* 3
**radio station** station de radio *f.* 3
**rain** pleuvoir *v.* 3
**rainbow** arc-en-ciel *m.*
**rain forest** forêt tropicale *f.*
**raise (in salary)** augmentation (de salaire) *f.*; **to raise (children)** élever (des enfants) *v.* 6
**raisin** raisin sec *m.* 6
**rally** se mobiliser *v.* 3
**rarely** rarement *adv.* 2
**raw material** matière première *f.*
**react** réagir *v.* 1
**read** lire *v.* 3
**real** vrai(e) *adj.* 2
**realize** se rendre compte de 2; s'apercevoir *v.* 2
**really** vraiment *adv.* 2
**reassure oneself** se rassurer *v.* 2
**rebel** se révolter *v.* 4
**rebellious** rebelle *adj.* 6
**recall** rappeler *v.* 1
**receipts and expenses** recettes et dépenses *f.*
**receive** recevoir *v.* 3; **to receive (a salary)** toucher *v.*
**recently** récemment *adv.* 3
**recognize** reconnaître *v.* 6
**recommend** recommander *v.* 6
**record** enregistrer *v.* 3
**recreation** loisir(s) *m.*
**red-haired** roux/rousse *adj.* 2
**referee** arbitre *m.*
**regret** regretter *v.* 6
**rehearse** répéter *v.* 1
**reimburse** rembourser *v.*
**reiterate** réitérer *v.* 2
**reject** rejeter *v.* 1, 5
**relation** rapport *m.* 6, relation *f.* 6
**relationship** liaison *f.* 1; rapport *m.* 6, relation *f.* 6
**relative** parent(e) *m., f.* 6
**relax** se détendre *v.* 2
**release a movie** sortir un film *v.* 3
**relieve** soulager *v.* 1
**rely on** compter sur *v.* 1
**remember** se souvenir de *v.* 2
**renew** renouveler *v.* 1
**renewable** renouvelable *adj.*
**rent** loyer *m.*
**repeat** répéter *v.* 1
**replace** remplacer *v.* 1
**reporter** reporter *m.* 3
**representative** député(e) *m., f.* 4
**require** nécessiter *v.* 6
**rescue workers** secours *m.* 2
**research** recherche *f.*; enquêter (sur) *v.* 3

**applied research** recherche appliquée *f.*

**basic research** recherche fondamentale *f.*

**researcher** chercheur/chercheuse *m., f.*

**resemble** ressembler (à) *v.* 6

**resistant (to)** réfractaire (à) *adj.*

**resource** ressource *f.*

**respect** respecter *v.* 6

**respect for others** respect des autres *m.* 4

**responsibility** responsabilité *f.* 1

**rest** se reposer *v.* 2

**resume** reprendre *v.*

**return** retourner *v.* 3

**revenge** vengeance *f.* 5, revanche *f.*

**revolutionary** révolutionnaire *adj.*

**rich** riche *adj.*

**to become rich** s'enrichir *v.* 5

**right away** tout de suite *adv.* 3

**ring** bague *f.* 3

**engagement ring** bague de fiançailles *f.* 6

**wedding ring** alliance *f.* 6

**riot** émeute *f.* 3

**river** fleuve *m.*, rivière *f.*

**road** route *f.* 1; voie *f.* 2

**road sign** panneau *m.* 2

**rock** roche *f.*

**role** rôle *m.* 3

**roommate** colocataire *m., f.* 2

**root** racine *f.* 6

**rotary** rond-point *m.* 2

**roundabout** rond-point *m.* 2

**rule** règle *f.* 3, 5

**run** courir *v.* 3; gérer *v.*; diriger *v.*;

**to run (water)** couler *v.* 1

**run over** écrasé(e) *adj.* 3

## S

**sadness** tristesse *f.* 1

**safe** sûr(e) *adj.* 2; en sécurité *adj.* 2

**safety** sécurité *f.* 4

**public safety** sûreté publique *f.* 4

**salary** salaire *m.*

**sale** vente *f.* 5

**salmon** saumon *m.* 6

**same** même *adj.* 2

**sand** sable *m.* 6

**salesman** vendeur *m.*

**saleswoman** vendeuse *f.*

**satellite dish** parabole *f.*

**save** sauver *v.* 4; sauvegarder *v.*; économiser *v.*

**savings** économies *f.*

**savings account** compte d'épargne *m.*

**say** dire *v.* 3

**to say goodbye** dire au revoir 5

**scale** escalader *v.*

**scandal** scandale *m.* 4

**scenery** paysage *m.*

**schedule** horaire *m.*

**schooling** scolarisation *f.* 5

**scientist** scientifique *m., f.*

**scold** gronder *v.* 6

**score (a goal/a point)** marquer (un but/un point) *v.*

**scrawny** maigre *adj.* 4

**screen** écran *m.* 3

**sea** mer *f.*

**search engine** moteur de recherche *m.*

**search the Web** naviguer sur Internet/le web *v.* 3, surfer sur Internet/le web *v.* 3

**secure a loan** obtenir un prêt

**security** sécurité *f.* 4

**seduce** séduire *v.* 3

**see** voir *v.* 3; **to see again** revoir *v.*

**It seems that...** Il semble que...

**self-esteem** amour-propre *m.* 6

**selfish** égoïste *adj.* 6

**sell** vendre *v.* 3

**selling point** argument de vent *m.*

**send** envoyer *v.* 1

**sense** sens *m.*

**figurative sense** sens figuré *m.*

**literal sense** sens littéral *m.*

**sensitive** sensible *adj.* 1

**series** feuilleton *m.* 3

**serve** servir *v.* 2

**settle** (s')établir *v.* 5; s'installer *v.* 5

**several** plusieurs *pron., adj.* 4

**shake** agiter *v.*; trembler *v.* 2

**share** partager *v.* 1

**shark** requin *m.*

**shave** se raser *v.* 2

**sheep** mouton *m.*

**shepherd(ess)** berger/bergère *m., f.*

**shoes** souliers *m.*

**shoot (a film)** tourner *v.* 3

**short** court(e) *adj.* 2; petit(e) *adj.* 2

**short-term** à court terme *adj.*

**shout** hurler *v.*

**show** spectacle *m.*

**shut away** cloîtré(e) *adj.*

**shy** timide *adj.* 1

**sidewalk** trottoir *m.* 2

**signal: to get a signal** capter *v.*

**silver** argent *m.* 2

**similar** pareil(le) *adj.* 5

**sin** péché *m.* 4

**single** célibataire *adj.* 1

**sister-in-law** belle-sœur *f.* 6

**sit** s'asseoir *v.*

**skating rink** patinoire *f.*

**skirt: (pleated) skirt** jupe (plissée) *f.*

**skit** sketch *m.* 2

**skyscraper** gratte-ciel *m.* 2

**slave** esclave *m., f.*

**slave trade** traite des Noirs *f.* 4

**slavery** esclavage *m.* 4

**sleep** dormir *v.* 4

**sleep outdoors** dormir à la belle étoile *v.* 2

**slip of the tongue** lapsus *m.* 3

**slowly** lentement *adv.* 2

**slyly** sournoisement *adv.*

**small** exigu/exiguë *adj.* 2; petit(e) *adj.* 2

**smell good/bad** sentir bon/mauvais *v.* 2

**smog** nuage de pollution *m.*

**smoked** fumé(e) *adj.* 6

**sneakers** baskets *f.*, tennis *f.*

**snorkeling** plongée avec tuba *f.*

**so** alors *adv.* 2; donc *adv.* 2

**so many. . .** tant de... *adj.* 6

**so much/many** autant *adv.* 2

**so that** pour que *conj.*

**soap opera** feuilleton *m.* 3

**soccer field** terrain de foot *m.*

**social level** couche sociale *f.* 5

**soft** doux/douce *adj.* 2

**soldier** soldat *m.* 1

**sold out** *adj.* complet

**solicit** solliciter *v.* 2

**solve** résoudre *v.*

**some** quelques-un(e)s *pron.* 4; quelque *adj.* 4

**someone** quelqu'un *pron.* 4

**something** quelque chose *pron.* 4

**sometimes** parfois *adv.* 2; quelque fois *adv.* 2

**somewhere** quelque part *adv.* 2

**son-in-law** beau-fils *m.* 6

**soon** bientôt *adv.* 2

**as soon as** dès que *conj.* , aussitôt que *conj.*

**sorrow** peine *f.* 1

**sorry** désolé(e) *adj.* 6

**to be sorry** être désolé(e) 6

**soul** âme *f.*

**soul mate** âme sœur *f.* 1

**sound** sonner *v.* 1

**sound track** bande originale *f.* 3

**space** espace *m.*

**speak softly/loudly** parler bas/fort *v.* 2

**to speak to one another** s'adresser la parole *v.*

**special effects** effets spéciaux *m.* 3

**specialized** spécialisé(e) *adj.*

**spectator** spectateur/spectatrice *m., f.*

**spell** épeler *v.* 1

**spell check** correcteur orthographique *m.*

**spider** araignée *f.*

**spinach** épinards *m.* 6

**spirit** esprit *m.* 1

**spoil** gâter *v.* 6

**sporting goods store** magasin de sport *m.*

**sports club** club sportif *m.*

**sports page** page sportive *f.* 3

**sports training school** centre de formation *m.*

**spouse** époux/épouse *m., f.* 6

**spread** s'étendre *v.* 2

**to spread (the word)** faire passer

**spring (aquatic)** source *f.*

**spy** espionner *v.* 4
**square** place *f.* 2
**stage fright** trac *m.* 3
   **to have stage fright** avoir le trac *v.* 3
**stand (someone) up** poser un lapin (à quelqu'un) 1
**standard of living** niveau de vie *m.* 5
**star: (movie) star** vedette (de cinéma) *f.* 3; **(shooting) star** étoile (filante) *f.*
**start-up** mise en marche *f.*
**stay** rester *v.* 3
**steal** voler *v.* 5
**stepdaughter** belle-fille *f.* 6
**stepfather** beau-père *m.* 6
**stepmother** belle-mère *f.* 6
**stepson** beau-fils *m.* 6
**still** encore *adv.* 2
**stiletto heels** talons aiguilles *m.*
**stock market** marché boursier *m.*
**stop (oneself)** s'arrêter *v.* 2
   **to stop from (doing something)** empêcher (de) *v.* 2
**stranger** étranger/étrangère *m., f.*
**stream** ruisseau *m.*
**street** rue *f.* 2
**street performer** saltimbanque *m.* 3
**strengthened** raffermi(e) *adj.*
**strict** strict(e) *adj.* 6
**strike** sonner *v.* 1
**striking** frappant(e) *adj.* 3, marquant(e) *adj.* 3
**stroll: to take a stroll** se promener *v.*
**struggle** lutter *v.* 5
**submissive** soumis(e) *adj.* 6
**subscriber** abonné(e) *m., f.*
**subscription** abonnement *m.*
**subtitles** sous-titres *m.* 3
**suburb** banlieue *f.* 2
**subway car** wagon *m.* 2
**subway station** station de métro *f.* 2
**subway train** rame de métro *f.* 2
**succeed** réussir *v.*
**success** réussite *f.*
**successful** prospère *adj.*
**such a(n)** tel(le) *adj.* 4, 5
**sudden: all of a sudden** tout à coup *adv.* 3
**suddenly** soudain *adv.* 2
**suffer** souffrir *v.* 4
**suggest** suggérer *v.* 6
**sun** soleil *m.*
   **to bask in the sun** lézarder au soleil *v.*
**supermarket: large supermarket** hypermarché *m.* 6
**supervisory staff** encadrement *m.*
**support** soutien *m.* 2; soutenir *v.* 5;
   **support (a cause)** soutenir (une cause) *v.* 3
**supporter** supporter (de) *m.*
**sure** sûr(e) *adj.*
**surely** sûrement *adv.* 3
**surface area** superficie *f.*

**surprised** étonné(e) *adj.* 6
**surprising** étonnant(e) *adj.* 6, surprenant(e) *adj.* 6
**surround oneself with** s'entourer de *v.*
**survival** survie *f.*
**survive** survivre *v.* 6
**survivor** rescapé(e) *m., f.* 2
**suspect** se douter (de) *v.* 2
**swallow** engloutir *v.* 2
**sweater** *(with front opening)* gilet *m.*
**sweatshirt** *(with front opening)* gilet *m.*
**sweep** balayer *v.* 1
**sweet** doux/douce *adj.* 2
**swing** se balancer *v.*

## T

**tabloid(s)** presse à sensation *f.* 3
**take** prendre *v.* 3
   **to take action** agir *v.*
   **to take advantage of** profiter de *v.*
   **to take a stroll/walk** se promener *v.*
   **to take place** se dérouler *v.* 6
   **to take someone** emmener *v.* 1
   **to take out a loan** faire un emprunt
**tale** conte *m.* 5
**talk** s'entretenir (avec) *v.* 2
   **to talk to death** soûler *v.* 6
**tall** grand(e) *adj.* 2
**tax** taxe *f.*
**team** club *m.*
**tear** larme *f.* 6
**tear** déchirer *v.*
**telescope** télescope *m.*
**television viewer** téléspectateur/téléspectatrice *m., f.* 3
**tell (a story)** raconter (une histoire) *v.* 1
**tempt** tenter *v.*
**tenacious** tenace *adj.*
**tennis shoes** baskets *f.*, tennis *f.*
**tense** tendu(e) *adj.* 6
**terrific** génial(e) *adj.* 1
**territory** superficie *f.*
**terrorism** terrorisme *m.* 4
**terrorist** terroriste *m., f.* 4
**thank** remercier *v.* 6
   **thanks to** grâce à *prep.* 1
**thankless** ingrat(e) *adj.*
**that** que *rel. pron.*; qui *rel. pron.*
   **that's enough** ça suffit 4
   **that is to say** c'est-à-dire
**then** alors *adv.* 2; ensuite *adv.* 2
**theory** théorie *f.*
**there** là *adv.* 2
   **over there** là-bas *adv.* 2
**thick** épais(se) *adj.*
**thief** voleur/voleuse *m., f.* 4
**thin** maigre *adj.* 4
**those who reacted the fastest** plus vifs *m., f.* 2
**though** pourtant *adv.* 1

**threat** menace *f.* 4
**threaten** menacer *v.* 1
**thrifty** économe *adj.* 1
**thrill** frisson *m.*
**throw** lancer *v.* 1; jeter *v.* 1
   **to throw away** jeter *v.*
   **to throw out the window** jeter par la fenêtre *v.*
**thus** ainsi *adv.* 2
**thwart** contrarier *v.*
**ticket** billet *m.*, ticket *m.*
   **to get tickets** obtenir des billets
**tidy up** ranger *v.* 1
**tie (a game)** faire match nul
**tiger** tigre *m.*
**time** temps *m.* 2; fois *f.* 3
   **for a long time** longtemps *adv.* 3
   **from time to time** de temps en temps *adv.* 2
   **to have a good time** se divertir *v.*
**toast** toast *m.*
   **to propose a toast** porter un toast (à quelqu'un)
**today** aujourd'hui *adv.* 2
**together: to get together** se réunir *v.* 2
**tolerance** tolérance *f.* 4
**tolerate** tolérer *v.*
**tomorrow** demain *adv.* 2
**tone** ton *m.*
**too** aussi *adv.*
   **too many/much** trop *adv.* 2
**tool** outil *m.*
**torture** supplice *m.* 1
**totalitarian regime** régime totalitaire *m.* 4
**town center** centre-ville *m.* 2
**town dweller** citadin(e) *m., f.* 2
**town hall** hôtel de ville *m.* 2
**town planning** urbanisme *m.* 2
**toxic** toxique *adj.*
**track** voie *f.* 2
**traffic** circulation *f.* 2
**traffic jam** embouteillage *m.* 2
**traffic light** feu (tricolore) *m.* 2
**train** train *m.* 2
   **to get on a train** monter dans un train 2
**trainee** stagiaire *m., f.*
**trainer** formateur/formatrice *m., f.*
**training** formation *f.*
**training course** stage *m.*
**transportation** transport *m.* 2
**trapped** piégé(e) *adj.* 2
**trash** déchets *m.*
**travel** voyager *v.* 1
**tremors** secousses *f.* 2
**treat** traiter *v.* 6; soigner *v.*
**trick** duper *v.* 1
**trigger** déclencher *v.* 5
**trivial** anecdotique *adj.* 5
**truck: small truck** camionnette *f.*
**true** vrai(e) *adj.* 2
**truly** vraiment *adv.* 2

**trust (someone)** faire confiance
(à quelqu'un) **1**
**try** essayer *v.* **1**
**to try to "pick up"** draguer *v.* **1**
**turn** tourner *v.*
**to turn over** se retourner *v.*
**turtle** tortue *f.*
**TV audience** téléspectateurs *m.* **3**
**twice** deux fois *adv.* **3**
**twin: twin brothers** jumeaux *m.* **6;**
**twin sisters** jumelles *f.* **6**
**typewriter** machine à écrire *f.*

## U

**U.F.O.** ovni *m.*
**unbearable** insupportable *adj.* **6**
**unbiased** impartial(e) *adj.* **3**
**uncertainty** incertitude *f.* **5**
**underpants** *(for females)* culotte *f.;*
*(for males)* slip *m.*
**underpriviliged** défavorisé(e) *adj.* **5**
**understanding** compréhension *f.* **5**
**undertake** entreprendre *v.*
**undress** se déshabiller *v.* **2**
**unemployed** au chômage *adj.*
**unemployed person** chômeur/
chômeuse *m., f.*
**unemployment** chômage *m.*
**unethical** contraire à l'éthique *adj.*
**unequal** inégal(e) *adj.* **4**
**unexpected** inattendu(e) *adj.* **2**
**unfair** injuste *adj.* **4**
**unfaithful** infidèle *adj.* **1**
**unforgettable** inoubliable *adj.* **1**
**unhappily** malheureusement *adv.* **2**
**unite** unir *v.* **2**
**unless** à moins de *prep.;*
à moins que *conj.*
**unlikely** peu probable *adj.*
**until** jusqu'à ce que *conj.*
**unusual** inhabituel(le) *adj.*,
insolite *adj.* **3**
**updated** actualisé(e) *adj.* **3**
**up front** en pointe *adv.*
**upset** contrarié(e) *adj.* **1**
**urbanize** urbaniser *v.*
**urge** exhorter *v.*
**use** se servir de *v.* **2**
**to use up** épuiser *v.*

## V

**vacationer** vacancier/vacancière *m., f.*
**value** valeur *f.* **5**
**van: small van** camionnette *f.*
**very** même *adj.* **2;** très *adv.* **2**
**victim** victime *f.* **4**
**victorious** victorieux/victorieuse
*adj.* **4**
**victory** victoire *f.* **4**
**video game** jeu vidéo *m.*
**violence** violence *f.* **4**
**violin** violon *m.* **2**

**vote** voter *v.* **4**

## W

**wait (for)** attendre *v.* **2**
**to wait in line** faire la queue
**waiting for** en attendant que *conj.*
**wake up** se réveiller *v.* **2**
**walk: to take a walk** se promener *v.*
**want** vouloir *v.* **3;**
**to want to** désirer *v.*
**war** guerre *f.* **1**
**civil war** guerre civile *f.* **4**
**wardrobe** garde-robe *f.*
**warehouse** entrepôt *m.*
**wary: to be wary of** se méfier de *v.* **2**
**wash oneself** se laver *v.* **2**
**waste** gaspillage *m.;* gaspiller *v.*
**watch** regarder *v.*
**weaken** faiblir *v.*
**weapon** arme *f.* **4**
**weary** las/lasse *adj.* **1**
**wealth** richesse *f.* **5**
**Web** web *m.* **3**
**Web-site** site web *m.* **3**
**wedding** mariage *m.* **1**
**wedding gown** robe de mariée *f.* **6**
**wedding ring** alliance *f.* **6**
**weekly magazine** hebdomadaire *m.* **3**
**weigh** peser *v.* **1**
**weight** poids *m.* **4**
**well** bien *adv.* **2**
**well-being** bien-être *m.*
**well-mannered** bien élevé(e) *adj.* **6**
**when** quand *conj.,* lorsque *conj.;*
où *rel. pron.*
**where** où *rel. pron.*
**which** que *rel. pron.*
**of which** dont *rel. pron.*
**whisper** chuchoter *v.* **6**
**whistle** sifflet *m.;* siffler *v.*
**white** blanc/blanche *adj.* **2**
**who** qui *rel. pron.*
**whom** qui *rel. pron.*
**of whom** dont *rel. pron.*
**whose** dont *rel. pron.*
**widow** veuve *f.* **1**
**widowed** veuf/veuve *adj.* **1**
**widower** veuf *m.* **1**
**wife** épouse *f.* **6**
**willing (to)** disposé(e) *adj.*
**win** gagner *v.* **4**
**to win elections** gagner les
élections **4**
**wind turbine** éolienne *f.*
**wish** vœu *m.* **5; to wish to** souhaiter *v.*
**without** sans *prep.;* sans que *conj.*
**witness** témoin *m.* **5, 6**
**to be witness to** témoigner de *v.* **5**
**wonder** se demander *v.* **2**
**work (hard)** travailler (dur) *v.* **2**
**worker** travailleur/travailleuse *m., f.* **6**
**blue-collar worker** travailleur/
travailleuse manuel(le) *m., f.* **6**

**work schedule** temps de travail *m.*
**worried** inquiet/inquiète *adj.* **1, 2**
**worry** s'inquiéter *v.* **2**
**worse** plus mauvais(e) *adj.,* pire *adj.;*
plus mal *adv.,* pis *adv.*
**to get worse** empirer *v.*
**worst: the worst** le/la plus
mauvais(e) *adj.,* le/la pire *adj.;*
le plus mal *adv.,* le pis *adv.*
**worth: to be worth** mériter *v.* **1;**
valoir *v.* **6**
**It is not worth the effort…** Ce
n'est pas la peine que…**6**
**to be worth it** valoir la peine
**write** écrire *v.* **3**
**wrong** faux/fausse *adj.* **2**
**to be wrong** se tromper *v.* **1**

## Y

**yell** crier *v.* **1**
**yesterday** hier *adv.* **2**
**yesterday (morning, evening,
etc.)** hier (matin, soir, etc.)
*adv.* **3**
**young** jeune *adj.* **2**
**youth** jeunesse *f.* **6**

# Index

**venir de** + *infinitive* 135, 143

weather expressions 23

**y**, uses 176

# Sources

## Text Credits

**36–37**  © Guillaume Apollinaire, "Le Pont Mirabeau," from *Alcools*, 1913.

**74–77**  © Dany Laferrière, *Tout bouge autour de moi*, from *Le Nouvel Observateur*, 21 January 2010. Reprinted by permission of *Le Nouvel Observateur*.

**114–115**  © Marguerite Duras, *La Télé et la mort*, from *La Vie matérielle* © Éditions P.O.L, 1987.

**152–153**  © Jean Juraver, "Chien maigre et chien gras," from *Contes créoles*, 1985, reprinted by permission of Présence Africaine.

**190–193**  © Ghislaine Sathoud, "Marché de l'espoir," reprinted by permission of the author.

**230–231**  © Lamine Sine Diop, "Père mère," from *Poèmes et récits d'Afrique noire, du Maghreb, de l'océan Indien et des Antilles*, reprinted by permission of Le cherche midi éditeur.

## Photography Credits

All images © Vista Higher Learning unless otherwise noted.

**Cover:** © MELBA PHOTO AGENCY/Alamy.

**Master Art: 9, 47, 87, 125, 163, 203** (full pg) © Randall Fung/Corbis.

**Lesson One: 2** (full pg) © Veer; **3** (mr) © Lee Celano/Reuters/Corbis; **4** (tl) Anne Loubet; (ml) Anne Loubet; (bl) Markus Moellenberg/Corbis; (tr) © Royalty-Free/Corbis; (mr) © Roy McMahon/ Corbis; **12** (t) © Masterfile; **13** (tl) © Public Address - ullstein bild / The Granger Collection; (tr) © Bettmann/Corbis; (tm) © Stefano Bianchetti/Corbis; (bm) © Jeff Mitchell/Reuters/Corbis; (br) © Rob Rich/Everett Collection; **14** (b) © Image Brocker/Glow Images; **16** (tl) © Northwind Pictures Archive; (tm) © Artist Unknown © courtesy Hall of Fame, Prince George's County, Maryland, Inc.; (bm) George Rodrigue, Blue Dog, 1984. © M. Timothy O'Keefe/Alamy; (br) © Terese Loeb Kreuzer/Alamy; **17** (tl) © Bettman/Corbis; (ml) Michael Robinson/Beateworks/Corbis; (mr) © Formichev Mikhail/Itar-Tass; **18** (tm) Anne Loubet; (bm) Pascal Pernix; (b) Rossy Llano; **19** (t) Anne Loubet; (m) Anne Loubet; (b) Pascal Pernix; **21** Anne Loubet; **22** Anne Loubet; **23** (t) Anne Loubet; (b) Anne Loubet; **24** © David H. Wells/Corbis; **25** (tr) Anne Loubet; (mr) Anne Loubet; (bl) Anne Loubet; (br) Pascal Pernix; **26** (m) Pascal Pernix; **29** (tl) Anne Loubet; (tr) Anne Loubet; (bl) Anne Loubet; (br) Anne Loubet; **32** © Lee Celano/Reuters/Corbis; **33** © Chris Graythen/Getty Images; **34** © Patrick Bronson/Dreamstime; **35** (t) © 2010 Estate of Pablo Picasso/ Artists Rights Society (ARS), New York; (b) © Time & Life Pictures/Getty Images; **36** © Jean-Marc Charles/Sygma/Corbis.

**Lesson Two: 40** (full pg) © Franco Cogoli/Grand Tour/Corbis; **41** (b) © Jean Ayissi/Getty Images; **42** (tl) Pascal Pernix; (bl) Isabelle Alouane; (bm) Rossy Llano; (br) © Radius/Superstock; **49** (b) Pascal Pernix; **50** (t) © Bryan F. Peterson/Corbis; (m) © Charles & Josette Lenars/Corbis; **51** (tl) © Michel Setboun/Corbis; (tr) © Photononstop/Superstock; (tm) © Picture Contact BV/Alamy; (bm) © Chad Ehlers/Alamy; (br) © David C. Tomlinson/Getty Images; **52** © Sgaunet/123RF; **54** (tl) © Catherine Karnow/Corbis; (bm) © Remy de la Mauviniere; (br) © Giovanni Giannoni; **55** (t) © Julio Donoso/Sygma/Corbis; (m) © Yann Arthus-Bertrand/Corbis; **56** (l) Media Backery; (r) Royalty-Free/ Corbis; **62** © Hans Peter Merten/Corbis; **63** (ml) David Morris/Alamy; (mr) © Andrzej Gorkowski/ Alamy; (bl) © Rayman/Getty Images; (br) © George Simhoni/Masterfile; **70** © AFP/Getty Images; **71** © Bill Wymar/Alamy; **72** © Gail Mooney/Corbis; **73** © Getty Images; **74** © AFP/Getty Images; **77** © Ariana Cubillos/AP.

**Lesson Three: 80** (full pg) © Jon Feingersh/Age Fotostock; **81** (m) © SHAMIL ZHUMATOV/Reuters/ Corbis; **82** (tl) Martín Bernetti; (mm) © Michael Krasowitz/Getty Images; (tr) © E.J. Baumeister Jr./Alamy; **90** (t) © Mike Blake/Reuters/Corbis; (m) © Bettman/Corbis; (tl) © Bettman/Corbis; (tr) © Age Fotostock/Superstock; (tm) © Megapress/Alamy; (bm) © Marcel Pelletier/iStockphoto; (br) © Rudy Sulgan; **92** © Alt-6/Alamy; **94** (l) © Hemis/Alamy; (r) © Ullstein Bild/The Granger Collection,New York; **95** (t) © Sophie Bassouls/Sygma/Corbis; (m) © Stephane Cardinale/People Avenue/Corbis; (b) © CHRIS MARTINEZ/La Opinion/Newscom; **96** (m) Anne Loubet; **97** (tl) Anne Loubet; (tr) © Pascal Pernix; **100** (bl) Anne Loubet; (br) Anne Loubet; **101** (t) Pascal Pernix; (b) Pascal Pernix; **104** (b) Pascal Pernix; **107** (b) Anne Loubet; **110** © SHAMIL ZHUMATOV/Reuters/ Corbis; **112** © SERGEI ILNITSKY/epa/Corbis; **113** (t) ©Julio Donoso/Sygma/Corbis; **114** © Images.com/Corbis.

# About the Author

**Cherie Mitschke** received her Ph.D. in Foreign Language Education with specializations in French and English as a Second Language from the University of Texas at Austin in 1996. She has taught French at Southwest Texas State University and Austin Community College and was Assistant Professor of French at Southwestern University in Georgetown, Texas. Dr. Mitschke is also an experienced writer and editor of French educational materials who has worked with several major educational publishing houses.